六至九世纪中国政治史

黄永年 著

启功 敬题

山西出版传媒集团
山西人民出版社

图书在版编目(CIP)数据

六至九世纪中国政治史/黄永年著. —太原:山西人民出版社,2024.5(2024.12重印)
ISBN 978-7-203-13311-7

Ⅰ.①六… Ⅱ.①黄… Ⅲ.①政治制度史—中国—6世纪-9世纪 Ⅳ.①D69

中国国家版本馆CIP数据核字(2024)第065342号

六至九世纪中国政治史

著　　者：黄永年
责任编辑：崔人杰　张志杰
复　　审：傅晓红
终　　审：梁晋华
装帧设计：陈　婷

出 版 者：山西出版传媒集团·山西人民出版社
地　　址：太原市建设南路21号
邮　　编：030012
发行营销：0351-4922220　4955996　4956039　4922127（传真）
天猫官网：https://sxrmcbs.tmall.com　电话：0351-4922159
E - mail：sxskcb@163.com　发行部
　　　　　sxskcb@126.com　总编室
网　　址：www.sxskcb.com

经 销 者：山西出版传媒集团·山西人民出版社
承 印 厂：山西出版传媒集团·山西人民印刷有限责任公司

开　　本：720mm×1020mm　1/16
印　　张：30.5
字　　数：460千字
版　　次：2024年5月　第1版
印　　次：2024年12月　第3次印刷
书　　号：ISBN 978-7-203-13311-7
定　　价：128.00元

如有印装质量问题请与本社联系调换

第二章 关陇集团始末

一 关陇集团的提出

陈寅恪先生正式提出关陇集团，是在《唐代政治史述论稿》上篇"统治阶级之氏族及其升降"里。《述论稿》重庆初版是在民国33年2月，作为中央研究院历史语言研究所专刊。卷首自序题壬午七夕即民国31年。1988年上海古籍出版社又据蒋秉南（天枢）师保存的寅恪先生在香港的手写清稿本影印，题《唐代政治史略稿》，自序在辛巳元旦即民国30年。今折《述论稿》本录出寅恪所讲关陇集团全文，因为它通行，且手写本有出

黄永年先生《六至九世纪中国政治史》手稿

尔朱天光带进关的嫡系部队不过三千人,以后又带走了一千到二千。所以多方扩充兵力,久已成为尔朱天光以来直至宇文泰宰执后的要务。其中兵源之一便是从东魏那边俘虏过来的,为数居然很可观。如《周书·文帝纪④》说魏永熙三年(534年)宇文泰讨东魏将薛瑾于潼关,"虏其卒七千"。~~~~~大统三年正月潼关之役弃军奔泰~~,"尽俘其卒万余人"。八月宇文泰率十二将东征,于谨攻下东魏盘豆栅,"虏其戍卒一千",攻入弘农,"虏其战士八千"。大统四年(538年)河桥之战,斩东魏高敖曹等,"虏其甲士一万五千"。这部是大统十六年西魏入关之前的,投附的如合起来就有达六万之多。

再则少数民族投附的地方豪帅宗党的武装也是一大兵源。有关陇的,还有河东、河南的。《周书·卷~~~~~~~~~~~文帝纪④》永熙三年十一月,

第四章 大唐创业和玄武门之变

一 可以信据的《大唐创业起居注》

讲了杨周杨隋的几个重大政治问题，不就该顺利地进入唐代政治史的研究，探讨高祖李渊创业以来统治集团的内部矛盾和斗争。可人遇到了麻烦的事情：即理论上所谓关陇山东之争和士族庶族之争，其能否成立，而史料又罪妄忠上哪些能信据、哪些不能信据，因为皆有待商榷之处。

所谓关陇山东之争曾被用来解释唐早期李的矛盾斗争，士族庶族之争在一些人心目中更成为贯串了整个唐代的历史。且认为遵循了这人子孙庇荫宗属外客的规定，在"唐令"中也不发生作用。崔、卢等旧士族至此只在人们门户中留有点高贵的观念，以致他们的女儿了摆身价在这里卖高价，如李世民所说"婚姻之间，多邀钱币"，以及《旧唐书》卷六一《窦威传》李渊对窦所说"关东人与崔、卢为婚，犹自矜伐"而已。这说明门阀制度到此确已宣告死亡。（2）所以这部新修《氏族志》也只是想对旧士族崔、卢等旧士族高价嫁女的北家有所打击作一点压制、平衡韩愈对第三等之类的措施，而不可能这所定的士族基层像魏孝文帝规定族姓那样长久起着作用。这自然由于门阀制度已宣告死亡，已不再有产生新士族的条件，其人君也无能无能为力何须起作用。因

① 这好像前清的进士举林入民国后虽多已无势无力，但犹为人们所矜贵。

自序之一

为了说明我为什么研究这一段中国政治史,为什么在晚年撰写这本专著,我得写这篇自序。

我从事研究古代文史的启蒙老师,应说是吕诚之(思勉)先生。1938年初在沦陷区的常州城里很偶然地读到吕先生的《经子解题》,1942年高中二年级时就读于敌伪管辖不到的苏州中学常州分校,听了吕先生讲授的国文、本国史、中国文化史、国学概论四门课。同时,又购读了《古史辨》,深知三皇五帝之非信史,兼学得精密的考证方法,抗战胜利后还成为顾颉刚先生的学生。至于对唐代文史,是1946年入读复旦大学后才发生兴趣。

其实复旦大学并无唐史专家,我彼时研究唐代文史是受了陈寅恪先生《唐代政治史述论稿》一书的启发。原先,我对秦汉以下历史的看法总跳不出《通鉴》的圈子,摆不脱君之明暗、臣之忠奸这套唯心主义的货色,读了陈先生的书才懂得要寻找历史发展的规律。但我又有个脾气,即对有学问的人是既尊重而又不迷信,不愿意老是跟着亦步亦趋而得自行研究,自己在学术上打开通途。记得上初中三年级时,即敢发现其时通行全国的《三S平面几何》课本上某个例题的错误。这时所写今天看来尚可保存的学术文字中,就有一篇和陈寅恪先生《胡臭与狐臭》商榷的文字。解放后提交的毕业论文《论唐代河北藩镇及其相关问题》,也曾根据《安禄山事迹》所说"其中契丹,委任尤重,一国之柄,十得二三,行军用兵,皆在掌握",来否定陈先生以昭武九姓为安史主力之说。

1950年从复旦大学毕业，服从统一分配在上海交通大学任政治课助教讲师，研究唐史的工作中辍。1956年随迁校至西安。1957年反对学生闹事，主张深入群众化解矛盾，而被打成右派，劳动四年后安排在校图书馆工作并摘帽。这时想人活着总得干点有益的事情，既然不许阿Q革命就重理旧业吧！正好当时有些人把"经济基础决定上层建筑"误解为研究历史必先研究经济史，我也随大流试着在唐代的财经问题"两税法"上看是否啃得动。结果发现许多侈谈此问题者连两税法的第一手文献建中元年正月五日赦文等都不知道引用。于是我利用这些文献考知两税法实系中央与地方争夺财权，百姓负担实系加重而并非如王仲荦先生等所说是让步。此外也发现贺昌群先生把籍帐中的"常田"释为永业田等错误而另作正确的解释。

　　"文革"后我于1978年调入陕西师范大学。承史筱苏（念海）先生提掖要我和他合招唐史研究生，1979年元月我的右派错案又正式改正，有条件在唐史研究上作出计划。我把重点放在政治史，因为看到好些论文教材在此领域内还拘于明暗、忠奸那一套，连范文澜的《中国通史简编》也未能免俗。陈寅恪先生的见解则几乎不被考虑，何况这些见解中有的也不尽美善。至于50年代出现的用庶族地主进步、士族反动之说来解释唐代的政治斗争，我认为更欠真实而决不能信从。我首先从"玄武门之变"入手，弄清楚这只是李世民和其兄弟建成、元吉之争而侥幸取胜，并否定了陈寅恪先生所说宫廷政变成败在于控制玄武门。继而探讨武曌及韦后之擅政，以至其后肃、代两朝之纷争，下及顺宗朝王叔文集团之活动，宪宗之不获令终，均是中央权力争夺的种种表现，而宰相、宦官权力之盈缩复掺杂其间。这是唐代政治史的一个线索。再一个线索则是如何对付周边的少数民族，节度使由之设置，安史之乱以来更形成中央与地方藩镇之争。前面所说两税法即此相争在财权上的表现，在军事上则中央组建神策军以遏制藩镇之觊觎。研究历史要弄清史实，更要在弄清史实的基础上寻找事物发展的规律。上面这两个线索，我认为已基本上找到唐代政治史上种种重大事件之呈现和演变的规律。

　　我对唐代政治史的研究，到所谓中唐告一段落。进入晚唐特别是黄巢攻占长安显示了神策军的崩溃，从而转入地方藩镇相争形成五代十国动乱局面，至赵匡胤建立新的中央政权才重告统一。这实际上是另一个研究领域，由宋史研究者来承担似更合适。于是，我及时将研究方向转移到唐以前，在90年代对北朝后期的齐、周以及杨隋作研究。因为有若干重大的问题，如隋及唐初是否仍贯彻宇文泰的"关中本位政策"，仍存在着左右政局的关陇集团；关陇集团的作用应如何正确评估；更从而推广到唐、宋在整个中国史上的地位，以至如何从宏观上来看中国社会和文化的进展等等。这都不是就唐代来研究唐代所能解决的，有必要上推到齐、周、杨隋来探讨。同时，我当时作为全国高等院校古籍整理研究工作委员会的委员，有支持委员会编写《古代文史名著选译丛书》的义务。其中《北齐书》《周书》的选译要我承担，也促使我系统地研读了这两书加上《隋书》三部纪传体正史。这样前后花了将近十年时间，取得了至少使我自己也不无欣慰的收获。

这些收获是：创建东魏政权的高欢父子虽习于鲜卑，但东魏、北齐确能继承北魏迁都洛阳后汉化的传统，其文化远高于西魏、北周。从西魏之灭江陵尽俘其百官士民为奴婢，颜之推不辞砥柱之险自西魏东奔北齐，其后且以北齐为本朝、以北齐见灭于北周为亡国，撰写《北史》的李延寿也说齐为周灭是"生灵厄夫左衽"，均可证实。今看《北齐书》其君臣似多欠文明之言行，则缘是亡国后所撰写而毋庸隐讳，然北周将相之后嗣至唐初仍多显贵，《周书》中遂多美化之辞。其实宇文泰建立的关陇集团，如陈寅恪先生指出仅是"融合关陇胡汉民族之有武力才智者"，乃缘山东、江左人才鄙视关陇不为所用之故。此集团中人"入则为相，出则为将，自无文武分途之事"，更是一种落后的表现。于此我又承用先外舅童丕绳（书业）先生之说，断定西周、春秋是文武合一的封建领主制社会，入战国乃由封建领主制进入文武分途的封建地主制。至于魏晋时兴起之门阀制度，实为此转型期间领主制的一次回光返照，门阀以至关陇集团之文武合一，其为落后现象自不言而喻。而与此同时，不特江左梁、陈已进入文武分途，即东魏、北齐之文武分途亦已明显。落后的社会文化终必为先进者战胜，此所以进入隋及唐初中枢权要已多数不再是籍贯关陇且文武合一之人物，关陇集团彼时已不存在而并非如陈寅恪先生所说要到武曌时才被破坏。我更由此从宏观来看我国社会及文化的进展，即从封建领主制至地主制的转型期，至门阀消灭之隋及唐初实已完成，此后唐、宋两朝可说是进入了成熟的封建地主制社会。案此种封建地主制社会在世界上似为我国所独有，其文化固非领主制如我国西周、春秋以及西欧中世纪之可比拟，至此成熟阶段，其光辉灿烂自更无待言。以此陈寅恪先生所认为华夏民族文化"造极于赵宋之世"，可得到合理的解释。而战国以来下至唐、宋在文化上包括科学技术上我国之大胜于西欧中世纪，至西欧由中世纪之领主制直接演化进入资本主义，我国仍停滞在地主制，自然中不如西，要落后挨打，其道理亦甚明显。这也说明"存在决定意识""经济基础决定上层建筑"之为真理，用生产方式、社会性质来观察历史众多问题均可迎刃而解。马克思主义对史学研究并非过时而仍是锐利的武器，我通过对北朝周、齐的研究更坚信了这一点。

以上所有的收获，都是用论文形式写出来的。因为这都需要逐个地做专题研究，不能先立个框架然后写成所谓专著，尽管如今这种写作专著的方法甚为风行，我自愧无此能耐。所以改革开放以来，我撰写出版的《古籍整理概论》《唐史史料学》之类仅是教材而算不上专著，真正专的只有所写的论文，也并未形成整本的专著。论文中有关唐代的，已经执教美国的友人汪荣祖先生编成论文集《唐代史事考释》，1998年由台北联经出版事业公司出版。近十年研究齐、周、杨隋的论文，则加上经挑选的唐代文史和话本章回小说以及版本、碑刻等研究成果，编成自选集《文史探微》，2000年由中华书局印行。但这些给专门研究有关课题者查阅参考固尚方便，要让一般读者包括史学工作者了解这段自齐、周至中唐的历史，了解这段历史在整个中国史上的地位，总不如将这些成果综合起来写成一部有系统的专著更好些，更适宜于通读。而且论文在撰写时只注意证据是否坚强，逻辑是否严密，文字的可读性往往很少照顾到。这个缺点在撰写专著时也可以作适当的补救。

我还考虑到，这些论文都是写成一篇就发表一篇，篇与篇之间谈不上前后呼应、相互衔接。加之有些在发表时自认为已很周详完密，其后才知道仍有疏略，若再大事点窜改写，自不甚适宜。最好的办法还是在专著中加以充实、加以连贯。这又成为我要撰写这部专著的另一个理由。

　　这么做算不算炒冷饭呢？恐怕不好算。因为这实际上已在原有论文的基础上有所提高，哪怕是提高的幅度不那么大，不那么显著。而且老一辈的学者也还有如此撰作的先例。如陈寅恪先生《唐代政治史述论稿》讲述李唐先人的民族问题，即用登载《历史语言研究所集刊》之旧作，《隋唐制度渊源略论稿》的"兵制"章更全用《集刊》刊布的文字。而唐长孺先生的《魏晋南北朝隋唐史三论》，也是在所撰大量论文的基础上作系统的讲述。我不妨来一次效颦，自忖在史学上或可再作一点微薄的贡献。

　　可能有人会嫌这样写专著写不全面。北周之灭北齐有了，隋灭陈呢？府兵制有了，其他政治制度如三省六部之类呢？这些我确实没有写，因为我确实不曾对它们作过专门研究。我知道的一些只是史书上写了的，最多是先师吕诚之先生《两晋南北朝史》《隋唐五代史》这几部断代史巨著上讲了的，没有更多的发现和更新的见解，自然没有东西可写。如果把吕先生书里讲的移植过来，那是编教材而不是写专著了，专著怎能有并非自己研究的东西呢？至于读者需要全面的知识和学问，我推荐吕先生这几部断代史请认真阅读。我这专著如能作为吕先生书的参考读物，那将是我莫大的光荣。

　　至于专著的名称，自然无法像《魏晋南北朝隋唐史三论》那么来拟，因为说"北朝齐周及隋至中唐政治史"或"齐周隋初唐至中唐政治史"，都拗口不好念。只好借助于公元，来个《六至九世纪中国政治史》吧！因为高欢的自立是在北魏普泰元年即公元531年，已进入六世纪，中唐习惯到大和元年即公元827年结束，已是九世纪了。这实在是事非得已，并不是赶时髦，尽管赶时髦也许可多吸引些读者。

　　自序就说这一些。

2002年元旦

自序之二

这本《六至九世纪中国政治史》,是前年年底动笔撰写的。才写了一至六章,去年四月中旬就应邀入京开会,五月份赴复旦大学讲课,回西安后又临时插进古文献学教材《史部要籍概述》的写作。今年年初再从第七章接着写下去,到今天总算把全书十五章全部写完,了却撰成这本专著的心愿。

我对六至九世纪这段中国历史的认识,在去年元旦所写的自序中已作了简要的讲述,其中的核心是:"从封建领主制至地主制的转型期,至门阀消灭之隋及唐初实已完成,此后唐、宋两朝可说是进入了成熟的封建地主制社会。案此种封建地主制社会在世界上似为我国所独有,其文化固非领主制如我国西周、春秋以及西欧中世纪之可比拟,至此成熟阶段,其光辉灿烂自更无待言。"感到不足的是,这本政治史只讲到政治上转型的完成,文化方面还没有顾得上。但要写文化至少得再来一本专著,这就不是我这个精力就衰的老年人所能担当了。好在前些年写过一篇《陈寅恪先生称誉赵宋文化之解说》,所讲的可作为我对文化看法的一个提纲。当时应学生某君之索发表在安徽的内部刊物《古籍研究》(1999 年第 1 期)上,看到的人不会多,现在正好把它移作本书的附录,聊以弥补这个缺憾。

另一篇附录是我所写的与本书内容有关的论文及其他文字目录。我撰写这本专著时,发现这些论文及其他文字颇有论证尚欠严密、行文尚欠妥帖之处,这次重行撰写,自多改正,自当以这次所写为准。但原先是怎么写的仍不必隐讳,因此把这些论文及其他文字编了个目录,按内容而不按发表时间的先后来编排，读者有需要时可较方便地查对。

如今写学术论文流行多出小注，我原先发表的有时也多出注。这次重写，仿照老一辈学人的办法，把小注要说的尽量纳入正文之中。我感到这样有时可把事情说得更清楚，尤其是在论证某个问题之时。

写论文遇到年月时，我一般不注公元。这次写专著多数给加了，以期看起来时间概念可以更加清晰。但我国旧历的第一年年底在公元多已进入第二年，看陈垣先生《二十史朔闰表》等可知。这里为简便起见，就不一一按月日细算，而只注出该年相当于公元某年，因为细算了一般也没有什么用处。

以上这些都是去年元旦的自序里没有讲到、没有考虑到的，现在写出来，就作为自序之二。

2003年6月8日，端午节后第五日

目 录

导　言 …………………………………………………………… 001
　　一　断代和通贯 ………………………………………………… 001
　　二　继承和修正 ………………………………………………… 003

第一章　北齐政治斗争的真相 …………………………………… 005
　　一　高欢政权的民族问题 ……………………………………… 005
　　二　任用文人整肃勋贵 ………………………………………… 010
　　三　乾明元年政变 ……………………………………………… 015
　　四　祖珽的政海升沉 …………………………………………… 024
　　五　武人与文人之争 …………………………………………… 028
　　六　口语中"汉"字的解释 …………………………………… 035

第二章　关陇集团始末 …………………………………………… 040
　　一　关陇集团的提出 …………………………………………… 040
　　二　说西魏北周的落后 ………………………………………… 041

三　山东文人敌视关陇 ·············· 047
　　四　尉迟迥举兵反杨 ·············· 051
　　五　关陇集团入隋后开始解体 ·············· 057
　　六　唐初关陇集团消失 ·············· 068

第三章　府兵的兴衰 ·············· 079
　　一　设八柱国并非受到胁迫 ·············· 079
　　二　为扩军整训增设柱国 ·············· 085
　　三　府兵的壮大和六柱国的结局 ·············· 095
　　四　府兵败坏于兵农合一 ·············· 100
　　五　驳府兵和均田结合之说 ·············· 108

第四章　李唐创业和玄武门之变 ·············· 113
　　一　可以信据的《大唐创业起居注》 ·············· 113
　　二　裴寂、刘文静之争 ·············· 122
　　三　秦王和太子、齐王 ·············· 129
　　四　玄武门之变揭秘 ·············· 140
　　五　所谓关陇山东之争和士族庶族之争 ·············· 152

第五章　高宗和武后 ·············· 157
　　一　贞观时帝位继承权之争 ·············· 157
　　二　高宗对抗元老重臣 ·············· 163
　　三　永徽六年皇后的废立 ·············· 169
　　四　从武昭仪到革唐建周 ·············· 172
　　五　评郭沫若的武则天研究 ·············· 178

第六章　李武政权 ……192
一　为什么要建立李武政权 ……192
二　怎样认识张柬之发动的政变 ……196
三　对所谓韦后乱政的剖析 ……204
四　李隆基获取政权和睿宗内禅 ……209
五　和《记唐代之李武韦杨婚姻集团》的异同 ……213

第七章　玄宗朝的中枢政局 ……217
一　对皇子和后妃的防微杜渐 ……217
二　宦官控制禁军 ……229
三　宰相们的真实面貌 ……239
四　内廷宦官和外朝宰相之争 ……253

第八章　马嵬驿之变和《长恨歌》……256
一　谁发动了马嵬驿兵变 ……256
二　和历史真实大有出入的《长恨歌》……262
三　一篇《长恨》有风情 ……275
四　说长生殿 ……280

第九章　范阳节度与奚、契丹 ……286
一　一个被长期忽视的问题 ……286
二　奚、契丹的威胁 ……287
三　设置范阳节度使 ……292
四　范阳节度使的战绩 ……299
五　中唐以后的作用 ……305

第十章　安史之乱 ……………………………………………311
- 一　《通典》的"二统"说 ………………………………311
- 二　安禄山的实力 ………………………………………316
- 三　前期战局的剖析 ……………………………………324
- 四　借用回纥兵 …………………………………………331
- 五　平定河北和重建藩镇 ………………………………338

第十一章　肃代两朝中枢政局 ……………………………346
- 一　肃宗之为皇太子 ……………………………………346
- 二　北上即位灵武 ………………………………………349
- 三　肃宗时的内廷和外朝 ………………………………353
- 四　玄宗移居和张后被杀 ………………………………359
- 五　代宗剪除宦官 ………………………………………363

第十二章　两税法的实施 …………………………………368
- 一　两税法为什么要在这里讲 …………………………368
- 二　认识两税法（上）……………………………………369
- 三　认识两税法（下）……………………………………377
- 四　两税法和农民起义本不相干 ………………………385
- 五　实施两税法是和地方争财权 ………………………389

第十三章　泾师之变 ………………………………………397
- 一　泾原和凤翔 …………………………………………397
- 二　对泾师之变的分析 …………………………………403
- 三　不被信任的朔方军 …………………………………407
- 四　神策军的由来和用于征伐 …………………………413

五　李晟是个什么样的人物 …………………………………………418

第十四章　所谓永贞革新 …………………………………………………426
　　一　永贞革新说的来源 …………………………………………………426
　　二　是否又来士族庶族之争 ……………………………………………428
　　三　关于反藩镇反宦官 …………………………………………………437
　　四　王叔文集团的本来面目 ……………………………………………444

第十五章　从立储谈宪宗之死 ……………………………………………448
　　一　立储牵连到郭妃 ……………………………………………………448
　　二　吐突承璀干预储位之争 ……………………………………………450
　　三　宪宗之死 ……………………………………………………………455
　　四　改号永新之谜 ………………………………………………………460
　　五　《辛公平上仙》是讲宪宗抑顺宗 …………………………………462

附录一　陈寅恪先生称誉赵宋文化之解说 ………………………………466
附录二　我所撰写的与本书内容有关的论文及其他文字目录 …………469

导　言

一　断代和通贯

"究天人之际，通古今之变，成一家之言"，这是司马迁在答任安书里表白他纂修《太史公书》即今《史记》一百三十篇的目的。古代自然科学的知识有限，像董仲舒那套要从天人合一来"究天人之际"，今天自无现实意义。但"通古今之变"，用今天的话来说即是寻找自古至今人类历史发展的规律，则遵信马克思主义的史学家也不会有异议。通贯古今地来撰著通史，确实是研究历史的上策。

但这么做又确实不容易。司马迁在他父亲司马谈所撰初稿的基础上来写成《史记》，也只有战国以来下讫本朝武帝这一段公认写得可以。可也有人指出鸿门宴之类实在太像小说，其真实性怕超不过《三国演义》，而《五帝本纪》到夏、商、西周更充满着神话传说。所以自班固以来，不论用《史记》的纪传体或《春秋》《左传》的编年体来写史，多只写一个朝代成其所谓断代史。个别写几个朝代的，如《南史》《北史》、新旧《五代史》，也只是写同一时地、同一类型的政权，仍旧是断代性质。重新挑起通史这个重担，只有北宋时的司马温公（司马光），他在刘攽、刘恕、范祖禹诸公的协助下，修成二百九十四卷的通史《资治通鉴》，成为《史记》以后的又一大著作，致来"二司马"之称，但仍后继乏人。南宋的《续资治通鉴长编》《建炎以来系年要录》以及清人的《续资治通鉴》《明通鉴》

等，又都免不了呈现其断代性质。

到近现代由于西学东来，学制有所变化，需要编印中学用的本国史以至大学里讲授的中国通史，才有种种通史式的教材或专著问世。但其中真能称得上高水平的学术著作，恐怕还只有吕诚之（思勉）师的那套断代的中国通史，包括《先秦史》《秦汉史》《两晋南北朝史》《隋唐五代史》近三百万字，计划中的《宋辽金元史》《明清史》未及命笔而谢世，其前的《吕著中国通史》则重点尚在上册文化史的概述。诚之师之所以能写出这样的通史，是因为他真实地在纪传史"二十四史"上用了功夫，不过除先秦部分外，旁及其他文献总不免少了一些。钱宾四（穆）先生呢，《国史大纲》自有其独到的见解，但功力较之诚之师总有所不逮，很多地方只是作简略的、跳跃式的讲述，且间有失误，在初版行世时即受到指摘。因此近数十年来史学工作者的研究多自限于断代，即备受崇敬的陈寅恪先生以至陈援庵（垣）先生亦莫不如此。人的精力生命总有局限，这也是无可奈何之事。

但历史的进展又确如流水无从割断的。说研究这一断代、这个朝代，只是大体说研究重点是在此而不在彼，并非真从此朝代建立之日研究起，到其倾覆之时即截然而止。因为其所以能建立此新朝事先必早有凭借，而其倾覆的因子亦必早已种下。不过这个道理是否能为多数人知道，实在不好说，我自己原先就对此不甚措意。以致在1979年和史筱苏（念海）世叔合招唐史研究生并着手研究唐代政治史时，仍只是从玄武门之变李渊、李世民、建成、元吉的父子、兄弟之争开始，而此前关陇集团诸问题，因为不思上溯而置之未予清理。

其实真够水平的断代史研究并不都这样。因为断代史和断代史研究之间本不能画等号，后者的范围本不为朝代之起讫所局限。就陈寅恪先生而论，他在《唐代政治史述论稿》里就认为"有唐一代三百年间其统治阶级之变迁升降，即是宇文泰'关中本位政策'所鸠合集团之兴衰及其分化"，《隋唐制度渊源略论稿》更将渊源上溯到北魏、北齐和梁、陈。这一点我迟至十年之前才有所醒悟，当然也是由于工作需要，认真通读了《北齐书》《周书》，觉得对研究唐史确实大有用处。因此下决心把重点从唐代转移到北朝后期的北齐、北周以至杨隋上来，取得了若干新的收获。从而这本政治史也就可以从北朝齐、周也就是公元六世纪写起，讲了齐、周、杨隋再讲唐代的事情。

二　继承和修正

我还有个认识，即研究历史虽得依靠个人的脑力劳动，却仍是一种集体作业性质。即都是在前人他人研究的基础上继续前进，而绝非个人独往独来就能有所创获。当然这种集体作业绝不等同于当年"大跃进"时的集体写作，更不是如今在某些人中间风行的找些哥儿们自己来当主编出书。

既然如此，要在一个领域内从事研究工作，自必须对此领域内前人、他人的成果作回顾了解。如果前人、他人没有顾及，没有研究到，而问题又确实重要，不是当年梁启超说过的"邻猫生子"之类，那就可以由自己来做拾遗补阙的工作或曰填补空白的工作。如果前人、他人已经研究，而且研究对了，得出了正确的结论，那就自当接受而不必再去作重复劳动；如果不对，结论不正确，那就需要重新研究以事修正。1999年12月《历史研究》《中国史研究》《近代史研究》《世界历史》《当代中国史研究》《中共党史研究》《史学理论研究》七刊编辑部发表《关于遵守学术规范的联合声明》，第一条就指出："学术研究必须尊重前人研究成果，凡专题研究论文，应就主要的研究内容，概略说明或介绍前人研究的主要成果或研究状况；此种说明或介绍，可以列入正文，亦可采用注释的方式；完全没有此种说明或介绍的来稿，各刊编辑部将不予受理。"我认为也应出于同样的考虑。

现在让我们来看一下唐代以及唐代以前南北朝的研究情况。总的说来南朝比较好，北朝则大体研究到魏孝文帝迁都洛阳，此后重要的成果，就只有如上所说陈寅恪先生提出的关系到唐代统治阶级变迁升降的宇文泰"关中本位政策"所鸠合的集团即所谓关陇集团。但这种集团在其时究竟是先进抑落后，寅恪先生似尚未暇有所论断。至于寅恪先生指出的其制度为隋唐所承袭的北齐，只有缪彦威（钺）先生撰写的发表在1949年四川大学《史学论丛》第一期上的《东魏北齐政治上汉人与鲜卑之冲突》一文较有影响[①]，但所论证实尚未能精当。因此，我在这里就得从东魏、北齐的胡汉问题和西魏、北周的关陇集团入手，对缪彦威先生和寅恪先生分别作商榷，然后进而论述唐代的事情。这部分寅恪先生的《唐代政治史述论稿》对人们最多启发，但亦难免有欠精到之处，时下流行的某些看法益远离史实，均需一一研讨讲说。

缪彦威先生是前辈学人，陈寅恪先生更是魏晋南北朝隋唐史的权威人士。我和他们的论著作商榷，也只是说在个别问题上我用了更多的工夫。而且也正是有了前辈的论著，才促使我作进一步的探讨，我应当首先感谢他们的引导。所以我常对有志史学的青年人讲：你们要好好地读老一辈学人的书，我当年就是读了吕诚之师、顾颉刚师以及陈寅恪先生的书，才真正走上史学研究的通衢大道，至于我自己的文章论著，只能供你们参考。

以上都是我对撰写这本专著的种种考虑，下面就分章节来仔细讲说这一大段历史。

---

① 此文后又收入先生《读史存稿》，1963年三联书店版。

第一章　北齐政治斗争的真相

一　高欢政权的民族问题

后来追谥为神武皇帝、庙号高祖的北齐政权创建者高欢,是依仗接收了葛荣的余众起家的。《北史》卷六《齐本纪·神武纪》说①:

> 葛荣众流入并、肆者二十余万,为契胡陵暴,皆不聊生,大小二十六反,诛夷者半,犹草窃不止。〔契胡尔朱〕兆患之,问计于神武,神武曰:"六镇反残,不可尽杀,宜选王素腹心者私使统焉,若有犯者,罪其帅,则所罪者寡。"……兆以神武为诚,遂以委焉。

这里所说的"六镇",本是北魏当年为防御柔然南侵而在北边设置的六个军镇,其兵将都是有战斗力的鲜卑和鲜卑化了的汉人。都城南迁洛阳后他们的地位低落,终于纷纷叛乱南下,葛荣就是其中最强大的一支。葛荣为契胡即羯胡酋长尔朱荣所杀,其后尔朱荣又被杀,这六镇残余经尔朱兆之手为高欢所得,凭此成其霸业建立政权,如《隋书》卷二四《食货志》所说:

---

① 《北齐书》至北宋时已多残缺。高欢的《神武纪》亦在缺卷中而用《北史》补足,今径引《北史》,以后遇到同样情况照此办理,不另出注。

>六镇扰乱，相率内徙，寓食于齐晋之郊。齐神武因之，以成大业。

这在史学界是向来没有异议的。

有点异议的是这位领导者神武帝高欢的来历。《北史·齐神武纪》说：

>齐高祖神武皇帝姓高氏，讳欢，字贺六浑，勃海蓨人也。六世祖隐，晋玄菟太守。隐生庆，庆生泰，泰生湖，三世仕慕容氏。及慕容宝败，国乱，湖率众归魏，为右将军。湖生四子，第三子谧，仕魏，位至侍御史，坐法徙居怀朔镇。谧生皇考树生。……神武既累世北边，故习其俗，遂同鲜卑。

缪彦威先生在《东魏北齐政治上汉人与鲜卑之冲突》文中首先引用了王鸣盛《十七史商榷》卷六八"高允与神武为近属"条所说："《魏书》四十八卷《高允传》：'勃海人也。祖泰，在叔父湖传。'……然则允之祖即欢高祖，允是欢五世内从祖，近亲属也，欢贵，执魏权，以允之名望，无所追崇。"接着说："近人周一良氏作《领民酋长与六州都督》一文（载《历史语言研究所集刊》第二十本上册），因领民酋长皆鲜卑或服属于鲜卑之敕勒、匈奴、契胡族，而高欢曾为领民酋长，因此推论高欢或本非汉人。"然后彦威先生提出自己的考证：

>据《魏书》（《高湖传》），高欢之祖谧"拜兰台御史，寻转治书，当官而行，无所畏避，甚见称赏。延兴二年九月卒"，而《北史》（《齐神武纪》）则谓谧"仕魏，位至侍御史，坐法徙居怀朔镇"。此其舛午可疑者一。据《魏书》，高欢之父树生，孝文帝时，阳平王颐率众讨蠕蠕，"假树生镇远将军，都将，先驱有功，树生不愿职位，辞不受赏。孝昌初，北州大乱，诏发众军广开募赏，以树生有威略，

授以大都督,令率劲勇,镇捍旧蕃"。则树生曾为将军与大都督,非甚寒贱。而《北史》则未尝记树生官位,且谓高欢"家贫,及娉武明后,始有马",已与《魏书》所言不合;又谓"孝昌元年,柔玄镇人杜洛周反于上谷,神武乃与同志从之"。若父方为大都督,镇捍旧蕃,而子乃从杜洛周起兵反魏,尤不近情理。此其舛午可疑者二。即就《魏书·高湖传》细审之,亦有一大疑窦。《魏书·高湖传》谓高谧"延兴二年九月卒。长子树生,孝昌二年卒,时年五十五。树生弟翻"。树生卒于孝明帝孝昌二年(526),年五十五,应生于孝文帝延兴二年(472)。树生生年即谧卒年,树生如生于九月谧卒之后,则是谧之遗腹子,即使生于九月谧卒之前,亦是谧最末之子,何以得云"长子树生",树生何以又能有弟翻?此岂非一绝大之疑窦乎?细研以上诸疑点,吾人可得一解释。盖高湖、高谧乃渤海高氏,入仕魏朝,高谧或本无子嗣,高欢乃塞上鲜卑或汉人久居塞上而鲜卑化者,既贵之后,伪造世系,冒认高谧为祖,谓其父树生为谧之长子,以附于渤海高氏之名族。……高欢贫贱,本系事实,树生官爵,亦出伪造,此又显明易知,无待详论者矣。

彦威先生此文发表后,又得谭季龙(其骧)先生来函讨论,谓高欢族属可能出于高丽。在彦威先生文收入《读史存稿》时此函作为"附记"刊布,要点是:

北朝诸史中多高丽高氏,见于列传者,有高道悦(《魏书》六二)、高崇(《魏书》七七)、高肇(《魏书》八三)、高琳(《周书》二九)、高颎(《北史》七二)。除高琳外,皆自附于勃海蓨县。又《高肇传》云:"出自夷土,时望轻之。"《高琳传》云:"五世祖宗拜第一领民酋长。"种种情形,皆与高齐相同,然则高齐殆亦有出自高丽之可能也。且其可能性甚大。……前后燕时,每伐高丽,辄徙户而归,见《晋书·载记》。魏道武之拔中山,徙山东六州吏民及徒何、

> 高丽、杂夷三十六万于京师,见《魏书》本纪天兴元年。盖自魏之初造,代地已多高丽,其后太武、献文、孝文时,又续有归附,见上举诸传。神武之先世何时入魏,虽不可知,要之本纪所云"累世北边",当属事实。乃上文所叙世系,在北边者仅祖、父二世,前后文义不符,斯则又由于伪托世系之故也。

以上这些说法都有其道理。但1987年黄山书社出版的《陈寅恪魏晋南北朝史讲演录》,是1947至1948年万绳楠先生在清华大学听寅恪先生讲课所作的笔记,其第十八篇之(一)"北齐的鲜卑化"中不同意这些说法,说:

> 远祖可冒认,三代以内要冒认是不可能的。毫无疑问,高欢为高湖之后,籍贯为渤海蓨县,民族为汉人。

究竟哪个说法正确,还不好判断,历史上不好判断的悬案本来就很多。但无论如何,高欢本人之鲜卑化则是都没有异议的。《讲演录》指出:

> 说他是汉人,是就血统而言。《北齐书·神武纪上》所说:"神武既累世(高谧、高树生、高欢三世)北边,故习其俗,遂同鲜卑。"这就是"化"的问题。高欢在血统上虽是汉人,在"化"上因为累世北边,已经是鲜卑化的人了。"化"比血统重要,鲜卑化人也就是鲜卑人。"化"指文化习俗而言。

这也就是《唐代政治史述论稿》里所说的:

> 汉人与胡人之分别,在北朝时代文化较血统尤为重要。凡汉化之人即目为汉人,胡化之人即目为胡人,其血统如何,在所不论。

高欢既是鲜卑化的人,所拥有的六镇余众又是鲜卑和鲜卑化的汉人,在某些情况下鲜卑语和鲜卑旧俗自颇有市场。这就是缪彦威先生文中举出的《北史》卷五《魏孝武帝纪》"〔高〕欢遣四百骑迎帝……即位，……用代都旧制"；和《北齐书》卷二一《高昂传》"高祖每申令三军，常鲜卑语"。但彦威先生进而认为：

> 北齐一代，鲜卑势盛，汉人虽数次起而相争，欲抑黜鲜卑，整顿政治，……然卒不能胜鲜卑而归于失败，北齐政治遂始终不上轨道，以迄于亡。

《讲演录》也记陈寅恪先生所说：

> 北齐占据山东，经济力量远远胜过占据关中的北周，可是北齐却被北周灭亡。原因在哪里呢？在北周能将民族问题解决，而北齐在民族关系上则未能善调。

这些在今天看来就都有问题了。

先从理论上说，鲜卑势盛是否一定会引起汉人与鲜卑的相争？汉人失败，民族问题不能解决，是否就会亡国？这是不能简单地作出肯定答复的，得看具体情况。举个例子，北魏孝文帝迁都洛阳后鲜卑之势仍不能说不盛，洛阳居民也多是汉人，可就不曾引起多少汉人与鲜卑之争，有的倒只是鲜卑内部要不要汉化之争。

更重要的当然还得看事实。彦威先生文中认为北齐一代鲜卑势盛，明显的汉人与鲜卑之争且发生了三次，《讲演录》记寅恪先生所说也颇有类似的看法，这就需要把有关的记载作一番彻底的审核。审核下来确是如此，就得承认彦威先生等所说的正确，民族问题不能解决的确促使北齐亡了国。否则，亡国的原因就得另行找寻。

审核工作就在下面逐一进行。因为事情的头绪多，论证也需要材料，不得不占用较多的篇幅，请读者不要嫌它烦琐。

二 任用文人整肃勋贵

这里先说彦威先生提出的第一次冲突,说是东魏孝静帝时汉人崔暹、崔季舒在执政的高澄支持之下纠劾鲜卑亲贵,到高洋执政,在鲜卑亲贵的压力下又流徙二崔于北边。

这是否真系汉人与鲜卑的冲突,应该首先看《北史》卷六《齐世宗文襄帝纪》也就是高欢长子高澄本纪里的这段记载:

> 〔天平〕三年,入辅朝政,……元象元年,摄吏部尚书。魏自崔亮以后,选人常以年劳为制,文襄乃厘改前式,铨擢唯在得人。又沙汰尚书郎,妙选人地以充之。至于才名之士,咸被荐擢,假有未居显位者,皆致之门下,以为宾客。每山园游宴,必见招携,执射赋诗,各尽其所长,以为娱适。……自正光已后,天下多事,在任群官,廉洁者寡。文襄乃奏吏部郎崔暹为御史中尉,纠劾权豪,无所纵舍,于是风俗更始,私枉路绝。乃榜于街衢,具论经国政术,仍开直言之路,有论事上书苦言切至者,皆优容之。

因为《北齐书》卷三《文襄帝纪》缺失,宋人用此《北史》补入,所以缪彦威先生引用《北齐书·文襄帝纪》也就是同样的这段文字是要来论证其时确有汉人与鲜卑之争的。其实这段文字只是说高澄掌权后要大力整顿吏治,从而佐命勋贵中的滥用权势者成为重点整肃的对象。为此就需要重用文化高、素质好、懂得政事的文人来执行此任务,崔暹以及另一位崔季舒就是这样的人选。这里丝毫嗅不出汉人在整肃鲜卑作民族斗争的气味,更不见"鲜卑"或"汉人"的明文。虽然《北齐书》卷三〇《崔暹传》说是"博陵安平人,汉尚书寔之后也,世为北州著姓",卷三九《崔季舒传》也说是"博陵安平人,父瑜之,魏鸿胪卿",无可疑问都是汉人中的文人。

高澄是天平三年(536)去邺城在名义上的皇帝东魏孝静帝身边执掌

政权的，高欢则仍留在晋阳遥控，这样经历了十一年到武定五年（547）高欢才去世①。所以高澄这么做显然是秉承了高欢的意旨，或者说在此问题上是父子一致。这在《北齐书·崔暹传》里说得最清楚②：

> 武定初，迁御史中尉，……前后表弹尚书令司马子如及尚书元美、雍州刺史慕容献，又弹太师咸阳王坦，并州刺史可朱浑道元，罪状极笔，并免官，其余死黜者甚众。高祖（神武帝高欢）书与邺下诸贵曰："崔暹……始居宪台，乃尔纠劾。咸阳王、司马令并是吾对门布衣之旧，尊贵亲昵，无过二人，同时获罪，吾不能救，诸君其慎之。"高祖如京师，群官迎于紫陌。高祖握暹手而劳之曰："往前朝廷岂无法官，而天下贪婪，莫肯纠劾，中尉尽心为国，不避豪强，遂使远迩肃清，群公奉法。冲锋陷阵，大有其人，当官正色，今始见之。今荣华富贵，直是中尉自取，高欢父子，无以相报。"赐暹良马，使骑之以从，且行且语，暹下拜，马惊走，高祖为拥之而授辔。魏帝宴于华林园，谓高祖曰："自顷朝贵、牧守令长、所在百司多有贪暴，侵削下人。朝廷之中有用心公平，直言弹劾，不避亲戚者，王可劝酒。"高祖降阶，跪而言曰："唯御史中尉崔暹一人。谨奉明旨，敢以酒劝，并臣所射赐物千匹，乞回赐之。"帝曰："崔中尉为法，道俗齐整。"暹谢曰："此自陛下风化所加，大将军臣澄劝奖之力。"世宗退谓暹曰："我尚畏羡，何况余人。"由是威名日盛，内外莫不畏服。高祖崩，未发丧，世宗以暹为度支尚书兼仆射，委以心腹之寄。

足见高欢、高澄父子对崔暹倚寄之重，委任之深。崔季舒的情况也相似。《北史》卷三二《崔季舒传》说：

---

① 又1985年中华书局版周太初（一良）先生《魏晋南北朝史札记》"高澄历官年份"条推测高澄入邺辅政当在兴和初年，则下去高欢之卒亦有八年之久。

② 《北齐书》此卷或已亡佚，但又与《北史》卷三二《崔暹传》不同，或后人以《高氏小史》补。这里姑仍引今本《北齐书》。以后遇到同样情况也这么处理。

神武亲简丞郎，补季舒大行台都官郎中。文襄辅政，转大将军中兵参军，甚见亲宠。以魏帝左右须置腹心，擢拜中书侍郎。……转给事黄门侍郎，领主衣都统。虽迹在魏朝，而归心霸府，密谋大计，皆得预闻。于是宾客辐凑，倾身接礼，甚得名誉，势倾崔暹。……时勋贵多不法，文襄无所纵舍，外议以季舒及崔暹等所为，甚被怨嫉。

高欢是鲜卑化了的。把高欢、高澄父子委任汉人崔暹、崔季舒来整肃勋贵，即使这些勋旧都是鲜卑，也不能说成是汉人和鲜卑之争，否则怎么解释得了鲜卑化的高欢会成为汉人二崔的后台。

现在再看这些被整肃的勋贵是否真都是鲜卑。上引《崔暹传》里开列了他们的名单，是司马子如、元羡、慕容献、元坦、可朱浑道元。此外高欢的姊夫尉景，和司马子如同号"四贵"的孙腾、高岳、高隆之，也是这类人物，见《北史》卷五四《尉景传》和《北齐书》卷一八《孙腾传》。其中尉景，是"善无人"，当是《魏书》卷一一三《官氏志》"西方尉迟氏，后改为尉氏"的尉氏，入居北边而鲜卑化的。孙腾，"咸阳石安人也，祖通，仕沮渠氏为中书舍人，沮渠灭入魏，因居北边"，当是汉人鲜卑化的。高岳，传见《北齐书》卷一三，是高欢的"从父弟"。元坦，传见《北齐书》卷二八，"祖魏献文皇帝"，是元魏的宗室。可朱浑道元，传见《北齐书》卷二七，"自云辽东人，世为渠帅，魏时拥众内附，曾祖护野肱终于怀朔镇将"，据1962年中华书局版姚薇元先生撰《北朝胡姓考》内篇"四方诸姓·朱氏"条考证，是鲜卑慕容燕贵族的后裔。还有未立传的慕容献，也应系出此鲜卑慕容氏。元羡，也应是元魏宗室。以上这七人都可算是鲜卑和鲜卑化了的，但其中元羡、元坦两名鲜卑元魏宗室又已经汉化。至于名列"四贵"的另两名高隆之、司马子如，则情况又不相同。《北齐书》卷一八《高隆之传》说："本姓徐氏，云出自高平金乡。父干，魏白水郡守，为姑婿高氏所养，因从其姓。"同卷《司马子如传》说："河内温人也。八世祖模，晋司空、南阳王。模世子保，晋乱出奔凉州，因家焉。魏平姑臧，徙居于云中，其自序云尔。"这自序自云当然不能完全凭信,但司马子如和高隆之同为汉人而非鲜卑当无问题。看子如的"事姊有礼,抚诸兄子慈笃。当时名士并加钦爱,世以此称之",高隆之"虽不涉学,而钦尚文雅,缙绅名流,必存礼接,寡姊为尼,事之如母,训督诸子,必先文义,世甚以此称之"。这两个"世以此称之"说明在此二贵身上仍未失汉族文人的风度。然而此二贵偏偏和鲜卑及鲜卑化的都成为被整肃的对象。而另有个对尉景射利纳贿极端厌恶,在高欢座上要求作御史中尉来"捉尉景"的库狄干,案之《北史》卷五四本传和《北朝胡姓考》内篇"四方诸姓·狄氏"条,却是家于善无的鲜卑人。还有上述鲜卑化了的孙腾,因为"亲狎小人,专为聚敛",也会弄得包括鲜卑、汉人在内的"朝野深非笑之"。这些都说明此种斗争确实不曾以民族来划分营垒,不能说成是汉人与鲜卑之争。

武定七年(549)高澄遇刺身死,高欢次子高洋继起掌权,第二年即取代东魏成为北齐朝第一个正式皇帝显祖文宣帝。这时崔暹、崔季舒确曾一度遭到打击,而带头发动这次打击的偏偏又是"四贵"中的司马子如、高隆之两汉人。其事《北齐书》卷四《显祖文宣帝纪》失载,散见二崔及高隆之、司马子如的传里。《崔暹传》说:

> 显祖初嗣霸业,司马子如等挟旧怨,言暹罪重,谓宜罚之。高隆之亦言宜宽政网,去苛察法官,黜崔暹,则得远近人意。显祖从之。及践祚,谮毁之者犹不息,帝乃令都督陈山提等搜暹家,甚贫匮,唯得高祖、世宗与暹书千余纸,多论军国大事。帝嗟赏之。仍不免众口,乃流暹于马城,昼则负土供役,夜则置地牢。岁余,奴告暹谋反,锁赴晋阳,无实,释而劳之。寻迁太常卿。帝谓群臣曰:"崔太常清正,天下无双,卿等不及。"……天保末,为右仆射。……十年,暹以疾卒,帝抚灵而哭,赠开府。

《北史·崔季舒传》说:

> 司马子如缘宿憾,及尚食典御陈山提等列其过状,由是季舒及暹各鞭二百,徙北边。天保初,文宣知其无罪,追为将作大匠,再迁侍中,俄兼尚书左仆射、仪同三司,大被恩遇。

可见这只是一场个人恩怨引起的政坛风波,是以汉人司马子如、高隆之为首的勋贵受二崔抑制而不甘心,找机会报复陷害,而并非如彦威先生所说是"鲜卑亲贵势力复盛"之所致。所以为时无几二崔又为高洋重新起用且大被恩遇,而高隆之却为高洋"禁止尚书省"筑辱致死,司马子如亦被免官,高洋并数让之曰:"崔暹、季舒事朕先世,有何大罪,卿令我杀之?"足见高洋在任用文人不纵容勋贵这点上仍能继承父兄遗志,并未有所改易。

其实高洋之任用文人,尚早在接班掌权之前。如《北齐书》卷三〇《高德政传》所说:

> 德政,字士贞,渤海蓨人。……世宗嗣业,如晋阳,显祖在京居守,令德政参掌机密,弥见亲重。世宗暴崩,事出仓卒,群情草草。勋将等以缵戎事重,劝帝(显祖高洋)早赴晋阳。帝亦回遑不能自决,夜中召杨愔、杜弼、崔季舒及德政等,始定策焉,以杨愔居守。……迁尚书左仆射,兼侍中,……德政与尚书令杨愔纲纪政事,多有弘益。

这高德政和高欢父子不同宗族,是真的渤海蓨人,汉人士族。杨愔,《北齐书》卷三四本传说是"弘农华阴人。父津,魏时累为司空、侍中",同样是汉人士族。杜弼,卷二四本传说是"中山曲阳人,……自序云本京兆杜陵人,九世祖鹜,晋散骑常侍,因使没赵,遂家焉。祖彦衡,淮南太守。父慈度,繁畤令",也应是汉人士族。当然不能因此便说高洋亲汉,他的亲信所以多汉人且系士族,是由于汉人士族能以文学政事见长,非勋将之所能企及而已。

附带说一下，这几名亲信文人中高德政和杜弼后来都被高洋杀害，其根本原因当如《北齐书·显祖文宣帝纪》所说：

> 帝……六七年后，以功业自矜，遂留连耽湎，肆行淫暴。……沉酗既久，弥以狂惑，至于末年，每言见诸鬼物，亦云闻异音声。情有蒂芥，必在诛戮，……高隆之、高德政、杜弼、王元景、李愔之等皆以非罪加害。

这显然是高洋精神失常之所致，不能看到杀了高德政、杜弼等汉人，以及杀了本系汉人的勋贵高隆之，就认为高洋后期又对汉人存心摧残。何况《文宣帝纪》在讲高隆之等被害时还说高洋"尝在晋阳以稍戏刺都督尉子耀，应手即殒。又在三台大光殿上以镰镰都督穆嵩，遂至于死"。这穆姓据《魏书·官氏志》是鲜卑丘穆陵氏所改，尉姓前面说过是尉迟氏所改而鲜卑化者，说明其时为高洋冤杀的并不止是汉人。更何况其时杨愔等仍在纲纪政事，如《杨愔传》所说"自天保五年已后，一人丧德，维持匡救，实有赖焉"。这天保五年（554）已后即高洋掌权六七年之后，"一人丧德"即指高洋之因精神病而淫暴。而且《高德政传》《杜弼传》还都讲到高洋杀德政和弼之后追悔，可见这是精神病发作时的行为而非清醒时所决策。《德政传》说："德政死后，显祖谓群臣曰：'高德政常言宜用汉，除鲜卑，此即合死。又教我诛诸元，我今杀之，为诸元报雠也。'"也只能算是病态的胡言乱语，不宜当真，不然又后悔干什么呢？

三 乾明元年政变

第二次冲突，彦威先生说在北齐废帝高殷之时，认为高洋在位时杨愔实为汉人士大夫之领袖，故主张立汉族高门赵郡李氏女为高洋皇后。高洋去世，李氏所生皇太子高殷即位，杨愔等受遗诏辅政，欲使政权归已为皇太后之李氏而排斥鲜卑亲贵，遂有乾明元年（560）三月之政变。高洋同母弟高演、高湛杀杨愔等人，高演继而废高殷自立，汉人失败而鲜卑胜利。

彦威先生这么说，主要依据是今本《北齐书》卷三四《杨愔传》实即《北史》卷四一的《杨愔传》。今引《北史·杨传》说：

> 文宣〔于晋阳〕大渐，以常山（高演）、长广（高湛）二王位地亲逼，深以后事为念。愔与尚书左仆射平秦王归彦、侍中燕子献、黄门侍郎郑子默受遗诏辅政，并以二王威望先重，咸有猜忌之心。初在晋阳，以大行在殡，天子谅闇，议令常山王在东馆，欲奏之事皆先谘决，二旬而止。仍欲以常山王随梓宫之邺，留长广镇晋阳。执政复生疑贰，两王又俱从至于邺。子献立计，欲处太皇太后于北宫，政归皇太后。又自天保八年已来，爵赏多滥，至是，愔先自表解其开封王，诸叨窃荣恩者皆从黜免，由是嬖宠失职之徒尽归心二叔。高归彦初虽同德，后寻反动，以疏忌之迹，尽告两王。可朱浑天和又每云："若不诛二王，少主无自安之理。"宋钦道面奏帝，称二叔威权既重，宜速去之。帝不许曰："可与令公共详其事。"愔等议出二王为刺史，以帝仁慈，恐不可所奏，乃通启皇太后，具述安危。有宫人李昌仪者，……太后以启示之，昌仪密白太皇太后。愔等又议不可令二王俱出，乃奏以长广王为大司马、并州刺史，常山王为太师、录尚书事。及二王拜职，于尚书省大会百僚，……长广旦伏家僮数十人于录尚书后室，仍与席上勋贵数人相知。……及宴〔捉愔等〕……，愔大言曰："诸王反逆，欲杀忠良邪？尊天子，削诸侯，赤心奉国，未应及此。"常山王欲缓之，长广王曰："不可。"于是愔及天和、钦道等皆被拳杖乱殴击，头面血流，各十人持之。使薛孤延、康买执子默于尚药局。

这里所说"尊天子，削诸侯"的措施曲折，当属真实，因为没有事后编造的需要，确可用来说明这场北齐最高统治层中的权力之争。斗争的一方是以高洋的皇太子、这时已即帝位的高殷为核心，以重臣杨愔及燕子献、可朱浑天和、宋钦道、郑颐为骨干的正统合法的政治集团，另一方是当时的常山王即后来的肃宗孝昭帝高演和当时的长广王即后来的世祖武成帝高湛，生他们的高欢娄后即当时的太皇太后也站到他们一边。

杨愔等并非因为是汉人而结合到一起。据本传杨愔虽是汉人士族，但其仕进实以文人身份经高欢识拔而成为高洋的辅佐，又两次成为高欢的女婿、高洋的妹夫，第二次所尚太原长公主且为高欢娄后的亲生女。他早在东魏武定末年已"超拜吏部尚书，加侍中、卫将军"，高洋称帝的天保初年"以本官领太子少傅"，任保护高殷之职，"迁尚书右仆射"，"又拜开府仪同三司、尚书左仆射"，"九年，徙尚书令，又拜特进、骠骑大将军"，高殷即位受遗诏辅政，实已成为高氏皇室的懿戚，高洋父子的股肱。何况本传还说他"自居大位，门绝私交"，"性周密畏慎，恒若不足"，绝不像是在汉人中结帮营私以对抗鲜卑的人物，不能如彦威先生所说是"常思扶植汉人势力"。

燕子献诸人《北齐书》卷三四有传。其中燕子献是"广汉下洛人"，同样是汉族而以文人身份为高欢所任用，"尚淮阳公主"，高洋时"官至侍中、开府"，高殷即位"除右仆射"。可朱浑天和则是可朱浑道元的季弟，是鲜卑人，"以道元勋重，尚东平公主"，"累迁领军大将军、开府"，高殷即位"加特进"。这二人也都是以高欢女婿的身份和杨愔共同辅佐高殷，和他们的民族并无关系，否则说鲜卑人可朱浑天和参加汉人集团来反鲜卑，岂不有悖于情理！

《北齐书》同卷和杨愔等一起被杀的还有宋钦道和郑颐。宋钦道是"广平人"，郑颐是"彭城人"，确实都是汉人。但宋是高洋"令在东宫教太子习事"，郑"旧与高殷款狎"，"二人幸于两宫（高洋、高殷）"，高殷即位宋"迁秘书监"，郑"拜散骑常侍"。这都是凭高殷在东宫时旧人的身份得到宠用，尽管"权势之重，与愔相埒"，和杨愔却不同气类，并无以同系汉人而与杨愔结成反鲜卑集团的事实。

再看高演、高湛这一方。他们之所以要反对以杨愔等为骨干、以高殷为核心的政治集团，也并非出于鲜卑的民族利益来反汉人，而只是自身感受到了此集团对他们的威胁。据《北史》卷五一《齐宗室诸王神武诸子传》，高欢有十五男，其中"武明娄皇后生文襄皇帝（澄）、文宣皇帝（洋）、孝昭皇帝（演）、襄城景王淯、武成皇帝（湛）、博陵文简王济"共占了六个。文襄帝高澄是长子，死后"兄终弟及"，由文宣帝高洋掌权称帝。第八子襄城王高淯在天保二年就去世。第十二子博陵王高济"尝从文宣巡幸，在路忽忆太后，遂逃归，帝怒，临以白刃，因此惊悸"，当缘年幼且精神欠正常而未见忌。因而娄后所生六子中见忌的自只有第六子其时的常山王高演和第九子其时的长广王高湛，这是一点。再一点是高洋生前对有能力的诸弟确是十分猜忌且要杀害的。非娄后所生的高欢第三子永安王高浚和第七子上党王高涣的遭遇就是如此。高浚被收后"盛以铁笼，与上党王涣俱置北城地牢下，饮食溲秽，共在一所。……帝亲将左右临穴歌讴，令浚等和之，浚等惶怖且悲，不觉声战，帝为怆然，因泣，将赦之，长广王湛先与浚不睦，进曰：'猛兽安可出穴？'……浚与涣皆有雄略，为诸王所倾服，帝恐为害，乃自刺涣，又使壮士刘桃枝就笼乱刺，槊每下，浚、涣辄以手拉折之，号哭呼天，于是薪火乱投笼，烧杀之，填以石土"。这种虐杀的惨酷固系高洋后期精神失常之所致，而所以要虐杀自缘二王"皆有雄略""恐为害"之故。至于长广王高湛虽因私怨在杀害高浚上加了温，他自身和常山王高演也在危惧之中。高演的本纪《北史》卷七《齐孝昭帝纪》就说：

> 时文宣溺于游宴，帝……密撰事条，将谏，其友王晞以为不可。帝不从，因间极言，遂逢大怒。……帝性颇严，尚书郎中剖断有失，辄加捶楚，令史奸慝，便即考竟。文宣乃立帝于前，以刀环拟胁，召被帝罚者，临以白刃，求帝之短，咸无所陈，方见解释。……后赐帝魏时宫人，醒而忘之，谓帝擅取，遂令刀环乱筑，因此致困。皇太后日夜啼泣，文宣不知所为。先是禁友王晞，乃舍之，令侍帝。帝月余渐瘳，不敢复谏。

加之如前所引《杨愔传》还有高洋临终"以常山、长广二王位地亲逼,深以后事为念"之说,宋钦道、可朱浑天和等又有使二王外任以至要诛杀的建议。鉴于自身的安危利害,高演、高湛二王自必发动政变以求一逞。至于取代高殷,则又是政变成功后顺理成章的事情。

政变中站在高演、高湛一边的还有其生母,即高欢娄后,此时的太皇太后。《北史》卷一四《后妃·齐武明皇后娄氏传》说:

> 天保初,尊为皇太后,宫曰宣训。济南(高殷被废后为济南王)即位,尊为太皇太后。尚书令杨愔等受遗诏辅政,疏忌诸王,太皇太后密与孝昭及诸大将定策诛之,下令废立。孝昭即位,复为皇太后。孝昭崩,太后又下诏立武成帝。大宁二年……崩于北宫。

这里有个问题,即后来的孝昭帝高演和武成帝高湛固是她的亲儿子,而后来的济南王当时的幼主高殷也是她的亲孙儿,何以她宁要亲儿子而废掉亲孙儿呢?这很容易让人们从民族问题上来考虑。因为这娄后本是鲜卑人,是《魏书·官氏志》"匹娄氏,后改为娄氏"的娄氏,别详《元和姓纂》辑本卷五"河南娄氏"条和《北朝胡姓考》内篇"内入诸姓·娄氏"条的考证。而高殷生母、高洋皇后李氏,正好是"赵郡李希宗女",是汉人中的士族高门,《新唐书》卷一九九《儒学·柳冲传》记柳芳所说山东地区"为大"的郡姓。而且《北史·后妃·齐文宣皇后李氏传》里还有这样的记载:

> 初为太原公夫人(天平二年高洋封太原郡开国公)。及帝将建中宫,高隆之、高德正(政)言汉妇人不可为天下母,宜更择美配。杨愔固请依汉魏故事,不改元妃。而德正(政)犹固请废后而立段昭仪,欲以结勋贵之援。帝竟不从而立后焉。

这段史料彦威先生和寅恪先生《讲演录》都曾引用,彦威先生且用来论证这场斗争实是鲜卑与汉人之争,是"娄后排斥李后,压制汉人"。

但看《北史》同卷的其他几位皇后。文襄帝高澄皇后"元氏,魏孝静帝之姊",孝昭帝皇后"元氏,开府元蛮女",固同出鲜卑族的北魏皇室但已汉化。武成帝高湛皇后"胡氏,安定胡延之女,其母范阳卢道约女",则是汉人且当系士族。再查《北史·齐宗室诸王神武诸子传》中王妃姓氏之有可考者,仅永安王高浚妃陆氏有可能是《魏书·官氏志》所说"步六孤氏,后改为陆氏"的鲜卑陆氏,华山王高凝妃王氏是汉人抑乌丸王氏或高丽王氏未能确定,均可参考《北朝胡姓考》内篇"内入诸姓·陆氏"条和外篇"东胡诸姓·王氏"条、"东夷诸姓·王氏"条所考证。此外彭城王高浟妃郑氏、上党王高涣妃李氏、任城王高湝妃卢氏、高阳王高湜妃张氏均是汉人。此张氏父张晏之且有传见《北史》卷四三,说"幼孤,为母郑氏教诲,动依礼典",应出于士族。而卢、李、郑再加上汉人中的王氏更是山东"为大"的郡姓。可知高欢本就多择汉人士族或已汉化的元氏皇室之女为其儿媳,而史传中也未说娄后对此有何异议。至《文宣皇后李氏传》中所说反对立李氏的高隆之、高德政,前面说过又都是汉人。而他们主张立为皇后的段昭仪,据《北史·后妃传》知是段韶之妹。段韶及父段荣传见《北齐书》卷一六,说段荣之妻亦即段韶兄妹之母乃娄后之姊,但段荣本身却是"姑臧武威人","祖信,仕沮渠氏,后入魏,以豪族徙北边",段韶"雅性温慎,有宰相之风,教训子弟,闺门雍肃,事后母以孝闻",知与高隆之、高德政同为汉人而非鲜卑。彦威先生因段荣娶娄后之姊就说"段氏乃汉人而鲜卑化者",寅恪先生《讲演录》因高隆之、高德政反对高洋立李氏为后就说"他们已经鲜卑化,自认为鲜卑人",都是过于武断而别无其他根据的。这二高之反对李氏为后要高洋立段昭仪,自是由于段昭仪之母乃娄后之姊,如《北史·李氏传》所说"欲以结勋贵之援"。而上文所说"汉妇人不可为天下母"一段,则系史官别据其他资料或口说抄入,显与"欲以结勋贵之援"矛盾不相应,何足凭信。至于李氏之得立为皇后且"独蒙礼敬",无非是高洋悦其"容德甚美",和民族问题并无关系。杨愔之支持高洋立此李后,也只是忠于其主或将顺其主,并不表示他站在汉人立场说话。当然更不好由此推论因儿媳李氏是汉人,娄后就要连自己的孙儿高殷一起作为对立面来反对。

剩下一个问题,即《北史·杨愔传》在记述政变把场面转入昭阳殿之后,曾说娄后讲过"岂可使我母子受汉老妪斟酌"的话,这仍很自然地要被彦威先生用来作为娄后站在鲜卑立场反儿媳李氏的证据。但我发觉这段记载本身的真实性就成问题。它是这么写的:

> 二叔率高归彦、贺拔仁、斛律金拥愔等唐突入云龙门。见都督叱利骚,招之不进,使骑杀之。开府成休宁拒门,归彦喻之,乃得入。送愔等于御前。长广王及归彦在朱华门外。太皇太后临昭阳殿,太后及帝侧立。常山王以砖叩头,进而言……帝时默然,领军刘桃枝之徒陛卫,叩刀仰视,帝不睬之。太皇太后令却仗,不肯,又厉声曰:"奴辈即今头落!"乃却。因问杨郎何在,贺拔仁曰:"一目已出。"太皇太后怆然曰:"杨郎何所能,留使不好邪?"乃让帝曰:"此等怀逆,欲杀我二儿,次及我耳,何纵之?"帝犹不能言。太皇太后怒且悲,王公皆泣。太皇太后曰:"岂可使我母子受汉老妪斟酌!"太后拜谢。常山王叩头不止。太皇太后谓帝曰:"何不安慰尔叔。"帝乃曰:"天子亦不敢与叔惜,岂敢惜此汉辈?但愿乞儿性命,儿自下殿去,此等任叔父处分。"遂皆斩之。……太皇太后临愔丧,哭曰:"杨郎忠而获罪。"以御金为之一眼,亲内之,曰:"以表我意。"常山王亦悔杀之。

这里可怀疑的有几点。首先是杨愔等既已被执被殴,即可处置,何以要押送到内朝昭阳殿上、其时的皇帝高殷和太后李氏之前,难道不怕杨愔等申诉,不怕高殷、李太后为之解救?而且其时太皇太后娄氏也在殿上,杨愔被殴"一目已出"之惨状尽已目睹,何以还要问"杨郎何在"?"一目已出"当尚可抢救,何况娄后还说了"杨郎何所能,留使不好邪"的话,何以卒不能救而"遂皆斩之"?再则历来宫廷政变的成败在于禁军之向背,北齐禁军如《隋书》卷二七《百官志》所说设有"领军府,将军一人,掌禁卫宫掖，朱华阁外凡禁卫官皆主之，……又领左右卫、领左右等府"，这朱华阁自即在外朝与内朝之间的朱华门①。禁军本止禁卫朱华门以外的外朝，这时情况紧急已有部分进入内朝禁卫昭阳殿，《杨传》所说"领军刘桃枝之徒陛卫"可证。而这时的禁军长官领军大将军如前所说实由可朱浑天和充任，与杨愔等"初虽同德，后寻反动"而和高演、高湛合流的高归彦，虽曾任领军大将军，这时已"拜司徒"②，故入云龙门时"见都督叱利骚，招之不进"，"开府成休宁拒门，归彦喻之，乃得入"，均已不能指挥如意。乃在昭阳殿上单凭太皇太后娄氏厉声大喝"奴辈即今头落"，陛卫的禁军就会"却仗"退走，娄后难道真有如此的威力？

这些疑点，要看了《北史》卷七《齐孝昭帝纪》才能解决，这是这次乾明政变的另一种记载。它说：

> 帝（高演）初上省，……朝士咸集。坐定，酒数行，于坐执尚书令杨愔、右仆射燕子献、领军可朱浑天和、侍中宋钦道等。帝戎服与平原王段韶、平秦王高归彦、领军刘洪徽入自云龙门，于中书省前遇散骑常侍郑子默，又执之，同斩于御府之内。帝至东阁门，都督成休宁抽刃呵帝，帝令高归彦喻之，休宁厉声大呼不从。归彦既为领军，素为兵士所服，悉皆弛仗，休宁方叹息而罢。帝入至昭阳殿，幼主、太皇太后、皇太后并出临御坐。帝奏愔等罪，求伏专擅之辜。时庭中及两廊下卫士二千余人，皆被甲待诏，武卫娥永乐武力绝伦，又被文宣重遇，抚刃思效。废帝（幼主）吃讷，兼仓卒，不知所言。太皇太后又为皇太后誓，言帝无异志，唯云逼而已。高归彦敕劳卫士解严，

---

① 北齐邺城宫室布局，别详顾炎武《历代帝王宅京记》卷一三述邺都南城所引《邺中记》，顾《记》则又录自嘉靖《彰德府志》卷八《邺都宫室志》，盖源出北宋李琮撰《相台志》。

② 《北史》卷五一《齐宗室诸王·高归彦传》在"乾明初，拜司徒"之下虽有"仍总知禁卫"五个字，《北齐书·可朱浑天和传》在讲了"累迁领军大将军、开府"之后却只说"济南王即位，加特进，改博陵公"，别无其他任免，可见政变时的领军大将军如下引《北史》卷七《齐孝昭帝纪》所记仍是可朱浑天和（《纪》作"领军"是省文），高归彦的"仍总知禁卫"只是虚领已非实职。至于"领军〔大将军〕一时二十"，是后主高纬时的不正常状态，见《北史》卷八《齐后主纪》，这时不可能让高归彦和可朱浑天和同任领军大将军。

永乐乃内刀而泣。帝乃令归彦引侍卫之士向华林园，以京畿军入守门阁，斩娥永乐于园。诏以帝为大丞相、都督中外诸军、录尚书事，……太皇太后寻下令废少主，命帝统大业。皇建元年八月壬午，皇帝即位于晋阳宣德殿，大赦，改乾明元年为皇建，诏奉太皇太后还称皇太后，皇太后称文宣皇后。

这里所说前一段的情节与《杨传》无大出入，《杨传》未出现的领军刘洪徽当和刘桃枝之领军同为领军府下属的将领，而不可能与可朱浑天和同为领军大将军，娥永乐之武卫即领军府所领左右卫将军的副贰武卫将军，凡此均尚无关宏旨。真大有出入者，一是杨愔等五人在高演一伙进入宫禁之前已"同斩于御府之内"，则《杨传》所云昭阳殿里娄后有关"杨郎"的问对就悉出虚构，有同白日见鬼！再则当时高殷一方可用的禁军卫士，在昭阳殿庭及两廊下已多至二千余人，占绝对优势，所以这位太皇太后娄氏绝不可能用虚声恫吓的手法而只好向皇太后李氏立誓诱说，说高演等别无异志，只是由于杨愔等逼迫太甚才不得不诛杀。皇太后李氏缺乏斗争经验，高殷其时只有十六岁，也幼弱少决断①，受了娄后的欺骗而未敢利用此优势禁卫武力以敉平变乱。而此禁卫武力复在原长官高归彦劝诱下解严并被引向华林园，以原由高湛指挥的京畿军入守门阁②，政变于是乎成功。由此可知《杨传》所记昭阳殿上的种种细节，包括高殷所说"天子亦不敢与叔惜，岂敢惜此汉辈"等好似准备退位的话语，娄后所说"岂可使我母子受汉老妪斟酌"的直斥李后的言辞，也都是违背当时情势而属事后所虚构，在论证娄后的鲜卑民族立场上毫无史料价值。旧日史书纪的可信程度往往高于列传，这也可算是一例。

至于娄后参预这次政变的真实目的，只有一个，就是要满足她的权

---

① 《北史》卷七《齐废帝纪》说高殷"皇建二年九月殂于晋阳，年十七"。则政变发生的皇建元年即乾明元年高殷才十六岁。
② 《北史》卷八《齐武成帝纪》只记高湛在政变成功后"迁太傅，录尚书事，领京畿大都督"，但《孝昭帝纪》却说杨愔等以"湛为大司马，录并省尚书事，解京畿大都督"。可知高湛前此已任京畿大都督。政变时以刚解任仍能控制指挥京畿军，政变成功后遂复任此职以掌握部分兵权。

欲。《北史·后妃·齐武明皇后娄氏传》说:"神武既有澄清之志,倾产以结英豪,密谋秘策,后恒参预。及拜勃海王妃,阃闱之事悉决焉。"说明是个对政治感兴趣而并非家庭妇女式的人物。高欢死后她先是王太妃,后是皇太后,在亲子高澄、高洋面前总还有点发言权。现在孙儿高殷当了皇帝,她成了太皇太后,就隔了一层,不能越过皇太后李氏对小皇帝指挥如意,而皇太后李氏则实际上成为此小皇帝的代言人,《孝昭帝纪》所记政变中她要向李氏立誓也证明了这一点。这才应该是她支持亲子高演、高湛来反对孙儿高殷,并让高演当上皇帝的真正原因。后来高演死了,她"又下诏立武成帝"即她的亲子高湛,而不立高演的皇太子即她的孙儿高百年,也应是出于同样的原因,尽管高百年之母是鲜卑元氏,纵使已汉化至少不算真汉族。由此更说明那种认为娄后反对汉妇人当皇太后从而要推翻高殷母子之说,委实难于成立。

附带说一下,这位篡立的孝昭帝高演,原本也是颇为汉化的人物。《孝昭帝纪》就讲他"情好稽古,率由礼度,将封先代之胤,且敦学校之风,征召英贤,文武毕集"。其中最亲信的仍是历任他常山公友、常山王友的王晞。王晞有传附在《北齐书》卷三一其兄王昕的传后,《昕传》说他们是"北海剧人。六世祖猛,秦苻坚丞相,家于华山之鄠城。父云,仕魏朝有名望",所以这王晞仍是系出汉人士族的文士。《杨愔传》还说愔见杀后"仍以中书令赵彦深代总机务",而《北史》卷五五《彦深传》说他"自云南阳宛人,汉太傅熹之后。高祖父难为齐州清河太守,有惠政,遂家焉",他为高欢所用"专掌机密,文翰多出其手",又是一个汉族文人。可见高演篡立后对前此重用文人的政策并无改变,并不以文人多系汉族而有所芥蒂。

四　祖珽的政海升沉

第三次冲突,彦威先生说在北齐后主高纬之世,汉人士大夫之领袖为祖珽。珽执政时颇欲整顿政治,重用汉人,为鲜卑亲贵排挤而去,继之汉人士大夫崔季舒等被诛杀。北齐政治终于上不了轨道以迄于亡。

案这里牵涉的事情太多，为眉目清晰起见，要分两段来讲，先讲祖珽如何逐步掌权，再讲祖珽的最终失败和崔季舒等的被杀。

祖珽有篇颇为详尽的传，见《北史》卷四七，并录入今本《北齐书》卷三九，说他字孝徵，范阳遒人，其父祖莹在北魏时"以文学见重"，确是个系出士族的汉人。祖珽本人"天性聪明，事无难学，凡诸伎艺，莫不措怀，文章之外，又善音律，解四夷语及阴阳占候，医药之术，尤是所长"，是个多才多艺的文士，因此曾先后见赏于高欢、高澄、高洋父子兄弟，只缘"不能廉慎守道"，贪污盗窃，多次被贬责。祖珽之被重用，是在北齐朝政败坏的世祖武成帝高湛和后主高纬父子之时，《北史·祖珽传》记其事说：

> 珽善为胡桃油以涂画，为进之长广王，因言"殿下有非常骨法，孝徵梦殿下乘龙上天"。王谓曰："若然，当使兄大富贵。"及即位，是为武成皇帝，擢拜中书侍郎。……〔和〕士开忌之，出为安德太守，转齐郡太守。以母老乞还侍养，诏许之。……寻为太常少卿、散骑常侍、假仪同三司，掌诏诰。……时皇后爱少子东平王俨，愿以为嗣，武成以后主体正居长，难于移易。珽私于士开曰："……宜说主上云：襄、宣、昭帝子俱不得立，今宜命皇太子早践大位，以定君臣。若事成，中宫少主皆德君，此万全计也。君且微说，令主上粗解，珽当自外表论之。"士开许诺。因有慧星出，太史奏云除旧布新之征，珽于是上书，言："陛下虽为天子，未是极贵。案《春秋元命苞》云：'乙酉之岁，除旧革政。'今年太岁乙酉，宜传位东宫，令君臣之分早定，且以上应天道。"并上魏献文禅子故事，帝从之。由是拜秘书监，加仪同三司，大被亲宠。既见重二宫，遂志于宰相。先与黄门侍郎刘逖友善，乃疏侍中尚书令赵彦深、侍中左仆射元文遥、侍中和士开罪状，令逖奏之。逖惧，不敢通，其事颇泄，彦深等先诣帝（武成帝高湛）自陈。帝大怒，执珽诘曰："何故毁我士开？"……乃

鞭二百，配甲坊，寻徙于光州。……乃为深坑，置诸内，苦加防禁，桎梏不离其身，家人亲戚不得临视，夜中以芜菁子烛熏眼，因此失明。

这是祖珽第一次从得宠到失势。其所以得宠是先结纳高湛，继又勾结和士开支持高纬受内禅，这自然谈不上代表汉人利益和鲜卑斗争。失势则由于想当宰相而反赵彦深、元文遥、和士开不成。这赵彦深是汉族文人，见前引《北史》卷五五本传。同卷《元文遥传》说文遥是"河南洛阳人，魏昭成皇帝六世孙"，"敏慧夙成，……时有人将《何逊集》初入洛，……文遥一览便诵，时年始十余岁"，是鲜卑而早就汉化者。祖珽反他们当然也不是反鲜卑。《和士开传》见《北史》卷九三《恩幸传》，说"其先西域商胡，本姓素和氏"，这素和氏据《北朝胡姓考》内篇"内入诸姓·和氏"条考证，应是鲜卑素和国的归化人，士开可能"先世本素和国人，徙居西域，或本出西域，归魏后赐姓素和"。但从此和本人之"幼而聪慧，选为国子学生，解悟捷疾，为同业所尚"，以及"武成好握槊，士开善此戏，……又能弹胡琵琶，因致亲宠"，说明他是既受汉化又经西域化，遂擅长西域诸伎艺而为高湛及高纬两朝所宠幸。祖珽反他同样不能说反鲜卑，何况二人前此还相勾结。

高湛死去，后主高纬完全掌权，这时发生赵郡王高叡和娄定远、元文遥反对和士开而失败的事情。高叡是高欢弟高琛之子，娄定远是娄后弟娄昭之子，事详《北齐书》卷一三《赵郡王叡传》、《北史》卷五四《娄定远传》以及《元文遥传》《和士开传》，祖珽没有参与。但这时祖珽也重新起用，如《祖传》所说：

后主忆之，就除海州刺史。是时陆令萱外干朝政，其子穆提婆爱幸，珽乃遗陆媪弟悉达书曰："赵彦深心腹阴沉，欲行伊、霍事，仪同姊弟岂得平安，何不早用智士邪？"和士开亦以珽能决大事，欲以为谋主，故弃除旧怨，虚心待之。……入为银青光禄大夫、秘书监，加开府仪同三司。

这陆令萱、穆提婆母子事迹见《北史·恩幸传》。说"穆提婆本姓骆,汉阳人也",很可能出于《魏书·官氏志》鲜卑"他骆拔氏。后改为骆氏"的骆氏,见《北朝胡姓考》内篇"内入诸姓·骆氏"条考证。但其"父超以谋叛伏法,提婆母配入掖庭,……后主在襁褓中,令其鞠养,谓之干阿妳,……令萱奸巧多机辩,取媚百端,宫掖之中,独擅威福,封为郡君,和士开、高阿那肱皆为郡君义子。天统初奏引提婆入侍后主,朝夕左右,大被亲狎,无所不为,遂至尚书左右仆射、领军大将军、录尚书,封城阳郡王。……令萱又佞媚穆昭仪,养之为女,是以提婆改姓穆,及穆氏定位,号令萱曰太姬,视第一品"。这实在是佞幸一流,说不上存在什么鲜卑的民族立场,否则祖珽这个汉族文人何敢通过他母子以求进用。

接着以高湛的第三子时任京畿大都督的琅邪王高俨为首,侍中冯子琮、治书侍御史王子宜、开府高舍洛、中常侍刘辟疆参加,动员京畿军士闹了场政变。先杀死和士开,还想杀陆令萱母子并取代后主高纬,高纬得宿将斛律光支持,政变乃失败,详见《北史》卷五二《齐宗室诸王·琅邪王俨传》和卷五五《冯子琮传》以及《和士开传》。事后祖珽与陆令萱继续勾结,如《祖传》所说:

> 和士开死后,仍说陆媪出〔赵〕彦深,以珽为侍中。在晋阳通密启,请诛琅邪王。其计既行,渐被任遇。又太后(高湛后胡氏)之被幽也,珽欲以陆媪为太后,撰魏帝皇太后故事,为太姬言之,谓人曰:"太姬虽云妇人,实是雄杰,女娲已来无有也。"太姬亦称珽为国师、国宝。由是拜尚书左仆射,监国史,加特进,入文林馆,总监撰书。

斛律光反对祖珽,祖珽和陆令萱又通谋冤杀斛律光及弟斛律羡并子侄,详见《北齐书》卷一七《斛律光传》。斛律光父斛律金有传在同卷,说是

"朔州敕勒部人",《魏书》卷一〇三《高车传》说高车"初号为狄历,北方以为敕勒",其种有斛律氏,详《北朝胡姓考》外篇"高车诸姓·斛律氏"条,陈寅恪先生《讲演录》并指出其属于西部鲜卑。但祖珽此举既有陆令萱合伙,自仍不能说是汉人在反鲜卑。

接着祖珽求为职掌禁卫的领军又取得胜利,事也详见《祖传》。说反对者有侍中斛律孝卿、尚书右仆射高元海,孝卿、元海失败,"珽列元海共司农卿尹子华、太府少卿李叔元、平准令张叔略等结朋树党",除诸人外任,"珽自是专主机衡,总知骑兵、外兵事","委任之重,群臣莫比"。这斛律孝卿有传见《北齐书》卷二〇,说他"少聪敏几悟,有风检,……自赵彦深死,朝贵典机密者,唯孝卿一人差居雅道,不至贪秽",则亦已汉化,自不致站在鲜卑立场来反祖珽。高元海传见《北史》卷五一《齐宗室诸王传》,说"元海后妻,陆太姬甥也,……武平中与祖珽共执朝政,元海多以太姬密语告珽,珽求领军,元海不可,珽乃以其所告报太姬,姬怒",则与祖珽无非也是权势之争。至于尹子华、李叔元、张叔略自均是汉人,而悉为祖珽所摈斥,则说祖珽此举是反鲜卑更不能成立。

总之,祖珽从得宠到失势到再得宠,驯至参预中枢政事兼绾兵柄,以及其间各种人物的勾结倾轧,实无一不是为了争个人权势而并非闹民族矛盾,不存在汉人与鲜卑之争。

五 武人与文人之争

这里讲祖珽的最终失败和崔季舒等人的被杀,为方便起见,先罗列史料,再作论证分析。

《北史·祖珽传》说:

> 自和士开执事以来,政体隳坏,珽推崇高望,官人称职,内外称美。复欲增损政务,沙汰人物。始奏罢京畿府并于领军,事连百姓,皆归郡县,宿卫都督等号位从旧官名,文武服章并依故事。又欲黜诸

阉竖及群小辈，推诚延士，为致安之方。陆媪、穆提婆议颇同异。斑乃讽御史中丞丽伯律，令劾主书王子冲纳赂，知其事连提婆。欲使赃罪相及，望因此坐，并及陆媪。犹恐后主溺于近习，欲因后党为援，请以皇后兄胡君瑜为侍中、中领军，又征君瑜兄梁州刺史君璧，欲以为御史中丞。陆媪闻而怀怒，百方排毁，即出君瑜为金紫光禄大夫，解中领军，君璧还镇梁州。皇后之废，颇亦由此，王子冲释而不问。斑日以益疏，又诸宦者更共谮毁之，无所不至。后主问诸太姬，悯默不对，三问，乃下床拜曰："老婢合死，本见和士开道孝徵多才博学，言为善人，故举之。此来看之，极是罪过，人实难容，老婢合死。"后主令韩凤检案，得其诈出敕受赐十余事，以前与其重誓不杀，遂解斑侍中、仆射，出为北徐州刺史。斑求见分疏，韩长鸾积嫌于斑，遣人推出柏阁，斑固求面见，坐不肯行，长鸾乃令军士牵曳而出，立斑于朝堂，大加诮责。上道后复令追还，解其开府仪同、郡公，直为刺史。……卒于州。

《恩幸·韩凤传》说：

韩凤，字长鸾，昌黎人也。父永兴，开府、青州刺史、高密郡公。……后主居东宫，年尚幼，武成简都督三十人送令侍卫，凤在其数。后主亲就众中牵凤手曰："都督看儿来。"因此被识，数唤共戏。袭爵高密郡公，位开府仪同三司。武平二年，和士开为厍狄伏连等矫害，敕咸阳王斛律明月（光）、宜阳王赵彦深在凉风堂推问支党，其事秘密，皆令凤口传，然后宣诏敕号令文武。禁掖防守，悉以委之，除侍中、领军，总知内省机密。祖斑曾与凤于后主前论事，斑语凤曰："强弓长矟，容相推谢，军国谋算，何由得争？"凤答云："各出意见，岂在文武优劣。"后主将诛斛律明月，凤固执从，祖斑因有谏言，既诛明月，数日后主不与语，后寻复旧。……进位领军大将军，……与高阿那肱、穆提婆共处衡轴，号曰"三贵"，损国害政，日月滋甚。……凤被宠要之中，尤嫉人士，朝夕燕私，唯相谮诉，崔季舒等冤酷，皆凤所为也。……朝士谘事，莫敢仰视，动致呵叱，辄詈云："狗汉大不可耐，唯须杀却。"若见武职，虽厮养末品，亦容下之。

崔季舒等被杀事，则《北史·季舒传》所说为详尽：

> 祖珽受委，奏季舒总监内作，珽被出，韩长鸾以为珽党，亦欲出之。属车驾将适晋阳，季舒与张雕〔虎〕议，以为寿春被围，大军出拒，言使往还，须禀节度，兼道路小人，或相惊恐，云大驾向并州，畏避南寇，若不启谏，必动人情，遂与从驾文官连名进谏。时贵臣赵彦深、唐邕、段孝言等初亦同心，临时疑贰，季舒与争未决。长鸾遂奏云："汉儿文官，连名总署，声云谏止向并州，其实未必不反，宜加诛戮。"帝即召已署表官人集含章殿，以季舒、张雕、刘逖、封孝琰、裴泽、郭遵等为首，并斩之殿庭，长鸾令弃其尸于漳水。自外同署，将加鞭挞，赵彦深执谏获免。

先说祖珽这时"推崇高望，官人称职"，"增损政务，沙汰人物"，这自是事实，但类似的措施其他人早已有过。如最初高欢父子能任用崔暹等"纠劾权豪，无所纵舍"，高澄本人也能"厘改前式，铨擢唯在得人。又沙汰尚书郎，妙选人地以充之"。以后辅佐高洋的杨愔以及祖珽所反对的元文遥、赵彦深也都如此。杨愔"典选十余年，奖擢人伦，以为己任"。"齐因魏，宰县多用厮滥，……文遥以县令为字人之切，遂请革选，……士人为县，自此始也"。彦深"凡诸选举，先令铨定，提奖人物，皆行业为先，轻薄之徒，弗之齿也"。均见《北史》本传。可知凡是具有点政治头脑的人，尤其是文人而被大用后，常常会在整肃仕途上有所作为，祖珽这么做比别人并无特别高明之处，更不能如彦威先生所说是"推崇汉人，压抑鲜卑"，否则高澄当年也如此做又将作何解释？

祖珽"奏罢京畿府并于领军"的京畿府，前面讲乾明政变时提到过，和职掌禁卫的领军府是互不统属的两个军事机构。彦威先生文中引用《魏书·官氏志》所说"永安已后，远近多事，置京畿大都督，复立州都督，俱总军人，天平四年夏罢六州都督，悉隶京畿"，指出六州都督乃总领鲜卑或鲜卑化之六州流民者，"故京畿府所辖乃鲜卑之兵团"，祖珽此举"即取消有特殊权势之鲜卑兵团，与汉人兵士同等待遇"。这讲得都对。但其时祖珽自身已兼领军，则这么做仍只为了扩张他自己的权力，不能说是代表汉人来欺压鲜卑。真是欺压鲜卑，那何以没有引起多数鲜卑的强烈抗拒，只是陆令萱母子"议颇同异"。这当是不愿祖珽权力之过于庞大，仍看不出有民族意味。

祖珽"欲黜诸阉竖及群小辈"，就是《北史·恩幸传》所记的宦官和高欢父子畜养的家奴——仓头，以及家世西域擅长乐舞的胡小儿。《传》中即说宦官邓长颙"武平中任参宰相，干预朝政"，陈德信"亦参时宰，与长颙并开府封王"，又有潘师子等"并于后主之朝肆其奸佞"。仓头辈"及于后主，则是先朝旧人，以勤旧之劳，致此叨窃"。胡小儿则"非理爱好，排突朝贵，尤为人士之所疾恶"。但这几类人都并非鲜卑之所组合，祖珽只是感到自己的权势受他们侵犯所以要加以黜斥，并非站在汉人一边来和鲜卑作斗争。

但站在一边和另一边作斗争的事情，祖珽还是有的，这就是上引《祖传》《恩幸传》《崔季舒传》都讲到的祖珽和韩凤之争，不过这仍旧不是汉人与鲜卑之争，而是文人与武人之争。而且这种文武之争并非迟至后主高纬朝才出现，是早在其前就有过。这因为东魏北齐不像后面要讲的关陇集团那样文武合一而是文武分途，既分了途文武之间就有意识上的差别，就会进而相竞，进而斗争。

这种意识上的差别亦即所谓文武有别的观念，也是早就存在于其时多数人头脑之中的。所以《北史·杨愔传》会说"韩陵之战，愔每阵先登，朋僚咸共怪叹曰：'杨氏儒生，今遂为武士'"，《张晏之传》也会说"晏之文士，兼有武干"。在最初，文人崔暹、崔季舒曾被高欢父子用来整肃勋贵，形成文人与勋贵之争，已如前所说。其后此辈勋贵逐渐引退死亡，文人与武人之争就日见明朗化。如乾明政变之后，高演以其亲信王晞为司马，尚如《北齐书·晞传》所说"每夜载入，昼则不与语，以晞儒缓，恐不允武将之意"，便是武人歧视文人的一个事例。到后主高纬朝文人凭借文林馆的建立结成以祖珽为首的集团，就更激起武人首脑中如韩凤者与之对立。

这文林馆的建立缘起，详见于《北齐书》卷四五《文苑传》总序里，说：

> 后主虽溺于群小，然颇好讽咏，幼稚时曾读诗赋，……及长亦少留意。初因画屏风，敕通直郎兰陵萧放及晋陵王孝式录古名贤烈士及近代轻艳诸诗以充图画，帝弥重之。后复追齐州录事参军萧悫、赵州功曹参军颜之推同入撰次，犹依霸朝谓之馆客。放及之推意欲更广其事，又祖珽辅政爱重之推，又托邓长颙渐说后主，属意斯文。〔武平〕三年，祖珽奏立文林馆，于是更召引文学士，谓之待诏文林馆焉。

《文苑·颜之推传》载有所撰《观我生赋》，在自注中讲到"署文林馆待诏者仆射阳休之、祖孝徵（珽）以下三十余人，之推专掌"。所以《北齐书》卷四二《阳休之传》会有"邓长颙、颜之推奏立文林馆"之说①。《文苑》总序还列举入馆待诏撰书者姓名则更多至六十一人，当是把短期参加的也算了进去。总之这个文林馆将"当时操笔之徒，搜求略尽"，形成了要使武人侧目相视的文人阵营，从而加剧了文武之争。

前引《韩凤传》祖珽与韩凤于后主前论事，韩凤说"各出意见，岂在文武优劣"，这大概是祖珽拜尚书左仆射"入文林馆总监撰书"之后的事情。接着祖珽和陆令萱母子通谋冤杀武人中声望最高的斛律光，《韩凤传》

---

① 《北齐书》卷四四《儒林·张景仁传》说："及立文林馆，中人邓长颙希旨，奏令〔景仁〕总制馆事。"但《文苑》总序列举入馆待诏撰书诸人中并无此张景仁在内，故仍当以《观我生赋》自注所说文林馆由"之推专掌"为可信据。

和《北齐书·斛律光传》都特别提出韩凤反对,《韩凤传》且说"后主将诛斛律明月(光),凤固执不从,祖珽因有谗言,既诛明月,数日后主不与语",说明文武之争在意识上已很明显,至少武人韩凤这边是如此。到祖珽与陆令萱母子发生矛盾最终被贬斥时,《祖珽传》所记韩凤对他的种种消责摧辱,更充分体现了武人敌视文人的心态,终于酿成韩凤冤杀崔季舒等六人的惨剧。

崔季舒等被冤杀是在武平四年(573)十月辛丑,见《北史》卷八《齐后主本纪》,经过已详上引《北史》本传。这六人是后主要去晋阳时的"从驾文官",其中崔季舒和张雕、刘逖、封孝琰都名列在《文苑》总序所述入文林馆待诏撰书者之中。所以《韩凤传》要说他"尤嫉人士","崔季舒等冤酷,皆凤所为",这"人士"就是士人、文人之谓。这在颜之推的《观我生赋》自注中讲得更清楚,是"时武职疾文人"。并说:"之推蒙礼遇,每构创痏。故侍中崔季舒等六人以谏诛,之推尔日邻祸。"邻祸者,即《颜传》所说:"崔季舒等将谏也,之推取急还宅,故不连署。及召集谏人,之推亦被唤入,勘无其名,方得免祸。"当然这"武职疾文人"只是从大体上来说,其间还难免渗入更为复杂的亲疏恩怨关系。如上引这条《观我生赋》自注之后还有"侪流或有毁之推于祖仆射(珽)"之说,说明文人内部也有倾轧。又如文林馆的建立邓长颙也起过作用,而此邓却是"武平中任参宰相"的宦官。又如《北齐书》卷四四《儒林·张雕传》说"胡人何洪珍大蒙主上亲宠,与张景仁结为婚媾,雕以景仁宗室,自托于洪珍,倾心相礼,情好日密,公私之事,雕常为其指南,时穆提婆、韩长鸾与洪珍同侍帷幄,知雕为洪珍谋主,甚忌恶之",可见张雕此人也不是什么端人正士,更不说一贯无行的祖珽了。而穆提婆、韩凤知张雕为何洪珍谋主便甚忌恶,可知他们之间又有不易解脱的恩怨。

更值得注意的,即崔季舒等虽被冤杀,文人并未完全失势,资历优于祖珽的赵彦深和阳休之等均安然无恙。看《北史·齐后主纪》,赵其时仍为司空,至武平六年(575)八月转为司徒,阳仍为中书监,至六年四月为尚书右仆射。而韩凤却和穆提婆同被宦官陈德信所攻讦,除名为民。其事《后主纪》和《穆提婆传》均失记，仅《韩凤传》有之，说：

> 凤母鲜于，段孝言之从母子姊也，为此偏相参附，奏遣监造晋阳宫。陈德信驰驿检行，见孝言役官夫匠自营宅，即语云："仆射为至尊起台殿未讫，何用先自营造？"凤及穆提婆亦遣孝言役官夫匠为己造宅，德信还，具奏闻。及幸晋阳，凤又以官马与他人乘骑。上因此发怒，与提婆并除名，亦不露其罪，仍毁其宅，〔其先凤子宝信尚公主，至是〕公主离婚。复被遣向邺吏部门参。

穆提婆除名前任录尚书事，而《后主纪》记武平五年（574）二月甲寅"以尚书令唐邕为录尚书事"，则穆、韩的除名当即在此时。此后到武平七年（576）十二月晋阳为周军攻陷，后主逃回邺城，韩凤才"诏复王爵及开府、领军大将军"，"仍从后主走度河，到青州并为周军所获"，其间被冷落了将近三年。而此时掌知文林馆事的文人颜之推却颇为后主信任，如《颜传》所说：

> 及周兵陷晋阳，帝轻骑还邺，窘急计无所从，之推因宦者侍中邓长颙进奔陈之策，仍劝募吴士千余人以为左右，取青徐路共投陈国。帝甚纳之，以告丞相高阿那肱等，阿那肱不愿入陈，乃云吴士难信，不须募之，劝帝送珍宝累重向青州，且守三齐之地，若不可保，徐浮海南渡。虽不从之推计策，然犹以为平原太守，令守河津。

《观我生赋》自注也是这么说，并点清"除之推为平原郡，据河津"，是"以为奔陈之计"。可见到北齐覆亡时文人仍有说话的余地，并未让武人包揽一切。

六　口语中"汉"字的解释

以上把东魏北齐四十多年政治上的种种斗争作了审核，确实看不出有多少汉人与鲜卑之争。

但旧史所记当时口语中确有用"汉"字来指称人的事例。如前引《崔季舒传》韩凤所说"汉儿文官"，《韩凤传》所说"狗汉大不可耐"，这"汉儿""狗汉"应如何解释？《韩凤传》还说："凤恒带刀走马，未曾安行，瞋目张拳，有啖人之势，每咤曰：'恨不得锉汉狗饲马！'又曰：'刀止可刈贼汉头，不可刈草。'"这"汉狗""贼汉"又应如何解释？这些通常是被用来作为汉人与鲜卑之争的证据的。这样我就索性把《北齐书》《北史》里以"汉"称人之处略按时间先后抄录到一起，看是否都具有民族含义。

（一）《北齐书》卷二一《高昂传》："随高祖讨尔朱兆于韩陵，昂自领乡人部曲王桃汤、东方老、呼延族等三千人。高祖曰：'高都督纯将汉儿，恐不济事，今当割鲜卑兵千余人共相参杂，于意如何？'昂对曰：'敖曹所将部曲，练习已久，前后战斗，不减鲜卑，今若杂之，情不相合，胜则争功，退则推罪，愿自领汉军，不烦更配。'"案这里的呼延族又见《北史》卷五二《齐宗室诸王·广宁王孝珩传》，呼延是其姓，《史记》卷一一〇《匈奴传》说"诸大臣皆世官，呼衍氏、兰氏，其后有须卜氏，此三姓其贵种也"，《正义》："颜师古云：呼衍，即今鲜卑姓呼延者也，……"《北朝胡姓考》外篇"匈奴诸姓·呼延氏"条即以呼延族为匈奴后裔之入鲜卑者，则高欢何以称高昂"纯将汉儿"？可见这"汉儿""汉军"实仅指六镇鲜卑以外的地方豪族武装而言，地方豪族武装中自以汉人为多，就径称之为"汉儿""汉军"，是以武装的性质来区分而民族意味并不浓厚。

（二）《北史》卷三一《高昂传》："〔刘〕贵与昂坐，外白河役夫多溺死，贵曰：'头钱价汉，随之死。'昂怒，拔刀斫贵，贵走还营，昂便鸣鼓会兵攻之，侯景与冀州刺史万俟受洛解之乃止。时鲜卑共轻中华朝士，唯惮昂。"这刘贵《北齐书》卷一九有传,说是"秀容阳曲人"。清中叶出土东魏刘懿字贵珍者之墓志,《八琼室金石补正》卷一九有录文,知志主就是此人,而志中说他"起家□大将军府骑兵参军第一酋长",则必是匈奴屠各部之后而入于鲜卑者,《北朝胡姓考》内篇"勋臣八姓·刘氏"条有考证。但这所谓"头钱价汉"的"头钱价",是只值一文钱的意思,"汉"则是对此"只值一文钱"之人的贱称,以服劳役的百姓多数是汉人,遂有这"头钱价汉"之称,其本意并非站在鲜卑立场来仇视汉人。所以《北齐书·刘贵传》说"贵凡所经历,莫不肆其威酷,修营城郭,督责切峻,非理杀害,视下如草芥",也只讲他的残暴而不涉及民族。只是他在高昂面前说话不注意用了这个"汉"字,使高昂敏感起来误以为他蔑视汉人,才要和他拼命。至于所说"时鲜卑共轻中华朝士",只是指当时鲜卑勋贵轻视文人,文人多为汉族,所以被称做"中华朝士",同样不宜作为民族矛盾的证据。

（三）《北史》卷五一《齐宗室诸王·高阳王湜传》:"其妃父护军长史张晏之,尝要道拜湜,湜不礼焉。帝（高洋）问其故,对曰:'无官职汉,何须礼。'帝于是擢拜晏之为徐州刺史。"本章第三节说到过这高阳王高湜的王妃张氏家确是汉人且系士族,但张晏之为高湜所礼,是因为只做个长史不算独当一面的官职而与是否汉人无关,针对这点所以高洋要给张当上个刺史。因此这个"无官职汉"的"汉"字,同上例也只是对人的贱称,"无官职汉"者只是"无官职人"之谓而已。

（四）《北齐书》卷二三《魏兰根传附魏恺》:"迁青州长史,固辞不就。杨愔以闻,显祖大怒,谓愔曰:'何物汉子,我与官,不肯就,明日将过,我自共语。'是时显祖已失德,朝廷皆为之惧,而恺情貌坦然。显祖切责之,仍云:'死与长史孰优,任卿选一处。'恺答云:'能杀臣者是陛下,不受长史者是愚臣,伏听明诏。'显祖谓愔云:'何虑无人作官职,苦用此汉何为,放其还家,永不收采。'"案此魏虽是"钜鹿下曲阳人",是汉人士族,但此"汉子"和"汉"与上两例相同,也只是对人的贱称而别无民族意味。

（五）《北史》卷七《齐文宣帝纪》："曾有典御丞李集面谏，比帝有甚于桀纣。帝令缚置流中，沉没久之，复令引出，谓曰：'吾何如桀纣？'集曰：'向来弥不及矣。'帝又令沉之，引出更问，如是数四，集对如初。帝大笑曰：'天下有如此痴汉！方知龙逢、比干，非是俊物。'"这"痴汉"自然也就是痴人的意思，"汉"字在此不能释为汉族与上几例相同。

（六）《北史》卷五一《齐宗室诸王·平秦王归彦传》："魏时山崩，得石角二，藏在武库。文宣入库，赐从臣兵器，特以二石角与归彦，谓曰：'尔事常山不得反，事长广得反，反时将此角吓汉。'归彦额骨三道，着帻不安，文宣见之怒，便以马鞭击其额，血被面，曰：'尔反时当以此骨吓汉。'其言反竟验云。"案这当然是事后编造的神话，高洋生前如何能预知其弟常山王高演、长广王高湛之相继为帝。而"额骨三道"恐亦由二石角的神话衍化而出，成为赐二石角的另一种讲述，撰史书时硬把这两种讲述编写在一起，以致出现"此角吓汉"和"此骨吓汉"的用语重复。但这"吓汉"者仍只是吓人的意思，和前几例相同。因为这是讲头上长了二角成为龙即皇帝得以吓人，自然不可能只吓汉人。

（七）前引《北史·杨愔传》："太皇太后曰：'岂可使我母子受汉老妪斟酌！……帝乃曰：'天子亦不敢与叔惜。岂敢惜此汉辈？'"案这段纪事和这些语言之出于虚构，前已作了考证。但虚构者心目中"岂敢惜此汉辈"的"汉"字，恐仍只是对人的贱称而并非专指汉族，因为"此汉辈"中的可朱浑天和明明不是汉族，只有"汉老妪"和"汉"字才是指汉族。

（八）《北史》卷五二《齐宗室诸王·琅邪王俨传》记高俨杀和士开后，斛律光就谓曰："天子弟杀一汉，何苦？"这和士开的先世前已说过是西域商胡，他本身绝对不能算作汉人，这里称之为"一汉"的"汉"，当然仍是对人的贱称。

（九）《北史·祖珽传》："珽又附陆媪，求为领军，后主许之。诏须覆述，取侍中斛律孝卿署名，孝卿密告高元海，元海语侯吕芬、穆提婆云：'孝徵汉儿，两眼又不见物，岂合作领军也？'"这个"汉儿"倒真是指汉人，因为当是武职多由鲜卑及鲜卑化者充任，所以高元海会这么说。

（十）《北齐书》卷五〇《恩倖·高阿那肱传》："尚书郎中源师尝谘肱云：'龙见，当雩。'问师云：'何处龙见？作何物颜色？'师云：'此是龙星见，须雩祭，非是真龙见。'肱云：'汉儿强知星宿！'"案《新唐书》卷七五上《宰相世系表》谓"源氏出自后魏圣武帝诘汾长子疋孤，七世孙秃发傉檀"，自系鲜卑而非汉族，详《北朝胡姓考》外篇"东胡诸姓·源氏"条考证。因此陈寅恪先生《唐代政治史述论稿》上篇"统治阶级之氏族及其升降"里指出："此为北朝汉人胡人之分别，不论其血统，只视其所受之教化为汉抑为胡而定之确证。"但细审文义，此"汉儿强知星宿"之"汉儿"恐仍是用来泛称文职人员，以文人多汉人遂称之曰"汉儿"，从其中看不出存在多少民族意味。

以上十个例子中，例（一）的"汉儿""汉军"指六镇鲜卑以外的地方豪族武装；例（二）、（三）、（四）、（五）、（六）、（八）的"汉"或"汉子"，以及例（七）的"汉辈"，都是对人的贱称而并非专指汉族；例（十）的"汉儿"则指文人的意味更重于民族；只有例（九）的"汉儿"和例（七）"汉老妪"的"汉"才指汉族，而"汉老妪"一例复出臆造而不真实，足见当时口头常用语中的"汉"字已多数不能和汉族画等号。宋人陆游在《老学庵笔记》卷三里曾说过："今人谓贱丈夫曰汉子，盖始于五胡乱华时。"现在看来大体上是说对了的。

这样回头来看韩凤的话。所谓"狗汉"只是骂朝士即文官为狗，"贼汉"只是骂人为贼，犹后来骂人为"贼骨头""狗东西"，而"汉狗"也应与"狗汉"同义，因为无论《北史》或《北齐书》的《韩凤传》均没有说这些话是专对汉人而言。至于"汉儿文官"则文官、文人的意味也更重于民族，和例（七）所云"汉儿"相似。凡此均不能用来证实韩凤是站在鲜卑立场上专对汉人斗争，而实在只是其时的文武之争。

过去研究历史者往往有一种错觉，即认为只要在中国大地上出现了少数民族的政权，民族间的歧视欺凌就必然炽烈而不能缓和，民族矛盾将始终成为主要矛盾。但从上面所考释来看却并非如此，当时的民族问题并未严重影响政局，这其实倒真是符合了历史的发展趋势。周太初（一良）先生在所撰《魏晋南北朝史札记》的"晋书札记·王敦桓温与南北民族矛盾"条中说过：

> 就大势而言，则自420年刘宋建立，迄六世纪中叶侯景乱梁，百余年间，南北之间民族矛盾远较东晋渡江后之百年间为缓和。盖北方少数民族入中原日久，汉化日深，封建生产关系在北方占主导地位。以后南北之冲突，虽仍不无民族矛盾色彩，如高欢之呼"吴儿老翁萧衍"，但究其实质，则已成为南北两封建地主阶级政权间之斗争矣。

南北两不同民族主持的政权之间尚且如此，同一政权内部要说经久不息地大闹其民族问题，岂不扞格难通！而且，稍后到杨隋以至李唐初期，不特元魏君臣后裔久告汉化，即六镇鲜卑子孙亦已渐与汉族融合不能分离，这是研究历史者公认的事实，则说其前东魏北齐鲜卑与汉人的斗争，尚如彦威先生和寅恪先生《讲演录》所说如此剧烈，恐也不合于事物演变的规律。

东魏北齐的政局既与民族斗争无多关涉，而从所考释却可看到文人经常在起着重要作用，有几场且直是文人与勋贵以至文人与武人的斗争。这种现象是体现了社会的进步抑落后，最好找同时的西魏北周来作比较，所以要留在下一章讲关陇集团时来细说。

第二章　关陇集团始末

一　关陇集团的提出

陈寅恪先生正式提出关陇集团，是在《唐代政治史述论稿》上篇"统治阶级之氏族及其升降"的结尾。《述论稿》商务印书馆重庆初版是在民国33年（1944）2月，作为中央研究院历史语言研究所专刊。卷首自序题壬午七夕则是民国31年（1942）。1988年上海古籍出版社又据蒋秉南（天枢）师保存的寅恪先生在香港的手写清稿本影印，题《唐代政治史略稿》，自序在辛巳元旦即民国30年（1941）。今据《述论稿》本录出所讲关陇集团全文，因为它通行，手写本有出入处虽无大违异，亦随文注出：

> 有唐一代三百年间其统治阶级之变迁升降，即是宇文泰"关中本位政策"所鸠合集团之兴衰及其分化。盖宇文泰当日融冶关陇胡汉民族之有武力才智者，以创霸业，而隋唐继其遗产，又扩充之。其皇室及佐命功臣大都（"大都"作"皆"）西魏以来此关陇集团中人物，所谓八大柱国家即其（"其"作"此集团之"）代表也。当李唐初期此集团之力量犹未衰损（"损"作"微"），皇室与其将相大臣几全出于（"大臣几全出于"作"俱出"）同一之系统及阶级，故李氏据帝位（"帝位"作"帝王之位"），主其轴心，其他诸族入则为相，出则为将，自无文武分途之事，而将相大臣与皇室亦为同类之人，其

间更不容别一统治阶级之存在也（自"无文武分途之事"至"存在也"，作"皇室与将相大臣本同属一阶级，而将与相亦为同类之人，自无文武分途之事也"）。至于（"至于"作"至"）武曌，其氏族本不在西魏（"西魏"作"西魏北周"）以来关陇集团之内，因（"因"作"既"）欲消灭唐室之势力，遂（"遂"作"因而"）开始施行破坏此传统集团之工作，如崇尚进士文词之科破格用人及渐弛府兵之制等皆是也。此（"此"作"夫"）关陇集团自西魏迄（"迄"作"以迄"）武曌历时既经一百五十年之久，自身本已逐渐衰腐，武氏（"武氏"作"武曌"）更加以破坏，遂致分崩堕落不可救止（"不可救止"作"而不可救"）。其后皇位虽复归李氏，至（"至"作"至于"）玄宗尤称李唐盛世（"盛世"作"之盛世"），然其祖母开始破坏关陇集团之工事竟及（"竟及"作"至"）其身而告完成矣。

寅恪先生论述之超越旧时史书，即在能寻找其中规律性的东西。这里提出宇文泰的"关中本位政策"和关陇集团，确实有助于对北朝后期历史的理解。不足之处是不曾明确这个集团在当时是先进还是落后，因此需要在这里加以疏说。再是这个集团的生命延续到什么时候，是否如寅恪先生所说经武曌施行破坏才分崩堕落不可救止，在这里也需要进一步作探讨①。

二　说西魏北周的落后

关陇集团是以宇文泰为首的西魏北周上层统治者组成的政治集团，集团的成员如陈寅恪先生所说是"融冶关陇胡汉民族之有武力才智者"，其

---

① 又寅恪先生《讲演录》第十九篇第三节更分"关陇本位政策"为关陇物质本位政策和关陇文化本位政策，前者讲府兵与乡兵，后者讲行《周礼》。府兵、乡兵下一章要讲。行《周礼》则实际上是做表面文章，"即阳傅《周礼》经典制度之文，阴适关陇胡汉现状之实。内容是上拟周官的古制，但终是出于一时的权宜之计，以故创制未久，子孙已不能奉行"。寅恪先生在《隋唐制度渊源略论稿》中已多处讲说，这里就不复赘及。

人"入则为相，出则为将，自无文武分途之事"。西魏北周在当时是先进还是落后，也就是关陇集团之为先进抑落后，应该首先从这两点来观察。

当时中国三分，西魏北周占有关陇外，还有东魏北齐占有山东，梁陈占有江左。这关陇、山东、江左都只是地理上的习惯用语，并非政区的正式名称。今天成为政区的山东省，是由金的山东东西两路而来，到明代才有山东布政司，清代才成为山东省的。而早在战国秦汉时候，是把崤山、函谷关以至华山以东统统称之为山东的①。以后长江中下游逐渐开发，为东吴以至东晋南朝所据有，时人称之为江左。从而山东只指崤山以东、江左以北的地区，但仍大体包有今日政区中的河南、山西、山东、河北以及江苏北端和内蒙古，大部分是当时经济最发达最称富庶的黄河下游地区。其次是江左，也称江东，萧梁时包有今江苏、浙江、安徽、江西、湖北、四川、河南和陕西南部，以及福建、湖南、两广、云南、贵州。不过当时经济重心还未完全转移到长江流域，福建等地尚有待开发。至于宇文泰的西魏所占有的关陇，即今陕西及洛阳以西的河南西部和山西的西南一小角，加上甘肃、宁夏等当时的边远地区。即使其中尚称沃土的陕西关中地区，到唐代农产物仍不能充分供给帝王宫卫百官俸食之所需，如《隋唐制度渊源略论稿》"财政"章所说。从而文化上也如"礼仪"章所说："洛阳文物人才虽经契胡（尔朱氏）之残毁，其遗烬再由高氏父子之收掇，更得以恢复炽盛于邺都。魏孝文以来，文化之正统仍在山东，遥与江左南朝并为衣冠礼乐之所萃，故宇文泰所不得不深相畏忌，而与苏绰之徒别以关陇为文化单位，虚饰《周官》旧文以适鲜卑野俗，非驴非马，藉用欺笼一时之人心。"所以关陇集团不是不要用山东、江左的人才，而是山东、江左的人才看不起经济文化都远逊的关陇，而不愿西投为其所用。这虽不能给此集团之仅能"融冶关陇胡汉人才"戴上落后的帽子，仍要看到这是本地区经济文化都落后因而不得不采取的措施。

讲"无文武分途"也就是文武合一，这牵涉到中国社会的发展和转型

---

① 见《战国策·赵策》、贾谊《过秦论》、《汉书》卷六九《赵充国辛庆忌传赞》。

问题,这里可简要地把这文武合一与分途的历史过程说一说。即早在西周春秋时,上层统治者是文武合一不分途的,因为当时是封建领主制社会,文武合于领主一身正是这个社会的特征。到了战国封建领主制社会转型进入封建地主制社会,文武合一的领主消失,此后除开国君臣仍不免身兼文武外,政坛上文武分途已成为正常的局面,这较过去文武合一的领主统治自是极大的进步。无如事物的发展常有曲折,大至社会的转型也未能例外。封建领主制的残余势力到东汉末年又养成气候,形成了魏晋南北朝的门阀制度,作为封建领主制彻底死亡前的一次回光返照。于是在这一段时期里又重新出现大量文武合于一身的事例。如汉末群雄中的曹操、二袁、刘备、孙坚父子,稍后的司马懿父子,东晋时王、庾、桓、谢等世家大族的首脑,无一不是文武合一的人物,更不说本来就习惯于文武合一的所谓"五胡"了。这些北方的少数民族在经济、文化、社会组织上和汉族虽有较大的差异,在文武合一这点上当时却走着同样的道路。到他们接受汉化,也产生了自己的门阀后,和汉人世家大族的文武合一自然越加合拍了。关陇集团的文武合一,也就是这种条件下的产物,和前此汉族、少数民族的文武合一,实质上并没有区别。从历史发展来看,当然不能说是先进的。何况这时江左的梁陈已经向文武分途回归,赵翼《廿二史劄记》卷一二"江左世族无功臣""陈武帝多用敌将"等条以及陈寅恪先生《述东晋王导之功业》《书魏书萧衍传后》都有所涉及。山东地区东魏北齐的文武分途也如上一章所讲。这就更加显示了关陇集团的落后。这是从理论上说。

事实上,关陇集团的落后野蛮也够突出,其中表现得充分的要算西魏恭帝元年(554)破灭江陵梁元帝萧绎政权这一役。这是在宇文泰设置八柱国建立关陇集团之后,任命柱国于谨统率府兵出征的,胜利了居然把对方的百官士民没为奴婢,如《周书》卷二《文帝纪》所说:

> 〔魏恭帝元年〕冬十月壬戌,遣柱国于谨、中山公护、大将军杨忠、韦孝宽等步骑五万讨之。十一月……丙申,谨至江陵。……〔辛亥〕克之。擒梁元帝杀之,并虏其百官及士民以归。没为奴婢者十余

万，其免者二百余家。

卷一五《于谨传》也说：

> 虏其男女十余万人，收其府库珍宝，得宋浑天仪、梁日晷铜表、魏相风乌、铜蟠螭跌、大玉径四尺围七尺，及诸舆辇法物以献，军无私焉。……赏谨奴婢一千口，及梁之宝物并金石丝竹乐一部。

这所谓"军无私焉"，本是讲所收的"府库珍宝"都归了公。实际上并没有做到，这只要看《周书》卷三四《裴尼传》所说："以本官从于谨平江陵，大获军实，谨恣诸将校取之，余人皆竞取珍玩，尼唯取梁元帝素琴一张。"以及卷三二《唐瑾传》所说："于谨南伐江陵，以瑾为元帅府长史，……及军还，诸将多因虏掠，大获财物，瑾一无所取，唯得书两车，载之以归。"便可知当时军纪之坏，只取琴书已为难得。至于奴婢，也有幸免的，如《唐瑾传》说："江陵既平，衣冠仕伍，并没为仆隶，瑾察其才行，有片善者辄议免之，赖瑾获济者甚众。"又于谨子于翼有传在《周书》卷三〇，也说："谨平江陵，所赠得军实分给诸子，翼一无所取，唯简赏口内名望子弟有士风者，别待遇之。"但这恐怕只是极少数。整批地放免这些奴婢，要迟至十八年后的北周武帝建德元年（572）。《周书》卷五《武帝纪》说：

> 〔建德元年〕冬十月庚午，诏江陵所获俘虏充官口者，悉免为民。

这是放免"官口"即官奴婢。官奴婢以外的放免，还得到建德六年（577）正月武帝入邺城灭北齐之后，即《周书》卷六《武帝纪》这年十一月诏所说：

> 自永熙三年七月已来去年十月已前，东土之民被抄略在化内为奴婢者，及平江陵之后良人没为奴婢者，并宜放免，所在附籍，一同民

伍。若旧主人犹须共居，听留为部曲及客女。

永熙三年（534）七月是东西魏分立之年，这是指此后西魏北周从东魏北齐抄略来的奴婢，以及从江陵俘获来的奴婢，统统放免。只是还拖了一条可让"旧主人""留为部曲及客女"的尾巴。部曲和客女对主人仍有依附关系，说明这种放免还是不十分彻底。

关陇集团为什么如此落后，西魏北周为什么会做出当时已很少见的大量俘奴蓄奴的事情？这当然得归之于经济文化远逊于山东、江左，其中除地理因素自然条件外还有个民族问题。这民族不是鲜卑，因为六镇鲜卑大多数为高欢所接收，进入关中的只有很少一部分，下面第三章讲府兵时有考证。如果真是鲜卑在起作用，那何以高欢的山东地区反较关陇文明？这要看编在《隋书》里的为梁陈齐周隋所修《五代史志》的《地理志》，方可以得到解答。《地理志》在北周所辖的雍州之下说，三辅"人物混淆，华戎杂错"，雕阴、延安、弘化"连接山胡，性多木强"，平凉、朔方、盐川、灵武、榆林、五原"地接边荒，多尚武节"，河西诸郡"其风颇同，并有金方之气"。梁州之下也说汉阳、临洮、宕昌、武都、同昌、河池、顺政、义城、平武、汶山"皆连杂氐羌，人尤劲悍，性多质直，皆务于农事，工习猎射，于书计非其长矣"。而北齐所辖山东地区的豫、兖、冀、青、徐诸州便绝无这类记录。可见从民族角度来讲，这自东晋以来尚未与汉族很好融合的后进的氐、羌、山胡，才是关陇集团所以落后的一个重要因素。

这里接着需要解答一个问题，即关陇集团既是落后而非先进，那为什么最后是北周灭掉北齐而不是北齐灭掉北周？过去有些历史书上不常说胜利者必定是先进的一方吗？例如说西周之所以灭掉殷商，是因为西周把农业抓得紧，连周文王都"卑服即康功田功"（《书·无逸》）。说秦讲究农战，所以灭掉山东六国。这实际上是传统的以成败论英雄的一种新式翻版。这些先生忘掉了落后灭掉先进在中外历史上本来就有的是，尤其在使用冷兵器的时代。就众所周知的金灭北宋、元灭南宋、清灭明来说，哪一个不是落后灭掉先进。被他们出力美化的西周,在殷墟遗存大量出土之后本已足够说明其为落后,顾颉刚师在中华书局《文史》第二辑上发表的《〈逸周书·世俘篇〉校注写定与评论》,更论证其灭商是野蛮的掠夺。秦灭六国的野蛮自不用说,其落后从先秦诸子几无一出于关中便可证实。而这些落后野蛮的一方在使用冷兵器的战斗中特别易于凶残,就使他们常居优势把对方打败吞灭。北周在组建的府兵壮大后最终灭掉本来强盛的北齐,无非遵循了同样的规律。

灭掉北齐当然要掠夺,不过像破灭江陵那次把官民整批没为奴婢的惨剧倒还不曾发生。这当然是由于北齐拥有的山东地区委实广大,人口委实众多,不好那么干,但其他措施还是免不了的。《周书》卷六《武帝纪》说建德五年(576)十二月庚申攻占并州后,过了六天即丙寅日就:

出齐宫中金银宝器珠翠丽服及宫女二千人班赐将士。

第二年建德六年十二月庚申又记载:

行幸并州宫,移并州军人四万户于关中。

这"军人"即"军民",令狐德棻等在贞观时撰修《周书》要避李世民的御讳,把"民"改写成"人"字。这种强制性地叫军民大批背井离乡自然又是一种虐政。再看《隋书》卷四五文帝长子杨勇的传,还可知道当时施加在山东地区的虐政绝不止这一些。这是隋文帝杨坚受禅即位,杨勇被立为皇太子后的事情,说:

上以山东民多流冗,遣使按验,又欲徙民北实边塞,勇上书谏曰:"……有齐之末,主暗时昏,周平东夏,继以威虐,民不堪命,致有逃亡,非厌家乡,愿为羁旅。加以去年三方逆乱,赖陛下仁圣,区宇肃清,锋刃虽屏,疮痍未复。若假以数岁,沐浴皇风,逃窜之徒，自然归本。……"上览而嘉之，遂寝其事。

这"三方逆乱"是下一节要讲到的尉迟迥以及司马消难、王谦之反杨坚，被平定后山东逃亡之民仍未回归，足见周灭北齐"继以威虐"造成"民不堪命"的惨状之严重。而在《北齐书》《周书》《隋书》诸史甚少这类记载，当缘此三书虽均修在唐贞观之世，所本实为隋牛弘、李德林、王劭等所撰《周纪》和齐、隋史，别详《史通》外篇"古今正史"。而隋文帝杨坚其时正以右三军总管躬预灭齐之役，因而此诸史涉及灭齐威虐之事不能不有所讳饰。至前此平江陵之役杨坚之父杨忠虽亦参预，而没其官民为奴婢之事仍备详《周书》者，则不特事属久远，且其后施仁政放免奴婢之诏令需要登载，其前没人为奴婢的史实就无从刊削了。

三　山东文人敌视关陇

西魏北周关陇集团的野蛮威虐，必然招致人们的反抗。上一章讲北齐文武之争时提到的颜之推，可说反抗的态度最鲜明最有代表性。

《北齐书》卷四五《文苑·颜之推传》说他的家世和经历是：

> 琅邪临沂人也。九世祖含从晋元东渡。……梁湘东王萧绎……遣世子方诸出镇郢州，以之推掌管记，值侯景陷郢州，……被囚送建业。景平，还江陵，时绎已自立，以之推为散骑侍郎奏舍人事。后为周军所破，大将军李显庆重之，荐往弘农，令掌其兄阳平公远书翰。值河水暴长，具船将妻子来奔，经砥柱之险，时人称其勇决。

这李显庆即李穆，显庆是字，《周书》及《隋书·李穆传》都说"征江陵"有功，则颜之推即是被赏给李穆为奴中的一员。只是李穆既荐他到阳平公李远处掌书翰，其身份已略见改善，何以仍要经历砥柱即今三门峡东奔北齐，尽管河水暴涨也不无生命危险。颜之推撰《观我生赋》的自注中是这

么说的:

> 齐遣上党王涣率兵数万纳梁贞阳侯〔渊〕明为主,梁武聘使谢挺、徐陵始得还南,凡厥梁臣,皆以礼遣。之推闻梁人返南,故有奔齐之心。……至邺,便值陈兴而梁亡,故不得还南。

想奔齐后再还南归梁,这自是颜之推最初的打算。但不得还南却能安心留在北齐任职,如《颜传》所说:

> 显祖(文宣帝高洋)见而悦之,即除奉朝请,引于内馆中,侍从左右,颇被顾眄。……〔武成帝高湛〕河清末,被举为赵州功曹参军。寻待诏文林馆,除司徒录事参军。之推聪颖机悟,博识有才辩,工尺牍,应对闲明,大为祖珽所重,令掌知馆事,判署文书。寻迁通直散骑常侍,俄领中书舍人。帝(后主高纬)时有取索,恒令中使传旨,之推禀承宣告,馆中皆受进止。所进文章,皆是其封署,于进贤门奏之,待报方出。兼善于文字,监校缮写,处事勤敏,号为称职。帝甚加恩接,顾遇逾厚。

虽然稍后如上一章讲北齐文武之争,说武人韩凤冤杀崔季舒等时颜之推曾被牵连,仍是有惊无险。总的说来入齐后确是过了比较顺心的仕宦生活,在作为士大夫安身立命之所这点上,北齐之远胜于北周是不争的事实。

因此,在这位士大夫颜之推的心目之中,北齐已成为他的本朝。不仅如前讲北齐危亡之时所说,"之推因宦者侍中邓长颙进奔陈之策",后主高纬"虽不从","然犹以为平原太守,令守河津",说明他确以北齐为本朝甘为效忠。纵使其兄颜之仪如《周书》卷四〇《仪传》所述,江陵被俘入周后逐渐通显,仍转移不了他的观感。所以他在《观我生赋》的最后要说:

> 予一生而三化,备荼苦而蓼辛。

自注这"三化"是:

> 在扬都(建康)值侯景杀简文〔帝萧纲〕而篡位,于江陵逢孝元〔帝萧绎〕覆灭,至此而三为亡国之人。

把北齐见灭于北周为亡国。

《颜传》说他"齐亡入周,大象末为御史上士,隋开皇中太子(杨勇)召为学士,甚见礼重,寻以疾终"。《颜氏家训》就是他入隋后写成的,所以《风操》篇有"今天下大同"的话,《书证》篇更有"开皇二年五月长安民掘得秦时铁称权"的明文。但旧本题署仍曰"齐黄门侍郎颜之推撰"者,乃犹以齐朝遗老自居,并非有人推测"之推历官南北朝,宦海浮沉,当以黄门侍郎最为清显",署上了可以"自炫其'人地兼美'"。这种署法和《观我生赋》之言"三化"实是站在同一立场,持同一态度(至今本"齐"上的"北"字自是后人所加俾和南朝的萧齐相区别)。

持这种内齐外周的遗民姿态者绝不止颜之推一位,尽管在史书中不可能多作正面讲述,总间或会有流露。《北史》卷九二《恩幸传》的总序里就有这样的话:

> 大宁之后,奸佞浸繁,盛业鸿基,以之颠覆,生灵厄夫左衽,非不幸也。

这在今本《北齐书》卷五〇《恩倖传》里作"生民免夫被发左衽"。案"左衽"或"被发左衽",出典自是《论语·宪问》的"微管仲,吾其被发左衽矣",《集解》:"马融曰:微,无也。无管仲,则君不君,臣不臣,皆为夷狄也。"而"大宁"是北齐武成帝高湛的年号,史家公认自此北齐政局日见败坏,所谓"盛业鸿基,以之颠覆"就是这个意思。这样怎么还能使"生民免夫被发左衽"呢？这"免夫"显然是"厄夫"之误。是撰写此"生灵厄夫左衽"的文人士大夫站在内齐外周的立场上，指斥北周为"左衽"的夷狄，痛惜齐之见灭于周沦为夷狄的世界。

《北史·恩幸传》的总序是李延寿把《魏书》卷九三《恩倖传》、卷九四《阉宦传》和原本《北齐书》卷五〇《佞幸传》的三篇传序节略拼合并加上自己的话写成的[①]，但今本《北齐书》的《恩倖传》又因原本佚失，是间接或直接抄自《北史·恩幸传》的。则"厄夫左衽"视北周为夷狄的话是李百药撰《北齐书》所原有，抑李延寿重写此传总序时所增入？从其人的家世来看，李百药之父李德林虽在北齐朝已是名流，降周后却不复有故国之恩，《隋书》卷四二《李德林传》多记其为杨坚谋划尽力。而李百药的《北齐书》如《史通》"古今正史"所说是以李德林在隋所修齐史为蓝本，如前所说于周之灭齐威虐且有所讳饰，更不可能以周为夷狄。李延寿的情况则不同。《北史》卷一〇〇《序传》记延寿祖李仲举任齐晋州别驾为周师俘获之时，即有"世居山东，受恩高氏"之说。"邺城平，仍将家随例入关，仲举以亲故流离，情不愿往"，到晚年尚称"性本疏惰，少无宦情"。延寿父大师在隋任司户参军、书佐等微职，"独守清戒，无所营求，家产益致窘迫"，入唐后又"以谴徙配西会州"。他"少有著述之志"，《南北史》就由他开始纂修，武德九年赦归京师仍不愿留住，说"昔唐尧在上，下有箕山之节"，东归"编辑前所修书"。其后李延寿即承之撰成《南北史》。说李大师、李延寿父子在此《北史·恩幸传》的总序里加进"生灵厄夫左衽"的话，似更近乎情理。

不论是哪个李氏父子，把北周之灭北齐说成"生灵厄夫左衽"，说明原在北齐的文人士大夫中持内齐外周的态度者确实大有人在，初不止颜之推一位。

[①] 《北史·恩幸传》总序说"《齐书》有《佞幸传》"，今本《北齐书·恩倖传》也说"今辑诸凶族为《佞幸传》"，都可证实原本《北齐书》此传之作"佞幸"而不作"恩倖"。后此传原本佚失，宋人用《北史·恩幸传》间接或直接抄补，也就跟着用"恩倖"来称此传，致和总序所说之作"佞幸"者发生矛盾而不复顾及，也可见抄补时的苟且从事了。

四 尉迟迥举兵反杨

文人士大夫在当时固然身列统治层中，但其言论心态有时确能和广大群众相通。他们的内齐外周，正好成为尉迟迥举兵反杨坚的精神支柱。

尉迟迥举兵的事情发生在北周大象二年（580）。这年五月周宣帝死，其岳父随国公杨坚为假黄钺、左大丞相擅政，六月甲子宇文泰的外甥、时在北齐旧都邺城任相州总管的尉迟迥举兵反杨，七月己酉郧州总管司马消难响应，八月庚申益州总管王谦也举兵，八月庚午尉迟迥战败自杀，同月庚辰司马消难南奔陈国，十月王谦兵溃被杀。这就是前引杨坚长子杨勇上书中所说的"三方逆乱"。尉迟迥是其中声势最大、影响最广、最使杨坚及关陇集团震惊的一方。《北史》卷六二《尉迟迥传》说：

> 宣帝崩，隋文帝辅政，以迥位望宿重，惧为异图，乃令迥子魏安郡公惇赍诏书以会葬征迥，寻以郧国公韦孝宽代迥为〔相州〕总管。迥以隋文帝当权，将图篡夺，遂谋举兵，留惇而不受代。隋文帝又令侯正破六韩裒诣迥喻旨，密与总管府长史晋昶等书，令为之备。迥闻之，杀昶，集文武士庶等，登城北楼而令之，于是众咸从命，莫不感激。乃自称大总管，承制署官司，于时赵王招（宇文泰子）已入朝，留少子在国，迥又奉以号令。迥弟子大将军成平郡公勤时为青州总管，初得迥书表送之，寻亦从迥。迥所管相、卫、黎、毛、洺、贝、赵、冀、瀛、沧，勤所统青、齐、胶、光、莒诸州皆从之，众数十万。荥州刺史邵国公宇文胄、申州刺史李惠、东楚州刺史费也利进国、东潼州刺史曹孝达各据州以应迥。徐州总管司录席毗与前东平郡守毕义绪据兖州及徐州之兰陵郡，亦以应迥。永桥镇将纥豆陵惠以城降迥。迥又北结高宝宁以通突厥，南连陈国许割江淮之地。

此外治所在晋阳的并州，东北边邻近突厥的幽州，地处淮南与陈国接壤的寿州，也都多少出现过不稳定的状态，别详《周书》卷三〇《李穆传》、《于翼传》、《隋书》卷五二《贺若弼传》、卷四六《长孙平传》。以致《隋书·李德林传》载其所撰《天命论》中会有"尉迥据有齐累世之都，乘新国易乱之俗，驱驰蛇豕，连合纵横，地乃九州陷三，民则十分拥六"的话。从杨坚一边来看，所动员东征尉迟迥的大军军心也欠齐一。甚至在中枢的杨氏私党都有迟疑动摇的。如《隋书》卷三八《刘昉传》说：

> 高祖（杨坚）以昉有定策之功，……与沛国公郑译皆为心膂。……尉迥起兵，高祖令韦孝宽讨之，至武陟，诸将不一。高祖欲遣昉、译一人往监军，因谓之曰："须得心膂以统大军，公等两人，谁当行者？"昉自言未尝为将，译又以母老为请，高祖不怿。而高颎请行，遂遣之。

《李德林传》也说：

> 郧公韦孝宽为东道元帅，师次永桥，为沁水泛长，兵未得度。长史李询上密启云："大将梁士彦、宇文忻、崔弘度并受尉迟迥饷金，军中愖愖，人情大异。"高祖得询启，深以为忧，与郑译议，欲代此三人。德林独进计云："公与诸将，并是国家贵臣，未相伏驭，今以挟令之威，使得之耳。安知后所遣者，能尽腹心，前所遣人，独致乖异。又取金之事，虚实难明，即令换易，彼将惧罪，恐其逃逸，使须禁锢，然自郧公以下，必有惊疑之意。且临敌易将，自古所难，乐毅所以辞燕，赵括以之败赵。如愚所见，但遣公一腹心，明于智略为诸将旧来所信服者，速至军所，使观其情伪，纵有异心，必不敢动。"丞相大悟曰："若公不发此言，几败大事。"即令高颎驰驿往军所，为诸将节度，竟成大功。

东征军的终于取得胜利成其大功，自由于当时上去北齐之见灭才三年，关陇府兵仍处在全盛时期，经高颎的节度尚能呈现其强大的战斗力，这里不必多说。这里需要解说的，是尉迟迥何以能造成足以威慑关陇杨氏一方的局面，我认为他是凭借或曰利用了北齐在山东的原有势力。

对此可以先看《北史·尉迟迥传》记述这次战役的经过：

> 惇（迥子）率众十万人入武德，军于沁东。孝宽等诸军隔水相持不进。隋文帝又遣高颎驰驿督战。惇布兵二十余里，麾军小却，欲待孝宽军半度而击之。孝宽因其却，乃鸣鼓齐进，惇遂大败。孝宽乘胜进至邺，迥与其子惇、祐等又悉其卒十三万，军于城南。迥别统万人，皆绿巾锦袄，号曰黄龙兵。勤（迥弟之子）率众五万自青州赴迥，以三千骑先到。迥旧习军旅，虽老，犹披甲临阵，其麾下皆关中人，为之力战，孝宽等军失利而却。邺中士女观者如堵，高颎与李询乃整阵先犯观者，因其扰而乘之，迥众大败，遂入邺城。迥走保北城，孝宽纵兵围之，李询、贺娄子幹以其属先登。迥上楼，射杀数人，乃自杀。勤、惇、祐等东走青州，未至，开府郭衍追及之，并为衍所获。隋文帝以勤初有诚款，特释之。……迥自起兵至于败，凡经六十八日焉。

这里说尉迟迥派尉迟惇率主力西进到沁水的有十万人，战败退回邺城加上留守的有十三万人，这当然不可能都是关陇的府兵。因为《周书》卷六《武帝纪》详记建德五年动员东征灭齐的兵力，我把它加起来不过十六万五千人，不会把大部分留下来交给其后出任相州总管的尉迟迥。尉迟迥拥有的关陇府兵只有他麾下的直属部队，所以《传》中说他"麾下兵皆关中人"。今本《周书》卷二一《尉迟迥传》原缺，是用某种节本补入的，这句话作"其麾下千兵皆关中人"，则这麾下的关陇府兵只有一千人，占上文所说"迥别统万人，皆绿巾锦袄，号曰黄龙兵"的十分之一。如果这"千"字是今本《周书》所补妄增，这麾下关陇府兵也可能就是这一万人的黄龙兵。不论如何，关陇府兵在尉迟迥的十三万人中只占了极少数，绝大多数跟随尉迟迥和东征的关陇府兵作战的是山东人。他们应该是北齐败亡时被招降过来的正规军，如《北史》卷六四《韦孝宽传》所说其时"河阳镇防悉是关东鲜卑"即关东原北齐的鲜卑兵之类。所以这实际上成为山东人士乘尉迟迥举兵反杨而进行的一次大规模复国军事行动，很像历史上西周战胜了商纣，派在殷商原统治区起监视作用的管叔、蔡叔及纣子武庚所谓"三监"举兵反周公的事情。《尉迟迥传》说他在抗击东征军时"邺中士女观者如堵"，《隋书》卷四〇《宇文忻传》更说"时邺城士女观战者数万人"，这也是原北齐士女不甘沦亡于被视为"被发左衽"的夷狄北周，从而主动为尉迟军临阵助威，希望杀败韦孝宽的东征军以实现其复国心愿。

尉迟迥之所以能凭借或利用北齐在山东的原有势力，这山东原有势力也甘愿拥戴他至少和他合作。这自由于尉迟迥其人在关陇集团将领中比较不那么野蛮，比较讲点文明。当初西魏废帝三年伐蜀之役尉迟迥曾是统帅，《北史·尉迟迥传》说他攻下成都时，成都的益州刺史萧㧑和称了帝的萧纪之子圆肃"率其文武诣军门请见，迥以礼接之，其吏人等各令复业，唯收僮隶及储积以赏将士"。这和稍后于谨平江陵之"虏其百官及士民以归，没为奴婢者十余万"的行径岂不成为鲜明的对比。继而尉迟迥被任命为益州刺史、督十八州诸军事，自剑阁以南得承制封拜及黜陟，"迥乃明赏罚，布恩威，绥辑新邦，经略未附"，可说施行了仁政，能使"人吏怀而归之"。其后灭北齐之役尉迟迥没有参加。接着北周宣帝即位他出任相州总管，这种"使人吏怀而归之"的政策在原北齐的政治中心地区当继续实施，而借重原北齐人士自是一项重要的手段。这在《北史·尉迟迥传》里写得很清楚，说：

〔尉迟迥〕起兵，以开府小御正崔达拏为长史，自余委任，亦多用齐人。

这崔达拏是北齐崔暹之子，崔暹乃高欢父子所信用，第一章第二节已有讲述，崔达拏事迹则附见《北史·崔暹传》，说"达拏温良廉谨，有识学，位仪同三司、司农卿，周御府大夫。大象中使邺，属尉迟迥起兵，以为总管司马，迥平，伏诛"，可见也是为复国而殉身的志节杰士。至于《尉迟迥传》在讲了"多用齐人"后说"达拏文士，无筹略，举措多失纲纪，不能匡救"，也许是事实，崔达拏未必资兼文武有筹略。但这绝非尉迟迥这边失败的主要原因，原因前面已说过是由于其时关陇府兵有较强的战斗力。不过在这战役中，毕竟还出现了沁水和邺城两度最初胜负难分的局面，比《周书》卷二一《王谦传》所说谦在成都未及接战就"军皆叛"，以及《司马消难传》所说消难闻来征讨的荆襄兵将至便"率其麾下归于陈"，尉迟迥此役总要光彩得多。

尉迟迥和山东势力失败，韦孝宽东征军施加的惩罚是十分可怕的。《北史·韦孝宽传》说他打进邺城后，尉迟迥"兵士在小城中者尽坑之游豫园"，大概是把当年于谨平江陵时的杀掠重演了一次。因为这个韦孝宽本是平江陵之役的参预者，前引《周书·文帝纪》所列此役将领中就有他的大名，只是仍缘山东地大人多，像周武帝那样不曾尽虏他们为奴婢而已。

但另一种严酷的办法还是拿了出来，即把邺城这个自战国、曹魏以来的山东名都彻底加以毁灭。这就是《周书》卷八《静帝纪》在"相州平"后所说的：

> 移相州于安阳，其邺城及邑居皆毁废之。

《旧唐书》卷三九《地理志》写得更具体，作：

> 相州刺史尉迟迥举兵不顺，杨坚令韦孝宽讨迥平之，乃焚烧邺城，使其居人南迁四十五里以安阳城为相州理所。

这样，足以抗拒关陇势力的山东据点从地面上消失了，但其居民在心理上未必甘愿臣服很快地成为顺民。《隋书》卷四六《长孙平传》说他出任治所已迁安阳的相州刺史，"在州数年，会正月十五日百姓大戏，画衣裳为鍪甲之象，上怒而免之"。这可能就是移居安阳的北齐遗民在演出当年尉迟迥相州拒战的乐舞，长孙平未予制止而被免职。

给尉迟迥恢复名誉，要到事隔两朝的李唐初年。如《北史·尉迟迥传》所说：

> 武德中，迥从孙库部员外郎耆福上表请改葬，朝议以迥忠于周室，有诏许焉，仍赠绢百匹。

这恐怕也含有安抚山东地区人心的因素。

武德是唐高祖的年号。过了一百多年，到唐玄宗时相州还出现了尉迟迥的神祠，其时是张嘉祐任相州刺史。《旧唐书》卷九九《张嘉贞传》附有其弟嘉祐的事迹，其中说：

> 〔开元〕二十五年为相州刺史。相州自开元已来刺史死贬者十数人，嘉祐访知尉迟迥周末为相州总管，身死国难，乃立其神祠以邀福，经三考改左金吾将军。后吴兢为邺郡守，又加尉迟神冕服，自后郡守无患。

这邺郡，是治所早已移至安阳的相州于天宝元年改名，并非尉迟迥死难的原邺城。张嘉祐先在这里为尉迟迥立神祠以邀福①，吴兢又给加上王者的冕服。当然是所谓"淫祀"，自然要滋生种种神话鬼话。上引《旧唐书》也许是根据唐人所修国史编写的，把刺史死贬归之于殉国难的尉迟迥未能立祠，神鬼的气息已够浓厚。到《太平广记》卷三〇〇引自《广异记》的"张嘉祐"条就更讲得形象化，甚至说尉迟迥一门遇害之后，骸骨全埋在

---

① 《金石萃编》卷八二且著录有开元二十六年所立《周尉迟迥庙碑》。

已迁到安阳的相州刺史使宅厅下,由张嘉祐"以礼葬于厅后,便以厅为庙",连武德时已诏许改葬的史实也忘掉不管了。这《广异记》收入《说郛》原本卷四题戴孚撰,《文苑英华》卷七三七有顾况撰《戴氏广异记序》,顾况是肃宗至德时进士,知《广异记》亦是中唐时作品。所写"张嘉祐"条固甚荒诞,仍说明时至中唐尉迟迥在山东在相州还颇有影响。他是以正面人物的形象成神,与一般徒示妖妄的淫祀有区别。这和韩愈《张中丞传后叙》所说唐人为张巡、许远立双庙,以至后来杭州西湖边上的岳庙和于谦的于忠肃公祠,多少具有同样的性质。

五　关陇集团入隋后开始解体

关陇集团灭北齐、平尉迟迥一再显示其威力,到南灭陈国混一寰宇可说进入了全盛时期,此后是否继续风光下去,得查看《隋书》。

《隋书》是魏徵领衔纂修,在唐太宗贞观七年完成的,距离隋之开国也不过半个世纪,有很高的史料价值。其中把各个阶段在中枢执掌政权者用"参掌朝政""参掌机密"等字样列举出来,并标出他们是时人所说的"四贵""五贵"或"七贵"。这里只要看这些"贵"们是不是仍如陈寅恪先生所说,是"关陇胡汉民族之有武力才智者",且"入则为相,出则为将,自无文武分途之事",就可知道关陇集团入隋后的情状。

先看"四贵",这是杨坚刚建立隋朝时任用的。《隋书》卷四三《观德王杨雄传》说:

> 高祖受禅,除左卫将军兼宗正卿,俄迁右卫大将军,参预朝政,进封广平王,……贵宠冠绝一时,与高颎、虞庆则、苏威称为"四贵"。

这"四贵"中杨雄的出身经历,传里讲得很清楚,大要是:

> 高祖族子也，父绍，仕周历八州刺史、傥城县公，赐姓叱吕引氏。……〔周武帝时〕卫王直作乱，以其徒袭肃章门，雄逆拒破之。……周宣帝葬，备诸王有变，令雄率六千骑送至陵所。……雄宽容下士，朝野倾瞩，高祖恶其得众，阴忌之，不欲其典兵马，乃下册书拜雄为司空，……外示优崇，实夺其权也。

可见这确是关陇集团孕育出来的人物，才兼将相，合文武于一身。高颎，前面平尉迟迥时已讲到，《隋书》卷四一有他的传，说：

> 自云渤海蓨人也。父宾，背齐归周，大司马独孤信引为僚佐，赐姓独孤氏。……高祖得政，素知颎强明，又习兵事，多计略，……于是为相府司录，委以心膂。……尉迥之起兵也，……〔高祖〕以诸将不一，……遂遣颎。……至邺下与迥交战，……因平尉迥。……高祖受禅，拜尚书左仆射兼纳言，……俄拜左卫大将军，……又拜左领军大将军。……开皇二年，长孙览、元景山等伐陈，令颎节度诸军。……九年晋王大举伐陈，以颎为元帅长史，三军谘禀，皆取断于颎。……突厥犯塞，以颎为元帅，击贼破之。……以颎为元帅长史。从汉王征辽东，遇霖潦疾疫，不利而还。

虞庆则，也有传见《隋书》卷四〇，说：

> 京兆栎阳人也。本姓鱼，其先仕于赫连氏，遂家灵武，代为北边豪杰。父祥，周灵武太守。……〔庆则〕宣政元年授仪同大将军，除并州总管长史。……时稽胡数为反叛，越王盛、内史下大夫高颎讨平之，将班师，颎与盛谋，须文武干略者镇遏之，表请庆则，于是即拜石州总管。……开皇元年，进位大将军，迁内史监、吏部尚书、京兆尹，封彭城郡公，营新都总监。二年冬，突厥入寇，庆则为元帅讨之。……寻迁尚书右仆射。……九年，转为右卫大将军，寻改为右武

候大将军。

这高颎和虞庆则也都是典型的文武合一关陇集团中人。但最后一名苏威的情况便不一样。《隋书》卷四一《苏威传》说：

> 京兆武功人也。父绰，魏度支尚书。……威少有至性，……周太祖时袭爵美阳县公，……大冢宰宇文护见而礼之，以其女新兴主妻焉。……宣帝嗣位，就拜开府。高祖受禅，征拜太子少保，……俄兼纳言、民部尚书，……寻复兼大理卿、京兆尹、御史大夫，……未几，拜刑部尚书，解少保、御史大夫之官，后京兆尹废，检校雍州别驾。时高颎与威同心协赞，政刑大小，无不筹之，故革运数年，天下称治。俄转民部尚书、纳言如故。……后二载，迁吏部尚书，岁余兼领国子祭酒。……九年拜尚书右仆射。

案苏威之父苏绰在西魏时虽以协助宇文泰革易时政，颁行六条诏书并改变文体著称，别详《周书》卷二三本传，其实止是文职人员，并未进入中枢。到苏威才以文职人员参预朝政，成为"四贵"之一，这就开始打破了关陇集团中人文武合于一身的传统，尽管其籍贯仍属关中。

这"四贵"并未能一直保持其权势。《隋书》卷二《高祖纪》：开皇九年八月壬戌"以广平王雄为司空"，十二年秋七月己巳"尚书右仆射邳国公苏威……坐事除名"，十七年十二月壬子"上柱国右武候大将军鲁国公虞庆则以罪伏诛"，而由另一名杨素填补了空白。《隋书》卷四八《杨素传》说：

> 弘农华阴人也。祖暄，魏辅国将军、谏议大夫，父敷，周汾州刺史。……〔素〕善属文，工草隶，……周大冢宰宇文护引为中外记室，后转礼曹，加大都督。武帝……拜素为车骑大将军、仪同三司，……命素为诏书，下笔立成，词义兼美。……及平齐之役，……每战

> 有功。……及高祖为丞相，……以素为汴州刺史，行至洛阳，会尉迥作乱，荥州刺史宇文冑据武牢以应迥，素不得进，高祖拜素大将军，发河内兵击冑破之，迁徐州总管。……高祖受禅，加上柱国，开皇四年拜御史大夫。……上方图江表，先是，素数进取陈之计，未几拜信州总管，……及大举伐陈，以素为行军元帅，引舟师趣三硖，……率水军东下，……巴陵以东无敢守者，……及还，拜荆州总管，……改封越国公，寻拜纳言，岁余，转内史令。俄而江南人李稜等聚众为乱，……以素为行军总管，帅众讨之，……江南大定。……代苏威为尚书右仆射，与高颎专掌朝政。

这杨素又是文武合一的关陇集团人物。说明在隋文帝杨坚时关陇集团虽因文职人员如苏威者参掌朝政而稍有突破，但大体上尚维系不坏。

隋炀帝杨广时出现了"五贵"。《隋书·苏威传》说：

> 仁寿初，复拜尚书右仆射。……炀帝嗣位，加上大将军。……高颎、贺若弼等之诛也，威坐与相连免官。岁余，拜鲁郡太守，俄召还，参预朝政。未几，拜太常卿，其年从征吐谷浑，进位左光禄大夫。帝以威先朝旧臣，渐加委任。后岁余，复为纳言，与左翊卫大将军宇文述、黄门侍郎裴矩、御史大夫裴蕴、内史侍郎虞世基参掌朝政，时人称为"五贵"。

这个宇文述的传见《隋书》卷六一，说：

> 代郡武州人也。……父盛，周上柱国。……尉迥作乱相州，述以行军总管率步骑三千从韦孝宽击之，……每战有功，超拜上柱国。……开皇初，拜右卫大将军。平陈之役，复以行军总管率众三万，……进据石头。……陈主既擒，而萧瓛、萧岩据东吴之地拥兵拒守，述……讨之，……吴会悉平，……拜安州总管。时晋王广镇扬州，甚

善于述，欲述近己，因奏为寿州刺史总管。……及晋王为皇太子，以述为左卫率。……炀帝嗣位，拜左卫大将军，改封许国公。大业三年，加开府仪同三司，……从幸榆林。……明年，从帝西幸，……还至江都宫，敕述与苏威常典选举，参预朝政。述时贵重，委任与苏威等，其亲爱则过之。……及征高丽，述为扶余道军将，……九军败绩，……至东都除名为民。明年，帝有事辽东，复述官爵，待之如初。……会杨玄感作乱，帝召述班师，令驰驿赴河阳发诸郡兵以讨玄感，……大破之，……复从东征，至怀远而还。突厥之围雁门，……围解，车驾次太原，议者多劝帝还京师，帝有难色，述因奏曰："从官妻小多在东都，便道向洛阳，自潼关而入可也。"帝从之。是岁至东都，述又观望帝意，劝幸江都，帝大悦。

这是"五贵"中仅有的关陇集团文武合一人物。其余裴矩、裴蕴、虞世基三人，就都来自山东、江左而不属关陇了。《隋书》卷六七《裴矩传》说：

河东闻喜人也。祖他，魏都官尚书，父讷之，齐太子舍人。矩……及长好学，颇爱文藻，有智数。……齐北平王贞为司州牧，辟为兵曹从事，转高平王文学。……高祖为定州总管，召补记室。……高祖作相，参相府记室事。及受禅，迁给事郎，奏舍人事。伐陈之役，领元帅记室。……明年，奉诏巡抚岭南，……时俚帅王仲宣逼广州，……矩进击破之，……所绥集者二十余州。……以功拜开府。……除民部侍郎，寻迁内史侍郎。……太平公史万岁为行军总管，出定襄道，以矩为行军长史，破达头可汗于塞外。……上以启民可汗初附，令矩抚慰之，还为尚书左丞，……转吏部侍郎，名为称职。炀帝即位，营建东都，矩职修府省，九旬而就。……〔帝〕将通西域，四夷经略，咸以委之。转民部侍郎，未视事，迁黄门侍郎。帝复令矩往张掖，引致西蕃，至者十余国。大业三年，……复令矩往敦煌，矩遣使说高昌王麴伯雅及伊吾吐屯设等……入朝。……帝谓矩有绥怀之略，进位银青光禄大夫。……帝遣将军薛世雄城伊吾，令矩共往经略。……王师临辽，以本官领虎贲郎将。明年，复从至辽东，兵部侍郎斛斯政亡入高丽，帝令矩兼掌兵事，……进位右光禄大夫。……还至涿郡，帝以杨玄感初平，令矩安集陇右。……从至东都，……寻从幸江都宫。……宇文化及之乱，……以矩为侍内，……及僭帝位，以矩为尚书右仆射，加光禄大夫。……为窦建德所获，……复以为吏部尚书，寻转尚书右仆射，专掌选事。……归于大唐，授左庶子，转詹事、民部尚书。

这河东闻喜虽在北周境内，但裴矩本身为由齐入周，不属关陇人物，兼之他还是地道的文职人员，虽间或参预军事，和文武合一的关陇集团中人不是一回事。再看《隋书》同卷《裴蕴传》说：

河东闻喜人。祖之平，梁卫将军，父忌，陈都官尚书。……蕴性明辩，有吏干，在陈仕历直阁将军、兴宁令。……及陈平，……拜开府仪同三司，……历洋、直、棣三州刺史。……大业初，……征为太常少卿，……迁民部侍郎。……渐见亲委，拜京兆赞治。……未几，擢授御史大夫，与裴矩、虞世基参掌机密。

这裴蕴的河东闻喜更只是原籍，实际上是南朝的文职人员入隋后为炀帝所宠用。再一名虞世基也是如此。《隋书》同卷《虞世基传》说：

会稽余姚人也。父荔，陈太子中庶子。世基……博学有高才，兼善草隶。……仕陈，释褐建安王法曹参军事，历祠部、殿中二曹郎，太子中舍人，迁中庶子、散骑常侍、尚书左丞。……及陈灭归国，为通直郎，直内史省，未几拜内史舍人。炀帝即位，顾遇弥隆，……迁内史侍郎，……专典机密，与纳言苏威、左翊卫大将军宇文述、黄门侍郎裴矩、御史大夫裴蕴等参掌朝政。……辽东之役，进位金紫光禄大夫。

这虞世基本身就是南朝人，是典型的文职人员而被宠用的。

这炀帝朝的"五贵"中，真正符合关陇集团中人的仅有一名宇文述，苏威如前所说虽籍贯关中却是文职人员，裴矩、裴蕴、虞世基均是文职人员且籍贯也非关陇，但均能参掌朝政、参掌机密，说明原先的"关中本位政策"最迟到炀帝手里已不复执行，关陇集团已开始解体。最后还有所谓"七贵"，是大业十四年（618）三月炀帝在江都被杀后，炀帝之孙、元德太子之子越王杨侗在东都洛阳称帝时的掌权人物。《隋书》卷五九《越王侗传》说：

> 帝每巡幸，侗常留守东都。……十三年，帝幸江都，复令侗与金紫光禄大夫段达、太府卿元文都、摄民部尚书韦津、右武卫将军皇甫无逸等总留台事（案《隋书》卷四《炀帝纪》、卷四十一《高颎传》及《通鉴》卷一八三作"总留后事"）。宇文化及之弑逆也，文都等议，以侗元德太子之子，属最为近，于是乃共尊立，大赦，改元皇泰，……以段达为纳言、右翊卫大将军、摄礼部尚书，王世充亦纳言、左翊卫大将军、摄吏部尚书，元文都内史令、左骁卫大将军，卢楚亦内史令，皇甫无逸兵部尚书、右武卫大将军，郭文懿内史侍郎，赵长文黄门侍郎，委以机务，为金书铁券，藏之宫掖，于时洛阳称段达等为"七贵"。

这改元皇泰的东都政权虽已不能号令四方，只算得个小朝廷，但毕竟是从越王杨侗为首的"总留台事"这个班子演变而来，而此班子仍出于炀帝的安排，所以仍可试看其中有多少关陇集团的因子。

先看"总留台事"这个班子，这在《隋书》卷四《炀帝纪》里也有记载，作：

> 〔大业十二年秋七月〕甲子,幸江都宫,以越王侗、光禄大夫段达、太府卿元文都、检校民部尚书韦津、右武卫将军皇甫无逸、右司郎卢楚等总留后事。

本纪记事一般来说比列传精确,这里就按此加了卢楚的名单来查看。

越王杨侗是皇孙可不计,以下段达的传见《隋书》卷八五,说:

> 武威姑臧人也。父严,周朔州刺史。达在周年始三岁,袭爵襄垣县公。及长,……便弓马。高祖为丞相,以大都督领亲信兵,常置左右。及践阼,为左直斋,累迁车骑将军,兼晋王参军。高智惠、李积等之作乱也,达率众一万,击定方、滁二州,……迁进仪同,又破汪文进等于宣州,加开府。……仁寿初,为太子左卫副率。大业初,以藩邸之旧,拜左翊卫将军。征吐谷浑,进位金紫光禄大夫。帝征辽东,百姓苦役,……聚众为群盗,……帝令达击之。……明年帝征辽东,以达留守涿郡,俄复拜左翊卫将军。高阳魏刀儿聚众十余万,……达率涿郡通守郭绚击败之。……十二年,帝幸江都宫,诏达与太府卿元文都留守东都。李密据洛口,纵兵侵掠城下,达与监门郎将庞玉、武牙郎将霍举率内兵出御之,颇有功,迁左骁卫大将军。王〔世〕充之败也,密复进据北芒,东至上春门,达与判左丞郭文懿、尚书韦津出兵拒之,达见贼盛,不阵而走,为密所乘,军大溃,津没于阵。……及帝崩于江都,达与元文都等推越王侗为主,署开府仪同三司,兼纳言,封陈国公。元文都等谋诛王充也,达阴告充,……充僭尊号,以达为司徒。

这段达仍可说是文武合一的关陇集团人物。元文都的传见《隋书》卷七一《诚节传》,说:

> 洵阳公孝矩之兄子也。父孝则,周小冢宰、江陵总管。文都性鲠

直，明辨有器干。仕周为右侍上士。开皇初授内史舍人，历库部、考功二曹郎。……擢为尚书左丞，转太府少卿。炀帝嗣位，转司农少卿、司隶大夫，寻拜御史大夫，坐事免。未几授太府卿，帝渐任之。……大业十三年，帝幸江都宫，诏文都与段达、皇甫无逸、韦津等同为东都留守。及帝崩，文都与达、津等共推越王侗为帝，侗署文都为内史令、开府仪同三司、光禄大夫、左骁卫大将军、摄左翊卫将军、鲁国公。

又卷五〇《元孝矩传》说：

河南洛阳人也。祖修义，父子均，并为魏尚书仆射。孝矩西魏时袭爵始平县公，拜南丰州刺史。

则此元氏是北魏宗室之西迁关中者，可说是关陇人，但从元文都的经历看已是文职人员，皇泰朝让他兼任左骁卫大将军等武职不过想给他增加点权力，初不同于地道的文武合一。再一名是韦津。其父韦孝宽前面讲过是平尉迟迥的统帅，籍贯"京兆杜陵"，《北史》卷六四有《孝宽传》，是典型的文武合一关陇集团名人。孝宽有三子寿、霁、津，事迹略见《隋书》卷四七《韦寿传》，说：

寿在周，……为右侍上士，迁千牛备身，赵王为雍州牧，引为主簿，寻迁少御伯。武帝亲征高氏，拜京兆尹，委以后事。……高祖为丞相，以其父平尉迥，拜寿仪同三司，进封滑国公。……高祖受禅，……迁恒、毛二州刺史。……寿弟霁，位至太常少卿、安邑县伯。津，位至内史侍郎，判民部尚书事。

可见韦津及其兄韦寿、韦霁都已成为文职人员，前引《段达传》记达与郭文懿、韦津出兵拒李密，致津没于阵者，只是敌军压境时的不得已之举，

不能说明他是文武合一。再是皇甫无逸,《旧唐书》卷六二有传,说是:

> 安定乌氏人。父诞,隋并州总管府司马。其先安定著姓,徙居京兆万年。……〔无逸〕拜淯阳太守,……再转右武卫将军,甚见亲委。帝幸江都,以无逸留守洛阳。及江都之变,与段达、元文都尊立越王侗为帝。王世充作难,无逸弃老母妻子,斩关而走。……高祖(李渊)以隋代旧臣,甚尊礼之,拜刑部尚书,封滑国公,历陕东道行台民部尚书,明年迁御史大夫。时益州新开,……令无逸持节巡抚之,承制除授。……寻拜民部尚书,累转益州大都督府长史。……卒赠礼部尚书。

此外《隋书·诚节传》的《皇甫诞传》里也附记皇甫无逸的事迹,说是自淯阳太守"入为刑部侍郎,守右武卫将军"。但前引《炀帝纪》和《越王侗传》只说无逸是以右武卫将军总留台事,可见这右武卫将军是无逸当时主要的职务,《越王侗传》还说侗称帝后无逸的官职是兵部尚书、右武卫大将军。则这位皇甫无逸仍应算作文武合一的关陇集团人物,虽然入唐后已只任文职。再是卢楚,《隋书·诚节传》里也有传,说是:

> 涿郡范阳人也。祖景祚,魏司空掾。楚少有才学,……大业中为尚书右司郎。……越王侗称尊号,以楚为内史令、左备身将军,摄尚书左丞、右光禄大夫,封涿郡公。

这也分明是文职人员,兼左备身将军和元文都之兼左骁卫大将军同样是为了增加点权力。其父辈不知有否早就随宇文泰等西迁关中,如没有则连籍贯也不属关陇。

现在再看"七贵"。"总留台事"中除韦津已战死外,段达、元文都、皇甫无逸、卢楚都在"七贵"之列,上面已逐一讲了。剩下的三贵是王世充和郭文懿、赵长文。王世充在《隋书》卷八五、《旧唐书》卷五四都有传,是后来进入东都洛阳,不在炀帝安排的"总留台事"班子之列。《元文都传》记卢楚说文都就有"王充外军一将耳,本非留守之徒,何得预吾事"的话,所以不宜把他算进去。郭、赵二人《隋书》未立传,前引《越王侗传》说"郭文懿内史侍郎,赵长文黄门侍郎",《段达传》说"判左丞郭文懿",苟无新史料发现,只能说他俩是文职人员,籍贯是否关陇则不得而知。

总起来这七人中,可算关陇集团中人的只有段达和皇甫无逸,元文都、韦津虽籍贯关中却系文职人员,卢楚、郭文懿、赵长文也是文职人员,郭、赵籍贯不明,卢是否关陇也不好说。这说明在安排东都留守班子时,炀帝同样不执行"关中本位政策"组织关陇集团。关陇集团维持了半个多世纪至此开始解体。

至于解体的原因,回顾一下第二节对陈寅恪先生关陇集团说的分析,就很清楚。即当初"关陇集团不是不要用山东、江左的人才,而是山东、江左的人才看不起经济文化都远逊的关陇,而不愿西投为其所用"。如今统一了,稍有头脑的统治者自必要在全国范围之内选用人才,何况隋炀帝其人本对山东、江左的文化感兴趣。因而自然不能让关陇人继续独揽中枢政权。《旧唐书》卷七五《韦云起传》就有这么一段记载:

大业初,……上疏奏曰:"今朝廷之内,多山东人,而自作门户,更相荐举,附下周上,共为朋党,不抑其端,必倾朝政,臣所以痛心扼腕,不能默已,谨件朋党人姓名及奸状如左。"炀帝令大理追究,于是左丞郎蔚之、司隶别驾郎楚之并坐朋党,配流漫头赤水,余免官者九人。

这告诉人们进用山东人这点,在隋朝已是大势所趋,才引起韦云起这个籍贯"雍州万年"的关中人恐惧,要求炀帝采取措施,而炀帝也只整肃了少数几个闹朋党者,而没有扩大到制裁所有的山东人包括江左人。以后韦云起不识相还奏劾"五贵"中籍隶江左的裴蕴、虞世基,就不仅没有达到目的，反而受到左迁的处分。

从文武合一到文武分途也很简单。先进的山东北齐、江左梁陈已经向文武分途回归了，后进的关陇在建立隋朝统一全国后能不很快跟上吗？这和陈寅恪先生在《隋唐制度渊源略论稿》"叙论"章所指出的"隋唐之制度虽极广博纷复，然究析其因素，不出三源：一曰〔北〕魏、〔北〕齐，二曰梁、陈，三曰〔西〕魏、周"，"在此三源之中，此〔西〕魏、周之源远不如其他二源之重要"，正是同样的道理。历史发展总的趋势是后进向先进学习，关陇集团之由文武合一进而文武分途，以及用人之由关陇广及山东、江左，从而使关陇集团解体消失，正是遵循了这个规律。

六　唐初关陇集团消失

陈寅恪先生对关陇集团的看法自和上面所说不一样。他认为隋唐"皇室及佐命功臣大都西魏以来此关陇集团中人物"，"当李唐初期此集团之力量犹未衰损，皇室与其将相大臣几全出于同一之系统及阶级"，要到武曌才"开始施行破坏此传统集团之工作"。这是否正确，需要对武曌以前，唐初高祖武德、太宗贞观两朝的实际情况作审查。

就皇室来说，《旧唐书》卷一《高祖纪》说"皇祖讳虎，后魏左仆射，封陇西郡公，与周文帝及太保李弼、大司马独孤信等以功参佐命，当时称为八柱国家"，高祖李渊、太宗李世民自然都是标准的关陇集团人物，其经历也完全符合文武合于一身的要求。问题在于佐命功臣、将相大臣。

高祖朝的史书上提供了两个名单，即太原元谋立功名单和宰相名单。太原元谋立功名单见于《旧唐书》卷五七《刘文静传》，说：

> 文静初为纳言时，有诏以太原元谋立功尚书令秦王某、尚书左仆射裴寂及文静特恕二死，左骁卫大将军长孙顺德、右骁卫大将军刘弘基、右屯卫大将军窦琮、左翊卫大将军柴绍、内史侍郎唐俭、吏部侍郎殷开山、鸿胪卿刘世龙、卫尉少卿刘政会、都水监赵文恪、库部郎

中武士彟、骠骑将军张平高、李思行、李高迁、左屯卫府长史许世绪等十四人约免一死。

《新唐书》卷八八《裴寂传》后照录了一遍，《唐会要》卷四五"功臣"和《册府元龟》卷一三三"帝王部·褒功"也均收入，《会要》略有脱漏，《元龟》则省略了官职。其中没有李建成也许是由于已立为皇太子，没有齐王元吉则不好解释，有可能是玄武门之变和建成一起被杀后从名单中剔除，好在都是皇子不算进去也无甚关系。武士彟是原有抑后来缘武曌而窜入亦不得而知，这里也姑算成原有。下面就公布本此名单查对史传的结果，包括其人的籍贯是否关陇，是文武合一抑仅是文职或武职，是否真系关陇集团中人物。

考虑到名单人数较多，且查对时仅凭常见书新旧《唐书》即已足用别无其他需求，因此这里不再逐一征引史传原文，而改用表格的方式把所查对的结果列出来，只在最后一格注明"旧××"即《旧唐书》卷××本传或本纪，以便读者需要时复核之用，《新唐书》纪传因多本《旧书》即不加注，即"本纪""本传"等字亦概从略。如此不特可使篇幅大为简约，看起来似亦转较醒目。

姓名	籍贯	是否文武合一	是否关陇集团人物	出处
秦王李世民	关陇	合	是	旧2
裴寂	关陇	合	是	旧57
刘文静	关陇	合	是	旧57
长孙顺德	关陇	武	否	旧58
刘弘基	关陇	武	否	旧58
窦琮	关陇	武	否	旧61
柴绍	关陇	武	否	旧58
唐俭	山东	文	否	旧58
殷开山(峤)	江左	合	否	旧58

续表

姓名	籍贯	是否文武合一	是否关陇集团人物	出处
刘世龙	山东	文	否	旧57
刘政会	山东	合	否	旧58
赵文恪	山东	武	否	旧57
武士彟	山东	文	否	旧58
张平高	关陇	武	否	旧57
李思行	山东	武	否	旧57
李高迁	关陇	武	否	旧57
许世绪	山东	文	否	旧57

这十七人中确属文武合一的关陇集团人物只有李世民、裴寂、刘文静三人，而李世民还是皇子身份。

再看高祖武德朝的宰相名单。《唐会要》卷一"帝号"高祖条说：

> 宰相十六人：秦王、裴寂、刘文静、萧瑀、窦威、窦抗、陈叔达、杨恭仁、封德彝、裴矩、高士廉、齐王元吉、宇文士及、长孙无忌、杜如晦、房玄龄。

用《旧唐书》卷一《高祖纪》和《新唐书》卷一《高祖纪》、卷六一《宰相表》相对校，除两书《高祖纪》均间有脱漏外，这里所列的高士廉、房玄龄都是武德九年六月玄武门政变李世民为皇太子掌权后的七月里才任命的，长孙无忌、杜如晦之任宰相更分别迟至贞观元年七月和二年正月，把这四人除去，真正的高祖朝宰相是十二人。这里把这十二人查对的结果表列如下：

姓名	籍贯	是否文武合一	是否关陇集团人物	出处
秦王李世民	关陇	合	是	旧2

续表

姓名	籍贯	是否文武合一	是否关陇集团人物	出处
裴寂	关陇	合	是	旧57
刘文静	关陇	合	是	旧57
萧瑀	江左	合	否	旧63
窦威	关陇	文	否	旧61
窦抗	关陇	合	是	旧61
陈叔达	江左	文	否	旧61
杨恭仁	关陇	合	是	旧62
封德彝	山东	文	否	旧63
裴矩	山东	文	否	旧63
齐王李元吉	关陇	合	是	旧64
宇文士及	关陇	合	是	旧63

这十二人中确属文武合一的关陇集团人物有李世民、裴寂、刘文静、窦抗、杨恭仁、李元吉、宇文士及七人,也才过十二人的半数,如除去身为皇子的李世民、李元吉则仅有五人。

可见无论从太原元谋立功名单或高祖朝宰相名单,都看不出其时仍在执行"关中本位政策"组建关陇集团,否则怎么可能够得上所谓关陇集团的人物在名单中只占极少数或才过半数。

太宗李世民在武德后期已和其父高祖李渊有点异其趋向,所以还需要看这关陇集团在太宗朝是否存在。

太宗朝也有一个功臣实封差第名单以及宰相名单,还有一个图画凌烟阁的名单。

功臣实封差第名单也见于《旧唐书》卷五七《刘文静传》后,说:

> 武德九年十月,太宗始定功臣实封差第,文静已死,于是裴寂加食九百户通前为一千五百户,长孙无忌、王君廓、尉迟敬德、房玄

龄、杜如晦等五人食邑一千三百户，长孙顺德、柴绍、罗艺、赵郡王孝恭等食邑一千二百户，侯君集、张公谨、刘师立等三人食邑一千户，李勣、刘弘基二人食邑九百户，高士廉、宇文士及、秦叔宝、程知节等四人食七百户，安兴贵、安修仁、唐俭、窦轨、屈突通、萧瑀、封德彝、刘义节八人各食六百户，钱九陇、樊兴、公孙武达、李孟尝、段志玄、庞卿恽、张亮、李药师、杜淹、元仲文十人各食四百户，张长逊、张平高、李安远、李子和、秦行师、马三宝六人各食三百户。

另《旧唐书》卷二《太宗纪》武德九年十月癸酉也有此四十三人的实封名单，《新唐书·裴寂传》后则据《旧唐书·刘文静传》照录。这里据此名单将查对结果表列如下：

姓名	籍贯	是否文武合一	是否关陇集团人物	出处
裴寂	关陇	合	是	旧57
长孙无忌	关陇	合	是	旧65
王君廓	山东	武	否	旧60
尉迟敬德	山东	武	否	旧68
房玄龄	山东	文	否	旧66
杜如晦	关陇	文	否	旧66
长孙顺德	关陇	武	否	旧58
柴绍	关陇	武	否	旧58
罗艺	关陇	武	否	旧56
赵郡王李孝恭	关陇	合	是	旧60
侯君集	关陇	合	是	旧69
张公谨	山东	武	否	旧68
刘师立	山东	武	否	旧57

续表

姓名	籍贯	是否文武合一	是否关陇集团人物	出处
李勣	山东	合	否	旧67
刘弘基	关陇	武	否	旧58
高士廉	山东	文	否	旧65
宇文士及	关陇	合	是	旧63
秦叔宝	山东	武	否	旧68
程知节	山东	武	否	旧68
安兴贵	关陇	武	否	旧55李轨传
安修仁	关陇	武	否	旧55李轨传
唐俭	山东	文	否	旧58
窦轨	关陇	合	是	旧61
屈突通	关陇	合	是	旧59
萧瑀	江左	合	否	旧63
封德彝	山东	文	否	旧63
刘义节（世龙）	山东	文	否	旧52
钱九陇	江左	武	否	旧52
樊兴	江左	武	否	旧57
公孙武达	关陇	武	否	旧57
李孟尝	山东	武	否	旧57附
段志玄	山东	武	否	旧68
庞卿恽	山东	武	否	旧57
张亮	山东	合	否	旧69
李药师(靖)	关陇	合	是	旧67
杜淹	关陇	文	否	旧66

续表

姓名	籍贯	是否文武合一	是否关陇集团人物	出处
元仲文	山东	武	否	旧57附
张长逊	关陇	武	否	旧57
张平高	关陇	武	否	旧57
李安远	关陇	武	否	旧57
李子和	关陇	武	否	旧56
秦行师	山东	武	否	旧57附
马三宝	?	武	否	旧58

这四十三人中确属文武合一的关陇集团人物只有裴寂、长孙无忌、李孝恭、侯君集、宇文士及、窦轨、屈突通、李靖计八人，其中李孝恭且是李唐宗室。

再看图画凌烟阁的名单。《旧唐书》卷六五《长孙无忌传》说：

〔贞观〕十七年，令图画无忌等二十四人于凌烟阁，诏曰："自古皇王，褒崇勋德，既勒铭于钟鼎，又图形于丹青。是以甘露良佐，麟阁著其美，建武功臣，云台纪其迹。司徒、赵国公无忌，故司空、扬州都督、河间元王孝恭，故司空、莱国成公如晦，故司空、相州都督、太子太师、郑国文贞公徵，司空、梁国公玄龄，开府仪同三司、尚书右仆射、申国公士廉，开府仪同三司、鄂国公敬德，特进、卫国公靖，特进、宋国公瑀，故辅国大将军、扬州都督、褒忠壮公志玄，辅国大将军、夔国公弘基，故尚书左仆射、蒋忠公通，故陕东道行台右仆射、郧节公开山，故荆州都督、谯襄公柴绍，故荆州都督、邳襄公顺德，洛州都督、郧国公张亮，光禄大夫、吏部尚书、陈国公侯君集，故左骁卫大将军、郯襄公张公谨，左领军大将军、卢国公程知节，故礼部尚书、永兴文懿公虞世南，故户部尚书、渝襄公刘政会，光禄大夫、户部尚书、莒国公唐俭，光禄大夫、兵部尚书、英国公勋，故徐州都督、胡壮公秦叔宝等，或材推栋梁，谋猷经远，绸缪帷帐，经纶霸图；或学综经籍，德范光茂，隐犯同致，忠说日闻；或竭力义旗，委质藩邸，一心表节，百战标奇；或受脤庙堂，辟土方面，重氛载廓，王略遐宣。并契阔屯夷，劬劳师旅，赞景业于草昧，翼淳化于隆平。茂绩殊勋，冠冕列辟；昌言直道，牢笼搢绅。宜酬故实，弘兹令典，可并图画于凌烟阁。庶念功之怀，无谢于前载；旌贤之义，永贻于后昆。"

另《唐会要》卷四五"功臣"载贞观十七年二月二十八日诏同此二十四人官爵姓名，止"材推栋梁"至"牢笼搢绅"一段省却。《册府元龟》卷一三三"帝王部·褒功"载此诏"牢笼搢绅"下又多出"固以瞻伊吕而连衡，迈周召而长骛者矣"。又《新唐书》卷八九《秦琼（叔宝）传》所收入此名单则未在已故人员上加"故"字以事区别。其中除魏徵、虞世南外二十二人均已先后见于太原元谋立功、高祖宰相及武德九年十月功臣实封三名单，今为醒目起见仍重事表列，以便看清楚二十四人中有多少关陇集团人物。

姓名	籍贯	是否文武合一	是否关陇集团人物	出处
长孙无忌	关陇	合	是	旧65
河间元王李孝恭（赵郡王李孝恭）	关陇	合	是	旧60
杜如晦	关陇	文	否	旧66
魏徵	山东	文	否	旧71
房玄龄	山东	文	否	旧66
高士廉	山东	文	否	旧65
尉迟敬德	山东	武	否	旧68
李靖（药师）	关陇	合	是	旧67
萧瑀	江左	合	否	旧63

续表

姓名	籍贯	是否文武合一	是否关陇集团人物	出处
段志玄	山东	武	否	旧68
刘弘基	关陇	武	否	旧58
屈突通	关陇	合	是	旧59
殷开山	江左	合	否	旧58
柴绍	关陇	武	否	旧58
长孙顺德	关陇	武	否	旧58
张亮	山东	合	否	旧69
侯君集	关陇	合	是	旧69
张公谨	山东	武	否	旧68
程知节	山东	武	否	旧68
虞世南	江左	文	否	旧72
刘政会	山东	合	否	旧58
唐俭	山东	文	否	旧58
李勣	山东	合	否	旧67
秦叔宝	山东	武	否	旧68

这二十四人中确属文武合一的关陇集团人物只有长孙无忌、李孝恭、李靖、屈突通、侯君集计五人，其中李孝恭又是李唐宗室。

再看太宗朝的宰相名单。《唐会要》卷一"帝号"太宗条说：

> 宰相二十九人：裴寂、萧瑀、陈叔达、李靖、封德彝、宇文士及、长孙无忌、杜如晦、房玄龄、高士廉、温彦博、岑文本、魏徵、侯君集、杨师道、戴胄、刘洎、李世勣、张亮、马周、褚遂良、崔仁师、杨弘礼、王珪、杜淹、杨恭仁、许敬宗、高季辅、张行成。

和《旧唐书》卷二卷三《太宗纪》、《新唐书》卷二《太宗纪》、卷六一《宰相表》对校，知道这个宰相名单是从武德九年六月太宗为皇太子掌权后算起，并将"参预朝政""同掌机务""同中书门下三品"等都算了进去的。当然《宰相表》和《太宗纪》均间有脱漏，尤以《新唐书·太宗纪》为甚，如名单上的杨弘礼就不见于此《纪》《表》，仅《旧唐书》卷七七《杨弘礼传》说到"时诸宰相并在定州留辅皇太子，唯有褚遂良、许敬宗及弘礼在行所，掌知机务"。所以这个名单虽先后次序乱一些，仍大体可用，这里就据以查对表列：

姓名	籍贯	是否文武合一	是否关陇集团人物	出处
裴寂	关陇	合	是	旧57
萧瑀	江左	合	否	旧63
陈叔达	江左	文	否	旧61
李靖	关陇	合	是	旧67
封德彝	山东	文	否	旧63
宇文士及	关陇	合	是	旧63
长孙无忌	关陇	合	是	旧65
杜如晦	关陇	文	否	旧66
房玄龄	山东	文	否	旧66
高士廉	山东	文	否	旧65
温彦博	山东	文	否	旧61
岑文本	江左	文	否	旧70
魏徵	山东	文	否	旧71
侯君集	关陇	合	是	旧69
杨师道	关陇	文	否	旧62
戴胄	山东	文	否	旧70
刘洎	江左	文	否	旧74
李世勣（李勣）	山东	合	否	旧67
张亮	山东	合	否	旧69
马周	山东	文	否	旧74

续表

姓名	籍贯	是否文武合一	是否关陇集团人物	出处
褚遂良	江左	文	否	旧80
崔仁师	山东	文	否	旧74
杨弘礼	关陇	合	是	旧77
王珪	山东	文	否	旧70
杜淹	关陇	文	否	旧66
杨恭仁	关陇	合	是	旧62
许敬宗	江左	文	否	旧82
高季辅	山东	文	否	旧78
张行成	山东	文	否	旧78

这二十九人中确属文武合一的关陇集团人物只有裴寂、李靖、宇文士及、长孙无忌、侯君集、杨弘礼、杨恭仁计七人。

太宗朝这三个名单上可称关陇集团的人物仍如此寡少，在宰相中比高祖朝的仅过半数更减到不及四分之一。这足以说明太宗依然不执行"关中本位政策"。关陇集团之在唐初消失，已是无可争辩的事实。

所以陈寅恪先生所说要到武曌才"开始施行破坏此传统集团之工作"，实在不能成立。

至先生认为"其后皇位虽复归李氏，至玄宗尤称李唐盛世，然其祖母开始破坏关陇集团之工事竟及其身而告完成"，则自由于先生所说关陇物质本位政策组建的府兵确至玄宗朝正式停罢。先生《金明馆丛稿初编》中的《论唐代之蕃将与府兵》即引用了《新唐书》卷五〇《兵志》的"〔天宝〕八载折冲诸府至无兵可交，李林甫遂请停上下鱼书"这条记载。这在讲下一章"府兵的兴衰"和后面第九章"范阳节度与奚契丹"时都得涉及，这里可不赘说。

第三章　府兵的兴衰

一　设八柱国并非受到胁迫

按照陈寅恪先生的看法，宇文泰建立府兵制度是为了实施其关陇物质本位政策，本应该放在上一章"关陇集团始末"里来说，只是由于此制度一向受到讲历史者重视，连教科书上也得讲一通甚至出考题难为学生，而前此学人的解说即使高明如陈寅恪先生仍有可商榷之处，通行的所谓在均田制上建立府兵之说则更荒率不成理由，因此有必要在这里专门开设一章，多费点笔墨。

陈寅恪先生研究府兵是有贡献的。他在《历史语言研究所集刊》第七本第三分册发表《府兵制前期史料试释》，后又编入《隋唐制度渊源略论稿》作为"兵制"章，根据《北史》卷六〇传末的记载，否定了《玉海》卷一三八所引唐人李繁《邺侯家传》兵农合一之说，从而使初期府兵之系兵农分离成为今日史学界的共识。可商榷者，乃是先生对宇文泰建立八柱国制以分统府兵的解说。

这八柱国详见于《周书》卷一六和《北史》卷六〇传末的记载，《周书》说：

> 初，魏孝庄帝以尔朱荣有翊戴之功，拜荣柱国大将军，位在丞相上，荣败后此官遂废。大统三年，魏文帝复以太祖建中兴之业，始命

> 为之，其后功参佐命，望实俱重者亦居此职，自大统十六年以前任者凡有八人。太祖位总百揆，督中外军。魏广陵王欣元氏懿戚，从容禁闼而已。此外六人，各督二大将军，分掌禁旅，当爪牙御侮之寄。当时荣盛，莫与为比，故今之称门阀者咸推八柱国家云。今并十二大将军录之于左〔以下列书太祖宇文泰而下七柱国大将军李虎、元欣、李弼、独孤信、赵贵、于谨、侯莫陈崇及十二大将军元赞、元育、元廓、宇文导、侯莫陈顺、达奚武、李远、豆卢宁、宇文贵、贺兰祥、杨忠、王雄姓名、官爵〕。
>
> 右十二大将军又各统开府二人，每一开府领一军兵，是为二十四军。自大统十六年以前，十二大将军外念贤及王思政亦作大将军，然贤作牧陇右，思政出镇河南，并不在领兵之限。此后功臣位至柱国及大将军者众矣，咸是散秩，无所统御。六柱国、十二大将军之后，有以位次嗣掌其事者，而德望素在诸公之下，不得预于此列。

寅恪先生认为这大统十六年（550）前形成的八柱国制，是宇文泰"以鲜卑旧俗为依归"，"八柱国者，摹拟鲜卑旧时八国即八部之制者也"。

但这种"鲜卑旧时八国即八部之制"，本是少数民族在中央集权出现之前必然会经历的部族酋长联盟制，除了鲜卑八国之外，后来契丹的八部、女真后金的八旗无不如此。这种制度，寅恪先生文中也已指出"部落酋长对于部内有直辖之权，对于部外具独立之势"，以后要消灭这种独立之势实行中央集权，不知得花费多少心力。因此如果以为宇文泰真是不得不以鲜卑旧俗为依归，而摹拟鲜卑旧时八国即八部之制，就必须确认当时已出现这样的情况：即或是西魏军人之绝大多数是鲜卑和鲜卑化者，不恢复当年鲜卑旧制大家不习惯不乐意；或是高级将领后来成为六柱国十二大将军者都有强大的实力，让他们分任执掌兵权的六柱国等是对既成事实的确认和合法化。

可是这两种情况在当时都不存在。

先看将领的种族。除宇文泰本人和唐室先人李虎外，从《周书》这些人的列传中可知道出身北魏六镇的鲜卑和鲜卑化者，还有独孤信、赵贵、于谨、侯莫陈崇、宇文导、侯莫陈顺、达奚武、豆卢宁、宇文贵、贺兰祥、杨忠十一人，加上是元魏宗室的元欣、元赞、元育、元廓一共十五人，和六镇无关的只有李弼、李远、王雄三人。但讲军人总不能光讲高级将领，重要的还得看基层军官尤其是士兵，在这方面宇文泰系统里的六镇鲜卑成分就显得很单薄了。读史者当知道，宇文泰和上列多数出身六镇的将领，是北魏孝庄帝建义元年（528）跟随尔朱天光，为平定万俟丑奴等反魏武装进入关中陇右的，而尔朱天光当时带进关陇的兵马实在为数无几。这点在《魏书》卷七五《尔朱天光传》里讲得最清楚：

> 天光初行，唯配军士千人，诏发京城巳西路次民马以给之。时东雍赤水蜀贼断路，诏侍中杨侃先行晓慰，并征其马。侃虽入慰劳，而蜀持疑不下，天光遂入关击破之，简取壮健以充军士，悉收其马。至雍，又税民马，合得万余匹，以军人寡少，停留未进。〔尔朱〕荣遣责之，杖天光一百，荣复遣军士二千人以赴。

从东边进入关陇的就这两起一共三千人[①]，不够用就让关陇的地方武力来补充。其后尔朱天光东出参加韩陵之战，带走的兵力应有四五万光景，其

[①] 这不是尔朱荣吝惜不多给而是无更多的兵可给，因为尔朱荣本身的契胡即羯胡兵力就很有限。《洛阳伽蓝记》卷一"永宁寺"条说尔朱荣"部落八千余家，有马数万匹"，进入洛阳时据《魏书》卷四四《费穆传》是"士马不出万人"，平定葛荣时据《魏书》卷七四《尔朱荣传》是"率精骑七千"，尽管以后不断吸收六镇鲜卑来充实，主力仍不会骤增很多，两次共派三千人入关，就算其中多数是六镇鲜卑，在尔朱荣已颇大方了。

中原先带进关的嫡系主力至少得有一千到二千①。这样留在关陇最后归宇文泰所有的六镇鲜卑主力多则不过二千，少则仅有一千②。即使魏孝武帝在永熙三年西投宇文泰带去了所谓"六坊之众"，也为数无几，在关陇武装力量中占不了什么地位③。六镇鲜卑的绝大部分，如第一章开头讲"高欢政权的民族问题"时引用《北史·齐神武纪》所说，是归高欢拥有的。纵使其后东西魏战争中有若干为宇文泰这边所俘虏补充，仍难于扭转六镇鲜卑东多西少的格局。但东边的高欢并没有想用恢复北魏初期设置八国八部的办法来维系军心，而军心却能维系下去并不因此离散。这自是由于这种比较原始的旧制度即使从道武帝天兴元年设置八部大夫算起，到这时已经历了一百好几十年，就在鲜卑本族人中也逐渐淡忘不复系恋思念的缘故。鲜卑多的高欢一边尚且如此，鲜卑少的宇文泰一边却说想用摹拟八部旧制的办法来满足广大将士要求，岂不远于情理。

---

① 韩陵之战尔朱兆、尔朱天光、尔朱仲远、尔朱度律四军合起来，据《周书》卷一四《贺拔胜传》有"众十余万"，据《北史》卷六《齐神武纪》"众号二十万"。而战前尔朱家族对尔朱天光颇多期望，如《魏书》卷七五《尔朱天光传》即说尔朱世隆令斛斯椿苦邀天光，云"非王无以能定，岂可坐看宗家之灭也"。可知尔朱天光这次东出所带至少不减于其他诸家，可以姑定为四五万。他原先带进关的嫡系主力共三千，东出总得带走三分之二到三分之一，所以这里姑定为一千到二千。此外所带的四五万中绝大多数是关陇新降附的杂牌队伍，所以《魏书》卷七五《尔朱彦伯附尔朱世隆传》记斛斯椿所说有"天光部下皆是西人"的话。尔朱兆等三家的兵马当也以降附的杂牌为多。这种杂牌不经整训是全无战斗力的，从而高欢这边由六镇鲜卑为主的精兵，虽如《神武纪》所说"马不满二千，步兵不至三万"，也能大败这尔朱四家的"十余万"了。

② 当年尔朱天光入关时以贺拔岳、侯莫陈悦为副贰，其后侯莫陈悦袭杀贺拔岳，宇文泰进讨侯莫陈悦，《周书》卷一《文帝纪》说："悦……闻大军且至，退保略阳，留一万余人据守水洛，太祖（宇文泰）至水洛围之，城降，太祖即率轻骑数百趣略阳，……悦出军，……太祖纵兵奋击，大破之，虏获万余人，马八千匹。"则其时侯莫陈悦军已扩充到二万余人，其中必多系杂牌乌合，所以会被宇文泰的主力轻骑数百击破，不得以此来否定六镇鲜卑在关陇止一二千人之数。

③ 《隋书》卷二四《食货志》说"是时六坊之众从武帝而西者不能万人"，"不能万人"是不到一万人的意思。究竟有多少，可看《北史》卷五《魏孝武纪》，说七月丙午"帝率南阳王宝炬、清河王亶、广阳王湛、斛斯椿以五千骑宿于瀍西杨王别舍"，是一开始只有五千，接着"众知帝将出，其夜亡者过半，清河、广阳二王亦逃归"，则最多只剩下二千多一点。这时"宇文泰遣都督骆超、李贤和各领数百骑赴，骆超先至，戊申，贤和会帝于崤中"，而另一边"己酉，高欢入洛，遣娄昭及河南尹元子思领左右侍官追帝请回驾，高昂率劲骑及帝于陕西。帝鞭马长骛至湖城，饥渴甚，有王思村人以麦饭壶浆献帝，帝甘之"，"帝至稠桑"，才有宇文泰的"潼关大都督毛洪宾迎献食"，可见这一路上逃散的士卒更不知有多少。所以《周书》卷一《文帝纪》有魏孝武帝"率轻骑入关"的讲法，"轻骑"者，就是很少一点人之谓。而且这点人入关后宇文泰也不会给安排到要害部门，让他们造成喧宾夺主之势，所以这年十二月宇文泰就敢把这位魏孝武帝鸩杀，而不见有什么反抗。

再说李虎、李弼、独孤信、赵贵、于谨、侯莫陈崇等人是否都有强大的实力，让他们分任六柱国等是对既成事实的确认和合法化？粗看起来好像也差不多。宇文泰本来只是尔朱天光入关时的副贰左大都督贺拔岳手下的别将，比另一副贰右大都督侯莫陈悦还低了一个层次。《周书》卷一六《赵贵传》所说"初贵与独孤信等皆与太祖（宇文泰）等夷"，卷一五《于谨传》所说"谨……与太祖等夷"，以及《周书》卷一《文帝纪》和《赵贵传》、同卷《侯莫陈崇传》所说贺拔岳死后"诸将以都督寇洛年最长，相与推洛以总兵事，洛素无雄略，威令不行"，于是赵贵、侯莫陈崇等同谋迎宇文泰主持，自均是事实。陈寅恪先生就引用了得出宇文泰设置八柱国"本当日事势有以致之，殊非其本意"，也就是说这么做是受到了胁迫。寅恪先生还引用《周书》卷二《文帝纪》所说"〔魏废帝〕二年（553）春，魏帝诏太祖去丞相、大行台，为都督中外诸军事"，认为到这时才表现出"宇文泰权力扩张压倒同辈"。其实卷一《文帝纪》在魏永熙三年（534）四月宇文泰战胜侯莫陈悦并有其军之后，是这么说的：

> 齐神武（高欢）闻秦陇克捷，乃遣使于太祖，甘言厚礼，深相倚结，太祖拒而不纳。时齐神武已有异志，故魏帝（孝武帝）深仗太祖，……进太祖侍中、骠骑大将军、开府仪同三司、关西大都督、略阳县公，承制封拜，使持节如故。……进授太祖兼尚书仆射、关西大行台，余官封如故。……七月丁未，……〔太祖〕乃奉帝都长安，披草莱，立朝廷，军国之政，咸取太祖决焉。仍加授大将军、雍州刺史兼尚书令，进封略阳郡公，别置二尚书随机处分，解尚书仆射，余如故。八月，……进位丞相。……闰十二月，魏孝武帝崩，太祖与群公定策，尊立魏南阳王宝炬为嗣，是为文皇帝。

接着卷二《文帝纪》一开头就说：

> 魏大统元年正月己酉，进太祖督中外诸军事、录尚书事、大行

台，改封安定郡王，太祖固让王及录尚书事，魏帝许之，乃改封安定郡公。

这里的"督中外诸军事"，岂不就是寅恪先生认为表现出"压倒同辈"的"都督中外诸军事"吗？《册府元龟》卷六"创业"、卷二七"命相"引用这个记载便都作"都督中外诸军事"，《文帝纪》这里也许漏了个"都"，也许只是简称。总之即使如寅恪先生的认识，宇文泰也早在西魏文帝大统元年（535）年初就任这都督中外诸军事"压倒同辈"了，并不需要推迟十八年到西魏废帝二年才"压倒同辈"任这个官职[①]。何况从上引《文帝纪》，已可清楚地看到更早在解决侯莫陈悦之后，宇文泰就一直是关陇西魏政权的第一号人物，和东边的高欢一样，名义上还在一人之下，实际上成为本地区没有正式即位的皇上。至于赵贵等人，看《周书》列传以及《周书》无传见于《册府元龟》卷一"帝系"的李虎事迹，也可清楚地看到他们都已归宇文泰所统率，官职迁升不仅远落在宇文泰之后，如赵贵之"领大丞相府左长史"，于谨之"拜大丞相府长史兼大行台尚书"，更直接成为宇文泰的僚属。这哪还有当初的"等夷"气味呢？早已"等夷"不起来了。

会不会这几位官爵虽低于宇文泰，却都手握重兵，有强大的实力，迫使宇文泰不得不就范？又并非如此。这试分析潼关、沙苑两大战役便知分晓。

大统三年（537）正月潼关斩窦泰之役，《周书》卷二《文帝纪》只说宇文泰"率骑六千"，没有讲有哪些将领参加。我试检有列传的人物，其中参加的有冯迁、贺拔胜、李弼、侯莫陈崇、侯莫陈凯、若干惠、怡峰、

[①] 至于《周书·武帝纪》下文所说"〔魏废帝〕二年春，魏帝诏太祖去丞相、大行台，为都督中外诸军事"，本是指去掉宇文泰的丞相和大行台而保留都督中外诸军事之职，否则大统元年之进宇文泰都督中外诸军事就不好解释。而且《周书》卷一九《宇文贵传》还有"〔大统〕十六年迁中外府长史"的记事，"中外府"者就是都督中外诸军事府的简称，如果设置都督中外诸军事之职让宇文泰来担任要迟至废帝二年，那在废帝二年之前三年的大统十六年怎么可能冒出个"中外府"来呢？至于废帝去掉宇文泰丞相和大行台之职出何意图，与明年废帝之见废是否有关，以史料缺乏，已无从推究。

刘亮、达奚武、豆卢宁、杨忠、尉迟纲、李远、韩果、蔡祐、常善、辛威、厍狄昌、王勇、宇文虬、宇文盛、耿豪、王雅、达奚寔、窦炽、窦毅、李穆、韦孝宽、陆通、元定、崔谦、薛端、段永共计三十三人,文职参与者如吕思礼等已除外不算。这三十三人参加这次战役时已都是将领身份,手下都得有些兵,把宇文泰的六千骑用三十三除一下,一个将领还摊不到二百名骑兵。当然这么算不够科学,因为这些将领的等级不可能完全相同,譬如稍后列入沙苑战役十二将和六柱国十二大将军中的李弼、侯莫陈崇、若干惠、怡峰、刘亮、达奚武、豆卢宁、杨忠、李远九名级别应该高一些,其他将领在他们手下,那把六千骑用九除,每名高级将领仍只摊到六百多骑兵。

这么计算自然不好说精确,要比较精确一点可看同年八月的沙苑战役。《周书·文帝纪》说宇文泰"率李弼、独孤信、梁御、赵贵、于谨、若干惠、怡峰、刘亮、王德、侯莫陈崇、李远、达奚武等十二将",分左右各六军在沙苑打败入侵的高欢十万大军,而宇文泰当时的"战士不满万人"。即使一万用十二来除,每军每个将领所率的兵众只摊到八百名光景,和斩窦泰之役每个高级将领摊到六百多骑兵仍增加不了好多。凭这点兵力就能胁迫丞相、都督中外诸军事、录尚书事、柱国大将军的宇文泰就范,不管宇文泰愿不愿也得让他们出任六柱国来合法化地瓜分总兵力,在事理上仍难讲得通。除非设想这些高级将领当时已准备联合起来对付宇文泰,但史书上又别无此类迹象可资寻求。

因此我认为寅恪先生对宇文泰所以建立八柱国制的解释难于成立。

二 为扩军整训增设柱国

宇文泰增设柱国建立八柱国制究竟为了什么?我认为应该从兵少必须扩军和扩军必须整训这两层来考虑。

兵少是西魏的一大问题。前面说过,当年尔朱天光带进关的嫡系部队不过三千人,以后又带走了一千到二千。所以多方扩充兵力,久已成为尔朱天光以来直至宇文泰掌权后的要务。其中兵源之一便是从东魏那边俘虏过来的，为数居然很可观。如《周书·文帝纪》说魏永熙三年（534）宇文泰讨东魏将薛瑾于潼关，"虏其卒七千"。大统三年正月潼关之役斩窦泰，"尽俘其众万余人"。八月，宇文泰先率十二将东伐，于谨攻下槃豆东魏栅，"获其戍卒一千"，攻入弘农，"虏其战士八千"。大统四年（538）河桥之战，斩东魏高敖曹等，"虏其甲士一万五千"。这都是大统十六年有了八柱国之前的，仅此合起来就达六万之多。再则投附的少数民族和地方豪帅宗党的武装也是一大兵源，有关陇的，还有河东、河南的。《周书·文帝纪上》永熙三年十一月，《文帝纪下》大统三年八月、九年三月、十二年五月，以及卷一九《侯莫陈顺传》、卷三三《赵刚、赵昶、王悦传》、卷三四《杨㯋传》、卷三五《敬珍传》、卷三六《郑伟、段永、令狐整、司马裔、裴果传》、卷四四《泉企传》都有大统十六年之前的这类记载，所记数字最多有万余人，以下四千、三千、二千、千余人不等。这些投附武装对扩充正规部队所起的作用，至少也不会亚于俘虏兵。

但用这些投附武装和俘虏兵来充实正规部队作战，总得经过整训。大统三年正月潼关之役以"骑八千"斩窦泰，俘获了"万余人"，而到十月沙苑之役可用之兵仍"不满万人"，说明这整训充实要花费时间和精力，时间太少只有几个月很难做到。所幸这潼关、沙苑两役都是在内线作战，有上八千、上万精兵，加之战略战术正确也能取胜。接着乘战胜余威，转入外线向洛阳方向进军，这点精兵不够用，就只好把未经整训和不曾整训好的大批征用来凑数了。《周书·文帝纪》说沙苑取胜后独孤信等就"率步骑二万"入洛阳，第二年大统四年（538）七月东魏围洛阳，宇文泰亲率大军救援，八月河桥决战，虽斩东魏高敖曹等仍失利班师，洛阳也失守。据《北史·齐神武纪》说这一役"大破西魏军，俘获数万"。大统九年（543）宇文泰再度东进，和高欢在邙山决战又大败，高欢追击到陕州才退还。据《齐神武纪》，这一役"擒西魏督将以下四百余，俘斩六万计"。东魏方面的记载自然不免夸大，却可由此推知这两次宇文泰动用的兵力至少每次在六七万以上，独孤信入洛阳的一军即有二万便是明证。这骤然增加起来的好几万人自然多数属于来不及整训好的所谓乌合之众，而这种乌合之众，在主力打得顺手时固可起点作用，一旦失利就会争先逃窜甚至作乱，弄不好还会引起降卒的叛乱。降卒大规模叛乱的一次是在大统四年河桥战役败退之后，《文帝纪》说：

> 〔西魏〕大军〔回师〕至弘农，守将皆已弃城西走，所虏降卒在弘农者因相与闭门拒守，进攻拔之，诛其魁首数百人。大军之东伐也，关中留守兵少，而前后所虏东魏士卒，皆散在民间，乃谋为乱。及李虎等至长安，计无所出，乃与公卿辅魏太子出次渭北，关中大震恐，百姓相剽劫。于是沙苑所俘军人赵青雀、雍州民于伏德等遂反，青雀据长安子城，伏德保咸阳，与太守慕容思庆各收降卒，以拒还师。长安大城民皆相率拒青雀，每日接战。魏帝留止阌乡，遣太祖讨之。……华州刺史〔宇文〕导率军袭咸阳，斩思庆，擒伏德，南度渭与太祖会攻青雀，破之。太傅梁景睿先以疾留长安，遂与青雀通谋，至是亦伏诛。关中于是乃定，魏帝还长安。

这里所谓"散在民间"的"前后所虏东魏士卒"，就是还未来得及整编而留在后方的俘虏兵。留在后方尚且如此，驱之前敌其败坏大事就更不必说。投附的少数民族作乱在《周书》卷三三《赵昶传》里记载过一次，即：

> 大统九年，大军失律于邙山，清水氐酋李鼠仁自军逃还，凭险作乱，陇右大都督独孤信频遣军击之，不克，……太祖……令昶使焉。昶见鼠仁，喻以祸福，……鼠仁感悟，遂相率降。

可见这投附的兵众也亟待整训才能成为可用的主力。

这些道理，我想当年宇文泰等人不会不懂得，不会不采取措施来使问题从速解决。《文帝纪》所谓"大阅""大会诸军"的记事，我就是这样来理解的。

这纪事正开始于大统四年八月河桥败归之后,说:

> 五年冬,大阅于华阴。
>
> 八年夏四月,大会诸军于马牧。……十二月,魏帝狩于华阴,大飨将士,太祖率诸将朝于行在所。

大统九年三月邙山败归后记得更多了,有:

> 九年……冬十月,大阅于栎阳。
>
> 十年……冬十月,大阅于白水。
>
> 十一年……冬十月,大阅于白水,遂西狩岐阳。
>
> 十二年……七月,太祖大会诸军于咸阳。
>
> 十三年……冬,太祖奉魏帝西狩于岐阳。

这已是一年要来一次"大阅""大会诸军"和"西狩"了。如果不是为了整训军队,在丧败之余还做这些阅兵耀武的门面文章,而且一年做上一次干什么?只是这多次的整训都是宇文泰亲自直接抓的,以后实在抓不过来,就把整训的权力和责任下放给李弼、独孤信等六名亲信的高级将领,让他们同样以柱国也就是柱国大将军的大头衔分头从事整训,使这整训扩军工作得以快速完成。这也就是从大统十四年李弼等人之任柱国开始,史书上再没有记载"大阅""大会诸军"的原因。至于给了李弼等柱国之称会不会又和宇文泰"等夷"起来,当然也不会,因为如前所说宇文泰早就是西魏的第一号人物,都督中外诸军事、丞相、录尚书事等职衔都明摆着的。

这么说,可以从下列几个方面来证实。

(一)最使人注意的,是这六名柱国的任命不在同一时间。

李弼，……〔大统〕十四年，北稽胡反，弼讨平之，迁太保，加柱国大将军。(《周书》卷一五《李弼传》)

　　独孤信，……〔大统〕十四年，进位柱国大将军，录克下溠、守洛阳、破岷州、平凉州等功，增封，听回授诸子。(卷一六《独孤信传》)

　　赵贵，……东魏将高岳、慕容绍宗等围王思政于颍川，贵率军援之，……东魏人遏洧水灌城，军不得至，思政遂没，贵乃班师，寻拜柱国大将军。(卷一六《赵贵传》。案《文帝纪下》颍川之陷在大统十五年六月，则赵贵拜柱国在十五年秋冬)

　　于谨，……〔大统〕十五年，进位柱国大将军。(卷一五《于谨传》)

　　侯莫陈崇，……〔大统〕十五年，进位柱国大将军。(卷一六《侯莫陈崇传》)

　　〔李〕虎，……徙封赵国公，历渭、秦二州刺史，复击叛胡平之，徙封陇西公，进拜太尉，迁右军大都督、柱国大将军、少师。(《册府元龟》卷一"帝系"。案这"叛胡"当即李弼在大统十四年讨平的北稽胡，则李虎之进位柱国当也在大统十四年或迟至十五年)

唐长孺先生所撰1955年三联书店版《魏晋南北朝史论丛》中收有《魏周府兵制度辨疑》，也注意到这个六柱国的任命不在同一时间，要"到大统十五年才全备"，还注意到独孤信、赵贵、于谨、侯莫陈崇并非有功而提升，从而认为"这个全备从无故提升这一点来看，显然是为满足八柱国的数字"。对这个讲法我不能同意。因为如果仅是为了"满足八柱国的数字"，那何不干脆痛快地把这六柱国同时一次任命，这何等整齐冠冕，何必参差不齐地弄成几个在大统十四年，几个在大统十五年，难道不怕暂时还未被任命的产生疑惧，在这些高级将领中出现矛盾而影响宇文泰政权的巩固？因此只有如我所作的解释，只是为了要从速完成扩军的任务，才让他们接宇文泰之手分担整训任务，才给予这个柱国的大头衔。又因为要整训的兵众不可能一下子全部调齐交割，而且这么做也怕波动面太大，从而采取了调齐一批交割一批的办法，柱国的任命时间也就会略有先后。至于任命了李弼等六柱国后暂时不再增加，自然是想在宇文泰和挂名的魏广陵王元欣这两位柱国之外再加上六个凑成八柱国以附会北魏初期的八国、八部。这和宇文泰改官制之比附《周礼》六官相同，均是表面官样文章而并不说明事情的实质。

（二）再看大统十四、十五年这个时间。这正是大统十三年正月东魏高欢去世，东西双方正面交战的局势得以暂时缓和的时候。这时候的军事行动，只有大统十三年派李弼救援在颍川被东魏围攻的侯景，以后派王思政入据颍川再被东魏围攻，十五年春赵贵救援未成至六月失陷，再是同年十一月至十六年春杨忠进攻并擒获南朝将领柳仲礼。所有这些都算不上正面的大战役，有条件在此时间加速进行大规模的内部整编。

（三）恢复胡姓和赐姓。《北史》卷五《西魏文帝纪》说："〔大统十五年〕五月，……初诏诸代人太和中改姓者，并令复旧。"《周书·文帝纪》魏恭帝元年说："魏氏之初，统国三十六，大姓九十九，后多灭绝。至是以诸将功高者为三十六国后，次功者为九十九姓后，所统军人，亦改从其姓。"1962年上海人民出版社出版的谷霁光《府兵制度考释》，在第二章第一节中且对在《周书》中可查出的李弼等三十六人赐姓时间作了考证，说"一般均在大统十五年至魏恭帝三年"。而所以这么做，自然不是为了真使西魏军队鲜卑化，让六柱国等得以各擅其军闹独立性，而是想利用此种鲜卑化使战士视其将领有如酋长、有如父兄，以强化军纪，这又显然是配合整训的一种措施。

（四）《北史》卷六〇传末记八柱国制比前引《周书》所记多出的文字中，有"十五日上，则门栏陛戟，警昼巡夜；十五日下，则教旗习战，无他赋役"的话。其中"教旗习战"自然是讲整训，而"门栏陛戟，警昼巡夜"却并非真讲京师和宫禁要靠他们来警卫，因为真正承担警卫的当时另有禁军。谷霁光《府兵制度考释》第一章第三节就曾根据《周书》卷二〇《王励、贺兰祥、尉迟纲传》和《隋书》卷六〇《于玺传》、卷六一《郭衍传》、卷五五《乞伏慧、和洪传》，考知"大统八年以前，王励领禁兵从战沙苑，贺兰祥以右卫将军领禁军宿卫京师，大统八年以后，尉迟纲以中领军总领禁兵等，禁军不曾废除，而且有羽林、伏飞等名目，均是禁军"。真正禁卫要用这些专业化禁军，他们才是最高统治者的亲信，西汉的南军和唐代的北军都是这种性质，陈寅恪先生《唐代政治史述论稿》中篇"政治革命及党派分野"已有论述。这里叫府兵来"门栏陛戟，警昼巡夜"者，只是表明此种军队仍属于中央所辖的意思，以防止和中央不发生关系以致演化成为六柱国的私兵。而且叫府兵不论远近每个月都去京师警卫十五天，事实上也绝不可能。

以上主要讲了六柱国。这里再讲六柱国以下的十二大将军和二十四军。

十二大将军中除魏宗室元赞、元育、元廓三人《周书》《北史》均未立传无从稽考，以及李远虽立传但在纪传中均未提及任大将军之事外，宇文导等八个大将军的任职时间是：

〔大统〕十六年……秋七月，太祖率诸军东伐，拜章武公〔宇文〕导为大将军，总督留守诸军事，屯泾北以镇关中。（《周书》卷二《文帝纪》）

侯莫陈顺，……〔大统〕十六年拜大将军，出为荆州总管，山南道五十二州诸军事、荆州刺史。（卷一九《侯莫陈顺传》）

达奚武，……进位大将军。〔大统〕十七年，诏武率兵三万经略汉川。（卷一九《达奚武传》）

豆卢宁，……〔大统〕十六年，拜大将军。（卷一九《豆卢宁传》）

宇文贵，……〔大统〕十六年，迁中外府左长史，进位大将军。（卷一九《宇文贵传》）

贺兰祥，……〔大统〕十六年，拜大将军。（卷二〇《贺兰祥传》）

> 皇考〔杨〕忠，〔大统十六年春正月擒柳仲礼〕……旋师，进爵陈留郡公，位大将军。〔大统〕十七年，梁……邵陵王纶……欲来寇，……周文遣皇考讨之。(《北史》卷一一《隋高祖纪》)
>
> 王雄，……进爵武威郡公，进位大将军，行同州事。〔大统〕十七年，雄率军出子午谷围梁上津、魏兴。(《周书》卷一九《王雄传》)

上列八人之任大将军都在大统十六年，但如杨忠之任大将军早在十六年春正月或稍后，宇文导之任大将军则迟至十六年秋七月，可见这十二大将军也并非同时任命，此其一。其二，从这八人和李远的传里，丝毫看不出他们和六柱国中任何一位存在着从属关系。其三，六柱国早在大统十四、十五年先后任命，而此八个大将军迟至十六年任命，可见六柱国至少在任命后一年甚至两年时间内下边并无大将军。则这些大将军的任务是辅助柱国整训，还是自己也分头整训而和柱国的整训同时并进，或者两者都不是，任命大将军实际上已是酬劳勋庸的一种措施，已不得而知。《周书》卷一六和《北史》卷六〇传末所说六柱国"各督二大将军"，至少从史传记述中尚难得到证实。

《周书》卷一六传末所说"右十二大将军又各统开府二人，每一开府领一军兵，是为二十四军"，《北史》卷六〇传末也说"每大将军督二开府，凡为二十四员，分团统领，是为二十四军"。是否每个大将军都统二个开府，史传记述也难取证。而"二十四军"确是其时常见的词语。如《周书》卷三《孝闵帝纪》元年八月诏中说"今二十四军宜举贤良堪治民者，军列九人"；卷一一《宇文护传》说武帝保定四年宇文护东征，"征二十四军及左右厢散隶及秦陇巴蜀之兵诸蕃国之众"；卷五《武帝纪》建德三年正月"享二十四军督将以下，试以军旅之法，纵酒尽欢"，则二十四军实为西魏北周军队的基本建制。案沙苑之战时宇文泰还只有十二军，则到什么时候才由这十二军扩建成为二十四军？检《周书·宇文护传》有"自太祖为丞相，立左右十二军，总属相府"的说法，可太祖宇文泰之为丞相早在永熙三年八月魏孝武帝刚西迁入关之后,这时连十二军还没有,遑论二十四军。《宇文护传》所说只是讲这"左右十二军"即二十四军"总属相府",并非说宇文泰一为丞相即有二十四军。我推测,这二十四军的建成当也在大统十六年前后,这时候六柱国整训杂牌充实正规部队,原有十二军不够容纳,就扩建二十四军作为当时府兵的基本建制了。

关于宇文泰建立八柱国制包括十二大将军、二十四军,就说这一些。

但1980年上海人民出版社出版王仲荦先生的《魏晋南北朝史》下册,在第七章第五节注语中对六柱国提出另一个看法,因为书上标明"高等学校文科教材",应该传播甚广,所提出的这个看法是否正确,似有需要在这里附带作点评说。

王先生是这么说的:

> 六个柱国分掌六个军,也就是大统八年所成立的六军。六军的前身就是贺拔岳的武川军团、侯莫陈悦旧部李弼军团与元脩带进关中的禁卫军团。不过宇文泰在组织府兵统帅部时,为了团结以上三个军团的将领以巩固关陇统治集团的联合阵线起见,贺拔岳军团还是由赵贵、侯莫陈崇、李虎等率领;李弼的军团,也保持原有的建制。除了调"专制陇右"的独孤信来主持一军之外,宇文泰又提拔他的亲信于谨为柱国大将军。可见六军原有的班底,并没有多少更动,所招募到的"关陇豪右",也只是分隶六军(归六柱国指挥),并没有组织新的军团来予以收编。

案王先生这些话多出于想象推测,其实有背于史实。第一,尔朱天光当初入关时只说以贺拔岳、侯莫陈悦为左右大都督,并没有说贺拔岳系统全由武川镇人组成。贺拔岳及其部下赵贵、侯莫陈崇、李虎以及宇文泰本人诚均出身武川镇,另一部下达奚武却是怀荒镇出身,《周书》本传有明文,怎么可以说这支部队就是武川军团,于史何征?第二,据《周书·于谨传》,于谨是"从尔朱天光破万俟丑奴",以后天光失败,"贺拔岳表谨留镇"的，宇文泰出任夏州刺史，他又是"防城大都督兼夏州长史"，何以又不被算进贺拔岳的所谓武川军团？是不是由于他被宇文泰另行提拔为柱国就可以不算，那赵贵、侯莫陈崇、李虎也是提拔为柱国的何以又算？第三，尔朱天光入关时左大都督贺拔岳和右大都督侯莫陈悦的兵力应是均等的，何以后来贺拔岳军团由赵贵、侯莫陈崇、李虎等率领，而侯莫陈悦军团变成李弼一人所有？真是如此，李弼一人的实力岂不等于赵贵、侯莫陈崇、李虎等人合起来的实力，但史书上何以找不到这个痕迹？第四，说"六军的前身就是贺拔岳的武川军团、侯莫陈悦旧部李弼军团与元脩带进关中的禁卫军团"，还说"为了团结以上三个军团的将领"云云。可这禁卫军团的将领是谁？为团结何以此禁卫军团的将领不在六柱国之列？既不在六柱国之列，这个禁卫军团究竟划归赵贵等六柱国中哪位统辖？均不置一词。其实如前面第一节所说，魏孝武帝元脩带进关的鲜卑兵本来为数无几，根本成不了什么军团，成不了和赵贵、李弼等相当的势力，自然在史书中不复被齿及。第五，说"调'专制陇右'的独孤信来主持一军"。但检《周书·独孤信传》，在大统十四年进位柱国之后，还有"信在陇右岁久，启求还朝，太祖不许"的话，可见独孤信任柱国时并未奉调入京。第六，既说"新招募到的'关陇豪右'，也只是分隶六军（归六柱国指挥），并没有组织新的军团来予以收编"，又说"贺拔岳军团还是由赵贵、侯莫陈崇、李虎等率领；李弼的军团，也保持原有的建制"。那么独孤信主持下的一军以及于谨的一军，其兵众又从何而来？这些自相矛盾有背史实之处，都是无法作疏解的。

至于所说"六个柱国分掌六个军，也就是大统八年所成立的六军"，也同样成问题。《北史》卷五《魏文帝纪》固有"〔大统〕八年春三月初置六军"的记事，《玉海》卷一三七引《后魏书》也有"西魏大统八年宇文泰仿周典作六军"的文字，但这"六军"究竟是六个军，还是"天子六军"的"六军"，仍不易判断。如说是六个军，则和大统三年宇文泰率十二将即十二军东伐之说又发生矛盾，因为大统三年已有了十二军，怎么会到大统八年又变成了六个军，即使真变成了六个军也不该用"初置"字样。唐长孺先生是把这个"六军"解释为"天子六军"的,他在《魏周府兵制度辨疑》中说:"大统八年初作六军,六军者天子之军,这里暗示宇文泰将关西大行台之军提升到六军的地位,使军队就只有一个系统。《周书·文帝纪》这一年只有一句'夏四月,大会诸军于马牧',与此或者不无关系。"今既别无新史料发现,就不能不承认唐先生的说法较为合理,而王先生的说法不能成立。

三 府兵的壮大和六柱国的结局

建立了八柱国制,到大统十六年以后可讲的有两件事,一是府兵的壮大,一是出任六柱国者的结局。

府兵的壮大,是说经过设置六柱国抓紧整训,使军队不仅在质量上快速度提高,在数量上也大幅度上升,从而以后多次进行大战役,都能提供充裕的能战斗的兵力。

最早一次就在大统十六年,这年五月高洋取代东魏建立北齐政权,七月宇文泰就率诸军东伐。这当然打着讨伐高洋篡逆的旗号,同时也说明六柱国的整训已见成效,西魏这边已有较多的可用之兵。《周书·独孤信传》说这次"大军东讨,信率陇右数万人从军",则总兵力至少也得十多万,而且是经过整训的精兵,并非前此乌合之众可比。《文帝纪下》说"九月丁巳,军出长安,时连雨,自秋及冬,诸军马驴多死,遂于弘农北造桥济河,自蒲坂还"。这应是事实,当然也不排除宇文泰此时感到不可能一举吞灭北齐,为避免无谓损耗及时回军。

此后,宇文泰改用偏师侵略南朝。西魏废帝二年(553)讨伐成都的梁武陵王萧纪,没有动用柱国而任命新提升的大将军尉迟迥为统帅。据《周书》卷二一《尉迟迥传》,是"令迥督开府元珍、乙弗亚、俟吕陵始、叱奴兴、綦连雄、宇文昇等六军,甲士一万二千、骑万匹伐蜀"。这"六军"自然是二十四军中的六军而不是"天子六军"的"六军"。六军占了二十四军的四分之一,当绝不止甲士一万二千,应只动员了这六军的每军一部分。这年三月出兵,八月就克成都平蜀,足见这一万二千甲士之精锐可用。西魏恭帝元年(554)又征讨建都江陵的梁元帝,动用的兵力,据《周书》卷二《文帝纪》是"柱国于谨、中山公〔宇文〕护、大将军杨忠、韦孝宽等步骑五万"。这年十月出兵,十一月克江陵,也说明兵多而且可用。

宇文泰死后由宇文护掌权,这是宇文泰长兄宇文颢的第三子。他辅佐宇文泰的第三子宇文觉篡夺西魏建立北周政权,继又先后杀死这个北周孝闵帝宇文觉和宇文泰的长子北周明帝宇文毓,拥立宇文泰的第四子北周武帝宇文邕。孝闵帝在位只两个年头,明帝在位四个年头,对外都没有大规模军事行动。恢复讨伐北齐的大规模军事行动是在武帝保定四年(564),这时还是宇文护掌权。《周书》卷一一《宇文护传》说:"九月,征二十四军及左右厢散隶及秦陇巴蜀之兵、诸蕃国之众二十万人。十月,……遣柱国尉迟迥率精兵十万为前锋,大将军权景宜率山南之兵出豫州,少师杨㯹出轵关,护连营渐进。屯军弘农,迥攻围洛阳。"这二十万大军即前锋就有精兵十万,自非往年河桥、邙山二役之众多乌合可比,其实力当已超越北齐,所以"诸将以为齐兵必不敢出"。只由于"护性无武略,且此行也,又非其本心,故师出虽久,无所克获"。结果"洛阳围解",权景宜虽克豫州"亦引军退","杨㯹于轵关战没","护于是班师"。但对看《北史》卷八《齐武成纪》只说"大破尉迥等解洛阳围",没有夸言斩获,足见北周这次出师虽不成功亦说不上丧败,和河桥、邙山二役之遭重创者截然不同。

天和七年(572)三月北周武帝诛宇文护,改元建德。接着周武帝亲自东征。第一次是在建德四年(575)七月,《周书》卷六《武帝纪》说:"丁丑,……以柱国陈王纯为前一军总管,荥阳公司马消难为前二军总管,郑国公达奚震为前三军总管,越王盛为后一军总管,周昌公侯莫陈琼为后二军总管,赵王招为后三军总管。齐王宪率众二万趣黎阳,随国公杨坚、广宁侯薛回舟师三万自渭入河,柱国梁国公侯莫陈芮率众一万守太行道,申国公李穆帅众三万守河阳道,常山公于翼帅众二万出陈、汝。壬午,上亲率六军众六万,直接河阴。"这亲率的"六军"即前后一二三军六个军,是战时编制不是从二十四军中抽用六个军,也不是"天子六军"的"六军"。六个军共六万人即每军有一万人,加上齐王宪的二万,杨坚等的舟师三万,侯莫陈芮的一万,李穆的三万,于翼的二万,一共动员了十七万。从数字上看好像比前此宇文护动用的二十万人少,但宇文护的二十万中包括有非正规的秦陇巴蜀地方武装和诸蕃国之兵,而这次周武帝的十七万中没有提到这些非正规军,则按正规府兵来比较周武帝这次是超过了。

建德四年东征据《武帝纪》是因"上有疾"而班师,但也有可能是周武帝发现向洛阳进军不利于围歼北齐主力而班师改图。第二年建德五年(576)十月再度东征,就改换成先攻晋州以吸引北齐主力,从而打歼灭战的新战略。《武帝纪》说:"己酉,帝总戎东伐,以越王盛为右一军总管,杞国公亮为右二军总管,随国公杨坚为右三军总管,谯王俭为左一军总管,大将军窦恭为左二军总管,广化公丘崇为左三军总管,齐王宪、陈王纯为前军。……癸亥,帝至晋州,遣齐王宪率精骑二万守雀鼠谷,陈王纯步骑二万守千里径,郑国公达奚震步骑一万守纯军川,大将军韩明步骑五千守齐子岭,乌氏公尹昇步骑五千守鼓钟镇,凉城公辛韶步骑五千守蒲津关,柱国赵王招步骑一万自华谷攻齐汾州诸城,柱国宇文盛步骑一万守汾水关,遣内史王谊监六军,攻晋州城。"下文还讲到十二月庚戌在晋州城外决战时"帝帅诸军八万人",这八万自即左右一二三军共六个军的总兵力,加上齐王宽的二万、陈王纯的二万,达奚震的一万,韩明的五千,尹昇的五千,辛韶的五千,赵王招的一万,宇文盛的一万,一共动用府兵十六万五千,这和上次同样多,加上战略正确,在晋州歼灭对方主力后一口气拿下晋阳,攻克邺城,完成吞并北齐统一北方的大业。

这里再讲六柱国。

六柱国在任命前的实力并不足以威胁宇文泰,已如上一节所说。任命后会不会由此擅兵干政,这在当时也没有可能性,因为这六柱国和宇文泰的关系都非同一般,甚至次一级的十二大将军中除宗室三元姓外也多数是如此，看他们在《周书》中的列传便可知道①。事实上他们出任六柱国后也一直能听从宇文泰的号令指挥，从未出现过想和宇文泰"等夷"的言行。《周书》卷二《文帝纪》记"〔魏恭帝〕三年春正月丁丑，初行《周礼》建六官，以太祖为太师大冢宰，柱国李弼为太傅大司徒，赵贵为太保大宗伯，独孤信为大司马，于谨为大司寇，侯莫陈崇为大司空"②，但仍没有意味李弼、赵贵诸人能与宇文泰"等夷"。因为《周礼》上就写着"太宰（即这里的大冢宰）之职，掌建邦之六典，以佐王治邦国"，则宇文泰之为大冢宰仍高居于其余五官之上。所谓"建六官"者，只是把原有官职换成《周礼》的古雅之称而已，别无深层次的用意。

但魏恭帝三年（556）十月宇文泰去世以后，由宇文护掌权，事情就起了变化。《周书》卷一五《于谨传》说：

> 太祖崩，孝闵帝尚幼，中山公护虽受顾命，而名位素下，群公各图执政，莫相率服。护深忧之，密访于谨，谨曰："夙蒙丞相殊眷，情深骨肉，今日之事，必以死争之，若对众定策，公必不得辞让。"明日，群公会议，谨曰："昔帝室倾危，人图问鼎，丞相志在匡救，投袂荷戈，故得国祚中兴，群生遂性。今上天降祸，奄弃庶寮，嗣子虽幼，而中山公亲则犹子，兼受顾托，军国之事，理须归之。"辞色

---

① 至于《周书》卷一六及《北史》卷六〇传末所说"自大统十六年以前，十二大将军外念贤及王思政亦作大将军，然贤作牧陇右，思政出镇河南，并不在领兵之限"，应是有问题的。因为这二人的情况本就特殊。《周书》卷一四《念贤传》说他"于诸公皆为父党，自太祖以下咸拜敬之"，可谓尊而不亲，卷一八《王思政传》说他"虽被任委，自以非相府之旧，每不自安"。何况念贤早在大统五年任秦州刺史时就"薨于州"，王思政镇守颍川也在大统十五年被东魏所俘，则又何劳此传末所作"作牧陇右""出镇河南"等不成其为理由的解释（作此解释时大概忘掉了六柱国中独孤信也是作牧陇右，移镇河阳而长期外任的）。加之前面讲过大统十五年六柱国任命齐全时下边还没有归他们所督的大将军，十六年陆续任命的宇文导、侯莫陈顺等大将军又都不说他们属于哪个柱国所督，则传末所说六柱国"各督二大将军"当也成问题，至少这不是初设置的规定。所以我推测《周书》及《北史》的这段记述已不都是西魏北周国史的旧文，而是经牛弘修周史或令狐德棻等修《周书》时点窜以致部分失实。

② 《册府元龟》卷一《帝系》说李虎子李昞在大统"十七年封汝阴县伯，食邑五百户，寻拜抚军大将军、大都督、通直散骑常侍，俄转车骑大将军，袭封陇西公"。说明在这以前李虎已去世，所以不得预于六官之列。

抗厉，众皆悚动。护曰："此是家事，素虽庸昧，何敢有辞。"谨既与太祖等夷，护每申礼敬，至是，谨乃趋而言曰："公若统理军国，谨等便有所依。"遂再拜，群公迫于谨，亦再拜，因是众议始定。

这于谨是惟宇文氏是从的，《于传》说他"有智谋，善于事上"，所以能安富尊荣终其一生，且泽及子孙。再一位是李弼，《周书》卷一五本传说"晋公护执政，朝之大事，皆与于谨及弼等参议"，《于传》则说于"与李弼、侯莫陈崇参议朝政"。这李弼自也是支持宇文护的。侯莫陈崇在当时也未有反对宇文护的表现。

反对宇文护的是赵贵和独孤信。《周书》卷一六《赵贵传》说："初，贵与独孤信等皆与太祖等夷。及孝闵帝即位，晋公护摄政，贵自以元勋佐命，每怀怏怏，有不平之色，乃与信谋杀护。及期，贵欲发，信止之。寻为开府宇文盛所告，被诛。"《独孤信传》说："赵贵诛后，信以同谋坐免。居无几，晋公护又欲杀之，以其名望素重，不欲显其罪，逼令自尽于家。"据《周书》卷三《孝闵帝纪》，赵贵之诛在元年（557）二月丁亥，接着同月甲午宇文护为大冢宰，到三月己酉，独孤信赐死。《周书》卷一一《宇文护传》说："自太祖为丞相，立左右十二军，总属相府。太祖崩后，皆受护处分，凡所征发，非护书不行。护第屯兵禁卫，盛于宫阙，事无巨细，皆先断后闻。〔武帝〕保定元年，以护为都督中外诸军事，令五府总于天官。"这保定元年（561）的措施是在形式上来个合法化。事实上五府本来总于天官，宇文泰始建六官时就是如此；二十四军的征发非护书不行，也就已经是都督中外诸军事了。

再说剩下三名柱国的结局。《周书》卷四《明帝纪》：明帝即位后"冬十月癸酉，太师、赵国公李弼薨"。卷五《武帝纪上》："〔保定三年春正月〕乙酉，太保、梁国公侯莫陈崇赐死。""〔天和三年三月〕戊午，太傅、柱国、燕国公于谨薨。"这都是宇文护继续掌权时的事情。李弼、于谨都是善终的。《侯莫陈崇传》说："保定二年，崇从高祖（武帝）幸原州，高祖夜还京师，窃怪其故，崇谓所亲人常昇曰：'吾昔闻卜筮者言晋公今年不利，车驾今忽夜还，不过是晋公死耳。'于是众皆传之。或有发其事者，高祖召诸公卿于大德殿责崇，崇惶恐谢罪，其夜护遣使将兵就崇宅，逼令自杀，礼葬如常仪，谥曰躁。护诛后改谥曰庄闵。"这自是此人不能像于谨那样"善于事上"的下场。杀他恐也是高祖武帝宇文邕之意，尽管武帝和宇文护之间也有矛盾。不久武帝又杀宇文护，把大权全部收归自己。

至此当初的六柱国都不在世了。《周书》卷一六传末说"此后功臣，位至柱国及大将军者众矣，咸是散秩，无所统御"，也就是说柱国、大将军已完全脱离府兵制而退出历史舞台，成为徒具虚名有如后来散官、勋官性质的东西。但这对府兵制的存在并无影响，因为如前所说西魏北周的府兵制本以二十四军为基本建制，去掉上面几顶时不起作用的柱国、大将军空帽子，又何碍于制度本身。

四　府兵败坏于兵农合一

府兵是怎么败坏的？在某些历史教科书侈谈府兵制和均田制相结合，均田破坏府兵随之败坏之前，唐长孺先生写过一篇有价值的文章，这就是发表在民国37年（1948）12月出版《武汉大学社会科学季刊》第九卷第一号的《唐代军事制度之演变》，其中指出：

> 唐代自贞观以来即有东西二战线，在攻势战略下，使同时企图消灭两面之强敌，国力之不能担负，自不待论，然则非舍西而图东，即舍东而图西，如是则苟非两边皆有足资御敌之军队，自不免顾此失彼，左右支绌，因此在东线采取攻势时，西线必须维持其安全，以免牵动，易地亦然。军区之成立亦所以适应此种局势，则不独在守势战略时有建立军区之必要，即采取攻势时亦必有一方面预为布置也。……
>
> 高宗之后军区制度确立，边防军额既增，屯戍之年限亦久，而关

陇骑士又早易以耕稼之农夫，……社会风气又不足以鼓舞骑射之风。彼锄耰棘矜之农夫与弓刀既不相习，且人既土著，地不可移，乡里之念，深中人心，如此则征镇之役实非农民之所能胜任，而况道里悬远，老死不归之长期屯戍乎。府兵制之由职业骑士进而为兵农合一，自制度言之为一大进步，且亦为应有之发展，然其破坏之因素亦即在此进步之中。当贞观永徽之后，府兵制之破坏已见其端矣。

唐先生在这里讲府兵在唐高宗、武曌时所以维持，是讲得很好的，可惜上溯到唐以前时，只说了句"炀帝征高丽一败之后，死丧之威足寒士心，于是逃亡者多，而不能不借募兵为弥补"。其实他说的"府兵制之由职业骑士进而为兵农合一，自制度言之为一大进步，且亦为应有之发展，然其破坏之因素亦即在此进步之中"，也完全适用于隋代，虽然认为兵农合一是"一大进步""为应有之发展"，我并不同意。

下面就讲我对府兵所以败坏的看法，我认为败坏的主要原因就在于兵农合一，而其事在隋代已经发生。

宇文泰初建府兵时是并不存在兵农合一的。陈寅恪先生在《隋唐制度渊源略论稿》"兵制"章中已引用了《北史》卷六〇传末所记府兵建立时是"分团统领，是二十四军，每一团仅同二人，自相督率，不编户贯"，以及《周书》卷三《孝闵帝纪》元年八月甲午诏中所说"今二十四军宜举贤良堪治民者，军列九人"，作出"其府民与农民迥然不同，而在境内为一特殊集团及阶级"的正确结论。《隋书》卷二四《食货志》所说北周武帝"建德二年（573）改军士为侍官，募百姓充之，除其县籍，是后夏人半为兵矣"，是为了扩充府兵兵额以事东征灭齐。这些新募来的府兵也许多是务农的百姓，这时成了"兵"就"除其县籍"而不再是"农"了，兵农仍旧是分离而没有结合，府兵仍没有改变其非兵农合一的专业化性质。

府兵的所谓兵农合一，是在隋文帝杨坚的开皇十年（590）。《隋书》卷二《高祖纪》说：

> 〔开皇十年〕五月乙未诏曰:"魏末丧乱,宇县瓜分,役车岁动,未遑休息,兵士军人,权置坊府,南征北伐,居处无定,家无完堵,地罕包桑,恒为流寓之人,竟无乡里之号,朕甚愍之。凡是军人,可悉属州县,垦田籍帐,一与民同,军府统领,宜依旧式。罢山东、河南及北方缘边之地新置军府。

这条史料在《隋唐制度渊源略论稿》"兵制"章也被引用,早为谈府兵者所熟悉。但隋文帝为什么采取这种措施,似尚未见解说。其实只要把这《隋书·高祖纪》通读一下,便会注意到这个诏令的发布时间是在平陈之后十六个月。开皇九年(589)正月丙子"获陈主叔宝,陈国平",四月辛亥就"大赦天下",因为这是自西晋丧乱以来,经历东晋南北朝近三百年的分裂后才盼得的重归统一,因而"时朝野物议,咸愿登封",出现一片共庆太平的景象。尽管隋文帝在七月丙午、十二月壬辰一再拒绝封禅,到十二月甲子仍下诏说"制礼作乐,今也其时"而叫人"议定作乐"。十年五月乙未的诏令就是在这种气氛中颁发的。隋文帝认为海内统一了,天下太平了,今后不再需要大规模用兵,所以在停罢"山东、河南及北方缘边之地新置军府"的同时,再对整个府兵制度来一次改革,叫原先"权置坊府,居处无定,家无完堵,地罕包桑"的府兵,和不充任府兵的普通农户一样"悉属州县"。这些府兵原先不像普通农户那样要编造户籍簿子——籍帐,所以《隋书·食货志》说北周武帝扩充府兵"募百姓充之"要"除其县籍",现在则"垦田籍帐,一与民同",和普通农户同样编造籍帐,并获得土地耕种。隋文帝此人在帝王中是颇能节俭,多少关注点国计民生的,吕诚之师《隋唐五代史》第一章第一节"文帝内治"中已有讲说。他让府兵有了土地就可以自己养活自己,不再需要政府来供养,从而省掉了大笔的财政开支。当然这也不是说让府兵和普通农户完全一样不再有所区别,他们毕竟还是国家常备军的成员,所以要"军府统领,宜依旧式",仍旧归军府——骠骑府、车骑府统领,仍要承担未编籍帐未得垦田之前的府兵老任务，有需要时仍得从事征战。这样不是比普通农户负担更重了吗？并不，因为这些获得垦田的府兵，已不需要像普通农户那样向国家缴纳租调和服义务性的劳役①。所以，只要天下太平下去，不再大规模用兵，没有多少征战任务，这种既有田可种又不用缴租调服劳役的美事，对府兵及其家庭来说当然是十分乐意接受，他们较之普通农户应是有其优越感的。撰写历史者所谓府兵的兵农合一，就是从隋文帝开皇十年五月乙未下诏后才这么实现了的。严格地讲，这并不真是府兵和普通农户的合一，合一后和普通农户再无区别，而只是指府兵自此有田可种，是在既当兵又从事农耕这个意义上的兵农合一。

隋文帝作出这种兵农合一、对政府对府兵都有好处的新措施，应说是很有头脑工于心计的了。无如天下的事情总难尽如人意，要保证从此以后不再大规模用兵，只能说是这位隋文帝的一厢情愿。《隋书·高祖纪》在开皇十八年（598）也就是隋文帝去世的前五年，就有二月"以汉王谅为行军元帅，水陆三十万伐高丽"，同年九月"汉王谅师遇疾疫而旋，死者十八九"的纪事。只因隋文帝处事谨慎稳妥，虽受损失还未伤元气，修《隋书》者对他仍有"二十年间，天下无事，区宇之内晏如"的赞语。问题的充分暴露要到隋炀帝当政时。

问题是什么呢？就是"垦田籍帐，一与民同"后的府兵再也不愿意背井离乡作长期远征，致使田园荒弃其家口无以为生。而隋炀帝在大业七年（611）二月第一次下诏远征高丽，不是像文帝晚年只用水陆三十万，而是如《隋书》卷四《炀帝纪》所说动员了二十四军一百一十三万三千八百人。而据《隋书》卷二九《地理志》，大业五年全国户只是八百九十万七千五百四十六，口四千六百一万九千九百五十六②。可见这次动员如此众多的府兵确使社会受到了震动。这就是《隋书》卷二四《食货志》总序所

---

① 这一点从《隋书·食货志》所说炀帝"增置军府，扫地为兵，自是租赋之入益减"可以证实。当然"扫地为兵"是夸大其词的。

② 这是根据全国籍帐所记户口统计出来的。而籍帐这么记是为了征收赋税，下面为了少缴赋税会把户口报得少一些，因此见于史书上的户口数往往小于实际数字，研究我国古代户口就难在这里。一般也只好将就地用着，用来看个大概总还可以。

描绘的:

> 比屋良家之子多赴于边陲,分离哭泣之声连响于州县,老弱耕耘不足以救饥馁,妇工纺绩不足以赡资装。

到同年十二月就出现了《隋书》卷三《炀帝纪》所说的情况,即:

> 于时辽东战士及馈运者填咽于道,昼夜不绝,苦役者始为群盗。甲子,敕都尉、鹰扬与郡县相知追捕,随获斩决之。

光凭"追捕""斩决"也不是办法,隋炀帝又来软的一手,这就是《隋书》卷四《炀帝纪》大业八年(612)二月甲寅下诏所说:

> 朕观风燕裔,问罪辽滨,文武协力,爪牙思奋,莫不执锐勤王,舍家从役,罕蓄仓廪之资,兼损播殖之务,朕所以夕惕愀然,虑其匮乏,虽复素饱之众,情在忘私,悦使之人,宜从其厚。诸行从一品以下,饮飞、募人以上家口,郡县宜数存问,若有粮食乏少,皆宜赈给,或虽有田畴,贫弱不能自耕种,可于多丁富室劝课相助,使夫居者有敛积之丰,行役无顾后之虑。

案《隋书》卷二八《百官志》记炀帝大业三年(607)定令,十二卫的府兵各有名称,"左右卫所领名为骁骑,左右骁卫所领名豹骑,左右武卫所领名熊渠,左右屯卫所领名羽林,左右御卫所领名射声,左右候卫所领名饮飞,而总号卫士",则诏中所说"饮飞"以上即指府兵而言。但在封建社会里,叫郡县给出征的府兵家属赈给点粮食有时也许能办到,叫富室去帮助府兵家属无偿耕种,来个贫富互助,实在又是在一厢情愿。结果自然无法实现"居者有敛积之丰,行役无顾后之虑"。而有"顾后之虑"的府兵就难说再有多少战斗力,这就是府兵制在所谓兵农合一后非败坏不可的根本原因。隋炀帝这次远征高丽之所以败绩,渡辽九军三十万五千人返回的只剩二千七百人者,固如陈寅恪先生在《唐代政治史述论稿》下篇中指出是由于"中国东北方冀辽之间其雨季在旧历七八月间,而旧历八九月至二三月又为寒冻之时期,故以关中辽远距离之武力而欲制服高丽攻取辽东之地,必在冻期已过雨季来临之短时间获得全胜而后可。否则,雨潦泥泞冰雪寒冻皆于军队士马之进攻糇粮之输运已甚感困难,苟遇一坚持久守之劲敌,必致无功或覆败之祸"。而所以不能在短时间内取胜,自仍由于其时府兵之有"顾后之虑"丧失了战斗力。

这点隋炀帝也应该看到了的。所以在这首次远征失败之后,没有再寄希望于兵农合一的府兵,而另行招募名为"骁果"的新军。辽东战败回到东都洛阳是在大业八年(612)九月,这招募骁果组建新军就在第二年大业九年(613)正月。《隋书·炀帝纪》说:这年"春正月丁丑,征天下兵,募民为骁果,集于涿郡。……辛卯,置折冲、果毅、武勇、雄武等郎将官,以领骁果"。同年"八月……甲辰,制骁果之家蠲免赋役"。如前所说,府兵在开皇十年有了垦田以后也已免除赋役,但这时招募来的骁果本身和兵农合一的府兵却是不一样的。这从骁果中的代表人物沈光身上可以看得很清楚。《隋书》卷六四《沈光传》说"光少骁捷,善戏马,为天下最,……常慕立功名,……跅弛,交通轻侠,为京师恶少年之所朋附。……炀帝征天下骁果之士以伐辽左,光预焉,同类数万人,皆出其下"。其时招募来的骁果当多系这类轻侠恶少年。他们自身本来就不从事农业生产,即使远征也不会像平时农耕的府兵那样有"顾后之虑",相反他们家里还能获得"蠲免赋役"的好处。加之恶少年之流本多骁捷习于武事,其有强大的战斗力自非农耕之府兵所得比拟。因此隋炀帝还把它当成了自己的亲信。这点可看《隋书》卷二八《百官志》,《志》里讲炀帝大业三年定令,有当时"统诸鹰扬府"也就是管领府兵的十二卫,还有"掌门禁守卫"的左右监门府,"掌侍卫〔天子〕左右"的左右备身府。这左右备身府每府各置正四品的备身郎将一人为长官,直斋二人为副贰。大业九年招募了骁果,又在每府各置同为正四品的折冲郎将三人和从四品的果毅郎将为正副长官来"掌领骁果"。府兵当时是以鹰扬府为基干单位,置正五品的鹰扬郎将和从五品的副鹰扬郎将各一人为正副长官;而骁果下面置左右雄武府,以雄武郎将和武勇郎将各一人为正副长官,均同于府兵的鹰扬府①。可见这骁果不仅是"侍卫左右"的左右备身府的亲兵,其编制也取法府兵以备取代府兵。

读史者一般多注意到大业十四年(618)亦即李渊所立隋恭帝义宁二年三月十日江都之变,司马德戡等利用关中籍骁果思归而变乱杀隋炀帝,而很少注意到骁果在当时军事上所起的作用,其实这是可以从史籍中钩稽出来的。最早大业九年三月第二次远征辽东,就有骁果出战,《隋书·沈光传》曾记他"以冲梯击城,竿长十五丈,光升其端,临城与贼战"而见宠于隋炀帝。同年六月因杨玄感反隋而班师,《炀帝纪》说同时遣宇文述、屈突通等"驰传发兵以讨玄感",很可能也带有骁果。大业十一年(615)八月炀帝巡北塞在雁门为突厥所围,《册府元龟》卷三九六《将帅部·勇敢门》又有张瑾"以骁果出城击战,一日九捷"的记载。解围回洛阳后还如《隋书·食货志》所说"益募骁果,以充旧数"。大业十二年(616)炀帝去江都,在京师长安和东都洛阳均分别有所布置,洛阳有否骁果史无明文,长安则在军事上交付领有大批骁果的屈突通,其数据《大唐创业起居注》所说有"数万余人"②。《旧唐书》卷五九《屈突通传》所记屈突之所以成为李渊自河东入关时之大敌者,自即缘拥有此数万骁果之故。《旧唐书》卷一《高祖纪》说"屈突通自潼关奔东都,刘文静等追擒于阌乡,虏其众数万",则此数万骁果又尽随屈突为唐室所有。唐室旋即起用屈突随秦王李世民西征薛举,东讨王世充,在窦建德来援王世充时,李世民且任屈突以辅佐齐王元吉围困洛阳,自也由于屈突能指挥此数万骁果。至于在江都的武装则更以骁果为主,看《隋书》卷八五《宇文化及传》可知。杀

---

① 隋炀帝的鹰扬府数字已不可考,但从唐代府兵有六百多折冲府来看,也必数以百计。而这里讲骁果只说左右雄武府者,是指此大量的雄武府名义上分属于左右备身府,和折冲府之分属于十二卫相同。否则所招募的骁果为数甚多,只有左右各一的雄武府如何容纳。

② 《大唐创业起居注》原作"屈突通将辽东兵及骁果等数万人",但宋本《通鉴》卷一八四作"屈突通将骁果数万",可见屈突所将实以骁果为主,骁果以外的辽东兵不会太多。

炀帝后宇文化及率众北上，"其将陈智略率岭南骁果万余人，张童儿率江东骁果数千人皆叛归李密"。同卷《王充传》又记陈、张归降王世充，王败后张童儿见杀于李世民。陈智略则事先已被李世民擒获，却于洛阳平定后即被任命为"岭南道行军总管"以安抚五岭之表，事见《唐大诏令集》卷一一五武德四年（621）八月《张镇州淮南道安抚等诏》，自亦由于陈智略能指挥其所统率的岭南骁果。这些都说明其时骁果实已成为极能战斗的主力部队，府兵已败坏而行将为骁果所取代。

结论是府兵在兵农合一后不堪远征，隋炀帝用之于辽东其败象已充分暴露，已决定其必然被淘汰的命运。

有人会说，既然如此，那到了唐初为什么又恢复府兵制，难道不吸取历史教训，何况唐初的府兵还很得力，能够取得统一战争的胜利。我在这里可作两点来回答。首先，历史固不会重演，但历史教训确实不易吸取，重复地碰钉子的事情是常见的，在此问题上李渊、李世民都不见得比隋炀帝高明。再则，唐初重建府兵制恢复所谓兵农合一究竟在什么时候？太原起兵时不会兵农合一是无疑问的。以后据《唐会要》卷七二"京城诸军"所说"武德三年（620）七月一日，高祖以天下未定，将举关中之众，以临四方，乃下诏曰：'周置六军，每习蒐狩，汉增八校，毕选骁勇，故能化行九有，威震百蛮，况今伊洛犹芜，江湖尚梗，各因部校，序其统属，改复钲铎，创造徽章，取象天官，作其名号。'于是置十二卫将军，分关内诸府隶焉，每将军一人，副一人，取威名素重者为之，督以耕战之事。……"好像府兵在此时已既战且耕。但既"伊洛犹芜，江湖尚梗"，府兵要尽力于征战，如何还能兼事农耕，这"督以耕战之事"的"耕"字，怕只是史官信手写来的空泛文辞。而《新唐书》卷五〇《兵志》所说"〔武德〕六年（623）以天下既定，遂废十二军，改骠骑曰统军，车骑曰别将，居岁余十二军复，而军置将军一人，军有坊，置主一人，以检察户口，劝课农业"，才真正是兵农合一的开始。加以唐初进行的几场统一战争，包括肃清并州，攻取洛阳，平定河北、江南，都不出当年北周灭北齐、隋灭陈的作战范围，算不上远征。以后重新兵农合一，却先要远征高丽，继而到高宗武曌时陷入东西两面作战，玄宗时如《通典》卷一四八"兵"总序所说"将欲荡灭奚、契丹，剪除蛮、吐蕃"，兵农合一的府兵自不能胜任，只好再走募兵的道路，招募了长任边军的健儿并建立节度使管区来对付周边少数民族，如唐长孺先生《唐代军事制度之演变》所考证，本书第九章讲节度使的建立时也会有所疏说。

五　驳府兵和均田结合之说

教科书是够权威的，府兵制和均田制相结合，均田破坏府兵随之败坏之说几乎成了一些人的共识。以致唐长孺先生晚年撰述并经牟发松、冻国栋二君协助成书1993年武汉大学出版社出版的《魏晋南北朝隋唐史三论》，在第三篇"论唐代的变化"第三章"军事制度的变化"中，虽仍讲述了和当年所写《唐代军事制度之演变》同样的看法，第二节却出现了"通常认为受田农民的破产逃亡导致府兵制的破坏，这当然是对的"这样的语句。不过唐先生书里没有写出"这当然是对的"的理由，得另找本把理由讲得详细的书来作辩说，于是我找了王仲荦先生的《隋唐五代史》。当然，人所共知王先生是著作累累的，所撰写的《北周六典》《北周地理志》颇受学术界重视。这里以及本章第二节所指出他讲六柱国的错误，是否只是智者千虑之失？这是得先打个招呼的。

先说所谓府兵制和均田制相结合，王先生当然是这么主张的。但在《隋唐五代史》1988年上海人民出版社版上册第一章第一节里只是这么讲府兵制和均田制相结合的：

> 在北周武帝建德二年，……府兵已招募均田农民来充当，军队已经对均田户开放，所以"是后夏人（汉民）半为兵矣"（《隋书·食货志》），说明府兵制已经开始和均田制结合在一起，……到了隋开皇十年，就下令"凡是军人，可悉属州县，垦田籍帐，一与民同，军府统领，宜依旧式"（《隋书·高祖纪》），府兵户的户籍就和一般编

入齐民的民籍统一起来——兵民共籍了，这是府兵制和均田制进一步结合的必然结果。

案这《隋书·食货志》所说成为府兵的夏人就不再是农民，《高祖纪》所说府兵有田可垦后和普通农户仍有区别，上一节里都已作过解释。所以即使其时均田制确已切实推行，每个农户都领受了垦田，《食货志》和《高祖纪》所说仍不能当作是府兵制和均田制相结合。至于"均田户"这个名词，在史书所记北魏齐周到隋唐的法令上以及出土的敦煌吐鲁番文书上都未出现过，当是今人生造了加在农户头上，以便见到农民充当府兵就可说成是府兵制和均田制相结合，说府兵制是建立在均田制基础之上。这实际成了一种文字游戏，对论证史实是全无用处的。

王先生认为均田制破坏府兵才败坏。但均田制到隋唐时有没有破坏，在《隋唐五代史》里又出现了两种截然不同而且互相矛盾的说法。一种是上册第一章第一节讲"府兵制的发展"时说的：

> 府兵制既然和均田制结合起来，那末均田制的扩大，也就是府兵基础的扩大及府兵兵源的增多。……到了开皇十年，兵民同籍，府兵制进一步地与均田制结合起来，府兵的员额就大大地增加，到了隋炀帝大业八年进攻高句丽时，"扫地为兵"，动员府兵与募士的人数到达一百十三万人以上。府兵兵员的不断增多，适足以说明它在均田制的基础上扩展这一事实。

这是用府兵员额的增加，来证实隋代"均田制的扩大"。再一种说法见于同章同节讲"均田制的继续发展"时，说：

> 在西魏、北周时期，关陇地区的均田制度，已经非常不足了。尽管比起山东、河北地区来，情况要好一些。到了隋代，这一授田不足的情况，也并未好转。

这里所说"均田制度已经非常不足",自指"授田不足",因为"制度"是没有什么足不足的。到隋代既然"授田不足",那当然不好说均田制继续发展而是在被破坏了,这和第一种均田制在扩大的说法明明互相矛盾,可王先生没有作解说。

到上册第四章第二节讲"府兵制的破坏与募兵制的代兴"时,王先生又只用第二种说法了,他说:

> 唐初,国力强盛,那时构成军队核心的府兵,固然兵役负担很重,但由于他们尚能分配到足够的永业、口分田,府兵本人也能够免除自身租庸调,因此他们的经济比较优裕,他们也能够以优良的武装,出现于疆场之上,他们的战斗力比较强,到了唐高宗晚年和武则天统治时代,均田制逐渐破坏,府兵受田很难足额,有些府兵户除了保有二十亩永业田以外,连一亩口分田也分配不到,这样,他们的经济就逐渐衰颓下来,即所谓"浸以贫弱"(《资治通鉴》唐开元十年)了。

为什么第一种说法不再提及呢?是否因为它和《通典》卷七"食货·历代户口盛衰"所说的发生了冲突?"历代户口盛衰"说唐贞观户不满三百万,永徽三年三百八十万,开元二十年七百八十六万一千二百三十六,天宝元年八百三十四万八千三百九十五,天宝十四载八百九十一万四千七百九。如用第一种说法,这岂非所谓"均田户"的户数在逐年上升,岂非府兵在此基础上也得大为扩展,怎么可以如这里所说"到了唐高宗晚年和武则天统治时代,均田制逐渐破坏",并如下文所说到天宝时"府兵的兵源更加枯竭,唐王朝的军事力量也更加削弱,从而使府兵制陷于瘫痪状态而无法再维持下去"呢?如果王先生真是这么考虑,那又何不及早舍弃这第一说,何必还把它写进书里使读者困惑。

麻烦的还在于这第二说仍旧是经不起推敲的。

所谓"在西魏、北周时期,关陇地区的均田制度已经非常不足了"的依据是什么?我查阅了同为王先生所著的《魏晋南北朝史》1980年上海人民出版社版下册第七章第五节所讲"西魏北周的均田制度"部分,原来所依据的只是1961年中华书局版中国科学院历史研究所资料室编《敦煌资料》第一辑和1979年日本东京大学东洋文化研究所版池田温著《中国古代籍帐研究》录文部分著录敦煌发现的西魏大统十三年邓延天富等户籍帐残卷。看到残卷上三十三户中受田未足的多至二十七户便这么说。却不考虑到当时西魏已拥有整个关陇地区,单凭这一个居民点三十三户的材料,怎么好给西魏的均田制下结论。王先生接着还说这"尽管比起山东、河北地区来,情况要好一些",试查同章第四节所讲"均田制在北齐地区的推行及其破坏"部分,才知道只是根据《通典》卷二"食货·田制"引用宋孝王《关东风俗传》所说北齐时"强弱相凌,恃势侵夺,富有连畛亘陌,贫无立锥之地",以及种种破坏田令的情况。但怎能保证这些情况不同样出现于西魏北周,怎能单凭西魏一个居民点三十三户的材料,就说比山东、河北即北齐的情况要好一些呢?下面所说"到了隋代,这一授田不足的情况也并未好转",则应是依据《隋书·食货志》开皇十二年"发使四出,均天下之田,其狭乡每丁才至二十亩,老小又少焉"而言。这种史料自然是有其价值的,但用来和西魏一个居民点三十三户来比较,说"并未好转",则又失去科学性而显不出任何价值了。

讲到唐代,这第二种说法一上来就认为"唐初,国力强盛,……府兵……能分配到足够的永业、口分田"。这并没有任何史料依据,据上册第三章第一节讲"唐初的均田制与租庸调制"时所说,是因为"关中、河东、陇右诸道,是唐王朝的根据地与府兵兵源的供给地,故此,均田制必须在这些地区,大力地被巩固下来,这是毋庸怀疑的"。话说得虽硬,仍只能算是一种推测。所以在说"唐高宗晚年和武则天统治时代,均田制逐渐破坏,府兵受田很难足额,有些府兵户除了保有二十亩永业田以外,连一亩口分田也分配不到"时,也不得不找点依据,这就是第三章第二节讲"均田制的破坏"时列出的表格。可惜能列入表格的只有两件敦煌文书:

一件是《敦煌资料》第一辑和《中国古代籍帐研究》录文部分著录的唐七世纪后期沙州敦煌县龙勒乡籍①，上面有缺名一户应受田已受田数字；再一件是《中国古代籍帐研究》录文所著录的武周大足元年沙州敦煌县效谷乡籍，上面有邯寿寿、赵端严、索胬才、张玄均四户应受田已受田数字。这岂不和前面依据西魏邓延天富残卷一样，又企图用边远地区一个县里两件共五户的材料，来判断高宗武太后时受田的情况。可是高宗武太后时的幅员比西魏还要辽阔得多，则这种论证的价值说它等于零恐亦不为过。

是不是自己也感觉到这种论证经不起推敲，所以在讲"府兵制的破坏与募兵制的代兴"时，还来上一大篇讲"唐王朝长期对外用兵，是造成府兵制破坏的一个重要原因"的文字，审其内容则基本上承用了唐长孺先生《唐代军事制度之演变》的说法。但这个"重要原因"和前面所说均田制破坏才是府兵败坏的原因是什么关系，在书里又没有作任何交代。这些无论是撰述专著或编写教科书，应说都是不合适的。

至于所谓府兵制基础的均田制的真相，似可一读汪篯先生的文章《两汉至南北朝大族豪强大土地所有制的发展与衰落》。此文收入1992年北京大学出版社版题为《汉唐史论稿》的汪篯遗著里，其中说：

> 均田制是荒地收授制和限田制相结合的制度。……均田制最初对大族是有一些妥协的，以后各代田令内容变化，限田制的性质就越来越明显了。……有说均田制是一纸空文，或只是部分地区实行，南方没有实行，盖是以为均田制是平均分田，看到田没有平均分便认为未实行。田令原意并不是平均分地，这法令能执行得通也正因为不是平均分地。

我认为这个看法是有道理的。这样就根本谈不上用分够分不够来讲均田制是否推行或破坏，而均田制破坏致使府兵败坏之说岂不随之而烟消云散。

---

① 即《敦煌资料》第一辑"户籍"所著录的户籍残卷二件的第二件，《隋唐五代史》所列表格径称之为唐高宗时期。

第四章　李唐创业和玄武门之变

一　可以信据的《大唐创业起居注》

讲了齐、周、杨隋的几个重大政治问题，本就该顺利地进入唐代政治史的研究，探讨高祖李渊创业以来统治集团的内部矛盾和斗争。可又遇到了麻烦的事情：即理论上有所谓关陇山东之争和士族庶族之争，其说能否成立？而史料上又得考虑哪些能信据、哪些不能信据，因为其中颇有隐讳改篡之处。

所谓关陇山东之争曾被用来解释李唐早期的矛盾斗争，士族庶族之争在一些人心目中更认为是贯串了整个唐代的历史，且认为遵信了这点才是遵循了马克思主义。其实真正马克思主义的论著中从来没有这么说过，更何况历史的真实也并非如此。因此这可以留待结合了史实来澄清。倒是史料的信否首先需要解决，因为历来的封建统治者为了个人及其小集团的利益，常常会在史料上做点手脚。而这位被《旧唐书》本纪所称"聪明神武"，《新唐书》所称"自古功德兼隆，由汉以来未之有也"的太宗皇帝，更公然地指使臣下这么干。《唐会要》卷六三"史馆杂录"记载了事情的经过，说：

〔贞观〕十六年四月二十八日，太宗谓谏议大夫褚遂良曰："卿知起居，记录何事，大抵人君得观之否？"对曰："今之起居，古之左右史,以记人君言行,善恶必书,庶几人主不为非法,不闻帝王躬自观史。"太宗曰:"朕有不善,卿必记之耶?"遂良曰:"守道不如守官,臣职当载笔,君举必书。"黄门侍郎刘洎曰:"设令遂良不记,天下之人皆记之矣。"太宗谓房玄龄曰:"国史何因不令帝王观见?"对曰:"国史善恶必书,恐有忤旨,故不得见也。"太宗曰:"朕意不同。今欲看国史,若善事固不须论,若有恶事,亦欲以为鉴诫。卿可撰录进来。"房玄龄遂删略国史,表上。太宗见六月四日事,语多微文,乃谓玄龄曰:"昔周公诛管、蔡而周室安,季友鸩叔牙而鲁国宁,朕之所以安社稷利万人耳①。史官执笔,何烦过隐,宜即改削,直书其事。"至七月八日,又谓遂良曰:"尔知起居,记何事善恶。朕今勤行三事,望尔史官不书吾恶:一则远鉴前代败事,以为元龟;二则进用善人,共成政道;三则斥弃群小,不听谗言。吾能守之,终不转也。鹰犬平生所好,今亦罢之,虽有顺时冬狩,不逾旬而返。亦不曾绝域访奇异,远方求珍羞,比日以来,馔无兼味,自非膏雨有年,师行克捷,未尝与公等举杯酒,奏管弦。朕虽每日兢惧,终藉公等匡翊,各宜勉之。"

这里除了给太宗自己说好话、装出一副每日兢惧的模样外,暴露出他之所以要看《起居注》,看国史,是生怕对武德九年六月四日玄武门之变袭杀太子建成、齐王元吉的记载有问题。看了果然认为不合适,就定了个调子,把事情说成是和西周时周公诛戮管叔、蔡叔,春秋时鲁国季友鸩杀叔牙一般,都是为了"安社稷利万民"而不得已除掉作恶的兄弟。《唐会要》同卷"修国史"所说"贞观十七年七月十六日司空房玄龄、给事中许敬宗、著作郎敬播等上所撰高祖、太宗《实录》各二十卷,……仍遣编之秘阁,并赐皇太子及诸王各一部,京官三品以上欲写者亦听"②,即是房玄

---

① 为避太宗李世民的御讳把"万民"之"民"写成了"人"。
② 这引文中的《太宗实录》当如《新唐书·艺文志》作《今上实录》,因为书成时李世民健在,不可能有"太宗"之称。又此引文及上引"史馆杂录"中文当均即出于《实录》。

龄等秉承李世民旨意改定之本。建成、元吉既成了反面人物，《实录》定本里自然会尽量抹杀其劳绩；而为了突出太宗世民的功德，加以高祖李渊在世民与建成、元吉斗争时站在后者一边，也就被写成为庸庸碌碌因人成事的人物。根据《实录》撰修的纪传体国史，根据国史撰修的《旧唐书》《新唐书》，也都一仍旧贯无所匡正，幸好有部温大雅的《大唐创业起居注》保存下来，能让人们知道一些当时的真相。对此《四库提要》已有所论述，罗香林还写过题为《大唐创业起居注考证》的文章，发表在民国25年（1936）出版的北平研究院《史学集刊》第二期上。可惜都未引起撰写教科书以至撰写所谓专著者的注意。除真正的唐史专著吕诚之师《隋唐五代史》外，几无不对李世民这位太宗皇帝极尽歌颂之能事。因此在这里得重新对《大唐创业起居注》这本第一手文献作介绍。

这《大唐创业起居注》共三卷，是记大业十三年（617）五月癸亥高祖李渊太原起兵至第二年五月甲子正式称帝三百五十七日的历史，在开头并追叙到李渊任太原道安抚大使这一段。据《旧唐书》卷六一《温大雅传》，他在太原起兵时被"引为大将军府记室参军，专掌文翰"，但此《起居注》的成书当在李渊称帝后的武德年间，因而除以"帝"称李渊外，称建成、世民、元吉仍按习惯为大郎、二郎和四郎。书前衔名作"唐陕东道大行台、工部尚书、上柱国、乐平郡开国公臣温大雅撰"，这陕东道大行台、工部尚书据《温传》也正是他在武德朝的官职。《温传》又说还在武德朝，秦王世民就"以隐太子（建成）、巢剌王（元吉）之故，令大雅镇洛阳以俟变，大雅数陈秘策，甚蒙嘉赏"，似其时温大雅已是秦府的私党，不知是否真实。但其中并无偏私二郎世民的言辞，仍是站在称帝的李渊的立场上撰写的《起居注》。用来和《旧唐书》的纪传相对看，便发现若干事实之为后来所窜改，使我们提高警惕，不再被太宗皇帝及其御用作史者所欺瞒。

先看《旧唐书》，卷五七《裴寂传》说：

> 时太宗将举义旗而不敢发言，见寂为高祖所厚，乃出私钱数百

万，阴结龙山令高斌廉与寂博戏，渐以输之。寂得钱既多，大喜，每日从太宗游。见其欢甚，遂以情告之，寂即许诺。寂又以晋阳宫人私侍高祖。高祖从寂饮，酒酣，寂白状曰："二郎密缵兵马，欲举义旗，正为寂以宫人奉公，恐事发及诛，急为此耳。今天下大乱，城门之外，皆是盗贼，若守小节，旦夕死亡，若举义兵，必得天位。众情已协，公意如何？"高祖曰："我儿诚有此计，既已定矣，可从之。"

同卷《刘文静传》又说：

隋末为晋阳令，遇裴寂为晋阳宫监，因而结友，……及高祖镇太原，文静察高祖有四方之志，深自结托，又窃观太宗，谓寂曰："非常人也，大度类于汉高，神武同于魏祖，其年虽少，乃天纵矣。"寂初未然之。后文静坐与李密连婚，炀帝令系于郡狱，太宗以文静可与谋议，入禁所视之。文静大喜曰："天下大乱，非有汤、武、高、光之才，不能定也。"……太宗笑曰："君言正合人意。"于是部署宾客，潜图起义，候机当发，恐高祖不从，沉吟者久之。文静见高祖厚于裴寂，欲因寂开说，于是引寂交于太宗，得通谋议。及高君雅为突厥所败，高祖被拘，太宗又遣文静共寂进说，……高祖然之。时太宗潜结死士，与文静等协议，克日举兵，会高祖得释而止。乃命文静诈为炀帝敕发太原、西河、雁门、马邑人年二十已上、五十已下悉为兵，期以岁暮集涿郡，将伐辽东，由是人情大扰，思乱者益众。文静因谓裴寂曰："公岂不闻先发制人、后发制于人乎？唐公名应图谶，闻于天下，何乃推延，自贻祸衅，宜早劝唐公，以时举义。"又胁寂曰："且公为宫监，而以宫人侍客，公死可尔，何误唐公也！"寂甚惧，乃屡促高祖起兵。

这和《裴寂传》的情节又多出入，但把太原起兵归之于太宗李世民主动而李渊止是听从这点，则说得完全一致，臣下也以刘文静最为有功而裴寂亦是被动。对看《大唐创业起居注》，可知道事情的真相和这《裴刘传》所说正相反。《起居注》卷一在一开头就说：

> 初，帝……奉诏为太原道安抚大使，……私喜此行，以为天授，所经之处，示以宽仁，贤智归心，有如影响。……炀帝后十三年，敕帝为太原留守，……帝遂私窃喜甚，而谓第二子秦王等曰："唐固吾国，太原即其地焉，今我来斯，是为天与，与而不取，祸将斯及。"……突厥……数侵马邑，……〔马邑郡守王〕仁恭等违帝指踪，遂为突厥所败，……隋主……遣司直驰驿，系帝而斩仁恭。……时皇太子在河东，独有秦王侍侧耳，谓王曰："隋历将尽，吾家继膺符命，不早起兵者，顾尔兄弟未集耳。今遭羑里之厄，尔昆季须会盟津之师，不得同受挚戮，家破身亡，为英雄所笑。"……尔后数日，……有诏使驰驿而至，释帝而免仁恭，各依旧检校所部。……帝素怀济世之略，有经纶天下之心，接待人伦，不限贵贱，……仍命皇太子于河东潜结英俊，秦王于晋阳密招豪友。……〔十三年〕太原左近闻帝部分募兵备边，所在影赴，旬日之顷，少长得数千人，兵司总帐以闻，请安营处，帝指兴国寺，……私谓秦王等曰："纪纲三千，足成霸业，处之兴国，可谓嘉名。"仍遣密使往蒲州催追皇太子等。……六月己卯，太子与齐王至自河东，帝欢甚。裴寂等乃因太子、秦王等入启，请依伊尹放太甲、霍光废昌邑故事，废皇帝而立代王，兴义兵以檄郡县。

这里很清楚地告诉人们取代杨隋是高祖李渊的夙愿，太原起兵是他的预谋，二郎李世民和大郎建成一样都是听从他的安排，只因为一开始建成不在身边，所以有些机密话只能对李世民说。李世民夺取帝位后却把这些都算在自己账上，且敢于对李渊丑化。执笔的御用文人之缺乏史德固属可恶可悲，李世民攘功攘到父亲李渊头上，在旧社会也当为人不齿。但从他能逼李渊让出帝位这点来看，区区篡改史实也就毫不足怪了。封建统治集团中人的权力之争,本是不顾父子、兄弟以至夫妻等伦常的,李世民不过表现得特别凶狠而已!

太原起兵后首次军事行动是取西河,《大唐创业起居注》卷一的记载是:

> 西河不时送款,……六月甲申,乃命大郎、二郎率众取之。……临行,帝语二儿曰:"尔等少年,未之更事,先以此郡观尔所为,人具尔瞻,咸宜勉力。"大郎、二郎跪而对曰:"儿等早蒙弘训,禀教义方,奉以周旋,不敢失坠,家国之事,忠孝在焉,故从严令,事须称旨,如或有违,请先军法。"……至西河城下,大郎、二郎不甲,亲往喻之,……郡丞高德儒执迷不反,己丑,以兵临之,……执德儒,……大郎、二郎等数之曰:"卿逢野鸟,谬道见鸾,佞惑隋侯,以为祥瑞,赵高指鹿为马,何相似哉?……"仍命斩焉,自外不戮一人,秋毫不犯;往还九日,西河遂定。师归,帝闻喜曰:"以此用兵天下,横行可也。"是日即定入关之策。癸巳,以世子为陇西公,为左领军大都督,左三统军等隶焉;二郎为敦煌公,为右领军大都督,右三统军等隶焉。

到《旧唐书》卷一《高祖纪》,就变成了"六月甲申,命太宗将兵徇西河下之"一句话。卷二《太宗纪》更成为"及义兵起,乃率兵略徇西河克之",好像是太宗李世民在主动下西河。和他一起行动的大郎建成不见了,连高祖如何派遣他俩和临行训诫的事情也统统抹掉了,当然是怕写了会使李世民的光辉形象受损伤。

入关之前,攻取隋将宋老生据守的霍邑是一大战役。《旧唐书·高祖纪》记战前师次贾胡堡时说:

> 隋武(虎)牙郎将宋老生屯霍邑以拒义师。会霖雨积旬,馈运不给,高祖命旋师,太宗切谏乃止。

《太宗纪》说得更具体,是:

> 高祖与裴寂议,且还太原,以图后举。太宗曰:"本兴大义,以救苍生,当须先入咸阳,号令天下,遇小敌即班师,将恐从义之徒,一朝解体,还守太原一城之地,此为贼耳,何以自全?"高祖不纳,促令引发。太宗遂号泣于外,声闻帐中,高祖召问其故,对曰:"今兵以义动,进战则必克,退还则必散,众散于前,敌乘于后,死亡须臾而至,是以悲耳。"高祖乃悟而止。

可一看《大唐创业起居注》就不对了。卷二记其事是这样说:

> 壬戌,霖雨甚,顿营于贾胡堡。……西京留守代王遣骁将兽(虎)牙郎将宋老生率精兵二万拒守,又遣左武候大将军屈突通将辽东兵及骁果等数万余人据河东,与老生相影响。……帝闻而笑曰:"亿兆离心,此何为也?老生乳臭,未知师老之谋,屈突胆薄,尝无曲突之虑,自防轻敌,二子有之,阃外相时,俱非其事。……我若缓以待之,彼必以吾为怯,出其不意,不过一两月间,并当擒之,吾无忧也。"于时秋霖未止,道路泥深,帝乃命府佐沈叔安、崔善为等间遣羸兵往太原,更运一月粮,以待开霁。

这说明高祖李渊本具战胜宋老生的信心,并运粮以待天霁,初无因霖雨而有班师之想。其后情况略有变化,即"时有流言者,云突厥欲与〔刘〕武周南入,乘虚掩袭太原",需要讨论是继续作攻取霍邑之计,还是暂回太原以巩固后方。这就是《起居注》说的:

> 帝集文武官人及大郎、二郎等而谓之曰:"……诸公意谓何?"议者以"老生、突厥相去不遥,李密谲诳,奸谋难测,突厥见利则行,武周事胡者也。太原一都之会,义兵家属在焉。愚夫所虑,伏听教

旨"。帝顾谓大郎、二郎等曰："尔辈如何？"对曰："武周位极而志满，突厥少信而贪利，外虽相附，内实相猜，……未必同谋。……今若却还，诸军不知其故，更相恐动，必有变生。……李密恋于仓米，未遑远略，老生轻躁，破之不疑，定业取威，在兹一决。诸人保家爱命，所谓言之者也，儿等捐躯力战，可谓行之者也。……雨罢进军，若不杀老生而取霍邑，儿等敢以死谢。"帝喜曰："尔谋得之，吾其决矣！"

可见建议暂回太原的只是某些文武官人，李渊并未有此主张；而表态要雨罢进取霍邑的是大郎、二郎，也并非只有二郎李世民一人。把李渊说成主张回师太原，仅李世民一人号泣劝谏，又都是史官的曲笔。

攻取霍邑之战，《大唐创业起居注》是这么说的：

> 是日未时，帝将麾下左右轻骑数百先到霍邑城东，去五六里，以待步兵至。方欲下营，且遣大郎、二郎各将数十骑逼其城，行视战地。帝分所将人为十数队，巡其城东南而向西南，往往指麾，似若安营而攻城者，仍遣殷开山急追马步等后军。老生在城上遥见后军欲来，真谓逼其城置营，乃从南门、东门两道引兵而出，众将三万许人。帝虑其背城不肯远斗，乃部勒所将骑兵马（当作"为"）左右军，大郎领左军，拟屯其东门，二郎将右军，拟断其南门之路，仍命小缩，伪若避之。既而老生见帝兵却，谓为畏己，果引兵更前，去城里许而阵。殷开山等所追步兵，前军统到（当作"列"）方阵以当老生，中军、后军相续而至。未及战，帝命大郎、二郎依前部分驰而向门，义兵齐呼而前。……帝乃传言已斩宋老生，所部众闻而大乱，舍仗而走，争奔所出之门。门已大郎、二郎先所屯守。悬门不发，老生取入不得，城上人下绳引之，老生攀绳欲上，去地丈余，军头卢君谔所部人等跳跃及而斩之，传首诣帝。……帝见战士心锐，仍命登城，时无攻具，肉薄而上，自申至酉，遂平霍邑。

《旧唐书·高祖纪》精简成"八月辛巳，高祖引师趋霍邑，斩宋老生，平霍邑"，自还可以。《太宗纪》又变成：

> 太宗恐老生不出战，乃将数骑先诣其城下，举鞭指麾若将围城者，以激怒之。老生果怒，开门出兵，背城而阵。高祖与建成合阵于城东，太宗及柴绍阵于城南。老生麾兵疾进，先薄高祖，而建成坠马，老生乘之，高祖与建成军咸却。太宗自南原率二骑驰下峻坂，冲断其军，引兵奋击。贼众大败，各舍仗而走，悬门发，老生引绳欲上，遂斩之，平霍邑。

把高祖李渊安排诱敌写成是太宗李世民诱敌，把李渊"仍命小缩，伪若避之"写成"高祖与建成军咸却"，还亏得李世民"引兵奋击"才获胜，再一次给李世民脸上贴金。

这年大业十三年冬十月进军京师，兵临大兴城下。《大唐创业起居注》说李渊是想以尊奉代王的面目和平进城的，所以在卷二里是这么写着：

> 冬十月辛巳，帝至灞上，仍进营停于大兴城春明门之西北，与陇西、敦煌等二公诸军二十余万众会焉。……代王与留守卫文昇、阴世卿等……门防转严，拒守愈固，信使不通，告喻事绝。帝虽每遣使至城下，申以尊隋夹辅之意，……往而无报。……京兆旧贼帅等并以家近帝城，不预元从，耻无功，乃各率所部兵逼城而上。帝虑其轻脱失利，辛卯，命二公各将所统兵往为之援，京城东面南面，陇西公（建成）主之，西面北面，敦煌公（世民）主之。……十一日丙辰昧爽，咸自逼城。帝闻而驰往，欲止之而弗及。才至景风门，东面军头雷永吉等已先登而入，守城之人分崩。帝乃遣二公率所统兵，依城外部分，封府库，收图籍，禁掳掠，军人（民）勿杂，勿相惊恐，太仓之

外,他无所干,吏民安堵,如汉初入关故事。

案之宋敏求《长安志》,卷七唐皇城"东面二门,南曰景风门,北曰延喜门"。这景风门正在京城东面陇西公李建成主持攻打的地区,先登而入的东面军头雷永吉等自亦即建成的部属。篡改《实录》时不愿把这登城的头功归之建成,于是《旧唐书·高祖纪》就压缩成:

> 冬十月辛巳,至长乐宫,有众二十万。京师留守刑部尚书卫文昇、右翊卫将军阴世师、京兆郡丞滑仪挟代王侑以拒义师。高祖遣使至城下,谕以匡复之意,再三皆不报,诸将固请围城。十一月丙辰攻拔京城。

《太宗纪》更只剩下一句"寻与大军平京城"。当然这还算好,没有厚着脸皮说李世民所部先登得头功。

写了以上这些也够了,足够认识篡改伪造者的手法,还这段史实的本来面目。同时,这也教育了我们对李渊称帝建唐以后的历史同样得用点去粗取精、去伪存真的功夫,不要盲目信从源出《实录》、国史的新旧《唐书》以及《通鉴》之类。这样,虽然已没有像《大唐创业起居注》这种第一手文献,是伪是真只要肯下功夫还是可以弄清楚的,不致老是被李世民及其御用作史者牵着鼻子走。

二 裴寂、刘文静之争

李世民和他父亲李渊之间的矛盾和斗争,并不是到武德后期尤其是玄武门之变时才呈现才尖锐起来,早在武德前期建唐之初已存在了。当时朝廷重臣裴寂和刘文静之争,就是这个矛盾的初步公开化。

裴寂、刘文静都是李唐的开国元勋,新、旧《唐书》都是以裴刘合传居功臣传之首。其实此二人各有其政治背景,裴寂是李渊的亲信,刘文静则是李世民的人。尽管经《大唐创业起居注》核对已确认无论《裴传》《刘传》都是贬抑李渊歌颂李世民之作,但其人和李渊、李世民的特殊关系仍可看得很清楚。

先看裴寂,《旧唐书》卷五七《裴传》说:

> 大业中历侍御史、驾部承务郎、晋阳宫副监。高祖留守太原,与寂有旧,时加亲礼,每延之宴语,间以博弈,至于通宵连日,情忘厌倦。……及义兵起,寂进宫女五百人,并上米九万斛、杂采五万段、甲四十万领,以供军用。〔高祖〕大将军府建,以寂为长史,赐爵闻喜县公。从至河东,屈突通拒守,……寂进说曰:"今通据蒲关,若不先平,前有京城之守,后有屈突通之援,此乃腹背受敌,败之道也。……"太宗曰:"不然,兵法尚权,权在于速。……且关中群盗,所在屯结,未有定主,易以招怀,贼附兵强,何城不克,屈突通自守贼耳,不足为虞。……"高祖两从之,留兵围河东而引军入关。及京师平,赐良田千顷、甲第一区,物四万段,转〔高祖〕大丞相府长史,进封魏国公,食邑三千户。及隋恭帝逊位,高祖固让不受,寂劝进,……又陈符命十余事,高祖乃从之。……高祖既受禅,谓寂曰:"使我至此,公之力也。"拜尚书右仆射,赐以服玩,不可胜纪,仍诏尚食奉御,每日赐寂御膳。高祖视朝,必引与同坐,入阁则延之卧内,言无不从,呼为裴监而不名,当朝贵戚,亲礼莫与为比。

这是讲到建唐时裴寂与高祖李渊的关系。裴寂先后为李渊大将军府长史、大丞相府长史,李渊称帝为尚书右仆射,当时左右仆射都是实职宰相,"高祖视朝必引与同坐","言无不从",都说明其人确是李渊身边最亲信的第一号人物。只是其时的具体劳绩包括种种深谋秘计已被史官抹掉了。上一节所引李世民通过他劝说李渊起兵,以及这里所说是否引军入关的讨论,乃是为了抬高李世民才写上的。进宫女、上米、杂采和甲以供军用,更算不了什么,因为不进不上难道便不为李渊所有。而受禅之事,更本系李渊所安排，劝进云云是今之所谓走过场。都不足以使李渊有"使我至此，公之力也"之言的。

建唐以后讲了武德二年裴寂自请出任晋州道行军总管拒刘武周而战败，继而镇抚河东又未能救平吕崇茂作乱，致"被征入朝""以之属吏""寻释之"，又都是裴寂不甚光彩的事情。接着仍说对他：

> 顾待弥重。高祖有所巡幸，必令居守。麟州刺史韦云起告寂谋反，讯之无端，高祖谓寂曰："朕之有天下者，本公所推，今岂有贰心？皂白须分，所以推究耳。"因令贵妃三人赍珍馔宝器，就寂第宴乐极欢，经宿而去。又尝从容谓寂曰："我李氏昔在陇西，富有龟玉，降及祖祢，姻娅帝王，及举义兵，四海云集，才涉数日，升为天子，至如前代皇王，多起微贱，勋劳行阵，下不聊生。公复世胄名家，历职清显，岂若萧何、曹参起自刀笔吏也。唯我与公，千载之后，无愧前修矣。"其年改铸钱，特赐寂令自铸造。又为赵王元景聘寂女为妃。六年，迁尚书左仆射，赐宴于含章殿。高祖极欢，寂顿首而言曰："臣初发太原，以有慈旨，清平之后，许以退耕。今四海乂安，伏愿赐臣骸骨。"高祖泣下沾襟曰："今犹未也，要相偕老耳。公为台司，我为太上，逍遥一代，岂不快哉！"俄册司空，赐实封五百户，遣尚书员外郎一人每日更值寂第，其见崇贵如此。

这里虽仍经史官做手脚，如李渊本未想过要退位当太上皇，退为太上皇是玄武门之变后为李世民所逼迫，这里怎么可能有"我为太上"之说。但所记裴寂在武德朝终其富贵自是事实。

再说刘文静。此人为晋阳令与裴寂相友，又结交太宗李世民，"引寂交于太宗，得通谋议"等等，已见上一节所引《旧唐书·刘传》，虽然其中所说太原起兵出于李世民和此刘主动实属曲笔。但所说"高祖开大将军府，以文静为军司马"，以及他请连突厥，战败桑显和，追执屈突通，高祖为大丞相，他"转大丞相府司马，进授光禄大夫，封鲁国公，高祖践祚，拜纳言"，均是事实，说明他一直是仅次于裴寂的重要人物。可这二人很快就出现矛盾，这就是《刘传》所说：

> 时高祖每引重臣共食，文静奏曰："陛下君临亿兆，率土莫非臣，而当朝执抑，言尚称名；又宸极位尊，帝座严重，乃使太阳俯同万物，臣下震恐，无以措身。"帝不纳。

这里牵涉到古人的起居方式。原来古人用于坐卧的都叫床，东汉末刘熙所撰《释名》卷六"释床帐"说："人所坐卧曰床，……小者曰独坐。"可见当时多有不止供一人独坐的大床，这种方式延续到唐末五代才被完全取代。《裴寂传》所说"高祖视朝，必引与同坐"，就是讲李渊称帝后上朝时，要让裴寂和他同坐在一具大床上。这里的"重臣"当然也指裴寂，"引重臣共食"是指和裴寂同坐在大床上进食，所以刘文静要借用晋元帝"诏王导升御床共坐"王导推辞之词，说这是"太阳俯同万物"①，不合适。

刘文静为什么要这么反对裴寂，连与李渊共食都不放过？《刘传》下文作了解释，说是"文静向以才能干用在裴寂之右，又屡有军功，位居其下，意甚不平，每延议多相违戾，寂有所是，文静必非之，由是与寂有隙"。其实根本原因仍在于刘文静是李世民的人。这次刘攻击李渊的亲信裴寂而李渊不纳，可以说李渊、李世民父子间的裂痕已开始呈现。

武德元年（618）七月秦王李世民为西讨元帅拒辞举，"以文静为元帅府长史"，说明确是李世民手下的第一号人物。这次战败，"文静奔还京师，坐除名。俄又从太宗讨举〔子仁杲〕平之，以功复其爵邑，拜民部尚书，领陕东道行台左仆射。武德二年从太宗镇长春宫"。《高祖纪》说：这年冬十月"杀民部尚书鲁国公刘文静"。

---

① 其事首见《晋中兴书》，《北堂书钞》卷一三二曾引用，又载《世说新语·宠礼》。

《刘传》记被杀的经过是：

> 文静尝与其弟通直散骑常侍文起酣宴，出言怨望，拔刀击柱曰："必当斩裴寂耳！"家中妖怪数见，文起忧之，遂召巫者于星下披发衔刀为厌胜之法。时文静有爱妾失意，以状告其兄，妾兄上变。高祖以之属吏，遣裴寂、萧瑀问状。文静曰："起义之初，忝为司马，计与长史，位望略同。今寂为仆射，据甲第，臣官赏不异众人，东西征讨，家口无托，实有觖望之心，因醉或有怨言，不能自保。"高祖谓群臣曰："文静此言，反明白矣。"李纲、萧瑀皆明其非反。太宗以文静义旗初起，先定非常之策，始告寂知，及平京城，任遇悬隔，止以文静为觖望，非敢谋反，极佑助之。而高祖素疏忌之，裴寂又言曰："文静才略，实冠时人，性复粗险，忿不思难，丑言悖逆，其状已彰。当今天下未定，外有勍敌，今若赦之，必贻后患。"高祖竟听其言，遂杀文静、文起，仍籍没其家。

这里也明刘文静非反的萧瑀，据《旧唐书》卷六三《萧传》"太宗为右元帅攻洛阳，以瑀为府司马"，和李世民本有关系。李纲虽"拜礼部尚书兼太子詹事"，但和成为李世民对立面的太子建成弄不好关系，见《旧书》卷二《李传》。可见这背后又是一场李渊、李世民父子之争，诛杀刘文静是李渊、裴寂剪除李世民的羽翼。

武德九年玄武门之变李世民成为皇太子，再迫李渊内禅当上了皇帝，裴、刘旧案当然非翻不可。大概是遵"三年无改于父之道"的古训吧，最初还给成为太上皇的李渊留面子，敷衍一下裴寂。如《裴传》所说：

> 〔贞观〕二年（628），太宗祠南郊，命寂与长孙无忌同升金辂，寂辞让，太宗曰："以公有佐命之勋，无忌亦宣力于朕，同载参乘，非公而谁？"遂同乘而归。

这长孙无忌后面要讲,是李世民的妻兄,和李世民同在玄武门现场指挥的元勋。所以李世民这两句话直截了当地翻译起来就是:"你是太上皇的人,无忌是我的人。"这已颇见斤两。到贞观三年(629),就公开给刘文静平反,如《刘传》所说:"追复官爵,以子树义袭封鲁国公,许尚公主。"①对裴寂则"免官,削食邑之半,放归本邑……蒲州",这据《太宗纪》是在贞观三年正月辛未,也许比追复刘文静官爵还早一点。

《裴传》记他被免官的缘由是:

> 有沙门法雅初以恩倖出入两宫,至是禁绝之,法雅怨望。出妖言,伏法。兵部尚书杜如晦鞠其狱,法雅乃称寂知其言。寂对曰:"法雅惟云时候方行疾疫,初不闻妖言。"法雅证之,坐是免官。

这和杀刘文静的理由差不多,要知道加人以交通左道妖妄的罪名以兴刑狱,本是我国中古时惯用的手法。裴寂被放归蒲州后还再来一次,即:

> 未几,有狂人自称信行,寓居汾阴,言多妖妄,常谓寂家僮曰:"裴公有天分。"于时信行已死,寂监奴恭命以其言白寂,寂惶惧不敢闻奏,阴呼恭命杀所言者,恭命纵令亡匿,寂不知之。寂遣恭命收纳封邑得钱百余万,因用而尽。寂怒,将遣人捕之,恭命惧而上变,太宗大怒,谓侍臣曰:"寂有死罪者四,位为三公,而与妖人法雅亲密,罪一也;事发之后,乃负气愤怒,称国家有天下,是我所谋,罪二也;妖人言其有天分,匿而不奏,罪三也;阴行杀戮以灭口,罪四也。我杀之非无辞矣,议者多言流配,朕其从众乎!"于是徙交州,竟流静州。

---

① 《刘传》还说:"后与其兄树艺怨其父被戮,又谋反,伏诛。"这是后话。

足见李世民对此政敌之愤恨。裴寂的结局是：

> 俄逢山羌为乱，或言反獠劫寂为主，太宗闻之曰："我国家于寂有性命之恩，必不然矣。"未几，果称寂率家僮破贼。太宗思寂佐命之功，征入朝。会卒，时年六十，赠相州刺史、工部尚书、河东郡公①。

这大概是表示李世民的宽大为怀吧！但所追赠的官爵已比原先的司空、魏国公降了等级，说明当初在李渊身边的崇高地位仍不予承认恢复。

最后还有需要解释的，即是裴寂被免官放归本邑蒲州时，《裴传》所说：

> 寂请住京师，太宗数之曰："计公勋庸，不至于此，徒以恩泽，特居第一。武德之时，政刑纰缪，官方弛紊，职公之由。但以旧情，不能极法，归扫坟墓，何得复辞！"

案李世民这段话讲到了两点：其一，裴寂是武德时国家政刑的全面负责者；其二，当时政刑纰缪，官方弛紊。第一点是事实，裴寂在武德时身为宰相，而且是宰相中最为高祖李渊所倚重的，武德时一切政刑当然由他辅佐李渊全面负责，这实际上已否定了裴寂"徒以恩泽"之说。第二点则是所谓欲加之罪何患无辞，而且是把李渊也连带骂在里面，这和《旧唐书·高祖纪》记贞观八年太上皇李渊宴西突厥使者，李世民奉觞上寿时所说"百姓获安，四夷咸附，皆奉遵圣旨，岂臣之力"的话，又相矛盾。我认为这上寿时说的倒是事实。因为统一战争是在武德年间就完成的，其间秦王李世民只出任过几个战役的指挥官，整个战略上的事情

---

① "子律师嗣,尚太宗妹临海长公主,官至汴州刺史。律师子承先,则天时为殿中监,为酷吏所杀。"

得由主持全国军政的高祖李渊安排,而裴寂亦必参与,从裴寂晚年之能破山羌习于军事也可推知。至于政刑,奠定建国规模的唐律和唐令,也是由裴寂等因隋开皇律、令损益制定,在武德七年五月奏上的,事详《旧唐书》卷五〇《刑法志》和《新唐书》卷五八《艺文志》,贞观十一年重颁的律、令只是在此基础上有所修订。一定要说武德时"政刑纰缪",无非是杀了刘文静和后来对秦府势力作过种种抑制,李世民及秦府中人认为是"纰缪"而已。

三 秦王和太子、齐王

这里再讲武德年间秦王李世民和皇太子李建成、齐王李元吉之间的矛盾斗争,这同时仍继续体现了李世民和高祖李渊之间的矛盾斗争。

这种性质的矛盾斗争,并非开始于李氏父子兄弟,最迟在南北朝时已经出现了。这是因为门阀制度产生以来,高门大族结党争权,从而在皇室内部太子和诸王也相应地形成各个政治小集团。太子可以有东宫的官属和兵甲,等于在京城里酝酿着一个小朝廷,诸王开府征镇,更易于结集地方势力及某些军事力量作为凭借,而都以取得最高权力登上帝位为其同共争夺的标的。远的不说,李渊等目睹的隋文帝杨坚、太子杨勇、晋王杨广父子兄弟间就曾为此展开过一场残酷的斗争。李渊、李世民以及建成、元吉间的斗争也同样是遵循此规律来进行。具体过程和结局虽不尽相同,大关节目上自有其相似之处,最明显的就是都以次子身份利用开府征镇的机会结集力量,再伺机夺取帝位。

我国古来有个传统,君主的嫡长子一般是法定的太子。当了太子就得经常留在君主身边,遇有关系重大的军事行动,任命外姓将领不放心时,往往派太子以外的儿子充当统帅,有时还由君主自己亲征,把留守京师的任务交给太子,而很少派太子出征。《左传》闵二年所说"君之嗣嫡,不可以帅师",已成为相沿的惯例。因此隋文帝伐陈,就不派太子杨勇而让次子晋王杨广为行军元帅,还让杨广先后充任并州、扬州等重要地区的总管。以后杨广之所以能取代杨勇成为太子，并取得军人权臣杨素等的支持，当与此有很大关系，绝非如《隋书》卷四五《房陵王勇传》所说仅仅在独孤皇后玩点"矫饰"的手法，其后又如卷三六《后妃传》所说"取媚"于宣华夫人陈氏便能奏效。李世民的情况也是如此。李渊后窦氏生建成、世民、玄霸、元吉四个儿子。玄霸早卒。李渊太原起兵时，建成二十九岁，世民二十岁，元吉十五岁[①]。十五岁太小，所以如前引《大唐创业起居注》所说派建成、世民同取西河（卷一）。接着向关中进军，以建成为陇西公、左领军大都督，领左三统军等，世民为敦煌公、右领军大都督，领右三统军等（卷二），而元吉为太原郡守留镇晋阳（卷三）。攻占长安后，又派建成为左元帅、世民为右元帅徇地东都（卷三）[②]。但到李渊正式称帝、建成为皇太子后，就按照习惯派次子秦王世民任统帅出征，客观上给这日后成为太宗皇帝的李世民创造了扩充实力的条件。

从这时开始由李世民任统帅的几次大征战，按《旧唐书·高祖纪》和《太宗纪》所记载是：

（1）武德元年（618）六月至七月任西讨元帅拒薛举于泾州，战败。

（2）八月薛举死，任元帅西征举子薛仁杲，十一月破降仁杲，平陇右。

（3）十二月拜太尉、陕东道行台尚书令，镇长春宫，关东兵马并受节度，开始担负经略山东地区的重任。

（4）武德二年（619）十月至三年四月破刘武周、宋金刚，平并州。

（5）武德三年（620）七月率齐王元吉总统诸军征讨盘踞洛阳的王世充，四年（621）三月窦建德自河北来救王世充，五月擒窦建德，降王世充，尽取山东地区。

（6）武德四年七月窦建德余部刘黑闼又起事河北，八月徐圆朗举齐、

[①] 这都是根据他们的生年以及卒年和享年推算出来的。《旧唐书·太宗纪》说他生于隋开皇十八年（598），崩于贞观二十三年（649），年五十二，上推至太原起兵的大业十三年（617）为二十岁。《旧唐书》卷六四《隐太子建成传》说武德九年（626）在玄武门遇害时年三十八，上推至太原起兵时为二十九岁。同卷《巢王元吉传》说武德九年遇害时年二十四，上推至太原起兵时为十五岁。

[②] 《旧唐书·高祖纪》作建成为元帅，世民为副。

兖之地响应,十二月率齐王元吉击刘黑闼,五年(622)三月破刘黑闼,再取河北,又遣淮安王神通、李勣破灭徐圆朗。

早在破薛仁杲"俘其精兵万余人"后,就"还令仁杲兄弟及贼帅宗罗睺、翟长孙等领之,太宗与之游猎驰射,无所间然,贼徒荷恩慑气,咸愿效死"(《旧唐书·太宗纪》)。尽管"王师振旅,以仁杲归于京师,及其首帅数十人皆斩之"(卷五五《薛仁杲传》),这万余陇西兵自为李世民所有。接着经略山东地区,更放手汲引人才,培植私党。有文献可查的,如尉迟敬德本刘武周偏将,归降后李世民"赐以曲宴,引为右一府统军"(卷六八本传)。秦叔宝、程知节本从李密,后归王世充,李世民镇长春宫时归降,叔宝"事秦府","拜马军总管","寻授秦王右三统军",知节"授秦王府左三统军"(卷六八本传)。张公谨"为王世充洧州长史","以州城归国","李勣骤荐于太宗,尉迟敬德亦言之,乃引入幕府"(卷六八本传)。刘师立"初为王世充将军","洛阳平,当诛,太宗惜其才,特除之,为左亲卫"(卷五七本传)。段志玄"从讨王世充","迁秦王府右二护军"(卷六八本传)。公孙武达"武德初至长春宫请谒太宗,以讨刘武周,又从平王世充、窦建德,累迁秦王府右三军骠骑"(卷五七本传)。屈突通"为太宗行军元帅长史,以平薛举","寻以本官判陕东道行台,从太宗讨王世充","寻拜陕东大行台右仆射,镇于洛阳"(卷五九本传)。宇文士及"从太宗平宋金刚","迁秦王府骠骑将军,又从平王世充、窦建德"(卷六三本传)。萧瑀当李世民为右元帅攻洛阳时"为府司马"(卷六三本传)。封德彝同时受诏"参谋军事"(卷六三本传)。钱九陇从太宗"平薛仁杲、刘武周",又"从太宗擒获窦建德,平王世充"(卷五七本传)。樊兴"从太宗破薛举,平王世充、窦建德"(卷五七本传)。李安远"从太宗征伐,特蒙恩泽"(卷五七本传)。以上十四人都是李世民经略山东所招降邀结,而列入武德九年玄武门之变李世民登上帝位十月癸卯所颁布功臣实封差第名单之中的[①]。不曾列入此名单的还有:李君羡"初为王世充骠骑","叛

[①] 此功臣实封差第名单见《旧唐书·刘文静传》《太宗纪》及《新唐书·裴寂传》,本书第二章第六节已引用。

而来归，太宗引为左右"（卷六九本传）。田留安为王世充征南将军，"帅众来归"，李世民"以留安为右四统军"（《通鉴》卷一八七武德二年二月己未条）。吴黑闼、牛进达也与秦叔宝、程知节同叛王世充来归（卷六八《秦叔宝传》）①。张士贵"从平东都"，而参与玄武门之役（卷八三本传、《太宗纪》）。薛万均初随罗艺，"及太宗平刘黑闼，引万均为右二护军"（卷六九本传）。戴胄仕越王侗、王世充，"太宗克武牢而得之，引为秦府士曹参军"（卷七〇本传）。此外，如《旧唐书·太宗纪》所说，武德四年擒窦建德、降王世充后，因"海内渐平，太宗乃锐意经籍，开文学馆，以待四方之士，行台司勋郎中杜如晦等十有八人为学士，每更置阁下，降以温颜，与之讨论经义，或夜分而罢"，实际上是以杜如晦、房玄龄两个亲信文士为首组织起来的一个秦府顾问班子。《旧唐书》卷七二《褚亮传》更详记此十八学士"登瀛州"的故事及姓名官职。其中陆德明、孔颖达原在王世充辖区，王世充平，"引为秦府文学馆学士"（卷一八九上《儒学传》、卷七三本传）。李玄道历任李密记室、王世充著作佐郎，"东都平，太宗召为秦王府主簿、文学馆学士"（卷七二本传）。李守素"代为山东名族，太宗平王世充，征为文学馆学士，署天策府仓曹参军"（卷七二本传）。虞世南先为窦建德黄门侍郎，"太宗灭建德，引为秦府参军，寻转记室，仍授弘文馆学士"（卷七二本传）。蔡允恭"没于窦建德，及平东夏，太宗引为秦府参军兼文学馆学士"（卷一九〇上《文苑传》）。刘孝孙为王世充弟辩行台郎中，"洛阳平"，"太宗召为秦府学士"（卷七二本传）②。以上平王世充后所得的在十八学士中占了七人之多。

所有这些都说明了一个事实，即李世民在经略山东中大大扩充了秦府的实力。《旧唐书》卷六四《隐太子建成传》说太子建成、齐王元吉攻击他，密令数人上封事曰"秦王左右多是东人"云云，是确有事实根据的。

---

① 吴、牛后均陪葬昭陵，见宋敏求《长安志》卷一六"昭陵"条。牛碑清中叶已出土昭陵邻近，吴碑若干年前亦在昭陵附近发现，可证此二人随秦、程来归后均为李世民所用，吴碑且有"九年六月与段志玄等立功于玄武门"明文。至《唐会要》卷二一"陪陵名位"有吴无牛，乃是脱佚，不足为凭。

② 刘本不在十八学士之列，学士中薛收卒，以刘补入，见《褚亮传》。

对秦府势力的扩张，高祖李渊和太子建成、齐王元吉自得采取相应的对策。

如前所考订，李渊此人本是个够得上雄才大略的开国之主，只因受到原本《实录》、国史的两《唐书》、《通鉴》等歪曲丑化，以致范文澜先生撰写《中国通史简编》，在第三编第二章第一节中还说他是"昏庸无能"，"连做个守成的中等君主也是不成的"人物①。今天自不能再听信这些诬蔑，而相信李渊自有鉴识人物事态的能力。当武德初年刘文静与李世民相邀结，和李渊的第一号亲信裴寂闹对立时，李渊就坚决除掉刘文静，以维护其尊严。但自己的儿子看来究竟比外人可靠，因此仍旧沿袭传统习惯，让李世民担负经营山东的重任，同时叫齐王元吉充当李世民的副手，这也多少包含着牵制李世民的意味。无奈李世民的雄心绝非杀个刘文静就能抑制，区区元吉更不在话下。在平定山东的战役中不仅把精兵良将收归秦府作为私甲，把山东的文士谋臣作为秦府的智囊顾问，把本该归公的胜利果实占为己有，而且发展到对李渊公然顶撞对抗。《旧唐书·隐太子建成传》就有这么一大段记事：

> 时太宗功业日盛，高祖私许立为太子。……时高祖晚生诸王诸母擅宠，椒房亲戚，并分事宫府，竞求恩惠。太宗每总戎律，唯以抚接才贤为务，至于参请妃媛，素所不行。初平洛阳，高祖遣贵妃等驰往东都，选阅宫人及府库珍物，因私有求索，兼为亲族求官，太宗以财簿已先封奏，官爵皆酬有功，并不允许，因此衔恨弥切。时太宗为陕东道行台，诏于管内得专处分。淮安王神通有功，太宗乃给田数十顷，后婕妤张氏之父令婕妤私奏以乞其地，高祖手诏赐焉，神通以教给在前，遂不肯与，婕妤矫奏曰："敕赐妾父地，秦王夺之以与神

---

① 此书一味相信原出《实录》的两《唐书》、《通鉴》，还断言唐朝的建立"主要依靠唐太宗的谋略和战功"。其实太宗李世民在武德前期经常在外担任一个战役的指挥官，即使到后期也从未在中央执掌过政权。难道一个战役的指挥官能决定战略全局，一个从未执掌过政权的皇子能奠定开国规模？除非当时李渊事事就商于李世民,这点恐怕再醉心歌颂李世民者也不敢说吧！

通。"高祖大怒,攘袂责太宗曰:"我诏敕不行,尔之教命州县即受!"他日,高祖呼太宗小名谓裴寂等:"此儿典兵既久,在外专制,为读书汉所教,非复我昔日子也。"又德妃之父尹阿鼠所为横恣,秦王府属杜如晦行经其门,阿鼠家僮数人牵如晦坠马殴击之,骂曰:"汝是何人,敢经我门而不下马!"阿鼠或虑上闻,乃令德妃奏言"秦王左右凶暴,凌轹妾父",高祖又怒,谓太宗曰:"尔之左右,欺我妃嫔之家一至于此,况凡人百姓乎?"太宗深自辨明,卒不被纳。妃嫔等因奏言"至尊万岁后秦王得志,母子定无孑遗",因悲泣哽咽,又云"东宫慈厚,必能养育妾母子",高祖恻怆久之。自是于太宗恩礼渐薄,废立之心,亦以此定,建成、元吉,转蒙恩宠。……由是皇太子令与秦、齐二王教与诏敕并行,百姓惶惑,莫知准的。建成、元吉又外结小人,内连嬖幸,高祖所宠张婕妤、尹德妃皆与之淫乱,复与诸公主及六宫亲戚骄恣纵横,并兼田宅,侵夺犬马,同恶相济,掩蔽聪明,苟行己志,唯以甘言谀辞,承候颜色。

这里所谓"高祖私许立为太子"的"私许",本就无从证实,显然是贞观时秉承李世民意旨捏造了编进实录的。至于彼时"皇太子令与秦、齐二王教与诏敕并行",则诚是事实,其中李世民凭借经营山东"诏于管内得专处分",表现得更为突出,以致弄得李渊要说"此儿典兵既久,在外专制,为读书汉所教,非复我昔日子也",这"读书汉"自是指秦府文学馆的学士,也可见这些学士确如我们说是个顾问班子,并不止是只会"讨论经义"的书呆子。也正由于这些才使李渊"于太宗恩礼渐薄","建成、元吉,转蒙恩宠",后宫妃嫔嬖幸之进谗未必能起主导作用。当然,建成、元吉之在妃嫔中有活动是可以肯定的,张婕妤、尹德妃就已和他俩勾结,所以出面找秦王麻烦的正是这张、尹两家的人。其间有没有"淫乱"倒不一定,即使有也是旧时宫闱中所常见,如前朝杨广为晋王时与隋高祖宣华夫人陈氏的暧昧关系之类,本无足深究。而且李世民本人在李渊的妃嫔中也很有些活动,《旧唐书》卷五一《后妃传》就说秦王妃长孙氏"孝事高祖,恭顺妃嫔,尽力弥缝,以存内助",这当然是听李世民的指使。李世民自己有没有和妃嫔直接接触也很难说,即使有也必被史官删除,更不会安上个"淫乱"的帽子。

现在再着重说太子建成和齐王元吉。照《旧唐书·建成元吉等传》后史臣所说,"建成残忍,岂主鬯之才,元吉凶狂,有覆巢之迹,若非太宗逆取顺守,积德累功,何以致三百年之延洪,二十帝之纂嗣?或坚持小节,必亏大猷,欲比秦二世、隋炀帝,亦不及矣"。好像由建成、元吉来做皇帝李唐政权就会马上垮台,连秦二世、隋炀帝的结局都不如,这仍旧是受了《实录》、国史的影响。以致在范文澜《中国通史简编》中还被诟骂为"纨绔无赖子"和"凶险之徒",要把这个冤案压着不让平反。其实从第一手文献《大唐创业起居注》来看,从太原起兵到高祖进入长安称帝建唐,建成的功业并不亚于李世民,已如前所说。元吉年龄小,以偏师留镇太原,任并州总管。武德二年(619),在马邑割据称帝的刘武周南侵,元吉弃太原城回京师长安。《旧唐书·元吉传》说"元吉性好畋猎","纵其左右攘夺百姓",把丢失太原的责任尽量往元吉身上推。但《旧唐书·高祖纪》在这年九月丁丑"元吉惧武周所逼奔于京师"之前,还有六月癸亥"尚书右仆射裴寂为晋州道行军总管以讨刘武周"和九月"裴寂与刘武周将宋金刚战于介州,我师败绩"的记载。卷五五《刘武周传》在"遣右仆射裴寂拒之"之前还说"高祖遣太常少卿李仲文率众讨之,为贼所执,一军尽没,仲文后得逃还"。可见太原之失本不能完全归罪于元吉,何况元吉这年还只有十七岁。在上一年李世民已二十一岁了,如前所说任西讨元帅统率主力部队拒薛举时还不也吃了大败仗。以后李世民打刘武周、打王世充、打窦建德、打刘黑闼确实取得胜利,但打王、窦和打刘黑闼都有元吉参加指挥充当副手。当李世民和窦决战时,《旧唐书·元吉传》即有"留元吉与屈突通围王世充于东都,世充出兵拒战,元吉设伏击破之,斩首八百级,生擒其大将乐仁昉、甲士千余人"的明文,从而解除了李世民后顾之忧①。这时元吉才十九岁，在封建统治者中不能不说是早熟的军事人才。至于政事上，《旧唐书·建成传》说建成当了皇太子后，"高祖忧其不闲政书，每令习时事，自非军国大务，悉委决之"，用今天的话来说，就是让建成主持日常工作，学习做皇帝。而史书即使按太宗李世民定的调子多作改窜，也找不到建成此时在政事上弄得如何糟的话。相反，倒可以知道建成在这方面的经验至少要比李世民丰富得多。

对李世民的威权日盛，对秦府势力的扩张，身为皇太子的建成自必感到胁迫，而元吉也不甘屈居李世民之下。正好此时高祖李渊对李世民"恩礼渐薄"，"建成、元吉，转蒙恩宠"，他俩就联合起来共同对付李世民。主要的措施就是像李世民那样通过出征来取得兵柄，扩大权势。在这以前，建成以皇太子身份在京师长安主持日常政务，只在武德二年（619）领兵至鄠屋平定司竹园的群盗祝山海，四年（621）领兵至鄜州击破稽胡酋帅刘仚成的部落，见《旧唐书·建成传》。但这都是附近的小规模作战，事罢即回长安，无从培植私人势力。元吉在征讨王世充等时只是李世民的副手，捞不到多少好处。这时不同了，要争取出任大战役的统帅。据《旧唐书·高祖纪》，武德五年（622）八月"突厥颉利寇雁门"，"遣皇太子及秦王讨击，大败之"。十月，"遣齐王元吉击刘黑闼于洺州"。十一月，"命皇太子率兵讨刘黑闼"。十二月，"皇太子破刘黑闼于魏州，斩之，山东平"。六年（623）七月，"突厥颉利寇朔州，遣皇太子及秦王屯并州以备之"。八年（625）六月，"突厥寇定州，命皇太子往幽州，秦王往并州，以备突厥"。最后，如《旧唐书·元吉传》所说，武德九年（626）"突厥郁射设屯军河南，入围乌城，建成乃荐元吉代太宗督军北讨"，以玄武门之变而告吹。可见武德后期李世民已当不成大战役的最高统帅，这个重要

---

① 此事《旧唐书·太宗纪》仅书"留通辅齐王元吉以围世充"，卷五九《屈突通传》更作"太宗中分麾下以属通，令与元吉围守洛阳"，都在行文措辞上贬低元吉担当围城重任的作用，其他如卷五四《王世充传》等更绝口不提元吉的名字。又此役唐军凯旋至长安，《通鉴》卷一八九据《唐历》书"世民被黄金甲，齐王元吉、李世勣等二十五将从其后，铁骑万匹，甲士三万人，前后部鼓吹"，而《旧唐书·太宗纪》只书"太宗亲披黄金甲，陈铁马一万骑，甲士三万人，前后部鼓吹"，卷六七《李勣传》更书"论功行赏，太宗为上将，李勣为下将，与太宗俱服金甲，乘戎辂，告捷于太庙"，也都有意把元吉的名字抹掉。

地位已逐步为建成、元吉所取代。其中讨平刘黑闼战役尤为重要。如《旧唐书·建成传》所说：

> 及刘黑闼重反，王珪、魏徵谓建成曰："殿下但以地居嫡长，爰践元良，功绩既无可称，仁声又未遐布。而秦王勋业克隆，威震四海，人心所向，殿下何以自安？今黑闼率破亡之余，众不盈万，加以粮运限绝，疮痍未瘳，若大军一临，可不战而擒也。愿请讨之，且以立功，深自封植，因结山东英俊。"建成从其计，遂请讨刘黑闼，擒之而旋。

确能道出当时权势转移的关键，尽管其中贬抑建成、抬高李世民处仍出于后来史官的曲笔。

建成、元吉也和李世民一样大肆结党营私，扩充东宫、齐府的实力。就玄武门之变后经窜改删落所仅存的史料，仍可知道建成有洗马魏徵、中允王珪、左卫率韦挺等"尽心所事"的东宫官属，见《旧唐书》卷七一《魏徵传》、卷七〇《王珪传》、卷七七《韦挺传》。元吉也有王孝逸、张胤等齐王府文学，见《旧唐书》卷七〇《格辅元传》及《昭陵碑录》卷中《张胤碑》录文。李世民有秦府兵将，建成则"私召四方骁勇并募长安恶少年二千余人，畜为宫甲，分屯〔东宫〕左右长林门，号为长林兵"，见《旧唐书·建成传》。《元吉传》也说"与建成连谋，各募壮士，各匿罪人"。只是由于建成、元吉最终失败，战将可考知者仅有东宫的薛万彻、冯立和齐府的谢叔方，分别见于《旧唐书》卷六九《薛传》及卷一八七上《忠义·冯传》《谢传》。但其战斗力至少到后期已超越秦府，看下一节讲述玄武门之变的实况便可知悉。以上都是在京师长安的。在外边，李世民于原为王世充据有的河南固有所布置，如《旧唐书》卷六九《张亮传》所说："太宗以洛州形胜之地，一朝有变，将出保之，遣亮之洛阳，统左右王保等千余人，阴引山东豪杰以俟变，多出金帛，恣其所用。"而《新唐书》卷九七《魏徵传》记魏徵在玄武门之变后说："河北州县素事隐〔太子建成〕、巢〔王元吉〕者不自安，往往曹伏思乱。徵（其时已投太宗）白太宗曰：'不示至公，祸不可解。'帝曰：'尔行安喻河北。'道遇太子千牛李志安、齐王护军李思行传送京师，徵……即贷而后闻。"可见前此河北地区已为东宫、齐府所控制。

这东宫、齐府和秦府两大势力，在玄武门之变以前自已有所交锋，苦于史料多经窜改和删落，真相难于一一寻求。如武德七年（624）发生的杨文幹作乱事件，《旧唐书·高祖纪》没有记，《新唐书》卷一《高祖纪》也只书六月壬戌"庆州都督杨文幹反"，七月癸酉"庆州人杀杨文幹以降"。两《唐书·建成传》、《通鉴》都认为事情牵连到建成。《通鉴》卷一九一武德七年六月条说：

> 杨文幹尝宿卫东宫，建成与之亲厚，私使募壮士送长安。上将幸仁智宫，命建成居守，世民、元吉皆从。建成使元吉就图世民，曰："安危之计，决在今岁。"又使郎将尔朱焕、校尉桥公山以甲遗文幹。二人至豳州，上变，告太子使文幹举兵，使表里相应。又有宁州人杜凤举亦诣宫言状。上怒，托他事，手诏召建成令诣行在，建成惧，不敢赴。太子舍人徐师謩劝之据城举兵，詹事主簿赵弘智劝之贬损车服，屏从者诣上谢罪。建成乃诣仁智宫，未至六十里，悉留其官属于毛鸿宾堡，以十余骑往见上，叩头谢罪，奋身自掷，几至于绝。上怒不解，是夜，置之幕下，饲以麦饭，使殿中监陈福防守。遣司农卿宇文颖驰召文幹，颖至庆州，以情告之，文幹遂举兵反。上遣左武卫将军钱九陇与灵州都督杨师道击之。甲子，上召秦王世民谋之，世民曰："文幹竖子，敢为狂逆，计府僚已应擒戮，若不尔，正应遣一将讨之耳。"上曰："不然，文幹事连建成，恐应之者众，汝宜自行，还，立汝为太子，吾不能效隋文帝自诛其子，当封建成为蜀王，蜀兵脆弱，他日苟能事汝，汝宜全之，不能事汝，汝取之易耳！"……世民既行，元吉与妃嫔更迭为建成请，封德彝复为之营解于外，上意遂变，遣建成还京师居守。惟责以兄弟不睦，归罪于太子中允王珪、左

卫率韦挺、〔世民天策府〕天策兵曹杜淹,并流于巂州。……秋七月。杨文幹袭陷宁州,驱掠吏民出据百家堡。秦王世民军至宁州,其党皆溃。癸酉,文幹为其麾下所杀,传首京师。获宇文颖,诛之。

据《通鉴考异》,说这些多本于《实录》。两《唐书·建成传》稍事精简也大体类同,仅《旧传》说"太宗既行",因元吉及四妃等请并封伦(德彝)游说,"高祖意便顿改,遂寝不行",当均出于经太宗朝史臣的窜改编造。杨文幹任都督的庆州治所在今甘肃庆阳,建成和他通气,正和他在河北安排亲信,以及李世民遣张亮往洛阳是同样的措施。何况自山东平定之后,如《建成传》所说高祖已"于太宗恩礼渐薄","建成、元吉转蒙恩宠",建成又何必和杨文幹通谋闹政变?尔朱焕、桥公山的"上变",以及杜凤举的"言状",当均系经秦府收买而诬告。杨文幹的举兵更显然是宇文颖在其中起了挑拨作用。所以高祖只给东宫的王珪、韦挺和秦府的杜淹各施惩罚便了事。至于对李世民说要"立汝为太子"另"封建成为蜀王",自全出《实录》所编造。和《建成传》所说"后又与元吉谋行鸩毒,引太宗入宫夜宴,既而太宗心中暴痛,吐血数升",以及高祖对李世民说什么"汝还行台,居于洛阳,自陕以东,悉宜主之,仍令汝建天子旌旗"等等,同样编造得连情理上都讲不通。

这时有一些建成、元吉用公开或秘密的手法来瓦解秦府已结集势力的记载。如《旧唐书》卷六八《尉迟敬德传》说建成、元吉"密致书以招敬德,……仍赠以金银器物一车,敬德辞,……元吉乃潜敬德于高祖,下诏狱讯验,将杀之,太宗固谏得释"。同卷《程知节传》说"建成忌之,构之于高祖,除康州刺史,知节白太宗……以死不去"。《段志玄传》说建成、元吉"竞以金帛诱之,志玄拒而不纳,密以白太宗"。卷五七《李安远传》说"建成潜引以为党援,安远固拒之,由是太宗益加亲信"。卷六六《杜如晦传》说"太子深忌之,谓齐王元吉曰:'秦王府中所可惮者,唯杜如晦与房玄龄耳。'因潜之于高祖,乃与玄龄同被斥逐"。这些当都是事实。到玄武门之变的前夕,更采取了进一步措施,即《元吉传》所说当

"突厥郁射设屯军河南入围乌城"时"建成乃荐元吉代太宗督军北讨，仍令秦府骁将秦叔宝、尉迟敬德、程知节、段志玄等并与同行，又追秦府兵帐，简阅骁勇，将夺太宗兵以益其府"。

接着，就爆发了六月四日的玄武门军事政变。如《高祖纪》所书："秦王以皇太子建成与齐王元吉同谋害己，率兵诛之。"

四 玄武门之变揭秘

最早对玄武门军事政变作研究的，是陈寅恪先生。他在《唐代政治史述论稿》中篇"政治革命及党派分野"里，列举武德九年六月世民袭杀建成、元吉和神龙元年（705）正月张柬之剪除张易之兄弟、神龙三年（707）七月太子李重俊剪除武三思、唐隆元年（710）六月临淄王李隆基剪除韦后等四次宫廷政变，指出政变中宫城北门玄武门地势重要，能否夺取玄武门是这几次政变成败的关键。但寅恪先生没有进一步讲清楚玄武门所以重要的原因。

如所周知，玄武门只是宫城的一个城门。就武德九年、景龙三年、唐隆元年三次政变发生地点长安宫城（当时所谓大内，景云元年命名为太极宫）而言，除通向东宫、掖庭宫的宫门外，南面有承天、长乐、永安三门，北面除正中玄武门外其东尚有安礼门。就神龙元年政变发生地点东都洛阳宫而言，除通向东宫的宫门外，南面有应天、明德、长乐、雏城南门四门，西面有嘉豫门、雏城西门，北面除正中玄武门外其东尚有安宁门[①]。发动政变的目的既在剪除宫廷之内的政敌，玄武门不易夺取难道不能从其他城门进入宫城以达到此目的？可见玄武门之所以重要者，并非在于此门如何险要，如今军事上所谓制高点之类，而在于守卫宫廷之禁军屯营就在

---

① 详徐松《唐两京城坊考》卷一"西京·宫城"和卷五"东都·宫城"，但所说长安宫城南面有承天、长乐、永春、广运、永安五门是错误的，辛德勇《隋唐两京丛考》上篇"宫城南面名称考实"条已据《大唐六典》卷六司门郎中等作了纠正，定为中曰承天、东曰长乐、西曰永安共三门，今从辛考。辛君现为中国社会科学院历史研究所研究员、副所长，此《丛考》是其博士论文，1991年三秦出版社印行。

此门外边。如《唐会要》卷七二"京城诸军·羽林军"所说：

> 贞观十二年（638）十一月三日，于玄武门置左右屯营，以诸卫将军领之，其兵名曰飞骑，中简才力骁健善射者号为百骑。……至永昌元年（689）十月二十八日，改百骑为千骑。至景云元年（710）九月二十七日，改千骑为万骑。垂拱元年（685）五月十七日置左右羽林军。

这神龙元年正月、三年七月、唐隆元年六月三次宫廷政变的成败，就寅恪先生引用的《旧唐书》卷九一《桓彦范传》、卷一〇九《李多祚传》、卷八六《节愍太子重俊传》、卷八《玄宗纪》、卷五一《中宗韦庶人传》、卷一〇六《王毛仲传》，都可看到在于禁军羽林军或千骑、万骑之有未被利用发动[①]。而既被利用发动、自必从其驻扎的屯营就近进入玄武门以剪除宫廷中的政敌。寅恪先生认为武德九年六月的玄武门军事政变也是如此。他根据巴黎图书馆所藏敦煌写本伯2640/17.4李义府撰《常何墓碑》残卷所说：

> 从隐太子讨平河北。……〔武德〕七年，奉太宗令追入京，赐金刀子一枚、黄金卅挺，令于北门领健儿长上，仍以数十金刀子委公锡骁勇之夫，趋奉藩朝，参闻霸略，承解衣之厚遇，申绕怅（当作帐）之深诚。九年六月四日，令总北门之寄。[②]

并引用《旧唐书》卷一八七上《忠义·敬君弘传》所说：

---

① 对此后面第六章"李武政权"中将分别讲到。
② 可能由于原件或照片模糊不清，寅恪先生在这里误认此文为常何的墓志，1951年撰写《论隋末唐初所谓"山东豪杰"》重加引用时已改正（此论山东豪杰文原载《岭南学报》12卷1期，后收入《金明馆丛稿初编》，有1980年上海古籍出版社本和2001年三联书店本）。

> 武德中，为骠骑将军，封黔昌县侯，掌屯营兵于玄武门，加授云麾将军。隐太子建成之诛也，其余党冯立、谢叔方率兵犯玄武门，君弘挺身出战，……与中郎将吕世衡大呼而进，并遇害。太宗甚嗟赏之，赠君弘左屯卫大将军，世衡右骁卫将军。

及同卷《冯立传》所说：

> 率兵犯玄武门，苦战久之，杀屯营将军敬君弘，……解兵屯于野，俄而来请罪。太宗数之曰："汝在东宫，潜为间构，阻我骨肉，汝罪一也；昨日复出兵来战，杀伤我将士，汝罪二也。……"

据此寅恪先生说："玄武门地势之重要，建成、元吉岂有不知，必应早有所防卫，何能令太宗之死党得先隐伏夺据此要害之地乎？"今知"常何旧曾隶属建成，而为太宗所利诱，当武德九年六月四日常何实任屯守玄武门之职，故建成不以致疑，而太宗因之窃发，迨太宗既杀其兄弟之后，常何遂总率北门之屯军矣。此亦新史料之发见，足资补释旧史所不能解之一端也"，"至于敬君弘、吕世衡则观太宗数冯立罪所言，殆与常何同为太宗之党欤？史料缺乏，未敢遽定"。

案武德时禁军屯营已在玄武门，如《敬君弘传》所说①。但玄武门军事政变胜负成败的关键初不在于《敬传》《冯传》等所说后半截在玄武门的攻守，而在于前半截袭杀建成、元吉之能否得手。而在李世民统率下袭杀建成、元吉的人员，据《旧唐书》卷六五《长孙无忌传》是：

> 无忌与尉迟敬德、侯君集、张公谨、刘师立、公孙武达、独孤彦云、杜君绰、郑仁泰、李孟尝等九人入玄武门讨建成、元吉。

---

① 前引《唐会要》"羽林军"条只说玄武门之分置左右屯营是在贞观十二年十一月三日。

卷五七《刘师立传》则说：

> 师立与尉迟敬德、庞卿恽、李孟尝等九人同诛建成有功。

又增多一庞卿恽。这或系《刘师立传》有错误，庞卿恽本不在"九人"之中，或系《长孙无忌传》有错误，把庞卿恽错成了某某人，因为《旧唐书》卷六八《张公谨传》也说"公谨与长孙无忌等九人伏于玄武门以俟变"，《建成传》也说"太宗将左右九人至玄武门"，可见在玄武门袭杀建成、元吉之为太宗、长孙所率"九人"彼时本有定说，其人员则为尉迟、侯、张、刘、公孙、独孤、杜、郑、李，也许其中有庞而无某某，此外绝不可能更有他人参预其列①。看这些人现存的碑传，包括《旧唐书·长孙无忌传》《张公谨传》，《旧唐书》卷五七《李孟尝传》《刘师立传》《公孙武达传》《庞卿恽传》，卷六八《尉迟敬德传》，卷六九《侯君集传》，以及《昭陵碑录》卷中《杜君绰碑》，《书法丛刊》第4辑印《李孟常（尝）碑》，在武德九年六月四日之前均与屯守玄武门的禁军绝无瓜葛，而统统是李世民的秦府私党。至于真正的玄武门禁军将领，不仅常何没有名登此袭杀建成、元吉者的名单，即其后抗击东宫、齐府兵而身殉的敬君弘、吕世衡也都不在其列。

是否常何等禁军将领确已参预袭杀建成、元吉的行动，只缘不属长孙无忌直接统率，功劳比不上尉迟敬德等人，因而未能名厕其列？从记述现场搏斗的史料《旧唐书·建成传》《尉迟敬德传》来看，也绝无可能。《建

---

① 《旧唐书》卷二《太宗纪》说"皇太子建成、齐王元吉谋害太宗，六月四日，太宗率长孙无忌、尉迟敬德、房玄龄、杜如晦、宇文士及、高士廉、侯君集、程知节、秦叔宝、段志玄、屈突通、张士贵等于玄武门诛之"，只是随便列举一些参预此役支持李世民的人员，并非正式开列在玄武门袭杀建成、元吉人员之名单。因此其中不仅有只能运筹决策而不擅擐甲张弓的文士如房、杜之流，而且如《旧唐书》卷六五《高士廉传》明说他在六月四日的任务是"率吏卒，释系囚，授以兵甲；驰至芳林门备与太宗合势"，怎能同时又去玄武门；宇文士及则如《建成传》所说六月四日已和高祖一起准备穷核世民与建成、元吉之争，更无亲临玄武门现场之可能。此外，昭陵出土《吴广（黑闼）碑》中所说"九年六月与段志玄等立功于玄武门"，当也仅是指他在政变中出了力，并不能径释为亲临现场身预"九人"之列，吴碑《书法丛刊》第4辑用拓片印出。

成传》所记是：

> 四日，太宗将左右九人至玄武门自卫。……建成、元吉行至临湖殿，觉变，即回马将东归宫府，太宗随而呼之。元吉马上张弓，再三不彀，太宗乃射之，建成应弦而毙，元吉中流矢而走，尉迟敬德杀之。

《尉迟敬德传》对射杀元吉的过程讲得更具体：

> 六月四日，建成既死，敬德领七十骑[①]蹑踵继至。元吉走马东奔，左右射之坠马。太宗所乘马又逸于林下，横被所缅，坠不能兴。元吉遽来夺弓，垂欲相扼。敬德跃马叱之，于是步走欲归武德殿，敬德奔逐射杀之。

若真如寅恪先生所推测，李世民此时已收买常何、敬君弘等禁军将领，则完全可以像后来《旧唐书·张柬之传》《玄宗纪》等所说，直接驱动禁军来围杀建成、元吉，以收万全之效。但如《建成传》《尉迟传》所说，仍需亲冒锋镝与建成、元吉交手，李世民甚至几为元吉所扼，足见其时禁军确未被李世民所利用。《常何墓碑》所谓"趋奉藩朝，参闻霸略"，一似常何已委身秦府且参闻六月四日政变机密者，实撰人李义府为碑主常何粉饰之辞，不足凭信。六月四日之发动政变，政变之军事行动必选择在玄武门，自必别有原因。

由于这次政变李世民袭杀兄弟不是什么光明正大的事情，其阴谋秘计事成后当然讳莫如深，今日已不可尽发其覆。《旧唐书·建成传》所称

[①] 这"七十骑"疑本作"七骑"，"七骑"者就是同在玄武门埋伏的侯君集、张公谨等人而以尉迟敬德为首，此外所有记载都没有说李世民、长孙无忌、尉迟敬德等人外还有秦府七十骑在玄武门埋伏。当然也不可能是七十骑禁军，因为尉迟敬德与禁军毫无渊源，匆忙中怎么可能有七十骑禁军不经上级许可随尉迟敬德追杀齐王元吉。因此疑本作"七骑"经传写衍一"十"字。

"突厥犯边，诏元吉率师拒之，元吉因兵集，将与建成克期举事"。《元吉传》所称"建成谓元吉曰：既得秦王精兵，统数万之众，吾与秦王至昆明池，于彼宴别，令壮士拉之于幕下，因云暴卒"，以及"率更令王晊闻其谋密告太宗"云云，均显属秦府党与或贞观朝史官为政变找理由而编造，司马光纂修《通鉴》时即不置信，见《通鉴》卷一九一武德九年六月《考异》。即《建成传》所说：

> 六月三日，〔太宗〕密奏建成、元吉淫乱后宫，因自陈曰："臣于兄弟无丝毫所负，今欲杀臣，似为世充、建德报仇，臣今枉死，魂归地下，实亦耻见诸贼。"高祖愕然，报曰："明日当勘问，汝宜早参。"

也说得太不近情理。但六月四日高祖要勘问李世民与建成、元吉之间的是非曲直当是可信的。《建成传》下文所说：

> 四日，……高祖已召裴寂、萧瑀、陈叔达、封伦、宇文士及、窦诞、颜师古等，欲令穷核其事。

也必是事实，尽管为什么要在这时勘问穷核已不可得而知。这对李世民来说当然有末日来临之感，不仅高祖已久站到建成、元吉一边，宰相中最有权势的裴寂早在武德初年就曾和李世民的羽翼刘文静站在对立面，再加上建成、元吉亲自出面和李世民质证，李世民最好的结局也只能是罢职就第，最迟到建成或元吉即帝位后必被诛夷无疑。因此玄武门之变实际上是李世民及其少数私党处于力穷气索时的一次冒险尝试，纵使未获禁军的支持参与也在所不顾。对此，《旧唐书·张公谨传》有一段纪事：

> 太宗将讨建成、元吉，遣卜者灼龟占之，公谨自外来见，遽投于地而进曰："凡卜筮者，将以决嫌疑，定犹豫，今既事在不疑，何卜之有？纵卜之不吉，势不可已，愿大王思之。"

这里的李世民之占卜，张公谨之投龟，都充分表示出这次行动完全是绝无把握的孤注一掷。

再谈行动之所以选择在玄武门，当然和玄武门的禁军没有关系，因为禁军并未被李世民所收买同意参与，同时如前所说，也不是为了玄武门地势重要非控制占领不可，而应从其他地理因素来考察。

先考察六月四日高祖与裴寂等准备在哪里勘问李世民。据《旧唐书·尉迟敬德传》说"是时高祖泛舟海池"，"泛舟"虽不一定，在"海池"附近勘问当无疑问。据《通鉴》卷一九一"泛舟海池"句下胡三省注引阁本《太极宫图》：

> 太极宫中凡有三海池，东海池在玄武门内之东，近凝云阁，北海池在玄武门内之西，又南有南海池，近咸池殿①。

又据《旧唐书·尉迟敬德传》所说"建成既死，……元吉走马东奔"，《建成传》所说"建成、元吉行至临湖殿，觉变，即回马将东归宫府"，可知六月四日高祖等所在的海池是"玄武门内之西"的北海池或其相邻的南海池。

再考察当时建成、元吉的住址。建成作为皇太子住在大内东边的东宫自无问题，元吉则复杂一些。据《旧唐书·建成传》：

> 自武德初，高祖令太宗居西宫之承乾殿，元吉居武德殿后院，与上台、东宫昼夜并通，更无限隔。皇太子及二王出入上台，皆乘马携弓刀杂用之物，相遇则如家人之礼。

---

① 宋敏求《长安志》卷六"西内章"有"北海池、南海池、东海池、西海池"，徐松《唐两京城坊考》卷一"西京·宫城"小注："西内凡海池四，一在咸池殿东，一在望云亭西，一在凝阴阁北，一在凝云阁北，故《雍大记》谓之四海池。《通鉴》注引阁本《太极宫图》云太极宫中凡有三海池，……盖以近望云亭与凝阴阁者为一也。"又程大昌《雍录》卷三有唐西内太极宫图，程氏原注"此系阁本"，亦可参考。

此武德殿在大内东部，承乾殿在大内西部，东西正相对称①。但到武德后期李世民与建成、元吉交恶以至决裂之时，当不致继续保持这种"昼夜并通"的局面。看《旧唐书·尉迟敬德传》《张公谨传》等所记政变前李世民招集私党，以及策画阴谋、龟卜吉凶，自均不可能在大内承乾殿而必在秦府②，从可推知元吉此时也应出居齐府。秦府、齐府的位置自宋敏求《长安志》以下有关唐长安城坊的图志均失记，但从六月四日建成、元吉之同行入大内并同时遇害，可知元吉必在六月三日或四日晨离齐府后先至东宫，然后与建成由东宫进入大内。东宫与大内之间据宋敏求《长安志》有通训门可通③，但其启闭恐司于大内主者而不属东宫，从《旧唐书》卷七六《太宗诸子传》记太子承乾图谋不轨时只说东宫"西畔宫墙去大内正可二十步来"而不说从通训门直达可证。而当时高祖既在南北海池，去玄武门不远，则建成、元吉出东宫北门沿宫城北墙往西进入玄武门，自为到达南北海池最便捷的途径④。这就是李世民要把伏击的地点选择在玄武门的原因。至于在玄武门外抑门内，从《旧唐书·尉迟敬德传》所说元吉坠马后"步走欲归武德殿"这点，足可证实是在门内。因为武德殿即是原赐元吉所居大内东部之殿，如伏击在玄武门外，则元吉应由原路就近逃往东宫，绝无兜圈子先进入大内，再步归武德殿之理，何况其间还有玄武门的阻隔。而李世民之所以要在门内伏击，很清楚也是为了防止建成、元吉逃

---

① 详《唐两京城坊考》卷一"宫城"武德殿条、承乾殿条，并参考平冈武夫《长安与洛阳》所集有关诸图。《两京城坊考》说承庆殿"即太宗所居，《旧书》作承乾者误"。但《旧唐书》卷七八《太宗诸子传》谓太子长子承乾"生于承乾殿，因以名焉"，则此殿本名承乾，其易名承庆盖缘贞观时立承乾为太子之故。

② 《旧唐书·尉迟敬德传》载敬德劝李世民发动政变时所说："在外勇士八百余人，今悉入宫，控弦被甲，事势已就。"自亦指进入了秦府而言。否则如指进入了大内，则多至八百余武装人员岂能潜伏而不被发觉之理，且潜伏期间将如何饮食生活，岂宦官宫婢亦尽被李世民收买，而独瞒了高祖李渊和建成、元吉？

③ 此门《唐两京城坊考》所绘西京宫城图定于南端，日本关野贞《平城京及大内里考》所绘宫城平面略图定于北端，均属臆测而无的据。关野图已收入平冈武夫《长安与洛阳》。

④ 参考程大昌《雍录》卷三唐西内太极宫图、元李好文《长安志图》卷上唐宫城图、《唐两京城坊考》卷一西京宫城图。

窜，不让他俩就近逃回东宫。

要在玄武门伏击，而且还要进入玄武门在门内伏击，当然牵涉到驻屯玄武门的禁军。禁军之未被利用成为伏击建成、元吉的力量，已如上所说。但当李世民一行进入玄武门以事伏击之时，禁军确也没有拦阻干预。这是由于这些年李世民与建成、元吉都惯于"乘马携弓刀杂用之物"，在大内任意出入，如《建成传》所说，而出入时自可携带亲随，否则"弓刀"固可由李世民和建成、元吉自携自佩，"杂用之物"总不能也由他们自己负戴。以致六月四日李世民率长孙无忌及尉迟敬德等九人武装进入玄武门，禁军也同样不复注意审察，初不料会发生宫廷军事政变。至于禁军虽未被利用而政变仍能成功，伏击仍能得手，自由于建成、元吉以为通过临湖殿的勘问穷核必可取得胜利，从而被这预期的胜利冲昏了头脑，毫无警惕连随从也不带就联骑前往临湖殿，进入了李世民、长孙无忌等布置的伏击圈。加之李世民这边人数也占了优势，建成、元吉就免不了被射杀的结局。

当伏击的消息外传，东宫、齐府要突入玄武门以救援其主子之时，事态起了变化。一则宫府大队武装之公然冲突和前此李世民等少数人之进入有所不同，对李世民等少数人进入，禁军将领可诿诸狃于惯例无从拦阻，对大队武装公然冲突则职守攸关，势必防卫抵御。再则建成、元吉既被袭杀，禁军将领的态度亦易有所转变，可以接受秦府私甲的支持共同抗击东宫、齐府武装。但也正由于变起不测，仓卒间无从作充分布置准备，以致在冲突中敬君弘、吕世衡被东宫、齐府兵斩杀。《旧唐书·敬君弘传》所谓"君弘挺身出战，其所亲止之曰：'事未可知，当且观变，待兵集成列而战未晚也。'"正透露出禁军将领初未预谋、临时仓卒应战、措手不及的真实情况。至于事毕后李世民数说东宫将领冯立有所谓"杀伤我战士"者，当是指敬君弘等最后站到秦府一边抗击东宫、齐府被杀伤而言，抑亦包括被杀伤的秦府私甲在内，要不能据此含义不甚明确之词，如寅恪先生所怀疑敬君弘等同为太宗之党。

政变的结局，如《旧唐书·尉迟敬德传》所说，对东宫、齐府兵，是

"敬德持建成、元吉首以示之，宫府兵遂散"。对高祖，则"敬德擐甲持矛，直至高祖所，高祖大惊，问曰：'今日作乱是谁，卿来此何也？'对曰：'秦王以太子、齐王作乱，举兵诛之，恐陛下惊动，遣臣来宿卫。'……敬德奏请降手敕令诸军兵并受秦王处分，于是内外遂定"。接着是《旧唐书》卷二《太宗纪》所说六月八日"甲子，立为皇太子，庶政皆决断"，八月八日"癸亥，高祖传位于皇太子，太宗即位于东宫显德殿"。高祖被尊为太上皇，成为政治上的高等俘囚，到贞观九年（635）去世。这些事实记载得都很清楚，用不到多费笔墨再作考证。要费点笔墨作考证的倒是前面讲到的常何，因为敦煌写本《常何墓碑》曾是陈寅恪先生用来作为玄武门之变取得禁军支持的证据。因此，这里想就根据这《常何墓碑》以及其他资料来论证此人在禁军中的真实地位，并从他的升沉荣辱来看他在当时的政治态度。

在玄武门政变之前，《常何墓碑》说他"于北门领健儿长上"，这自是事实，但从他所充任的职事官品阶和敬君弘、吕世衡比较，可知道他只是北门禁军中的一员将领而并非主要负责人。他在武德元年随李密降唐，《墓碑》说"授清义府骠骑将军"，此后随李密东归叛唐，失败后转投王世充继又降唐，其职事官已降为车骑将军。据《唐会要》卷七二"府兵"："〔武德元年〕六月十九日改军头为骠骑将军，副为车骑将军；……七年三月六日改骠骑将军为统军，车骑为副统军；至贞观十年改统军为折冲都尉，副为果毅都尉。"又《旧唐书》卷四二《职官志》官品上府折冲都尉条引《武德令》：统军正四品下。副统军即常何所充任的车骑将军的品阶，因《武德令》全文佚失已无明文可稽，但从《通典》卷四〇"职官·大唐官品"引《开元二十五年令》所说上府折冲都尉正四品上阶、上府果毅都尉从五品下阶来推测，最多不过从五品。而和常何同为北门禁军将领的敬君弘，据《旧唐书》本传初为骠骑将军即统军，已是正四品下阶，掌禁军屯营后加授云麾将军，据《旧唐书》卷四二《职官志》引《武德七年令》这是从三品的散号将军即武散官，《职官志》说武散官"不理职务，加官而已"，则加官成为从三品的敬君弘自居常何之上。即吕世衡据《敬君弘传》也是中郎将，《通典》引《开元二十五年令》左右千牛卫中郎将、左右监门卫中郎将都是正四品下阶，武德时当亦无大出入，则也高于最多不过从五品的常何。因此当时北门禁军的主要负责人必非常何而应是敬君弘。本传说敬君弘"绛州太平人"，应是李渊太原起兵时的干部。而武德时的禁军即所谓"元从禁军"，如《玉海》卷一三八引《邺侯家传》所说是由"太原从义之师愿留宿卫为心膂"者充任，由太原起兵时的干部敬君弘来充任他们的高级长官自正合适。至于常何，据《墓碑》不仅籍贯"汴州浚仪"，是山东地区的土豪，而且降了又叛，叛了再降，让他在敬君弘之下当个禁军一般将领自无不可，若让他出任当时皇室安全所系的北门禁军主要负责人，则虽糊涂的统治者也不致这么做，何况创业之主李渊。

前引《墓碑》说常何是武德七年"奉太宗令追入京"而"于北门领健儿长上"，怕是靠不住的，因为自武德四年李世民平定王世充、窦建德后，李渊对他"恩礼渐薄"，到武德七年他已未必有任用北门禁军将领的权力。只有他赐常何"金刀子一枚、黄金卅挺"等以事收买当是事实。无奈如前所说在袭杀建成、元吉时丝毫不见常何在起作用，即在拒守玄武门的战斗中也未能如敬君弘、吕世衡那样殉职。致有关此次政变的史料中无一处需要提及此常何的姓名，本书"关陇集团始末"章第六节所引玄武门之变后武德九年十月癸酉所定功臣实封差第的名单中，常何自更不在其列。这个功臣实封差第名单中多数是在政变中立了功的，立大功的武职人员尉迟敬德、秦叔宝、程知节、段志玄等据本传得授诸卫大将军，侯君集、张公谨、刘师立、公孙武达等据本传得授诸卫将军，按《通典》引《开元二十五年令》诸卫大将军是正三品，诸卫将军是从三品，即名在伏击建成、元吉的九人之末的李孟尝，据《书法丛刊》第4辑所印出土墓碑也在"其年七月除右监门中郎将，封武水县开国公，仍别食实封四百户"。而据《常何墓碑》所说，常何要迟至这年八月以"马军副总管"参加抗御突厥的便桥之役，才因功"除真化府折冲都尉"，"封武水县开国男，食邑三百户"，折冲都尉如上所说是骠骑将军、统军所改名，常何初次投唐时就充任过骠骑将军，这次只算是官复原职，其品阶为正四品下阶，与李孟尝之右监门中郎将相同，而李之开国县公据《职官志》引《开元二十五年令》是从二品，仍比常何所得从五品上阶的开国男来得显赫。至于《常何墓碑》所说"九年六月四日令总北门之寄"，只是指政变发生敬君弘、吕世衡被杀后让他临时统率一下北门禁军，紧接着便由李世民派秦府私党周孝范来接管，《适园丛书》本《文馆词林》卷四五三有《左屯卫大将军周孝范碑铭》，就说此周"武德五年授秦王府右库真车骑将军，……九年六月（玄武门变后）改授太子右内率，仍检校北门诸仗，……贞观元年授右屯卫将军，于玄武门领兵宿卫，仍以本职出使北藩，……还，又领玄武门内左右厢仗"①。所以《常何墓碑》在"除真化府折冲都尉"之后还会有"特令长上"的话，说明此前已解除常何禁卫北门的职权，这时才让他回到禁军将领的位置上来。不过原先归敬君弘统率，这时得改听周孝范指挥。

据《旧唐书》卷七四《马周传》，常何在贞观三年前后改任中郎将。又据《墓碑》，贞观六年除延州刺史，十一年行泾州刺史，十二年入为右屯卫将军。丁忧后起复原职，十六年改授左领军将军。《旧唐书》卷三《太宗纪》贞观十八年十一月伐高丽的将领名单中就有"左领军常何"。《墓碑》说十八年兼右武卫将军不知是此前抑其后。这些官职的品阶均较他任折冲都尉、中郎将时有所提高②。这当由于常何毕竟算是山东地区的宿将③，此时离玄武门之变为日已久，其人又再无离贰的表现，因而在任用上可以宽纵一些。此后据《墓碑》在贞观二十一年除资州刺史，高宗永徽三年迁黔州刺史，生前始终捞不上个诸卫大将军，到永徽四年在黔州病死后才追赠左武卫大将军、上柱国、武水县开国伯，这恐怕仍旧和他当年在玄武门之变时的表现有关系。

---

① 此文故友赵守俨先生所撰《唐临州公主墓志纪事考索》已引用。文中"仍检校北门诸仗"等的"仍"字是"并"的意思，并非此前已检校过。守俨先生文收入1998年中华书局版《赵守俨文存》，承其公子赵珩世兄惠赠。

② 据《新唐书》卷三七《地理志》，泾州是上州，《通典》引《开元二十五年令》上州刺史从三品。

③ 据《墓碑》，常何居李密麾下就爵为上柱国。

五　所谓关陇山东之争和士族庶族之争

玄武门之变,是李唐建国初期皇室成员之间的矛盾在激化后引起的一次军事政变。从上述的政变经过,可看到这只是对最高权力的争夺。把它说成是关陇山东之争,说成是贯串有唐一代的士族庶族之争,都有悖于历史事实。

如果认为这仍不够有说服力,还可以对当时李世民和建成、元吉以至李渊所结集的人物作考察,看他们是关陇人还是山东人,像不像是关陇人和山东人在相争,看他们是士族还是庶族,像不像是士族和庶族在斗争。

先考察哪些是关陇人、哪些是山东人。李世民结集的主要人物,已见于本书第二章第六节所列功臣实封差第名单,并已表出其人是关陇还是山东、江左。这里不妨再根据《旧唐书》本传写出他们的州县①:即房玄龄,齐州临淄;高士廉,渤海蓨;柴绍,晋州临汾;唐俭,并州晋阳;秦叔宝,齐州历城;程知节,济州东阿;段志玄,齐州临淄;张公谨,魏州繁水;刘师立,宋州虞城;李孟尝,赵州平棘;王君廓,并州石艾;张亮,郑州荥阳;庞卿恽,并州太原;樊兴,安陆;元仲文,洛州;秦行师,并州太原;封德彝,观州蓨:以上都是山东人。萧瑀,兰陵;钱九陇,晋陵:是江左也非关陇人。长孙无忌,雍州长安②;杜如晦,京兆杜陵;长孙顺德,雍州长安;侯君集,豳州三水;刘弘基,雍州池阳;公孙武达,雍州栎阳;屈突通,雍州长安;宇文士及,雍州长安;杜淹,京兆杜陵;李安远,夏州朔方:都是关陇人。而且长孙无忌、杜如晦、侯君集和山东的房玄龄、尉迟敬德、张公谨等同样是发动玄武门之变的骨干人物。建成

---

① 卷数已注在功臣实封差第名单中。以下姓名见于太宗朝宰相、太原元谋功臣等名单中的,其本传在《旧唐书》的卷数可看第二章第六节所表列,这里也不复注出。

② 本传作洛阳人,这是因为长孙氏本是北魏宗室十姓之一,见《魏书》卷一一三《官氏志》,随孝文帝迁都洛阳而改为洛阳人,以后又入仕西魏北周而为长安人。《旧唐书》卷五一无忌妹《长孙皇后传》即作长安人,《新唐书》卷七六《长孙后传》改作河南洛阳人,殊可不必。

一边就可考知的，有韦挺，雍州万年①；薛万彻，雍州咸阳②；冯立，同州冯翊③：是关陇人。魏徵，巨鹿曲城；王珪，太原祁：则是山东人。元吉一边可考知的，谢叔方，雍州万年④，是关陇人。李思行，赵州⑤；王孝逸，汴州浚仪⑥：又是山东人。而且如前所说，建成、元吉还想招诱李世民一边的山东人尉迟敬德、段志玄、李安远等为其所用。就是高祖李渊也是如此，在第二章第六节已表列关陇、山东的太原元谋功臣名单中，关陇人有裴寂，蒲州桑泉；刘文静，京兆武功；殷开山，雍州鄠县；窦琮，扶风平陵；张平高，绥州肤施；李高迁，岐州岐山；还有长孙顺德、刘弘基，又见于功臣实封差第名单。山东人有刘世龙，并州晋阳；刘政会，滑州胙城；赵文恪，并州太原；许世绪，并州；以及见于功臣实封差第名单的柴绍、唐俭和其后在齐王一边的李思行。可见在任用人物上，无论李渊、李世民以至建成、元吉，都没有只要关陇或只要山东。

　　这一点在看了本书第二章尤其第五、六节后应该已很清楚。当初宇文泰鸠集关陇人士成其关陇集团，是由于关陇以外的山东以至江左人士不愿为其所用。到杨隋统一寰宇后，有识见的统治者在用人上自必不再囿于关陇。如我所论证至迟在隋炀帝时关陇集团已开始解体，到唐初实际上已告消失。李渊由于原任太原留守，现在山西的人物如元谋功臣中的柴绍、唐俭、刘世龙、赵文恪、许世绪等和关中人同样成为他起兵时的基本干部，一开始就没有拘守关陇的小圈子，称帝后要引用的山东人主要是包括今之河南、山东、河北以至江左的人物，这个任务在经略山东的过程中也已顺利完成。只是经略山东的统帅李世民从中打了个大埋伏，把这批理应归公的山东人物中绝大多数据为己有，以扩充秦府的实力从而引起建成、元吉的妒忌争夺，如前面第三节里所说他俩用"秦王左右多是东人"的话叫人

---

① 《旧唐书》卷七七本传。
② 《旧唐书》卷六九本传。
③ 《旧唐书》卷一八七上《忠义》本传。
④ 《旧唐书》卷一八七上《忠义》本传。
⑤ 为齐王护军事见《旧唐书》卷七一《魏徵传》。
⑥ 见《旧唐书》卷七〇《格辅元传》。

向李渊控告。当然，关陇集团的残余意识在源自这个集团的李唐皇室中多少还会有点影响，如《旧唐书》卷七八《张行成传》所说李世民当上皇帝后"尝言及山东、关中人，意有同异"，而这位籍贯定州义丰的山东人张行成劝他"天子以四海为家，不当以东西为限，若如是，则示人以隘狭"，李世民"善其言"。以后也确实看不到这些李唐上层统治者在山东、关陇问题上有多大争议。

士族、庶族问题复杂一些，因为这牵涉到中国社会的发展和分期。前面第二章第二节里已经讲了这个问题。这里只需要让读者知道，自战国开始由封建领主制向地主制转型后，本来就只应有地主和佃农以及自耕农之分，无如社会的转型不是那么容易完成，在魏晋南北朝时一度出现了士族地主及其构成的门阀制度，作为领主制彻底死亡前的一次回光返照。这些士族地主是从东汉末年的大姓名士演变而成的，有九品中正制保证其成员得以世袭，并如《晋书》卷二六《食货志》记平吴之后制户调之式士人子孙有庇荫其宗属和衣食客、佃客的特权，在仕途上也出现了清浊之分而士族惯例得任清职，从而使他们带有浓厚的领主制残余气味。而未曾上升成士族的一般地主则相对地成为庶族地主，此外连地主都不是的也称为庶族，这样才有了所谓士庶之分。对此，唐长孺先生所著1983年中华书局版《魏晋南北朝史论拾遗》里有《东汉末期的大姓名士》《士族的形成和升降》《士人荫族和士族队伍的扩大》《论北魏孝文帝定族姓》四篇文章讲得最清楚。唐先生指出，能否成为士族仍决定于其人当时的官位，因而随政局的变动，南朝宋齐时庶族中有因缘军功或其他功勋陆续上升为士族的，北朝则经魏孝文帝之定族姓也让大批鲜卑人步入士族的行列。我又注意到，宋齐以后无论新旧士族实际上多已退出历史舞台，东魏北齐也已看不到还有士族在左右政局，如本书第一章所说，而关陇集团之不克继续维持，也说明士族政权到杨隋时的淡化。因此尽管李世民在贞观十二年还叫高士廉等人给他编撰新的《氏族志》，其意义和作用已绝不能与前此魏孝文帝之定族姓相比拟。这从《旧唐书》卷六五《高士廉传》所记录李世民的言论可看得很清楚，李世民对高士廉说：

>我与山东崔、卢、李、郑，旧既无嫌，为其世代衰微，全无冠盖，犹自云士大夫，婚姻之间，则多邀钱币，才识凡下，而偃仰自高，贩鬻松槚，依托富贵，我不解人间何为重之？祇缘齐家惟据河北，梁陈僻在江南，当时虽有人物，偏僻小国，不足可贵，至今犹以崔、卢、王、谢为重。我平定四海，天下一家，凡在朝士，皆功效显著，或忠孝可称，或学艺通博，所以擢用。现居三品以上，欲共衰代旧门为亲，纵多输钱帛，犹被偃仰。我今特定族姓者，欲崇重今朝冠冕，何因崔幹犹为第一等，……卿等不贵我官爵耶？不须论数世以前，止取今日官爵高下作等级。

从这段话可看出，原先的旧士族到这时已全无特权。在科举制度出现后弄得单凭先人富贵以仕进的士人子孙已"全无冠盖"。职事官虽仍分清、浊，且存在孰为清望官、孰为清官的规定，如《旧唐书》卷四二《职官志》所说，可已非士人子孙之得独占。西晋户调式中士人子孙庇荫宗属和客的规定，在唐令中也不复出现。崔、卢等旧士族至此只在人们头脑中留有点门户高贵的观念，以致他们的女儿可以摆身份卖高价，如李世民在这里所说"婚姻之间，则多邀钱币"，以及《旧唐书》卷六一《窦威传》李渊所说"关东人与崔、卢为婚，犹自矜伐"而已①。这说明门阀制度至此确已宣告死亡。所以这次新修《氏族志》也只是想对崔、卢等旧士族高价嫁女的现象有所抑制，作点降崔幹为第三等之类的措施，而不可能像魏孝文帝定族姓那样，这新定的士族其后真能起左右政局的作用。这自然由于门阀制度已告死亡，已不再有产生新士族的条件，虽人君也已无能为力。因而其后出现的记述族姓的《元和姓纂》，以及依据诸家谱系编撰的《新唐书·宰相世系表》，都不再注明谁是士族、谁是庶族。我早年对此曾迷惑不解，今知其不注明者，是因为士庶与否在彼时已无实际上的区别。

---

① 这颇像前清的进士翰林入民国后虽多已无势无财，但犹为人们所矜贵。

因此，去分别李唐人物谁是士族、谁是庶族，本来就无甚意义。而且除《新唐书》卷一九九《儒学·柳冲传》附载柳芳论氏族的文章中有所谓："过江则为侨姓，王、谢、袁、萧为大；东南则为吴姓，朱、张、顾、陆为大；山东则为郡姓，王、崔、卢、李、郑为大；关中亦号郡姓，韦、裴、柳、薛、杨、杜首之；代北则为虏姓，元、长孙、宇文、于、陆、源、窦首之。"尽管如唐长孺先生《士族的形成和升降》中指出柳芳对侨姓、吴姓论断的年限并不清楚，但此外便别无明文可资依据。一定要在所用人物上来区分士庶，就只好把柳芳提到的侨姓、吴姓、郡姓、虏姓仍当做士族，余外按已往定士族的老办法，凡先世仕宦历任显职的也姑作为士族。这样，李渊太原元谋功臣名单中的裴寂、窦琮、殷开山、刘政会，李世民功臣实封差第名单中的长孙无忌、房玄龄、杜如晦、高士廉、宇文士及、屈突通、萧瑀、封德彝、杜淹，以及这两个名单中共有的长孙顺德、刘弘基、柴绍、唐俭，建成、元吉手下的王珪、韦挺、薛万彻，都可以算是士族；而李渊功臣名单中的刘世龙、赵文恪、张平高、李思行、李高迁、许世绪，李世民功臣名单中的王君廓、尉迟敬德、侯君集、张公谨、刘师立、秦叔宝、程知节、钱九陇、樊兴、公孙武达、李孟尝、段志玄、庞卿恽、张亮、元仲文、李安远、秦行师、马三宝，建成、元吉手下的魏徵、冯立、谢叔方等又都只是庶族，这查对一下《旧唐书》里他们的传记便可知道。可见无论李渊、李世民和建成、元吉对士族、庶族都是兼收并蓄，并无成见。当然，看上去文职中士族多一些，这是因为先世仕宦条件一般好，易于掌握文化，而庶族条件差，往往习于战斗，大多数就成为战将。这在李渊、李世民、建成、元吉任何一方又都是如此，并无不同。

第五章　高宗和武后

一　贞观时帝位继承权之争

李世民在玄武门政变成功后即位为皇帝，第二年改年号为贞观，到贞观二十三年（649）五月己巳病死，庙号太宗。旧时史书包括新旧《唐书》、《通鉴》对唐太宗和所谓"贞观之治"无不极尽夸饰之能事，即近时的通史、隋唐史仍多如此。其实这是受了唐人所修《太宗实录》和国史等的蒙蔽。只有吕诚之师的《隋唐五代史》能排除陈说，指出"唐太宗不过中材，论其恭俭之德，及忧深思远之资，实尚不如宋文帝，更无论梁武帝；其武略亦不如梁武帝，更无论宋武帝、陈武帝矣"。至其能致治平强盛，乃"承季汉魏晋南北朝久乱之后，宇内乍归统一，生民幸获休息，塞外亦无强部，皆时会为之，非尽由于人力"（《隋唐五代史》第二章第一节）。我是赞同诚之师这个看法的[①]。此外为某些人称道的《贞观政要》，其实只是史官吴兢在中宗时根据《太宗实录》、国史等分类编写以张祖德而资训诫的官书，用它来给唐太宗脸上贴金，自更属无聊。

因此，这里不想对此再费笔墨，只就此贞观年间发生的重大政治事件即帝位继承权之争，作点研讨。

[①] 只是诚之师对李渊建唐的作用似尚欠重视，这自由于撰写包括此《隋唐五代史》在内的断代的中国通史，卷帙巨大，只能多本正史而未暇旁及《大唐创业起居注》等其他史料的缘故。

李世民有十四个儿子，详见《旧唐书》卷七六《太宗诸子传》。按照传统习惯，其中最有资格继承帝位的首推长孙皇后亲生的三个，即长子李承乾、第四子李泰、第九子李治。李世民当皇帝后就立承乾为皇太子。据《太宗诸子·承乾传》，他"性聪敏，太宗甚爱之"。贞观九年（635）太上皇李渊死，"太宗居谅闇，庶政皆令听断，颇识大体，自此太宗每行幸，常令居守监国"。看来也并非无能之辈①。只缘"先患足，行甚艰难"，而为魏王的李泰"有当时美誉，太宗渐爱重之，承乾恐有废立，甚忌之。泰亦负其材能，潜怀夺嫡之计。于是各树朋党，遂成衅隙"。接着，如《承乾传》所说：

〔承乾〕尝召壮士左卫副率封师进及刺客张师政、纥干承基，深礼赐之，令杀魏王泰，不克而止。寻与汉王元昌（高祖第七子）、兵部尚书侯君集、左屯卫中郎将李安俨、洋州刺史赵节、驸马都尉杜荷等谋反，将纵兵入西宫。贞观十七年（643），齐王祐（太宗第五子）反于齐州，承乾谓纥干承基曰："我西畔宫墙，去大内正可二十步来耳，此间大亲近，岂可并齐王乎？"会承基亦外连齐王，系狱当死，遂告其事。太宗召承乾幽之别室，命司徒长孙无忌、司空房玄龄、特进萧瑀、兵部尚书李勣、大理卿孙伏伽、中书侍郎岑文本、御史大夫马周、谏议大夫褚遂良等参鞫之，事皆明验。废承乾为庶人，徙黔州，元昌赐令自尽，侯君集等咸伏诛。其宫僚左庶子张玄素、右庶子赵弘智、令狐德棻、中舍人萧钧并以材选用，承乾既败，太宗引大义

---

① 至于《承乾传》所说"及长，好声色，慢游无度"，"退朝后便与群小亵狎，宫臣或欲进谏者，承乾必先揣其情，便危坐敛容，引咎自责，枢机辩给，智足饰非"，"常命户奴数十百人专习伎乐，学胡人椎髻，剪彩为舞衣，寻橦跳剑，昼夜不绝，鼓角之声，日闻于外"，以及《新唐书》卷八〇《太宗诸子·承乾传》所说"又好突厥言及所服，选貌类胡者，被以羊裘，辫发，五人建一落，张毡舍，造五狼头纛，分戟为阵，系幡旗，设穹庐自居"云云，当都是承乾败后或高宗朝修《太宗实录》所附会增饰之词。退朝后与群小相处，本是帝王常事，东宫所属执役警卫当有胡人，于是有太子胡化之说，其实太宗既可受"天可汗"之称，太子又何以不能一效可汗言行以为戏乐。至于宫臣进谏引咎自责，更与李世民之纳谏要誉有何区别。而在李世民则为明君圣德，在承乾则为不才子恶迹。旧史之以成败论人，类多如此。

以让之，咸坐免。十九年（645）承乾卒于徙所。

案承乾当时的处境颇似武德年间的皇太子建成，为保持帝位继承权而结集私党。其办法则学习乃父李世民，想用壮士杀死魏王李泰是操李世民除建成、元吉故智，"将纵兵入西宫"即大内，也是抄袭玄武门之变后威迫皇帝内禅的老章法，而此时已成为他私党的侯君集又正是当年玄武门之变的干将。至于齐王李祐，如《太宗诸子传》所说也是"潜募剑士"有所觊觎的，贞观十七年在齐州叛乱至少客观上成为承乾的外援，承乾所说"我西畔宫墙至大内正可二十步来"的话，表明他确有趁李祐叛乱用兵于大内的打算。

再看魏王李泰。《旧唐书·太宗诸子·魏王泰传》说：

〔泰〕少善属文。……太宗以泰好士爱文学，特令就府别置文学馆，任自引召学士。……〔贞观〕十二年，司马苏勖以自古名王多引宾客，以著述为美，劝泰奏请撰《括地志》，泰遂奏引著作郎萧德言、秘书郎顾胤、记室参军蒋亚卿、功曹参军谢偃等就府修撰。……十五年，泰撰《括地志》功毕，表上之，诏令付秘阁，赐泰物万段，萧德言等咸加给赐物。俄又每月给泰料物，有逾于皇太子。

这《括地志》今还有辑本传世，给人的印象好像真是位"好士爱文学"的名王，以著作而获宠爱，其所引宾客也真是只会摇笔杆的文士。其实绝不止此。《泰传》继续说：

时皇太子承乾有足疾，泰潜有夺嫡之意，招驸马都尉柴令武、房遗爱等二十余人，厚加赠遗，寄以腹心。黄门侍郎韦挺、工部尚书杜楚客相继摄泰府事，二人俱为泰要结朝臣，津通赂遗，文武群官各有附托，自为朋党。

这里讲要结附托的是"文武群官",就不仅有文且有武了,尽管未曾点名。点了名的韦挺第四章第三节里讲到过,武德年间曾是太子建成的左卫率,因杨文幹叛乱辞涉东宫而与王珪同被流放过,对太子诸王间的斗争有经验。杜楚客等见《旧唐书》卷六六《杜如晦传》《房玄龄传》和卷五八《柴绍传》,楚客是杜如晦的兄弟,房遗爱是房玄龄的儿子,柴令武是柴绍的儿子,房、柴二人还都是李世民的女婿,后来在永徽四年(653)与薛万彻谋立李渊第六子荆王元景未成见杀,别详《旧唐书》卷四《高宗纪》和卷六九《薛万彻传》,说明也都是有点权势的不安分之徒,和承乾一边的侯君集等人正旗鼓相当。至于"引召学士""以著述为美",自和当年李世民、李元吉之分别开文学馆置学士同样有政治意图,除邀誉外还在培植私党羽翼。

但李泰的结局也不甚美妙,在承乾被废为庶人时李世民也"幽泰于将作监",接着降封东莱郡王,改封顺阳王,徙居均州之郧乡县,比承乾之徙黔州好不了多少,到永徽三年(652)在郧乡死去。案李世民对李泰本来是颇为喜爱的,《旧唐书·魏王泰传》所载处分他的诏书中还有"朕之爱子,实所钟心","恩遇极于崇重,爵位逾于宠章"等话。当承乾被废时改立李泰为皇太子好像是顺理成章的事情,但偏偏出人意外连李泰也幽禁降逐,来个两败俱伤,这究竟是为了什么?

《旧唐书·魏王泰传》是这么写的:"承乾败,太宗面加谴让,承乾曰:'臣贵为太子,更何所求?但为泰所图,特与朝臣谋自安之道,不逞之人,遂教臣为不轨之事。今若以泰为太子,所谓落其度内。'太宗因谓侍臣曰:'承乾言亦是。我若立泰,便是储君之位可经求而得耳。'……因谓侍臣曰:'自今太子不道,藩王窥嗣者,两弃之。传之子孙,以为永制。'"在处分李泰的诏书里也说:"朕志存公道,义在无偏,彰厥巨衅,两从废黜,非惟作则四海,亦乃贻范百代。"实际上这些只是表面文章,听了承乾这几句话就贸然作出"两从废黜"的决定,更不可能是李世民这种老于谋算的封建统治者的作风①。所以"两从废黜"的真正原因，乃是鉴于诏书中所说的李承乾和李泰都"争结朝士，竞引凶人，遂使文武之官，各有托附，亲戚之内，分为朋党"。而一分朋党即今所谓政治上的小集团，必欲罢难休，最后非危及皇帝本身不可。唐高祖李渊当太上皇的滋味，前朝隋文帝杨坚亦有见杀于其次子炀帝杨广的嫌疑，李世民岂能不考虑，更何况自己就是此种矛盾斗争中的过来人。如今看到自己的儿子也向父辈学习，以承乾为首的小集团已准备向自己下手，李泰小集团也难保不来这一着，为自己免当杨坚、李渊起见，不如当机立断，忍痛割爱，把这两个小集团同时粉碎。这完全是从自己的利害打算，绝非什么"志存公道，义在无偏"。作为一个封建帝王事事为自己打算是很自然的事情，要他出以公心倒是不现实的。

废承乾后立晋王李治即后来的唐高宗为皇太子，也说明了这一点。李治固然是李承乾、李泰以外长孙皇后唯一的亲生之子，但仅此还不够，因为如有需要还可以废嫡立庶，立其他妃嫔生的儿子。其所以得立，主要还在于他不曾结党营私，不曾自成其小集团。《旧唐书》卷六五《长孙无忌传》说：

> 太子承乾得罪，太宗欲立晋王，而限以非次，回惑不决，御两仪殿，群官尽出，独留无忌及司空房玄龄、兵部尚书李勣，谓曰："我三子一弟②，所为如此，我心无憀。"因自投于床，抽佩刀欲自刺。无忌等惊惧，争前抱扶，取佩刀以授晋王。无忌等请太宗所欲，报曰：

---

① 至于《旧唐书》卷八〇《褚遂良传》所说："太子承乾以罪废，魏王泰入侍，太宗面许立为太子，因谓侍臣曰：昨青雀（泰小名）自投我怀云：'臣今日始得与陛下为子，更生之日也。臣唯有一子，臣百年之后，当为陛下杀之，传国晋王。'父子之道，故当天性，我见其如此，甚怜之。"而为遂良所谏止云云。则更不可信，或出遂良后嗣所撰家传之类之所增饰，《魏王泰传》等均无此项记载。其中李世民所述李泰杀子传弟之誓，太不近情理。而且李泰未被废时并无拟立晋王李治为太子之说，李泰何以要用百年后传国晋王的话来媚惑李世民？退一步说，即使当时李世民真有欲立李泰的打算，则经褚遂良谏止也就可以，何至立刻转而幽泰于将作监，且继之以贬爵？司马光不察，竟把《褚传》这段记载写入《通鉴》，可谓千虑之失。不过，褚遂良反对立李泰还是事实，下面要讲到。

② "三子"谓承乾、魏王泰、齐王祐，"一弟"谓汉王元昌。

"我欲立晋王。"无忌曰:"谨奉诏,有异议者臣请斩之。"太宗谓晋王曰:"汝舅许汝,宜拜谢。"晋王因下拜。太宗谓无忌曰:"公等既符我意,未知物论何如?"无忌曰:"晋王仁孝,天下属心久矣,伏乞召问百僚,必无异辞,若不蹈舞同音,臣负陛下万死。"于是建立遂定。

案此记述自不甚完善,所说参预这次定策的人中漏掉了一个褚遂良。这不仅《旧唐书》卷八〇《褚传》里已有太宗"召长孙无忌、房玄龄、李勣与遂良等定策立晋王为皇太子"的明文,且《新唐书》卷一〇五《褚传》载褚最后贬爱州所上表中有"先帝留无忌、玄龄、勣及臣定立陛下"之语可以证实。其所以能参预这次定策自由于他反对立李泰,如表中所说"往者承乾废,岑文本、刘洎奏东宫不可少旷,宜遣濮王(魏王泰后改封濮王)居之,臣引义固争",从而这次定策得与长孙无忌等重臣共同参预①。又如晋王李治虽是第九子但在长孙皇后亲生之子中名列第三,封建社会中嫡庶有别,在李承乾、李泰废黜之后,由李治来充当皇太子如何能说是"非次"。但需要长孙无忌等重臣支持李治这点必非虚构,说明李治其时确实没有营私结党,所以李世民要替他找有力量的重臣来辅佐。

李治为什么不营私结党,这和他的年龄有关系。《旧唐书》卷二《太宗纪》:武德九年(626)十月"立中山王承乾为皇太子",《承乾传》"太宗即位,为皇太子,时年八岁",则承乾生于武德二年(619),到贞观十七年(643)被废时已二十五岁。魏王李泰是第四子,《旧唐书·泰传》说"永徽三年(652)薨于郧乡,年三十有五",上推其生年为武德元年(618),比承乾都年长,这自不可能,而《旧唐书·高宗纪》记泰之薨亦在永徽三年,则本传"三十有五"或为"三十有三"之误,是出生于武德

---

① 或因其时褚尚非宰执重臣,故《实录》及出自《实录》之《旧唐书·高宗纪》、《无忌传》遂略而不书。《通鉴》卷一九七贞观十七年四月据《旧唐书·无忌传》书定策事而增入褚名,盖即本《旧书·褚传》及《新书》褚表,也可能更有其他依据。吕诚之师《隋唐五代史》第三章第一节因不信《旧书·褚传》所记太宗面许立魏王泰为太子,进而不信褚参预这次定策,并疑《新书》褚表亦为伪造,似微过当。

三年（620），至贞观十七年亦已二十四岁，和二十五岁的承乾均早具备营私结党的能力。晋王李治据《旧唐书·高宗纪》"贞观二年（628）六月生"，则贞观十七年才十六岁，前此更是幼小，十二三岁的小孩子当然没有营私结党的可能性。这不是他比李泰、李承乾来得恬淡或无能，而是为年龄所限。

《旧唐书·长孙无忌传》在讲了立李治为皇太子后，还接着说："寻而太宗又欲立吴王恪，无忌密争之，其事遂辍。"这吴王恪是太宗第三子，其事详见《新唐书》卷七六《太宗诸子·吴王恪传》："恪善骑射，有文武才，其母隋炀帝女，地亲望高，中外所向。帝初以晋王为太子，又欲立恪，长孙无忌固争，帝曰：'公岂以非己甥邪？且儿英果类我，若保护舅氏未可知。'无忌曰：'晋王仁厚，守文之良主，且举棋不定则败，况储位乎？'帝乃止。故无忌常恶之。永徽中，房遗爱谋反，因遂诛恪，以绝天下望。"这吴王李恪非长孙无忌之甥固是无忌反对立他的一个原因，再一个原因当由于他年较长且英果类李世民，不像李治年幼好对付。前面说过房遗爱谋反是在永徽四年（653），其时长孙无忌尚是宰相，且杀掉李恪也可使高宗李治眼中少一个当初与他争位之人，李恪就终于不免。

二　高宗对抗元老重臣

从贞观十七年（643）四月丙戌李治被立为皇太子，到二十三年（649）五月己巳李世民去世，其间经过了六个年头，中枢人事自有变动。查看《旧唐书》卷三《太宗纪》，原先预问立李治的太子太傅、司空房玄龄在二十二年（648）七月癸卯去世，太子詹事、同中书门下三品的李勣在二十三年五月戊午也就是李世民去世前外贬为叠州都督，所以李世民病危托孤时，只剩下长孙无忌和褚遂良。《旧唐书》卷八〇《褚遂良传》详记其经过说：

二十三年，太宗寝疾，召遂良及长孙无忌入卧内，谓之曰："卿等忠烈，简在朕心。昔汉武寄霍光，刘备托葛亮，朕之后事，一以委卿。太子仁孝，卿之所悉，必须尽诚辅佐，永保宗社。"又顾谓太子曰："无忌、遂良在，国家之事，汝无忧矣。"仍命遂良草诏。

长孙无忌和褚遂良如《旧唐书·无忌传》所说成了"遗令辅政"的顾命重臣。

当上皇帝成为历史上称作唐高宗的李治，在这两位顾命重臣的辅佐下能否把日子平稳地过下去，这得先对顾命重臣方面作考察，看这两位的姿态。

长孙无忌是长孙皇后之兄，太宗李世民的妻舅，高宗李治的母舅。《旧唐书·无忌传》说他"少与太宗友善"，"常从太宗征讨"，玄武门之变前他请太宗"先发"诛建成、元吉，并亲临现场指挥如前所说。所以太宗即位后颁布的功臣实封差第名单，以及《无忌传》所记贞观十一年的功臣世袭刺史名单和十七年的图画凌烟阁功臣名单上，他一直是名列第一[①]。在官职上，如本传和《旧唐书·太宗纪》所说，太宗即位后迁左武候大将军，这在隋唐之际是最显要的武职[②]。贞观元年（627）转吏部尚书。七月拜尚书左仆射为宰相，二年（628）正月为开府仪同三司，七年（633）十一月册拜司空，当时已是正一品的首席宰相，十六年（642）拜司徒，十七年（643）立李治为皇太子时加授太子太师，十九年（645）检校侍中，二十二年（648）以司徒兼检校中书令知尚书门下二省事，集尚书、中书、门下三省大权于一身。足见他至少不会像一般臣下在皇上面前那么恭顺听话，何况他还是皇上李治的母舅。

再看褚遂良，就更不简单了。他的父亲褚亮是武德元年太宗李世民平

[①] 功臣实封差第名单在长孙无忌前还有一名裴寂，这是高祖李渊的亲信暂时保留其地位，实际是以无忌居首。

[②] 如李密称魏公时拜"单雄信为左武候大将军，徐世勣为右武候大将军，居武将之首（《旧唐书》卷五三《李密传》）。高祖李渊称帝时李世民"拜尚书令右武候大将军"，"拜太尉陕东道行台尚书令镇长春宫"后又"加左武候大将军"（卷二《太宗纪》）。贞观十一年"加魏王泰为雍州牧、左武候大将军"（卷三《太宗纪》）。

薛仁杲时才吸收进秦王府的,只是秦府文学馆的十八学士之一,太宗即位后为弘文馆学士,拜员外散骑常侍、通直散骑常侍后致仕,见《旧唐书》卷七二《褚亮传》,在政治上没有什么权势。《褚遂良传》说遂良随父归唐后"授秦州都督府铠曹参军",贞观十年(636)"自秘书郎迁起居郎",以善书侍太宗,贞观十五年(641)才迁正五品的"谏议大夫兼知起居事",资历比长孙无忌浅得多。可如前所说就以反对魏王李泰,在贞观十七年(643)得和长孙无忌等重臣共同定策立晋王李治为皇太子,"寻授太子宾客",十八年(644)"拜黄门侍郎参综朝政"成为宰相,十九年(645)又在反对刘洎的斗争中为太宗立了功。其事《褚传》不载,见《旧唐书》卷七四《刘洎传》,说:"太宗征辽,令洎(时为侍中)与高士廉、马周留辅皇太子定州监国,仍兼左庶子检校民部尚书。太宗谓洎曰:'我今远征,使卿辅翼太子,社稷安危之机,所寄尤重,卿宜深识我意。'洎进曰:'愿陛下无忧,大臣有愆失者,臣谨即行诛。'太宗以其妄发,颇怪之。……十九年太宗辽东还,发定州,在道不康,洎与中书令马周入谒,洎、周出,遂良传问起居,洎泣曰:'圣体患痈,极可忧惧。'遂良诬奏之曰:'洎云国家之事不足虑,正当傅少主行伊、霍故事,大臣有异志者诛之,自然定矣。'太宗疾愈,诏问其故,洎以实对,又引马周以自明,太宗问周,周对与洎所陈不异,遂良又执证不已,乃赐洎自尽。"这所谓"傅少主行伊、霍故事",是说刘洎要乘太宗病危拥太子李治即位而自己夺取最高权力①,不管刘洎是否真这么讲过,反正太宗是听信了褚遂良的揭发检举,认为亏得他才让自己知道有过这么一场未遂的宫廷政变。由此可见褚遂良在其时政治活动的能量。所以《旧唐书·长孙无忌传》记无忌及遂良受遗令辅政时太宗要对遂良说:"无忌尽忠于我,我有天下,多是此人力。尔辅政后,勿令谗毁之徒损害无忌,若如此者,尔则非复人臣。"不叫无忌保护遂良而叫遂良保护无忌,可见此时褚遂良权势之炙手可热,较长孙无忌已超过而无不及。

---

① 《唐大诏令集》卷一二六《刘洎赐自尽诏》里也这么说,文繁不备录。

太宗的本意，当然是要让他认为最可靠的重臣长孙无忌和褚遂良来作为李治的辅佐，使这位小皇帝的江山可以稳固下去。但辅佐者的权势过了头，成为小皇帝的监护者，又会使小皇帝无法承受。何况小皇帝李治即位时已二十二岁，不是当年被立为皇太子时幼弱可听人摆布而成为血气方刚的青年人，自不愿受人监护而思摆脱。只是由于事后有意讳饰，对如何摆脱监护如何展开斗争，史书已少明文记述。这里只能从若干重臣宰执的升黜，来摸索事态的进展。

贞观二十三年（649）五月己巳太宗病死，据《旧唐书》卷四《高宗纪》，第二天庚午就"以礼部尚书兼太子少师、黎阳县公于志宁为侍中，太子少詹事兼尚书左丞张行成为兼侍中检校刑部尚书，太子右庶子兼吏部侍郎、摄户部尚书高季辅为兼中书令检校吏部尚书"。宰相太少需要增补，这看来是正常的，但太宗时不补，高宗李治一上台就大事增补，而且增补的是太子少师、太子少詹事、太子右庶子等原来东宫的官属，其中张行成和高季辅还都是贞观十九年（645）李治以太子身份在定州监国时，和刘洎、高士廉、马周"同掌机务"的人物，见《旧唐书》卷三《太宗纪》，刘洎被褚遂良检举赐死，高、马分别在贞观二十一年（647）、二十二年（648）去世，当时在定州辅佐李治的就剩下这张行成和高季辅。这年六月甲戌高宗李治即位，辛巳以"叠州都督英国公〔李〕勣为特进检校洛州刺史"，癸未"诏司徒扬州都督赵国公无忌为太尉兼检校中书令知尚书、门下二省事"，癸巳"特进英国公勣为开府仪同三司、同中书门下三品"。太尉在三公中不过名列司徒之前，长孙无忌由司徒转太尉并不增加任何实权。《李勣传》见《旧唐书》卷六七，高宗为皇太子时任"太子詹事兼左卫率，加位特进同中书门下三品"，太宗死前他被外贬时，长孙无忌、褚遂良正掌大权，现在他回任宰相，和张行成、高季辅之增补宰相同样是高宗要分长孙无忌、褚遂良之权。

《高宗纪》高宗即位的明年永徽元年（650）十一月己未，"中书令、河南郡公褚遂良左授同州刺史"。这是高宗对元老重臣们首次公开进攻。左迁授外职的理由《褚传》和《高宗纪》都没有说，无非是抓点小问题作为借口。这是措施的一个方面。再一方面，就是要进一步培植高宗自己的势力。永徽二年（651）正月乙巳，"黄门侍郎、平昌县公宇文节加银青光禄大夫依旧同中书门下三品，守中书侍郎柳奭为中书侍郎依旧同中书门下三品"①，三年三月辛巳，"黄门侍郎平昌县公宇文节为侍中，中书侍郎柳奭为中书令"。宇文节两《唐书》无传，背景不清楚。《柳奭传》见《旧唐书》卷七七，是高宗皇后王氏的母舅。案皇后的亲属不一定都职任权要，如这位王皇后之父就只做个"特进、魏国公"，见《旧唐书》卷五一《高宗后王氏传》。而柳奭之得同中书门下三品为宰相者，显然是高宗要在王皇后的亲属中选拔一名较有能力的来和长孙无忌等对抗。这种任用自己的外戚来向已故老皇帝的外戚争权，本是封建帝王历来惯用的办法。

但元老重臣们的势力仍不可轻侮。《高宗纪》永徽三年（652）正月己巳，褚遂良又回京"为吏部尚书同中书门下三品"。同年七月丁巳，"立陈王忠为太子"。这陈王李忠是高宗的长子，后宫刘氏所生。《旧唐书》卷八六《高宗诸子·忠传》说："时王皇后无子，其舅中书令柳奭说后谋立忠为皇太子，以忠母贱，冀其亲己，后然之。奭与尚书右仆射褚遂良、侍中韩瑗讽太尉长孙无忌、左仆射于志宁等固请立忠为储后，高宗许之。"这里的官衔有点小错误，据《高宗纪》褚遂良"为尚书右仆射依旧知政事"是在永徽四年（653）九月甲戌，韩瑗以黄门侍郎"为侍中"更迟至永徽六年（655）五月癸未，其守黄门侍郎同中书门下三品据《新唐书》卷六一《宰相表》则在永徽三年（652）三月辛巳。但说诸人拥立陈王李忠为皇太子这点自是绝对真实。这说明高宗想用来对抗长孙无忌等的柳奭，以及原为他东宫官属用来分无忌、褚遂良之权的于志宁，这时已转而与无忌、褚遂良打成一片，而且内有王皇后，有被他们拥立的太子李忠，对高宗形成内外包围的局面。

高宗当然不甘失败，不会就范的。看上引《忠传》说这些人"固请立忠为储后"，高宗才"许之"，可见高宗本欲抵制，只是力量不够姑且屈

---

① 宇文节、柳奭前此均未为同中书门下三品，这里所云"依旧同中书门下三品"者，当即"同中书门下三品"之谓，看《新唐书》卷六一《宰相表》可知。

从。《高宗纪》记此后宰相的情况是：永徽四年（653）二月乙酉宇文节因涉及房遗爱等谋反事"配流桂州"，九月壬寅和十二月庚子张行成、高季辅先后去世，九月甲戌褚遂良"为尚书右仆射依旧知政事"，十一月癸丑"兵部尚书固安县公崔敦礼为侍中"，五年（654）四月"守黄门侍郎颍川县公韩瑗、守尚书侍郎来济并加银青光禄大夫依旧同中书门下三品"，又据《新唐书》卷六一《宰相表》来济之同中书门下三品是在永徽三年（652）九月。其中除崔敦礼后来态度不明旋即老死外，韩瑗、来济都是站到褚遂良一边的。可见高宗已无法在宰相中有所布置，而得重新组织力量，另行依靠一批人物。这就是当时任礼部尚书的许敬宗，任中书舍人、弘文馆学士的李义府，以及御史大夫崔义玄、中书舍人王德俭、大理正侯善果、大理丞袁公瑜，他们去世后到革唐为周的如意元年（692），都缘"在永徽中有翊赞之功"再追赠官职，长安元年（701）这六人的儿子又都被赐实封若干户，见《旧唐书》卷八二《李义府传》。又据同卷《许敬宗传》，许早在武德时就"召补秦府学士"，贞观中"权检校黄门侍郎""检校中书侍郎"，可就当不上宰相。卷七七《崔义玄传》也说崔曾"从太宗讨〔王〕世充"，贞观初"历左司郎中"等，仕途上也讫不得志。李义府则资格浅，本传说贞观八年才"对策擢第"入仕，"寻除监察御史"。其余王德俭、侯善果、袁公瑜两《唐书》无传，想也属新进之列。这些人懂得不把现在的重臣宰相撵下台，他们要爬上去掌权将不知等待到何日。因此很容易成为高宗用来反对元老重臣的得力助手。其中许敬宗在高宗当皇太子时就"迁太子右庶子"，"皇太子定州监国，敬宗与高士廉等共知机要"。李义府和高宗的关系更早，初任监察御史时就"以本官兼侍晋王"，晋王成为皇太子后他又"除太子舍人"，高宗利用他们当然更为方便。至于内廷，由于柳奭已和长孙无忌、褚遂良等打成一片，柳奭的外甥女跟着转成了高宗的对立面，高宗就非把她去掉不可。于是在永徽六年（655）掀起了废立皇后的轩然大波，高宗对元老重臣们展开了一场生死决斗。

三 永徽六年皇后的废立

在决斗之前先去掉柳奭，《旧唐书·高宗纪》永徽六年（655）五月癸未，"兼吏部尚书河东县男柳奭贬遂州刺史"①。这是因为柳奭根底不深，比较容易摆布。同时也可看出高宗的目的在反元老重臣及其党羽，所以先贬柳奭再废后，不像一般在废后的同时处理外戚。

这以后是高宗准备废掉王皇后，召集元老重臣长孙无忌等人要求表态。《旧唐书·长孙无忌传》说召集的有"无忌、左仆射于志宁、右仆射褚遂良"，《褚遂良传》又多了个司空李勣，但都不说在哪一天。《通鉴》卷一九九把此事记在九月戊辰之后，含糊地说"上一日退朝，召长孙无忌、李勣、于志宁、褚遂良入内殿"云云。这自由于这件事情《实录》里就没有写进去，查不出确切日子，所记这几位的态度言词也多出于执笔者的事后揣测，连李勣有未参加都说得不一致。但说褚遂良出头反对当是事实，《旧书·褚传》记褚所说"皇后出自名家，先朝所娶，伏事先帝，无愆妇德。先帝不豫，执陛下手以语臣曰：'我好儿好妇，今将付卿。'陛下亲承德音，言犹在耳。皇后自此未闻有愆，恐不可废。臣今不敢曲从，上违先帝之命，特愿再三思审。愚臣上忤圣颜，罪合万死，但愿不负先朝厚恩，何顾性命"。这种开口闭口抬出"先朝""先帝"来压高宗，恰也符合褚遂良这位顾命重臣的身份。高宗自然不再吃这一套，就趁此把褚遂良作为主要打击对象，首先给予处分，如《高宗纪》所书九月庚午"尚书右仆射、河南郡公褚遂良以谏立武昭仪贬授潭州都督"。接着是十月己酉，"废皇后王氏为庶人，立昭仪武氏为皇后"。再是永徽七年（656）正月辛未，"废皇太子忠为梁王，立代王弘（高宗第五子，武氏所生长子）为皇太

---

① 《新唐书·宰相表》作永徽六年六月"奭罢为吏部尚书"，《旧唐书》卷七七《柳奭传》说"后渐见疏忌，奭忧惧，频上疏请辞枢密之任，转为吏部尚书，及后废，累贬爱州刺史"，恐均不如出自《实录》的《旧纪》可信，说"累贬爱州刺史"，则其前必被贬，可见《旧纪》说"贬遂州"之为事实。《通鉴》卷一九九即从《旧纪》，惟记在是年七月戊寅。至柳奭结局，自当如《旧传》所说"寻为许敬宗、李义府所构"，"高宗遣使就爱州杀之，籍没其家"。

子"。至于褚遂良本人，《旧传》说是"显庆二年（657）转桂州都督，未几又贬为爱州刺史，明年卒官"。因为此时长孙无忌尚未倒台，还不便将褚显加诛戮。

长孙无忌在元老重臣中资历最深、地位最高，而且还是高宗的亲舅父，动摇他自不像褚遂良那么容易。因此一开始还对他作点拉拢以分化元老重臣集团。《旧唐书·无忌传》所说"帝将立昭仪武氏为后，无忌屡言不可，帝乃密遣使赐无忌金银宝器各一车、绫锦十车，以悦其意。昭仪母杨氏复自诣无忌宅，屡加祈请"，"礼部尚书许敬宗又屡申劝请"，都说明高宗对无忌和对褚遂良是采用不同的手法。褚被贬以后，《高宗纪》记永徽七年（656）改显庆元年的五月己卯，"太尉长孙无忌进史官所撰梁、陈、周、齐、隋《五代史志》三十卷"，《唐会要》卷六三"修国史"记显庆元年七月三日"史官太尉无忌……等修国史成，起义宁尽贞观末凡八十一卷"，《无忌传》说"无忌以监领功，赐物二千段，封其子润为金城县子"。《高宗纪》又记显庆三年（658）正月戊子"太尉、赵国公无忌等修《新礼》成，凡一百三十卷，诏颁行于天下"。至少高宗对他表面上还是礼貌不衰。到显庆四年（659）四月戊戌，《高宗纪》才说"太尉、扬州都督、赵国公无忌带扬州都督于黔州安置，依旧准一品供给"。再进一步如《无忌传》所说，"〔许〕敬宗寻与吏部尚书李义府遣大理正袁公瑜就黔州重鞫无忌反状，公瑜逼令自缢而死，籍没其家"。安置黔州的罪名所谓与监察御史李巢交通谋反，《无忌传》说是出于许敬宗检举，而高宗"竟不亲问无忌谋反所由，惟听敬宗诬构之说"。可见无忌在高宗心目中势在必除，"谋反"云者自然只是编造个借口。

李勣是凭他和山东地区的特殊关系，从而在军事领域取得了崇高的地位，哪个政治势力都得依仗他，他也不必投靠李唐上层统治中的哪一派，介入他们的内部斗争，对此我曾另行撰写过专文[①]。这次是否出席并当场表态，或如《褚遂良传》所说表态是在"翌日"，如《通鉴》所说要到

---

① 《李勣与山东》，后收入拙撰论文集《唐代史事考释》，1998年1月台北联经出版事业公司初版。

"他日"，今均无从考实。但《褚传》讲他对高宗所说"此乃陛下家事，不合问外人"，《通鉴》作同一意思的"此陛下家事，何必更问外人"，倒确实符合他不介入上层统治内部斗争的一贯姿态。他当然平安无事，虽然也不会像《通鉴》所说他讲了这"何必更问外人"高宗"意遂决"。其余重臣宰相，如《高宗纪》所记是到显庆二年（657）八月丁卯，"侍中、颍川县公韩瑗左授振州刺史，中书令兼太子詹事、南阳侯来济左授台州刺史，皆坐谏立武昭仪为皇后，救褚遂良之贬也"。于志宁是当年太宗刚死时高宗就把他升任为侍中的，只因参预立陈王忠为太子事转化成高宗的对立面，所以尽管如《旧唐书》卷七八本传所说，他在废立皇后上"独无言以持两端"，并如《高宗纪》所说永徽六年（655）十一月丁卯奉命和李勣一同册武昭仪为皇后，仍非下台不可。本传说："许敬宗推鞫长孙无忌诏狱，因诬构志宁党附无忌，坐是免职，寻降授荣州刺史。"这是显庆四年（659）四月的事情。从永徽六年（655）五月柳奭之贬算起，到这时把长孙无忌、褚遂良一伙的势力清除干净，先后花了四年时间。

高宗一边许敬宗、李义府的上台也同样有个过程。废王氏立武昭仪在永徽六年（655）十月，到十二月《高宗纪》才说"遣礼部尚书、高阳县男许敬宗每日待诏于武德殿西门"。显庆二年（657）八月贬韩瑗、来济的同一天《高宗纪》才记"礼部尚书、高阳郡公许敬宗为侍中，以立武后之功也"。李义府稍早一点，永徽六年五月柳奭被贬逐后，据《新唐书·宰相表》七月乙酉李义府就"守中书侍郎参知政事"，到显庆二年三月甲子如《高宗纪》所记正式升迁"为中书令，检校御史大夫"。这和重臣们之不能马上统统下台，都说明这场斗争高宗方面花了很大气力，并非轻而易举，一蹴而就。

高宗一边的阵容看来并不怎么坚强，所依靠的人物在正式摊牌前竟没有一个已居相职。其所以能战胜长孙无忌、褚遂良等庞然大物者，我分析有两个重要原因。一是长孙无忌方面没有一个可供拥戴为首脑的皇室成员，像当初武德年间无忌之拥戴秦王李世民那样。他们拥立的太子李忠本来可以作为首脑，但据《旧唐书》本传所说"麟德元年（664）……赐死于流所，年二十二"推算，到永徽六年也只有十三岁，年龄太小扶不起，王皇后又不是武昭仪那样的政治人物，因此他们只能奉高宗为君主而加以监护控制，高宗一旦不受控制而向他们发动进攻，他们无法公然抗御。再则他们也没有兵权。当时守卫宫城驻屯北门玄武门的左右羽林军是禁军的主力，羽林军将领此时可查考者有张延师和薛仁贵。《旧唐书》卷八三《张延师传》说他"永徽初累授左卫大将军"，"廉谨周慎，典羽林屯兵前后三十余年未尝有过，朝廷以此称之"。同卷《薛仁贵传》说他在太宗征辽后就"令北门长上"，"永徽五年，高宗幸万年宫，甲夜山水猥至，冲突玄武门，宿卫者散走，仁贵曰：'安有天子有急，辄敢惧死！'遂登门桄叫呼以惊宫内，高宗遽出乘高，俄而水入寝殿，上使谓仁贵曰：'赖得卿呼，方免沦溺，始知有忠臣也。'于是赐御马一匹"。可见都是谨驯之辈，没有被勾引来玩军事政变的可能。长孙无忌、褚遂良等既无可利用的武力，自然难逃束手待毙的厄运。

四 从武昭仪到革唐建周

现在要讲到这位武昭仪、武氏皇后了。她如今常被称为武则天，这并非她的名字。她是姓武，是武士彠的女儿，但闺名久已不传。《旧唐书》卷六是她的本纪，说她"讳曌"，这是载初元年（689）正月她准备革唐建周时造了作为自己大名的新字，大概取之日月当空照的意思，也就读为"照"，还因"照""诏"同音而"改诏书为制书"，以免触犯御讳。至于"则天"，乃是她最后从大周皇帝宝座上跌了下来才出现的。先是被儿子中宗"上尊号曰则天大圣皇帝"，不久去世仍成李唐的太后"谥曰则天大圣皇后"。此后官修《实录》如《新唐书·艺文志》著录的也就跟着叫《则天皇后实录》，《旧唐书》和《新唐书》的本纪也都叫做《则天皇后本纪》，本纪和列传里也往往称她为"则天"。这大概如同以谥号称唐太宗为"文皇"，称后来的唐玄宗为"明皇"，但"文皇""明皇"前可从来不加"李"的，如今在"则天"前面加个"武"称她为"武则天"就不合适。而且假如她地下有灵，对用这个倒霉后才出现的尊号、谥号来称她怕也未必乐意。还不如就如实地称她为武后、武太后，在没有当上皇后前则用武昭仪这个称谓。

这里先看这位武昭仪在上述斗争中的作用，很明显，她并未充当主角。排除长孙无忌、褚遂良等元老重臣本是高宗的一贯策略，而柳奭与元老重臣打成一片，王皇后自然非废不可。这都出于高宗的乾纲独断，用不到武昭仪或其他人来指使，更谈不上一切都听武昭仪指挥。

再从武昭仪本身来看，在当时也不可能具备指挥高宗的力量。武昭仪之入高宗后宫成为昭仪有两说。《旧唐书·则天皇后纪》说："则天年十四时，太宗闻其美容止，召入宫，立为才人，及太宗崩，遂为尼，居感业寺，大帝（高宗）于寺见之，复召入宫。"卷五一《高宗废后王氏传》则说："武皇后贞观末随太宗嫔御居于感业寺，后（王氏）及左右数为之言，高宗由是复召入宫。"《通鉴》卷一九九永徽五年三月庚申条则调停两说，复谓"〔太宗〕忌日，上诣寺行香见之"云云，不知有何根据？不管怎样，武氏入高宗后宫之在永徽初年是没有问题的，就算是元年吧，到永徽六年废王皇后也不过五年多一点，在这点时间里，凭区区昭仪的地位，就能发展到足以使高宗俯首听命的力量是不太可能的，这时期武昭仪并无结交外朝的实迹便是明证（这当然不排除她代表高宗和许敬宗、李义府辈有往来）。至于凭美貌，使高宗沉溺失志而唯其命是听，这也不太可能，因为《废后王氏传》也是说这位王皇后"有美色"而被纳为晋王妃，从而成为皇后的，而且年纪还比武昭仪轻了好几岁①，即使武昭仪真如后来骆宾王讨武檄文中所说"狐媚偏能惑主"，也尽可由她获专房之宠而不必急于

---

① 《旧唐书·高宗纪》说高宗即位时年二十二，王皇后的年龄一般不会比他大。而《则天皇后纪》说武后卒于神龙元年（705），"年八十三"，上推高宗即位时已年二十七。

废掉王皇后①。在这点上，还是《旧唐书·则天皇后纪》透露了点真相，即所谓"后素多智计，兼涉文史"，是凭其"多智计""涉文史"才能充当高宗政治斗争的内助而获得宠信，犹如后来宦官之有才智者在内廷所起的作用。高宗既因政治原因要废王皇后，最合适的递补者当然是这个政治贤内助武昭仪。这种充当政治内助正是武氏当时真能起的作用。或者说得形象一点，在当时政治舞台上高宗和长孙无忌、褚遂良是斗争双方的主角，武氏只是高宗一边的配角。

武氏之逐步从高宗手里夺取权力，是在当上皇后以后。这在道理上也应如此，专宠与否和是否皇后或妃嫔无关，而要在政治上取得权力，则不名正言顺地当上皇后便有困难②。当然，人的性格有差异，有的人当上皇后便满足于安富尊荣，不想再在政治上取得更多的权力，有的则有强烈的政治欲望，对权力特别感兴趣，武氏便是后一类型的人物。她既以政治内助获高宗宠信而取得皇后这个政治地位，就要进而抑制高宗，分享甚至全部取得皇帝的权力。她此时如何活动，宫掖事秘，文献无征，其详已不可得而闻。但如《则天皇后纪》所说，高宗"自显庆已后多苦风疾，百司表奏皆委天后（武后）详决"，至少给她创造了有利的条件。这样经过了将近十年，到麟德元年（664）高宗终于不堪忍受，又计划要把她废掉。其经过《旧唐书》不详，《高宗纪》只记"十二月丙戌，杀西台侍郎上官仪。戊子，庶人忠（废太子）坐与仪交通而死"，卷八〇《上官仪传》也只说"宦者王伏胜与梁王忠抵罪，许敬宗乃构仪与忠通谋，遂下狱而死"，都不明缘由，盖系后来修《实录》时有所讳饰。《新唐书》卷一〇五《上官仪

---

① 至于《新唐书》卷七六《则天皇后传》所说武昭仪潜毙所生女以诬王皇后，以及所说"王皇后久无子，萧淑妃方幸，后阴不悦，他日，帝过佛庐，（武）才人见且泣，帝感动，后廉知状，引内后宫，以挠妃宠"，都类似小说，恐不足置信。《旧唐书·废后王氏传》所说武后截王后、萧妃手足，"投于酒瓮中，曰'令此二妪骨醉'，数日而卒"，也是这种小说性质（王、萧当时均不过二十多岁，可骂为"婢"而不致骂成"妪"，截去手足如何能延至数日方卒）。但《旧唐书》上文仍说王萧被"囚之别院，武昭仪令人皆缢杀之"，附录截手足之事只聊备异说。对此吕诚之师《隋唐五代史》曾说："古人著书，信以传信，疑以传疑，并存其说，以待后人之抉择，原不谓其必可信也。"（第三章第二节）。

② 皇后不仅和皇帝是敌体身份，礼数殊绝于妃嫔，而且在一定条件下有允许参与政权的惯例，如提携小皇帝垂帘听政之类。

传》则说:"初,武后得志,遂牵制帝,专威福,帝不能堪。〔武后〕又引道士行厌胜,中人王伏胜发之,帝因大怒,将废〔武后〕为庶人,召仪与议,仪曰:'皇后专恣,海内失望,宜废之以顺人心。'帝使草诏,左右奔告后,后自申诉,帝乃悔,又恐后怨恚,乃曰:'上官仪教我。'后由是深恶仪。始,忠为陈王时,仪为谘议,与王伏胜同府,至是许敬宗构仪与忠谋大逆,后志也。"《新唐书》卷七六《则天皇后传》略同,均当有所本,尽管"帝乃悔"等细节未必真实,大体应属信史。案原先在废立皇后上出力的李义府,如《旧唐书》本传所说久已"怙武后之势","帝颇知其罪失,从容诫义府,……义府勃然变色,腮颈俱起,徐曰:'谁向陛下道此?'上曰:'但我言如是,何须问我所从得耶!'义府睆然,殊不引咎,缓步而去",足见其气焰之盛,旋别以"蓄邪黩货"之故在上官仪被杀前的龙朔三年(663)"除名长流"。许敬宗则在上官仪狱事中起了构陷的作用,乃"以词彩自达"为高宗扶植为宰相的新进人物上官仪卒不敌而失败,说明其时武后之声势已压过高宗。终于如《旧唐书》卷五《高宗纪》所说:"自诛上官仪后,上每视朝,天后(武后)垂帘于御座后,政事大小皆预闻之,内外称为'二圣'。"这"圣人"者,本是唐人对皇上的习惯称呼,"内外称为'二圣'"就是公认有了两个皇帝,高宗的大权实际上已落入武后手里。

当年太宗李世民和建成、元吉以至高祖李渊父子兄弟之间的斗争,有些人认为是关陇山东之争或士族庶族之争,为此我已在第四章"李唐创建和玄武门之变"的最后专门写了个第五节加以否定。这次高宗废立皇后的事件也是如此,并不牵涉到关陇山东或士族庶族的问题。武后父武士彟传见《旧唐书》卷五八,说是"并州文水人","家富于财,颇好交结",陈寅恪先生《李唐武周先世事迹杂考》[①]复据《太平广记》卷一三七"武士彟"条引《太原事迹》,考证其"本以鬻材致富",其为山东地区之庶族自无问题。投靠武后的李义府据《旧唐书》本传是"瀛州饶阳人",其祖只

---

① 民国25年12月《历史语言研究所集刊》第6本第4分册,后复收入先生《金明馆丛稿二编》。

是"梓州射洪县丞",崔义玄据本传是"贝州武城人",其先世不著,自亦均是山东的庶族。但许敬宗据本传却是"杭州新城人,隋礼部侍郎善心子","世仕江左",是江左的旧士族。武氏对立面长孙无忌之为关陇旧士族已详第四章第五节。柳奭据《旧唐书》卷七七《柳亨传》是"蒲州解人",魏尚书左仆射柳庆的曾孙,于志宁据本传是"雍州高陵人",宇文泰所任六柱国之一于谨的曾孙,韩瑗据《旧唐书》卷八〇本传是"雍州三原人","祖绍,隋太仆少卿",都是关陇的旧士族,但传见同卷的来济却是"扬州江都人,隋左翊卫大将军荣国公护子",检《隋书》卷六四《来护儿传》不著先世,以"军功"贵显,则又是江左的庶族。而和武氏对立得最厉害的褚遂良据卷七二其父褚亮传,却也是江左的"杭州钱唐人",褚亮"曾祖湮,梁御史中丞,祖蒙,太子中舍人,父玠,陈秘书监",则是江左的旧士族,又和武后的党羽许敬宗之籍贯杭州累世显宦完全相同。而且这所谓"江左"本属广义的山东范围,同属江左旧士族的褚、许二人在是否支持山东武姓之为皇后上正处于对立面。足见这些政治人物其实只是为个人权势利益而鸠合,在全国久已统一之后其关陇、山东等地域观念至少已不甚强烈。士族则自门阀制度退出历史舞台后实际上已不复存在,其上代是否士族已和他本人之参与哪个政治派别并无联系。至于陈寅恪先生所说武氏"氏族本不在西魏以来关陇集团之内,因欲消灭唐室之势力,遂开始施行破坏此传统集团之工作",则事实上关陇集团在杨隋已见解体,如第二章第五六节所论证,初不待武氏来加以破坏,这里自亦毋庸赘说。

这里需要继续讲下去的,是出现"二圣"格局后武后如何进而革唐建周,实现其高登皇帝宝座的夙愿。为简捷起见,姑择要节录《旧唐书》本纪里的记事,这已可把这位女性政治人物如何一步步来实现其永远不会满足的奢望看得很清楚。

《旧唐书》卷五《高宗纪》:

〔咸亨五年〕(674)秋八月壬辰,……皇帝称天皇,皇后称天后。
〔上元二年〕(675)三月,……时帝风疹不能听朝,政事皆决于天后。

卷六《则天皇后纪》：

> 弘道元年（683）十二月丁巳，大帝崩，皇太子显（武后第三子）即位，尊天后为皇太后。既将篡夺，是日自临朝称制。
>
> 〔嗣圣元年〕（684）二月戊午，废皇帝为庐陵王，幽于别所，仍改赐名哲。己未，立豫王轮（武后第四子，案卷七《睿宗纪》仪凤三年已"改名旦"，此处当作豫王旦）为皇帝，令居于别殿，……皇太后仍临朝称制。
>
> 〔垂拱元年〕（685）三月，迁庐陵王哲于房州。
>
> 〔四年〕（688）五月，皇太后加尊号曰圣母神皇。
>
> 载初元年（689）春正月，……神皇自以"曌"字为名。
>
> 九月九日壬午，革唐命，改国号为周。……乙酉，加尊号曰圣神皇帝，降皇帝为皇嗣。

为便于观览，这以后不妨继续把《则天皇后纪》引下去，引到她去世为止：

> 〔长寿二年〕（693）秋九月，上加金轮圣神皇帝号。
>
> 〔三年〕（694）五月，上加尊号为越古金轮圣神皇帝。
>
> 证圣元年（695）春一月，上加尊号曰慈氏越古金轮圣神皇帝。……春二月，上去慈氏越古尊号。……〔秋九月〕加尊号天册金轮圣神皇帝。
>
> 〔圣历元年（698）九月〕丙子，庐陵王哲为皇太子，令依旧名显。
>
> 二年（699）春二月，封皇嗣旦为相王。
>
> 〔三年〕（700）五月癸丑，上以所疾康复，大赦天下，……停金

轮等尊号。

神龙元年（705）春正月，……上不豫，……癸亥，……皇太子率左右羽林军桓彦范、敬晖等以羽林兵入禁中，……甲辰，皇太子监国，总统万机。……是日上传皇帝位于皇太子，徙居上阳宫。戊申，皇帝上尊号曰则天大圣皇帝（《旧唐书》卷七《中宗纪》"二月甲寅，复国号依旧为唐"）。冬十一月壬寅，则天将大渐，遗制祔庙，归陵，令去帝，称则天大圣皇后。……是日崩于上阳宫之仙居殿，年八十三，谥曰则天大圣皇后。二年（706）五月庚申，祔葬于乾陵。睿宗即位，诏依上元年故事号为天后，未几追尊为大圣天后，改号为则天皇太后。

五　评郭沫若的武则天研究

这一章讲到武后革唐建周以至去世，也就可以搁笔了。只是当年郭沫若先生有过一本《武则天》，使我不得不再在这位武后身上多费点笔墨。

郭沫若先生的《武则天》本是他在1960年创作的历史话剧，1962年中国戏剧出版社正式出版的本子加了自序和"我怎样写《武则天》"等四个附录。自序里说他是"想把历史的真实和艺术的真实在一定程度上结合起来"，附录里便是他对这个武后的研究成果。他认为这些成果可以显示出武后的历史真实，其实是对武后作了极大的美化，也可说是极大的歪曲，从而为"四人帮"吹捧武后为法家的文章所剿袭利用。"四人帮"覆灭之后，这本《武则天》的"权威"似未曾动摇，1979年还由人民文学出版社重印了三万册广为流传，于是我写了《评郭沫若同志的武则天研究》在1980年公开发表。只是有些话在当时还不得不说得吞吐或婉转一些，所以其后应《中国典籍与文化》杂志之约重新写了篇《武则天真相》，发表在该杂志的1994年第3期上，《北京日报》"文史"专刊的编辑又要我写篇短一些的《还武则天的真实面貌》，在1995年3月14日该报刊登。这里，就挑选《武则天真相》中的主要段落再逐一进行讲说，以期对至今仍笼罩在这个武后身上的迷雾，继续起点清扫的作用。

（一）得到人民拥护吗？

在《武则天》书里认为武氏的政权"是获得人心的"，"是得到人民拥护的"。还从《通鉴》卷二〇三光宅元年十二月后《考异》所引《唐统记》中，找到了武太后说过"不爱身而爱百姓"的话，说"她执掌政权的五十多年中，基本上是站在'爱百姓'的立场而进行措施的"。其证据则是《新唐书·则天皇后传》里的一段纪事，说："上元元年进号天后，建言十二事：一、劝农桑，薄赋徭；二、给复三辅地；三、息兵以道德化天下；四、南北中尚禁浮巧；五、省功费力役；六、广言语；七、杜谗口；八、王公以降皆习《老子》；九、父在，为母服齐衰；十、上元前勋官给告身者，无追核；十一、京官八品以上益禀入；十二、百官任事久，材高位下者，得进阶申滞。帝皆下诏略施行之。"但这类官样文章在封建社会里本是屡见不鲜的，翻看《唐大诏令集》和《册府元龟》的"帝王部"，可以看到唐代的每个皇帝都会在诏令里说这类勤政爱民的好话。至于实行与否，那自然是另一回事，这里所说的"略施行之"，就是并未认真实施的同义语。如所谓"薄赋徭"者，其时的赋徭主要有租庸调和户税、地税（义仓税），可在上元年间就不曾有任何降低税额的措施。不观其行只听其言，无条件相信这类官样文章，那就可以作出唐朝每个皇帝都"得到人民拥护"的结论，何止一个武后。

《武则天》书里还提到了均田制。唐初的均田制究竟实施得如何，对农业生产的恢复发展是不是真起作用，本还都成问题。要加以肯定，并如这书里把维护均田制作为武后的关键性德政，自也听便，不过总也应该拿出点像样的证据。很遗憾，连这书里也承认"从史料中找不出武后保护均田制的明令"，于是只好从《全唐诗》里找来一首武后的《石淙》诗，说这诗里的"均露均霜标胜壤，交风交雨列皇畿"二句"或许可以作为她的歌颂均田的一种流露"。案今本《全唐诗》已是官书，照例不再说明所收辑的诗篇的来历，但这首《石淙》诗的来历倒还是可以弄清楚的，它出于今河南省登封县石淙山北崖上的石刻，是武周久视元年夏日她行幸时刻上的。据《金石萃编》卷六四所录全文，除武氏这首"圣制"外，还有皇太子李显以下的"侍游应制"诗十六首，其中姚元崇（即后来改名姚崇的那一位）的一首也有"二室三涂光地险，均霜揆日处天中"的句子，可见这"均霜""均露"无非是即景成文，最多带点通常所谓"雨露均沾"或"风调雨顺"的意思，和田之均否哪有关系，哪能见到"均"字就拉来作为维护或歌颂均田制的佐证。

《武则天》书里把户口的增加也作为武后的德政。书里根据《通鉴》的记载说："在唐高宗永徽三年，是唐太宗死后的第三年，中国只有三百八十万户，而到武后神龙元年已经达到六百一十五万户，可以看出武后末年的中国户口比起唐太宗末年来差不多增加了一倍。"因而得出"她使天下富庶"的结论。案这类户口数字只是登记在籍帐（户籍簿）上的数字，而籍帐是向百姓征收赋税的依据，为了逃税，这类户口数字往往小于实际数字，不能认为实际数字也是如此而无条件依据。当然，从太宗末年到武后末年已经历了半个世纪，说户口有所增长本也合理，不过这仍不能归功于武后，因为像古代中国这样的封建社会，只要不逢上特大灾荒或特大战乱，人口增长本来是很正常的。

《武则天》书里又说"在武后统治的五十多年间不曾有过大规模的农民起义"。这是事实，但仍不能用来说明她"得到人民拥护"。农民大规模起义要有一定的条件，条件不具备、不成熟，即使政治再黑暗也不一定会发生。就唐代来说，安史之乱以后的穆宗、敬宗都是很糟的，文、武、宣三朝的政治也不见得十分高明，但同样"不曾有过大规模的农民起义"，总不能说这个时期的中央政权也"得到人民拥护"。

有利于武后施行德政"得到人民拥护"的事例实在不易找，不利的呢，倒俯拾皆是。这里姑举几篇常见的文献。一是武周时陈子昂的《上军国利害书》，说当时"自剑以南，爰至河、陇、秦、凉之间，山东则有青、徐、曹、汴，河北则有沧、瀛、恒、赵，莫不或被饥荒，或遭水旱，兵役转输，疾疫死亡，流离分散，十至四五，可谓不安矣"，见《陈伯玉文集》卷八。再是武周证圣元年李峤上表，说"今天下之人，流散非一，或违背军镇，或因缘逐粮，苟免岁时，偷避徭役，此等浮衣寓食，积岁淹年，王役不供，簿籍不挂，或出入关防，或往来山泽，非直课调虚蠲，阙于恒赋，亦自诱劝愚俗，堪为祸患"，见《唐会要》卷八五"逃户"。还有玄宗开元十二年五月《置劝农使安抚户口诏》中也说到武周"天册、神功之时，北狄、西戎作梗，大军之后，必有凶年，水旱相仍，逋亡滋甚，自此成弊，至今患之"，见《唐大诏令集》卷一一一"田农"。这些文献都是研究唐代逃户、客户时经常引用的，在《武则天》书里何以一概不提及？当然，闹水旱灾也好，少数民族入侵也好，都不能叫武后个人来承担责任，但她没有能采取有效措施也是事实，从她身上实在是很难找到值得歌颂的德政的。

（二）杀人是否杀得对？

武后杀过许多人。《武则天》书里认为这些被杀的都是罪有应得的坏人，武后没有杀错。

这个历史剧是"以徐敬业的叛变作为剧情的中心"的。徐敬业在扬州起兵，实际上是以地方势力来反抗中央。只是由于当时武后还未革唐建周，徐敬业反的是唐朝皇太后，所以后来的唐朝皇帝一直不曾给徐敬业平反。关于这个事件的是非自可另行研讨。但同时为武后杀害的宰相裴炎也被剧本写成是图谋不轨，想自己做皇帝，就全非事实了。《旧唐书》卷八七《裴炎传》说：

> 太后侄武承嗣请立武氏七庙及追王父祖，太后将许之，炎进谏曰："皇太后天下之母，圣德临朝，当存至公，不宜追王祖祢，以示自私。且独不见吕后之败乎？臣恐后之视今，亦犹今之视昔。"太后曰："吕氏之王，权在生人，今者追尊，事归前代，存殁殊途，岂可同日而言。"炎曰："蔓草难图，渐不可长，殷鉴未远，当绝其源。"太后不悦而止。时韩王元嘉、鲁王灵夔等皆皇属之近，承嗣与从父弟三思屡劝太后因事诛之，以绝宗室之望，……炎独固争，以为不可，承嗣深憾之。……徐敬业构逆，太后召炎议事，炎奏曰："皇帝年长，

未俾亲政，乃致滑竖有词。若太后返政，则此贼不讨而解矣。"御史崔察闻而上言曰："裴炎伏事先朝，二十余载，受遗顾托，大权在己，若无异图，何故请太后归政？"乃命御史大夫骞味道、御史鱼承晔鞫之。凤阁侍郎胡元范奏曰："炎社稷忠臣，有功于国，悉心奉上，天下所知，臣明其不反。"右卫大将军程务挺密表申理之，文武之间证炎不反者甚众，太后皆不纳。光宅元年十月斩炎于都亭驿之前街。

可见裴炎是反对这位武太后临朝而被诬陷杀害的。他"家无儋石之蓄"，怎么也不像是司马懿一流篡位的权相。而且历史进入唐代、门阀制度衰亡之后，权相篡位改朝换代的事情已难以再出现，如何硬把这个罪名安到裴炎头上？张鷟《朝野佥载》记载徐敬业令骆宾王编造童谣，以"自古大臣执政多移社稷"来劝说裴炎充当内应，《通鉴》卷二〇三光宅元年九月甲申《考异》已指出"此皆当时构陷炎者所言耳，非其实也"。剧本不信《旧唐书》而信《朝野佥载》，理由只是："裴炎为人实不光明磊落，其嫉妒裴行俭，背信杀降一事，即足证明。"案这背信杀降一事也见于《旧唐书·裴传》，也说裴炎这件事是"妒功害能"。但"妒功害能""不光明磊落"和谋叛图篡是两回事，今天"不光明磊落"以至"妒功害能"者不还大有人在，你总不能说这些人也都有政治野心图谋不轨。至于剧本中说裴炎当年"决定拥戴上官仪"，"上官仪也想做皇帝"，更是无中生有，厚诬古人，已不值得批驳。

程务挺被说成和裴炎、徐敬业通谋叛乱，这也是厚诬古人。《旧唐书》卷八三有程务挺的传，说他"督军以御突厥，……突厥甚惮之，相率遁走，不敢近边。及裴炎下狱，务挺密表申理之，由是忤旨。务挺素与唐之奇、杜求仁善，或构言挺与裴炎、徐敬业皆潜相接应，则天遣左鹰扬将军裴绍业就军斩之，籍没其家。突厥闻务挺死，所在宴乐相庆"。案程务挺平素和唐之奇、杜求仁关系好，这时唐、杜和徐敬业一起造反，怎么就能断定程务挺一定和徐敬业潜相应接呢？认为裴炎冤枉给上表申理，怎么又成了潜相应接的罪证呢？而且程务挺如果真和裴炎、徐敬业潜相应接，那军中就早会有所准备，又岂区区裴绍业之所能斩。因此《旧唐书》讲清楚这是"构言"，武后杀他实在是自坏长城。

章怀太子李贤并没有多大罪过，只要不带成见，读一读《旧唐书》卷八六的《李贤传》就会承认这点。因此《武则天》书里只好在谁杀李贤这件事上提出异议。《李贤传》对这件事情是这么说的："文明元年（684），则天临朝，令左金吾将军丘神勣往巴州检校贤宅，以备外虞，神勣遂闭于别室，逼令自杀。"《通鉴》卷二〇三文明元年二月辛酉在"以备外虞"下加了一句"其实风使杀之"，下面还记有"太后乃归罪于神勣，……贬神勣为叠州刺史，……神勣寻复入为左金吾将军"。《武则天》书里却认为这几句是司马光随便加上的，于是大加指责说："这样寥寥几笔，便把武后描绘成枭獍。试问：'风使杀之'，除当事人之外，司马光或其他的人何从得而知之？写出丘神勣初被贬谪，寻复原职，在司马光是有意显示武后的奸诈，想掩饰人的耳目，其实这是不难理解的。初加贬谪者是怀疑丘神勣逼死了太子贤，寻复原职者是发觉了丘神勣的冤屈。太子贤之死，看来别有原因，是史书上的一笔悬案。"既是"悬案"，在剧本里就更可以无中生有地说裴炎是主凶，是裴炎贿买丘神勣的部下杀害了李贤。其实《旧唐书》卷五九《丘和传》和卷一八六上《酷吏传》里都有丘神勣的传，都说"则天使于巴州害章怀太子，既而归罪于神勣，左迁叠州刺史，寻复入为左金吾卫将军，深见亲委"，可见《通鉴》的"风使杀之"何曾说错。何况《李贤传》还说李贤的长子光顺后来也被杀死，次子守礼"幽闭宫中十余年，每岁被敕杖数顿，见瘢痕甚厚"。如果像《武则天》书里所说武后本无意杀李贤，还揣想派丘神勣去巴州是"有意起用"李贤，那事后对待李贤的儿子们如此残酷干什么？至于说"风使杀之"除当事人之外便无人知道，就更不成理由，因为如这种理由也能成立，则古今中外一切阴谋就都永无败露之日。

武后杀的人实在太多。儿子辈里，除李贤外被诬告冤杀或逼死的，还有曾为皇太子的李忠和泽王李上金、许王李素节，尽管这几个不是她亲生的。将相大臣被她杀掉的，也何止上官仪和裴炎、程务挺。在杀裴炎中出过力提升做宰相的骞味道，后来仍旧是被她杀掉的。平定徐敬业立了大功的左玉钤卫大将军李孝逸，因为是李唐宗室，后来也被贬死。剧本中提到过的、朝鲜半岛入仕中国的名将黑齿常之，结局也被杀死。还有刘祎之、张光辅、魏玄同、李昭德等宰相，也都先后被杀，连颇有才能受到她信任的宰相狄仁杰都差点不能幸免。难道这些人也都真是谋反大逆？其实，封建社会里统治者之间的权力之争本是极其残酷的，男性皇帝出于猜忌会乱杀人，皇后、太后、女皇帝何能例外，尤其是在改朝换代的时候，滥杀起来更没有道理可说。为了给这位武氏贴金，硬要说她杀人都杀得对，实在大可不必。

（三）玩男宠、用酷吏和所谓知人善任。

玩男宠、用酷吏，一向被认为是武后最不光彩的事情，可《武则天》书里也提出异议。书里说："以前的人爱说武后淫荡，其实是不尽可信的，薛怀义被委任为白马寺主，在垂拱元年（685），于时武后已六十二岁。张昌宗、张易之被优遇，在圣历二年（699），时武后已七十六岁。武后管教子女相当严，她的外侄贺兰敏之，韩国夫人的儿子，在男女关系上胡作非为，她索性把他杀了。如果到了六七十岁她自己还在逾闲荡检，她怎么来管教她的子侄，怎么来驾驭她的臣下呢？"其实人要淫乱起来哪受年龄的限制，对小辈道貌岸然，自己乱来更是常见的事情。薛怀义只是一名市井无赖，张易之、张昌宗也只是"白皙美姿容，善音律歌词"的官宦子弟，在《旧唐书》卷七八《二张传》、卷一八三《薛怀义传》上都说得很清楚，不凭男宠怎么能使"诸武朝贵，匍匐礼谒"，"争执鞭辔"？《二张传》还说："天后令选美少年为左右奉宸供奉，右补阙朱敬则谏曰：'臣闻志不可满，乐不可极，嗜欲之情，愚智皆同，贤者能节之不使过度，则前圣格言也。陛下内宠，已有薛怀义、张易之、昌宗，固应足矣。……'则天劳之曰：'非卿直言，朕不知此。'赐采百段。"这难道也是史官在造谣？清代史学家赵翼对此倒说过几句公道话："人主富有四海，妃嫔动至千百，后既身为女主，而所宠幸不过数人，固亦无足深怪。"（《廿二史劄记》卷一九）武后的恶德，只是对这几个男宠太纵容，让他们为非作歹，成为祸害而已。

武后所任用的酷吏,其实即是近代的所谓特务,这实在是祸国殃民的坏蛋,而武后为了改朝换代,压制反对派,竟对这类坏蛋大力培养任用,以至两《唐书》的《酷吏传》中人物由她培养任用的竟超过了半数。这些酷吏在她的怂恿下闹告密,施酷刑,臭名彰著的来俊臣甚至有本领编造出一卷《告密罗织经》。这个来俊臣"按制狱,少不会意者必引之,前后坐族千余家"。和他齐名的周兴"自垂拱已来,屡受制狱,被其陷害者数千人"。前面说过的奉命杀害李贤的丘神勣也是此中人物,"受诏与周兴、来俊臣鞫狱,俱号为酷吏"。这些酷吏因为实在劣迹多端,来俊臣还疯狂到要"罗告武氏诸王及太平公主(武后女)、张易之等",最后多数被武后收拾掉。但像周兴此人本"当诛,则天特免之,徙于岭表,在道为仇人所杀",可见武后对这些坏蛋有时还下不了手。《武则天》书里却把这种任用酷吏"大开告密之门"作为武后的"特出的政治措施",实在有点说不过去。

《武则天》书里还说"开元时代的一些大臣宰相、文人学士大抵是武后时代培养出来的人物",以此作为武后的功绩。这种说法前人早已有过,如《旧唐书》卷一三九《陆贽传》讲德宗时陆贽在奏对中说:"往者则天太后践祚临朝,欲收人心,尤务拔擢,弘委任之重,开汲引之门,进用不疑,求访无倦,非但人得荐士,亦许自举其才,所荐必行,所举辄试,其于选士之道,岂不伤于容易哉?而课责既严,进退皆速,不肖者旋黜,才能者骤升,是以当代谓知人之明,累朝赖多士之用。"《新唐书》卷一五二《李绛传》讲宪宗时李绛在奏对时也说:"武后命官猥多,而开元中有名者皆出其选,古人言拔十得五,犹得其半。"赵翼还根据这些说武后"知人善任"(《廿二史劄记》卷一九)。案陆贽、李绛这些话都是有所为而发,不能算作公允的评价。开元前期的宰相如姚崇、宋璟以及刘幽求、郭元振、张说等在武周时确已身居要职,但这些人本来就有才能,武后最多只在识拔上起点作用,说不到有什么"培养"。真正受武后培养而且获得宠信的,倒是那批男宠、酷吏以及武承嗣、武三思、武懿宗、武攸宜等武家子侄,这些人往往凌驾于将相大臣之上。如长寿二年(693)突厥默啜犯塞,武后就派男宠薛怀义做朔方道行军总管充当统帅,而叫宰相李昭德、苏味道做薛怀义的行军长史和司马。又如万岁通天元年(696)奚、契丹骚扰河北时,武后派武攸宜任清边道行军大总管,派武懿宗任神兵道行军大总管,都充当统帅,而御史大夫娄师德只是副大总管充当他们的助手,前宰相狄仁杰只是魏州刺史、幽州都督成为他们的下属。做皇帝的派子弟宗室出任统帅也本有先例,但总得派像样一点的人物。《旧唐书》卷一八三《外戚·武懿宗传》说此人"闻贼将至,……便欲弃军而遁,……时人嗤其怯懦。……百姓有胁从贼众后得归来者,懿宗以为同反,总杀之,仍生刳取其胆后行刑,流血盈前,言笑自若。初,〔契丹〕孙万荣别帅何阿小攻陷冀州,亦多屠害士女。至是,时人号懿宗与阿小为'两何'(懿宗封河内郡王),为之语曰:'唯此两何,杀人最多。'懿宗又自天授已来,尝受中旨推鞫制狱,王公大臣多被陷成其罪,时人以为周兴、来俊臣之亚。"这种既怯懦又残忍的民贼,只因是武家子侄就被重用,可见所谓武后"知人善任"云者起码得打个大大的折扣。

(四)文化上有多少贡献?

武后的奢侈浪费在历史上是出了名的。《武则天》书里却根据《旧唐书》卷五《高宗纪》永隆二年(681)正月己亥有高宗所说"天后我之匹敌,常着七破间裙,岂不知更有靡丽服饰,务遵节俭也"的话,断言"武后重节俭"。《新唐书·则天武皇后传》说"太后虽春秋高,善自涂泽,虽左右不觉其衰",明明是讲她老来还爱打扮,《武则天》书里却誉之为"好整洁"。高宗咸亨三年(672)造龙门大卢舍那像,武后"助脂粉钱二万贯",见《金石萃编》卷七三《奉天寺像龛记》,《武则天》书里认为是"留下唐代艺术的雄伟作品,是值得赞赏的"。只有对后来的造"明堂""天堂",作夹纻大像,铸"天枢""九州鼎"之类,才承认是"过分奢侈浮夸的事",是"很难掩盖"的"缺点"。但仍补了一句"要说这是封建文化的豪华版也未尝不可以"。其实造大卢舍那像和作夹纻大像在性质上有什么区别?不错,今天还在龙门的大卢舍那像是宝贵的历史文物艺术遗产

（如果夹纻大像、天枢、九州鼎等留下来同样是宝贵的历史文物艺术遗产），但这是劳动人民的智慧和血汗的结晶，在赞美叹赏的同时绝不能忘掉劳动人民为此付出的巨大代价。在这里，我看应该引用《南齐书》卷五三《虞愿传》里的一段话："〔宋明〕帝以故宅起湘宫寺，费极奢侈，……愿在侧曰：'陛下起此寺，皆是百姓卖儿贴妇钱，佛若有知，当悲哭哀愍，罪高浮屠，有何功德！'"用虞愿这话来谴责武后，是同样确当的。

武后是爱好文学艺术的。她会做诗，传世的《升仙太子碑》如果真是她手书而非代笔，从书法来讲也是够水平的。她所宠信的上官婉儿也是个女诗人。但《武则天》书里说她俩"对于唐代文化的高涨大有贡献"，则未免夸张得太过分。《旧唐书·二张传》说武周时"以〔张〕易之为奉宸令，引辞人阎朝隐、薛稷、员半千并为奉宸供奉，每因宴集，则令嘲戏公卿，以为笑乐。若内殿曲宴，则二张、诸武侍坐，樗蒱笑谑，赐与无算。时谀佞者奏云，昌宗是王子晋后身，乃令被羽衣，吹箫，乘木鹤，奏乐于庭，如子晋乘空，辞人皆赋诗以美之，崔融为其绝唱"。看来和《陈书》卷七《张贵妃传》、卷二七《江总传》所说陈后主以江总、孔范等为"狎客"，使张贵妃、龚孔二贵嫔及女学士与狎客"共赋新诗，互相赠答，采其尤艳丽者以为曲调，被以新声"的把戏差不多。武后和上官婉儿的诗篇，《全唐诗》里收辑了一些，像前面提到的《石淙》诗之类的"圣制"，就实在并不见得高明。凭这点宫廷文学就能"对于唐代文化的高涨大有贡献"，实在叫人不好信服。

上官婉儿被剧本写成十分纯洁、十分正面的人物。试看两《唐书》的后妃传，就不对了，她只是个会结党营私玩弄阴谋的女人，尤其是中宗李显即位，她成为妃嫔封为昭容以后。她和中宗的皇后韦氏以及武三思等掌权者勾结在一起，中宗的太子、非韦后所生的李重俊受不了压迫，发动宫廷政变，也要杀她没有成功。到中宗去世，她草遗诏，起用相王李旦辅政，这是她想脚踏两只船。接着李旦的儿子李隆基发动政变，杀死韦后，上官昭容也被抓了起来，她拿出遗诏的草稿来，想讨好李旦希图免死，后来成为唐玄宗的李隆基不为所欺坚决把她杀掉。至于事后"玄宗令收其诗笔，撰成文集二十卷，令张说为之序"，不过是不以人废言的意思，不能像《武则天》书里所说"杀得冤枉"，玄宗"自己也很后悔"。

（五）为什么一定要说她生于利州？

《武则天》书里主张武后生于唐代的利州，利州的治所即今四川广元，所以书里专门有一篇《武则天生在广元的根据》作为附录，和不同意此说者作争辩。

不同意此说者很多，吴晗在《新建设》1961年第1期上发表《关于历史人物评价问题》及附记，陈振在《光明日报》1961年5月24日的"史学"副刊上发表《也谈武则天的出生地和出身》，都利用《册府元龟》等史料来讲武后出生利州的不可能。可惜这两篇在文字组织上还稍欠周密。另外，《全唐文》卷二四九有一篇李峤在武周圣历二年撰写的、为武士彟歌功颂德的《攀龙台碑》，留下若干史料也未被这两篇所利用。因此有必要对此重新作论证。

武后死于中宗神龙元年（705），旧算法享年八十三岁，上推生年为唐高祖武德七年（624），这是谁也没有异议的。《册府元龟》卷六七一说："唐武士彟，武德末判六尚书事，扬州有人告赵郡王孝恭有变，追入京属吏，高祖令士彟驰驿检校扬州都督府长史。"这原任扬州大都督李孝恭"追入京"后是由襄邑郡王李神符继任的，李神符继任扬州大都督据《通鉴》卷一九一是在武德八年（625）十二月，而《册府元龟》卷二八一和《旧唐书》卷六〇《李神符传》则是武德九年（626），但《旧唐书》同卷的《李孝恭传》把孝恭入京拜宗正卿写在武德九年之前，则孝恭入京、武士彟出任检校扬州都督府长史实在武德八年年底之前。《册府元龟》卷四六四说："唐武士彟，武德中为工部尚书判六尚书。"卷六二六又说："武士彟，武德中检校并钺将军，……检校右厢卫。"从武士彟以判六尚书事直接出任扬州都督府长史来看，他是先任并钺将军、右厢卫以后再任工部尚书判六尚书事的。《册府元龟》卷八五三又说："唐武士彟，武德中检校右厢宿卫，既丧妻，高祖谓士彟曰：'朕自为卿更择佳偶，隋日有纳言遂宁公杨达英才冠绝，奕叶亲贤，今有女志行贤明，可以辅德。'遂令桂杨公主与杨家作婚主,降敕结亲。"武士彟继娶的这位杨氏就是武后的生母,武士彟娶她时还在任右厢宿卫。《攀龙台碑》说他此时已经是工部尚书判六曹尚书,又说义宁元年(617)他已拜礼部侍郎,武德元年(618)已是散骑常侍、同中书门下三品兼检校并钺将军,都是夸饰之词,不如多本唐《实录》、国史的《册府元龟》来得可信。据《攀龙台碑》,武德九年(626)李世民立为皇太子后,才从扬州征武士彟入朝,接着出任"使持节豫息舒道等四州诸军事、豫州都督"。在这以后,"利州都督义安郡王孝常称乱剑南,扇动夷落,孝常诛死",于是武士彟在"贞观元年(627)拜利隆始静西龙等六州诸军事利州都督"。"五年(631),改授荆峡澧朗岳果松等七州诸军事荆州大都督"。贞观九年(635)已为太上皇的李渊去世,武士彟"奉讳号恸","呕血而崩","时年五十九"。这些都大体可信。因为《旧唐书·太宗纪》也说贞观元年十二月戊申"利州都督义安王孝常……谋反伏诛",《通鉴》卷一九三贞观五年十二月己亥有"朝集使利州都督武士彟等复上表请封禅"的明文。而且《旧唐书》卷五八《武士彟传》也说他"又历利州都督、荆州都督,贞观九年卒官",只是未记上任、调任的年份。武士彟之任利州都督既在贞观元年年底到贞观五年之间,而前此武德八年年底武士彟正由工部尚书判六尚书事出任检校扬州都督府长史。要说武后出生的武德七年武士彟正在做利州都督或别的利州地方官,不仅文献无征,而且接着要在八年年底出任检校扬州都督府长史,这中间还要在京城里充当一段工部尚书判六尚书事,时间上也过于局促而不好安排。武德七年武士彟既不曾在利州做官,这一年武后之出生不可能在利州,自应成为铁案。

无奈《武则天生在广元的根据》这篇文章面对这么多的文献仍旧不认账,硬要说"武士彟曾重任利州都督,即在武德七年是首任利州都督,在贞观二年又转任"。甚至用上了偏离正常考证的语言,说什么"在武德七年,武士彟就没有做过利州都督也不要紧,他所做的或许还是总管,或许只是长史之类,更或许只是因公寄留。当然,这里还有一个可能性,便是武后的生年有问题"。归结一句话,武后无论如何非得生在利州不可!根据呢？只需要一个，就是李义山（商隐）的《利州江潭作》，这是一首七言律诗，在诗题下有李义山的自注"感孕金轮所"五个字。《武则天生在广元的根据》认为"诗的内容和武后是毫无关系的"[1]，关系在这"感孕金轮所"。《根据》说："'金轮'是指武则天，她曾自册封为'金轮圣神皇帝'，'感孕'是由古代帝王感天而孕来的。武则天做过皇帝，所以李义山特别使用了这样的敬语。唐代的利州，即今四川广元县。可见离武则天之死（705）仅一百四五十年的李义山是肯定武则天生于广元的。"《根据》还接着说："相隔仅一百四五十年，和我们距离洪秀全的年代相差不远。武则天和洪秀全都是做过皇帝的人。就跟我们今天的知识分子大都知道洪秀全是生于广东花县的一样，唐代的知识分子，像李义山那样的人，难道还不会知道武则天的生地吗？何况李义山至少两次经过利州，关于武则天的生地有过亲身经历的见闻。如果武则天生于利州之说是捏造，为什么他在第二次经过利州时，还要随便乱说？"

案李义山是否至少两次经过利州，在这里暂不去考证。但李义山并非专门来利州对武后的出生地问题作调查，而只是路过，就算路过两次，也不见得一定去把真相弄清楚。而洪秀全之为花县人，对我这个知识分子来说，只是当年从初中历史课本上知道的，此外即使更近一点在民国时代做过所谓总统的徐世昌、曹锟的籍贯是哪一县，我就不清楚，更不说生于何地了，因为历史课本上没有讲，又懒得去查辞书。李义山的时代没有辞书和历史课本，即使能看到《则天皇后实录》，上面也未必记载其出生地（根据《实录》纂修的《旧唐书·则天皇后纪》里就没有提到出生地）。不能以为李义山是唐朝人，所说唐朝事就一定很权威，连两《唐书》、《册府元龟》以及《攀龙台碑》统统得让路。

当然，李义山在利州写这首诗还自注"感孕金轮所"也并非自我作

---

[1] 其实是有关系的，是在讲这个已成为利州当地淫祀的龙神武后。可《根据》却异想天开地说是李义山在回忆他和当地某个女子的私情。为此我另写了篇《李商隐〈利州江潭作〉究竟在说什么？》，不客气地对这私情说批驳了一通。文章发表在《中国典籍与文化》1995 年第 1 期上，又收入 2001 年华东师范大学出版社出版的拙著《学苑零拾》里。

古，而是利州当地本有武后出生的传说。这不劳调查，常见的清人冯浩给李义山诗作注的《玉谿生诗笺注》，就引用明胡震亨的《唐音戊签》说："《九域志》：武士彟为利州都督，生后墅于其地。《方舆胜览》：其地皇泽寺有武后真容殿。《名胜记》：古利州废城在今保宁府广元县，县之临清门川主庙即唐皇泽寺，县之南有黑龙潭，盖后母感溉龙而孕也。"可见在利州确有此传说并有所谓皇泽寺、武后真容殿之类的古迹。这种古迹是否可靠，则从《武则天》附录《重要资料十四则》的第六则五代孟蜀广政二十二年《利州都督府皇泽寺唐则天皇后武氏新庙记》（1955年广元出土）中可以看清楚。《新庙记》说"寺内之庙，不知所创之因，古老莫传，图经罕记"，又说"管境所依，祈祷必验"，"其间以水旱灾沴之事，为军民祈祷于天后之庙，无不响应"。可知这寺庙并非皇家敕建，只是民间崇祀的所谓"淫祀"。是因为武士彟做过利州都督，民间附会武后也出生在这里，"俗语不实，流为丹青"，就在当地某个寺里给她立庙以祭祀祈福，日久喧宾夺主，把寺名也叫成了皇泽寺。这完全是迷信之举，没有什么道理可说。李义山这位诗人不过路经寺庙，即兴赋诗，自无考证真伪的需要。而撰写《根据》的郭沫若先生一定要这么说，硬要把武后的出生地往四川广元拉，我看这不仅是考证方法的问题，很可能另有其内在的原因。

原因是什么？应是一种过于强烈的乡土观念。郭沫若先生是四川乐山人，对四川的山川风物有着特殊的感情。他在《武则天》书里说："武后既生在利州，又在那儿度过了她的一段幼年时代，广元附近的奇山异水对于武后性格的形成上，可能有些影响。……我在剧本里面还作了更进一步的设想。我想，武后流放太子贤到巴州去，也可能有她的用意。她是想借巴蜀的山川风物来陶冶太子贤的性灵。"不过这种观念怕是成问题的，有奇山异水的地方可以陶冶性灵出人才，那没有奇山异水的地方怎么办呢，是否注定出不了人才呢？

第六章　李武政权

一　为什么要建立李武政权

从李唐的皇太后武曌革唐建周，到她的女儿、唐睿宗的妹妹太平公主覆灭，这二十多年间中央政权老是处于不稳定状态，高层统治者的矛盾和斗争表现得极为错综复杂。其所以如此，我认为主要由于当时建立过一个要以李氏居虚名、以武氏掌实权的畸形政权，姑名之曰"李武政权"。抓住这一点来观察剖析其时的政治事件，种种疑团就会迎刃而解。

这里先说武曌为什么想要建立这样的畸形政权。

我国实行帝制的时代，男性的皇帝家天下，只可能存在一家一姓的政权，如隋是杨氏政权，唐是李氏政权。前面讲过，唐载初元年（689）九月九日皇太后武曌"革唐命，改国号为周"，自己从"圣母神皇"加尊号曰"圣神皇帝"后，照例就可说建立了武氏政权。《旧唐书》卷六《则天皇后纪》所说这月丙戌，"初立武氏七庙于神都，追尊神皇父赠太尉太原王士䥽为孝明皇帝，兄子文昌左相承嗣为魏王，天官尚书三思为梁王，堂侄懿宗等十二人为郡王"①，都是属于改朝换代后建立武氏新政权的排场。但进一步把这个武氏新政权健全起来却遇到了困难。因为武曌不是男人而

---

① 《旧唐书》卷一八三《外戚·武承嗣传》还开列了这个封王名单，但郡王只有十一个，当有脱漏。《新唐书》卷一三一《外戚·武承嗣传》增添了一个河间王武仁范，但此人是颍川王武载德之父，和武曌是堂兄弟姊妹。

是女人,是从被革掉命的先朝唐室的皇后、皇太后成为大周皇帝的,她亲生的儿子姓李不姓武,姓武的只是她娘家的侄儿。究竟应该让谁来充当自己的皇位继承人,对女皇帝武曌来说是个无前例可援的大难题。

武曌亲生的儿子有四个,当时生存着的是第三子后来成为中宗的李显和第四子后来成为睿宗的李旦。前面讲过,李显在高宗死后做过两个月的皇帝,被临朝称制的武太后废为庐陵王,改立李旦做皇帝。革唐建周,李旦的皇帝当然也做不成,不过没有被废为王,更不曾像东晋南北朝以来的亡国之君那样遭屠害,而如《则天皇后纪》所说只是"降帝为皇嗣",卷七《睿宗纪》还说让他"徙居东宫,其具仪一比皇太子"。这"皇嗣"是个新名号,"其具仪一比皇太子"者,说明他已不等于皇太子,不能算作正式的皇位继承人,但在名号上仍安了这个有继承含义的"嗣"字,而且住进只有皇太子方能住的东宫,又说明还多少保有候补皇太子的资格。可见当时武曌在皇位继承人这个难题上举棋不定,没有匆忙作出解答。

武家的人当然不能等待,新皇帝既姓了武,皇位继承人如何能不从武氏家族里来挑选。武曌兄武元爽之子魏王武承嗣,当年曾袭爵周国公,这时身居文昌左相同凤阁鸾台三品兼知内史事,名列武氏诸王之首,因此如《旧唐书》卷一八三《外戚传》所说,他"自为次当为皇储"即皇太子,并抄袭武曌指使侍御史傅游艺率关中父老陈请革唐建周的故智,"令凤阁舍人张嘉福讽谕百姓抗表陈请",不料武曌"竟不许"。《旧唐书》卷八七《李昭德传》详记其事说:

> 凤阁舍人张嘉福令洛阳人王庆之率轻薄恶少数百人诣阙上表,请立武承嗣为皇太子,则天不许,庆之固请不已,则天令昭德诘责之,令散,昭德使杖杀庆之,余众乃息。昭德因奏曰:"臣闻文武之道,布在方策,岂有侄为天子而为姑立庙乎?以亲亲言之,则天皇是陛下夫也,皇嗣是陛下子也,陛下正合传之子孙,为万代计。况陛下承天皇顾托而有天下,若立承嗣,臣恐天皇不血食矣。"则天寤之,乃止。

此事《旧传》系于"延载初"(694),《通鉴》卷二〇四天授二年(691)十月《考异》认为或是载初(689)之误,即发生在革唐建周之时。其后,吉顼、狄仁杰还都提出过和李昭德同样的主张。《旧唐书》卷一八六上《酷吏·吉顼传》说:

> 初,中宗未立为皇太子时,〔张〕易之、昌宗尝密问顼自安之策,顼曰:"公兄弟承恩既深,非有大功于天下,则不全矣。今天下士庶,咸恩李家,庐陵既在房州,相王(李旦)又在幽闭,主上春秋既高,须有付托,武氏诸王,殊非属意。明公若能从容请建立庐陵及相王,以副生人之望,岂止转祸为福,必长享茅土之重矣。"易之然其言,遂承间奏请。则天知顼首谋,召而问之,曰:"庐陵王及相王,皆陛下之子,先帝顾托于陛下,当有主意,唯陛下裁之。"则天意乃定。

卷八九《狄仁杰传》说:

> 初,中宗在房陵,而吉顼、李昭德皆有匡复说言,则天无复辟意。唯仁杰每从容奏对,无不以子母恩情为言,则天亦渐省悟,竟召还中宗,复为储贰。

读史者切莫以为此李昭德、吉顼、狄仁杰是站在武曌的对立面,反对她革唐建周,绝非如此。其时反对她革唐建周、反对她称帝,甚至前此反对她临朝称制的裴炎、刘祎之、魏玄同、刘濬诸人,如《旧唐书》卷八七《裴刘魏传》及乾陵出土《刘濬墓志》所说,都被她坚决清除无一幸免①。而李昭德等在皇位继承人问题上进言,不仅没有使她感到触犯,且为她接受采纳,说明他们是真心实意地在为她尽忠效劳,出谋划策②。上引《旧传》

---

① 我别有《读唐刘濬墓志》,收入拙撰《唐代史事考释》。
② 所以《旧唐书·李昭德传》说武曌认为"我任昭德,每获高卧,代我劳苦";《狄仁杰传》说仁杰"当时恩宠无比";吉顼更名列《酷吏传》,武曌"堪委以心腹":他们在武曌看来都是所谓自己人。

里的言辞盖多出事后追记，和开元时李邕所撰《梁公别传》里的匡复之辞同样未必尽属实录①，但主要的论点是很明确且相一致的，即为武曌死后血食计，只能立李姓的亲儿子而不能立武姓的娘家侄儿。《李昭德传》所说"岂有侄为天子而为姑立庙"，《吉顼传》强调"庐陵王及相王皆陛下之子"，《狄仁杰传》"以母子恩情为言"，以及《通鉴》卷二〇六圣历元年（698）二月据《梁公别传》所写的"姑侄之与母子孰亲，陛下立子，则千秋万岁后配食太庙，承继无穷，立侄，则未闻侄为天子而祔姑于庙者也"，都是这个意思。这种言论在今天看来自毫无价值，单就人死为鬼要"血食"这点就荒唐不值一笑。但当时是封建社会，武曌逃不出封建意识的圈子，即不仅要做现实生活里的皇帝，还必须考虑身后"血食"这个大问题。她革唐建周时把李旦保留为"皇嗣"，就多少已从身后"血食"来考虑，李昭德等人也可能正是看到这一点，才敢反复进言。终于取得一致的认识后，在圣历元年（698）把庐陵王召还东都，正式立为皇太子，皇嗣李旦仍封相王，解决了皇位继承人这个大难题。

封建社会里并非皇帝一个人掌握最高权力，即使进入纯粹的封建地主制社会仍是如此，除皇帝外还需要有一个政治上的重心或曰领导集团，这个集团在武曌看来理当由武氏家族来组成，否则她花了那么多心力来革唐建周为了什么？据《新唐书》卷四《则天皇后纪》，降李旦为皇嗣的同时曾给他"赐姓武氏"，是否也有点这种意思，但这只是个空名，还需要让真正的武氏家族来掌握实权。所以她封的武氏诸王郡王都是另有官职的，其中尤以魏王武承嗣、梁王武三思最为显要。前面说过武承嗣是文昌左相、同凤阁鸾台三品、知内史事，《旧唐书》本传说他因希冀立为皇太子而失宠，如意元年（692）"罢知政事"，"怏怏而卒"，武三思就起而代之，如《外戚·三思传》所说在庐陵王召回为皇太子的同一年圣历元年（698）

---

① 《梁公别传》已失传，只有《通鉴考异》引用其片段作《狄梁公传》，但认为"其辞鄙诞，殆非邕所为"。其实《旧唐书·狄仁杰传》已提及此《别传》，《新唐书》卷五八《艺文志》杂传纪类更将此《别传》录入作《狄仁杰传》三卷，因此不可能是后人伪托。"其辞鄙诞"者，正是由于李邕杂采传说所致，不足为怪。

"检校内史",第二年"进拜特进、太子宾客"。这些人当然不是绝无才能,如《三思传》就说他"略涉文史,性倾巧便僻,善事人,由是特蒙信任",但更主要的还在于他们和武曌的亲属关系。所以先后掌大权为宰相的武承嗣、武三思都是武曌的亲侄儿,武三思的儿子、武曌的亲侄孙武崇训的权势也远在其他郡王之上。郡王中还有个武攸暨因尚武曌女儿太平公主,如《外戚》本传所说一度"进封定王"。

婚姻通常并不带有政治性,但少数婚姻确是有其政治因素,武李两家的婚姻,除上述武攸暨尚武曌女太平公主外,武崇训尚李显女安乐公主,武承嗣子延基尚李显女永泰公主,武曌兄子赠陈王承业子延晖尚李显女新都公主,见《唐会要》卷六"公主"和《新唐书》卷八三《公主传》,都是武曌有意识地想把武李两家融为一体的措施。《旧唐书·则天皇后纪》记圣历元年(698)九月召还庐陵王李显立为皇太子、二年(699)二月封皇嗣李旦为相王后,在这年秋七月说"上以春秋高,虑皇太子、相王与梁王武三思、定王武攸暨等不协,令立誓文于明堂"①,也显然出于同样的意图。

这种想把武李两家融为一体,形成一个以李氏居虚名、武氏掌实权的李武政权,对武曌说来是早有经验的。永淳二年(683)唐高宗病逝后由李显、李旦先后当名义上的皇帝而由武曌以皇太后身份掌握实权临朝称制,甚至麟德元年(664)诛上官仪后她以皇后身份"垂帘于〔高宗〕御座后,政事大小皆预闻之,内外称为'二圣'",实际上都已经是后来李武政权的先导。用婚姻来巩固李武关系,也早已是她本人行之有效的办法,她正是作为李家的皇后、皇太后来成为这一政权的首脑。

二 怎样认识张柬之发动的政变

神龙元年(705)正月,守凤阁侍郎、同凤阁鸾台平章事张柬之,鸾

---

① 攸暨原作"攸宁",显系错误,《通鉴》卷二〇六圣历二年六月壬寅记此事已改正作"攸暨"。

台侍郎、同凤阁鸾台平章事崔玄玮，左羽林将军桓彦范，右羽林将军敬晖，司刑少卿兼知相王府司马事袁恕己等利用禁军发动政变，杀张易之、张昌宗，逼武曌传位于皇太子李显即中宗，复国号为唐，同年十一月武曌老病死去。但武三思、武攸暨等仍掌握政权，早在这年五月就封张柬之等五人为王而罢其政事，第二年五王贬死。旧史既肯定五王"忠于唐室"，又认为他们不乘势剪除武三思等是失策。如《旧唐书》卷九一在这五王的传后就写道：

史臣曰：昔夫差入越，勾践保于会稽，不听子胥之言，而有甬东之叹。此五王除凶返正，得计成功，当是时，彦范、敬晖，握兵全势，三思、攸暨，其党半歼。若从〔薛〕季昶之言，宁有〔周〕利贞之祸？盖以心怀不忍，遽失后图，黜削流移，理固然也。且芟蔓而不能拔本，建谋而尚欠防微，死即无辜，祸由自掇，失断召乱也，不亦宜哉！

赞曰：嗟彼五王，忠于有唐，知火在木，谓其无伤，祸发既克，势摧靡当，何事不敏，周身之防。

《新唐书》卷一二〇这五王的传赞也说：

五王提卫兵，诛嬖臣，中兴唐室，不淹辰天下晏然，其谋深矣。至谓中宗为英主，不尽诛诸武，使天子藉以为威，何其浅耶！衅牙一启，为艳后竖儿所乘，劫持戮辱，若放豚然。何哉？无亦神夺其明，厚韦氏毒，以兴先天之业乎，不然，安李之功，贤于汉平、勃远矣。

后来的读史者也多认同这类言论。但从当时已筹建着李武政权这个角度来看，这类言论只能算是皮相之谈，并没有接触到事态的实质。

首先，发动这次政变的主要目的是什么？是逼武曌让位下台从而恢复唐室，还是剪除张易之、张昌宗兄弟以清君侧？很显然是后者而不是前者。

这二张兄弟是武曌的"面首",这"面首"对女皇帝说来只是男性的妃嫔,不过因为是男性,参与政治的可能性要大于女性的妃嫔。当然这也要看是什么人。如在二张之前武曌的另一个"面首"薛怀义,就不是什么政治材料,尽管《旧唐书·外戚》所附《怀义传》说他"出入乘厩马,中官侍从,诸武朝贵,匍匐礼谒",但对诸武朝贵构不成胁,甚至如《新唐书》卷一〇三《苏良嗣传》所说,良嗣为宰相时"遇薛怀义于朝,怀义偃蹇,良嗣怒,叱左右批其颊曳去"。最后恩衰被武曌缢杀了事。二张兄弟可不同,他们是高宗初年宰相张行成的族孙,政治活动能量远非"以鬻台货为业""非士族"的薛怀义可比。《旧唐书》卷七八《张行成传附二张传》说:

> 则天春秋高,政事多委易之兄弟。中宗为皇太子,太子男邵王重润及女弟永泰郡主窃言二张专政,易之诉于则天,付太子自鞫问处置,太子并自缢杀之。又御史大夫魏元忠尝奏二张之罪,易之惧不自安,乃诬奏元忠与司礼丞高戬云:"天子老矣,当挟太子为耐久朋。"则天曰:"汝何以知之?"易之曰:"凤阁舍人张说为证。"翌日,则天召元忠及说廷诘之,皆妄,则天尚以二张之故,逐元忠为高要尉,张说长流钦州。……及则天卧疾长生院,宰臣希得进见,唯易之兄弟侍侧,恐祸变及己,乃引用朋党,阴为之备。

案宦官在唐代形成内廷之政治集团,自为读史者所习知,但其事始于玄宗朝之高力士,而这时的"二张专政",却在实际上起着高力士等宦官的作用,因为他们和宦官一样可以出入宫禁,接近人主。所不同的,他们不像宦官是所谓刑余之人,从而在政治上能够有更大的号召力,所谓"引用朋党"不是一句空话。《旧唐书·二张传》就说这次政变后"朝官房融、崔神庆、崔融、李峤、宋之问、杜审言、沈佺期、阎朝隐等皆坐二张窜逐,凡数十人"。此外亲附二张有实迹可查的还有李迥秀、杨再思、苏味道、吉顼、韦承庆、韦嗣立,见《旧唐书》卷六二《李传》、卷九〇《杨传》、卷九四《苏传》、《酷吏·吉传》和《新唐书》卷一一六《二韦传》,参加张易之主持的控鹤监后改奉宸府为供奉的除宋之问、阎朝隐外还有薛稷、员半千、田归道,见《旧唐书·二张传》《吉传》及卷一四一中《文苑·员宋阎传》,其中李迥秀、杨再思、苏味道、李峤、韦承庆、韦嗣立、房融在此时期还先后充任过宰相,见《旧唐书·李杨苏传》、卷九四《李峤传》、卷八八《二韦传》及《新唐书》卷六一《宰相表》。可见二张在李武政权之外已逐渐形成另一股新势力。当这股新势力尚未形成时,武氏家族承嗣、三思之流自可看武曌面上"候其门庭,争执鞭辔",对二张作出点谄媚姿态,形成而且壮大了,两者之间就不可避免要发生矛盾。上面所引《二张传》里讲到的皇太子长子邵王重润之狱就是一个例证。此狱事发生在大足元年(701)即政变的前四年,《旧唐书》卷八六《中宗诸子·重润传》说:"大足元年,为人所构,与其妹永泰郡主、婿魏王武延基等窃议张易之兄弟何得恣入宫中,则天令杖杀。"《外戚·武承嗣传附延基传》则说:"〔延基〕与其妻永泰郡主及懿德太子(即邵王重润,政变后追赠懿德太子)等话及易之兄弟出入宫中,恐有不利,后忿争不协,泄之,则天闻而大怒,咸令自杀。"这里不管是"自杀"还是"杖杀",其缘反对二张而见杀则是一致的。这邵王重润及其父皇太子李显等李家的人此时诚无多大势力,武家的人却是照例碰不得的。曾经是武曌的亲信且如上所说与二张有关系的吉顼,如《旧传》所说就因"与武懿宗争赵州功于殿中,……尝不相假,则天以为卑我诸武于我前,其可倚与",而卒被贬死。这时在武氏家族中地位远高于武懿宗的武承嗣长子继魏王武延基,却因反对二张,连带其妻永泰郡主、妻舅邵王重润统统被处死,武氏家族怎会认输屈服。而且过了两年即长安三年(703),和御史大夫魏元忠同被二张诬奏以至贬逐的司礼丞高戬,据《通鉴》卷二〇七长安三年九月条又正是"太平公主之所爱",太平公主则是武曌的亲生女、皇太子李显之妹、武攸暨之妻。二张势力如此一再危及李武政权的成员,李武政权为生存计,安得不事反攻。《通鉴》卷二〇七记长安四年(704)七月丙申以赃贿事审鞫二张,十二月"屡有人为飞书及榜其书于通衢,云易之兄弟谋反"①,都应是代表李武势力在反攻。值得注意的是,后来五王中的桓彦范,此时任司刑少卿,崔玄玮,已为宰相,据《通鉴》及《旧唐书·五王传》此时都是攻击二张的积极分子,二张赖武曌的庇护不易攻倒,于是进一步爆发了神龙元年(705)正月的军事政变。很明显,这次政变是代表李武政权成员的利益,以剪除二张为其主要目的。

这一点从参与政变的成员以及动员的言辞都看得很清楚。动员言辞见《旧唐书》卷一〇九《李多祚传》,说:

> 张柬之将诛张易之兄弟,引多祚将筹其事,谓曰:"……大帝之子见在东宫,逆竖张易之兄弟擅权,朝夕危逼,宗社之重,于将军诚能报恩,正属今日。"多祚……遂与柬之等定谋诛易之兄弟。

这里只提剪除张易之兄弟而未及其他。参与的成员则如《旧唐书·桓彦范传》说:

> 则天不豫,张易之与弟昌宗入阁侍疾,潜图逆乱,凤阁侍郎张柬之与桓彦范及中台右丞敬晖等建策将诛之。柬之遽引彦范及晖并为左右羽林将军,委以禁兵,共图其事。时皇太子每于北门起居,彦范与晖因得谒见,密陈其事,太子从之。神龙元年正月,彦范与敬晖及左羽林将军李湛、李多祚②、右羽林将军杨元琰、左威卫将军薛思行等率左右羽林兵及千骑五百余人讨易之、昌宗于宫中,令李湛、李多祚就东宫迎皇太子,兵至玄武门,彦范等奉太子斩关而入。

又《袁恕己传》说:

---

① 《旧唐书·二张传》略同,但误记赃赂事于长安二年。
② 案之《旧唐书·李多祚传》,多祚此时已是右羽林大将军,《桓传》此处微误。

> 长安中,历迁司刑少卿兼知相王(李旦)府司马事,敬晖等将诛张易之兄弟,恕已预其谋议,又从相王统率南衙兵仗以备非常。

《外戚·武攸暨妻太平公主传》说:

> 神龙元年,预诛张易之谋有功,进号镇国太平公主,相王加号安国相王。

《外戚·武承嗣传》后说:

> 中宗即位,侍中敬晖等以唐室中兴,武氏诸王宜削其王爵,……上答曰:"……攸暨、三思皆悉预告凶竖(二张),虽不亲冒白刃,而亦早献丹诚,今若却除旧封,便虑有功难劝。"

《通鉴》卷二〇八神龙元年五月乙酉说:

> 以张柬之等及武攸暨、武三思、郑普思等十六人皆为立功之人,赐以铁券,自非反逆,各恕十死。

可见李武方面的主要人物皇太子李显、相王李旦、太平公主、公主夫武攸暨以及武三思全部参与了这次政变,因为剪除二张正实现了他们的共同心愿。也正因为李武主要人物全部出动,才顺利地使禁军为他们驱使,如第四章第四节所说进入玄武门取得政变的成功。

至于由清君侧进而立逼武曌传位于皇太子李显,则似不在预定计划之中。《旧唐书》卷八二《李义府传附李湛传》说:

> 时凤阁侍郎张柬之将诛张易之兄弟,遂引湛为左羽林将军,令与敬晖等启请皇太子,备陈将诛易之兄弟意,太子许之。及兵发,湛与

右羽林大将军李多祚等诣东宫迎皇太子，拒而不时出。湛进启曰："逆竖反道乱常，将图不轨，宗社危败，实在须史，湛等诸将与南衙执事克期诛剪，伏愿陛下暂至玄武门，以副众望。"太子曰："凶竖悖乱，诚合诛夷，然圣躬不豫，虑有惊动，公等且止，以俟后图。"湛曰："诸将弃家族，共宰相同心戮力，匡辅社稷，殿下奈何不哀其恳诚而欲陷之鼎镬，湛等微命，虽不足惜，殿下速出自止过。"太子乃驰马就路，湛从至玄武门，斩关而入，率所部兵直至则天所寝长生殿，环绕侍卫，因奏："臣等奉令诛逆贼易之、昌宗，恐有漏泄，遂不获预奏，辄陈兵禁掖，是臣等死罪。"……则天移就上阳宫，因留湛宿卫。

这里写得颇为蹊跷。皇太子李显早就同意诛二张，何以临发又"拒而不时出"？这当是李显已了解到要对武曌有所动作，所以想用"圣躬不豫，虑有惊动，公等且止"的话来阻止。当然，正位称皇帝对李显来说是很愿意的，不过自从被武曌迎回东都当上皇太子后，进一步当皇帝已是题中应有之义，何况武曌此时确已老病垂危，只要剪除二张这个危险因素，很快就可名正言顺地即位称尊，何必对武曌动用武力，徒然得个威逼生母的恶名，并且引起武氏家族的疑忌。但事出仓卒，只好不得已而顺从。所以《通鉴》卷二〇八神龙元年五月甲午《考异》引《统纪》有这样的记载：

  太后善自粉饰，虽子孙在侧，不觉其衰老。及在上阳宫，不复栉颒，形容羸悴，上（李显）入见，大惊，太后泣曰："我自房陵迎汝来，固以天下授汝矣，而五贼贪功，惊我至此。"上悲泣不自胜，伏地拜谢死罪。由是三思等得入其谋。

此事之真实与否姑置不论，而所谓太后武曌的话确是实情。授李显以天下既是武曌本意，则名义上的易周为唐亦属既定计划，何劳张柬之等威逼武曌始能实现？张柬之等威逼武曌只能说是贪拥立之功，实在算不上真正

"忠于有唐"。

《旧唐书·五王传》史臣所说"当是时,彦范、敬晖,握兵全势,三思、攸暨,其党半殂,若从季昶之言,宁有利贞之祸",也完全有悖于当时的情势。薛季昶之言见于《旧唐书·敬晖传》,说:

> 初,晖与彦范等诛张易之兄弟也,洛州长史薛季昶谓晖曰:"二凶虽除,产、禄犹在,请因兵势诛武三思之属,匡正王室,以安天下。"晖与张柬之屡陈不可,乃止。季昶叹曰:"吾不知死所矣!"……晖等既失政柄,受制于三思,晖每推床嗟惋,或弹指出血。柬之叹曰:"主上畴昔为英王时,素称勇烈,吾留诸武,冀自诛锄耳。今事势已去,知复何道。"

案禁军诚然是当时赖以发动政变的主要武力,但这次政变发动时桓彦范、敬晖只是禁军的左右羽林军将军,羽林军的大将军是武攸宜、李多祚①。李多祚是临时动员过来的,武攸宜更是武家的人,如何能如史臣所说是"彦范、敬晖,握兵全势"?二张此时和武氏家族处于对立地位,二张被杀,如何能说是"三思、攸暨,其党半殂"?三思、攸暨都参与了剪除二张的政变。而且拥有相当的实力,武攸宜之分掌禁军即是一例,张柬之等又如何可能"因兵势诛武三思之属"。因此不仅这史臣所说不中情理,连所谓薛季昶进言云云恐也未必是事实,起码也是一种不负责任的主张,张柬之等自无从采纳。反之,张柬之等人主观上倒是想连武三思等也清除掉的,因为他们威逼武曌就是贪拥立之功以图掌权,能进而除掉武氏家族不是可以更掌握全权?前引《旧唐书·武承嗣传》后所记李显即位敬晖等请削诸武王爵一事,就已见端倪,只是限于实力,才不敢断然行动,至于所

---

① 武攸宜之为右羽林大将军见于《通鉴》卷二〇七神龙元年正月,作"柬之又用彦范、晖及右散骑侍郎李湛皆为左右羽林将军,委以禁兵,易之等疑惧,乃更以其党武攸宜为右羽林大将军,易之等乃安"。案武氏家族此时已与二张水火,攸宜不可能是二张之党,但《通鉴》记其任右羽林大将军必有所本,不致虚构。

谓留诸武冀李显加以诛锄，更是不中情理的妄说，张柬之等都无此力量，何论全无实力的李显。《新唐书·五王传》转信此说以立论，实太无识。

唐自长孙无忌、褚遂良等为高宗剪除后，就再没有出现过宰相可以左右中枢全局的事情。这时张柬之等不仅挟持李显以贪拥立之功，还有不利于武氏家族的表示，说明他们要想另成其操纵朝政的新势力，这当然非李武政权之所能容忍。张柬之等人根基本甚浅薄，政变之所以成功是由于代表了李武政权的利益。这时转而与李武政权为敌，其失败贬逐，以至见杀于武党周利贞自属必然，毋庸赘说。

三　对所谓韦后乱政的剖析

李显改周为唐后，在位六年，庙号中宗。这六年中，皇后韦氏干政，名声极坏，《通鉴纪事本末》就把这段历史和武曌的统治合编在一起，题曰"武韦之乱"。而所以出现这样的局面，通常都认为是由于中宗昏庸，如《旧唐书》卷七《中宗纪》史臣所说是"志昏近习，心无远图"，"纵艳妻之煽党"的结果。但从李武政权这点来看，便可看出其真相并非如此。

旧史所记此时期韦后等人的恶迹至多，除一般侈靡淫乐、卖官鬻狱，为封建统治者所常有，无足深论外，较有关系的如《旧唐书》卷五一《后妃·中宗韦庶人传》所说：

〔中宗〕受上官昭容邪说，引武三思入宫中，升御床，与后双陆，帝为点筹，以为欢笑，丑声日闻于外。……时侍中敬晖谋去诸武，武三思患之，乃结上官氏以为援，因得幸于后，潜入宫中谋议，……于是三思骄横用事。……后……欲宠树〔幼女〕安乐公主，乃制公主开府，置官属。太平公主仪比亲王。

以及《中宗上官昭容传》所说：

> 昭容名婉儿，……随母配入掖庭，……则天时，婉儿忤旨当诛，则天惜其才不杀。……自圣历已后，百司表奏，多令参决。中宗即位，又令专掌制命，深被信任，寻拜为昭容。……婉儿既与武三思淫乱，每下制敕，多因事推尊武氏而排抑皇家。

《外戚·武三思传》所说：

> 初，敬晖等立功后掌知国政，三思虑其更为己患，而令其子崇训因安乐公主构诬敬晖等，并流于岭表而死。自是三思威权日盛，军国政事，多所参综，敬晖等所斥黜者，皆能引复旧职，令百官复修则天之法。……中宗寻又制：武氏崇恩庙一依天授时旧礼享祭，其昊陵、顺陵并置官员，皆三思意也。

但这些无非说明此时虽然李家的人做了皇帝，武家的人仍然掌握实权，这正是武曌当年安排好的李武政权顺理成章在登台表演。"百官复修则天之法"，以及武氏崇恩庙的享祭，武氏先人昊、顺二陵的置官，在武氏家族和甘当名义上皇帝的中宗李显看来是理所当然的事情。上官婉儿之得掌制命只是承袭武曌时的旧规，其每下制之多推尊武氏也只是遵循武氏必须掌权立威的原则，和她与武三思淫乱与否并无关系。武三思本是武承嗣死后武氏家族的首席代表人物，在李武政权中自有掌握大权的资格，并非由于他和韦后或上官婉儿淫乱才能窃取权力，更不是由于惧怕敬晖等宰相危害自己才要窃取权力。至于韦后女安乐公主和武曌女太平公主之有特殊权势，也不靠韦后或其他人来宠树，而是如前所说，太平公主之夫是武攸暨，安乐公主之夫是武三思之子武崇训，她们既是李家公主，又是武家外甥女和媳妇，在李武政权中有其特殊地位的缘故。当然，这样讲不是认为韦后等人就是良善之辈，并无政治野心，也不是认为这些人之间并无淫乱行为，因为宫闱淫乱在其时本属茶饭常事，而只是说上引旧史所纪这些人的重大恶迹应该从李武政权这点来认识，才不致把出现这些历史现象一概归之于某些统治者的个人品德。

这种李武政权，中宗李显对它是无异议的，韦后在前期也是全力支持它的。但某些李家的人对它并不满意，他们想去掉武氏，把李武政权改变为李氏独家掌握、名实俱归的政权，中宗第三子非韦后所出的李重俊就是这样一个人物。《旧唐书》卷八六《中宗诸子·节愍太子重俊传》说：

> 〔神龙〕二年（706）秋立为皇太子。……时武三思得幸中宫，深忌重俊，三思子崇训尚安乐公主，常教公主凌忽重俊，以其非韦氏所生，常呼之为奴，或劝公主请废重俊为王，自立为皇太女。重俊不胜忿恨，三年（707）七月，率左羽林大将军李多祚、右羽林将军李思冲、李承况、独孤祎之、沙吒忠义等矫制发左右羽林兵及千骑三百余人，杀三思及崇训于其第，并杀党羽十余人。又令左金吾大将军成王千里分兵守宫城诸门，自率兵趋肃章门，斩关而入，求韦庶人及安乐公主所在，又以昭容上官氏素与三思奸通，扣阁索之。韦庶人及安乐公主遽拥帝驰赴玄武门楼，召左羽林将军刘仁景等，令率留军飞骑及百余人于楼下列守。俄而多祚等兵至，欲突玄武门楼，宿卫者拒之，不得进。帝据槛呼多祚等所将千骑，谓曰："汝并是我爪牙，何故作逆？若能归顺，斩多祚等，与汝富贵。"于是千骑王欢喜等倒戈，斩多祚及李承况、独孤祎之、沙吒忠义等于楼下，余党遂溃散。重俊既败，……为左右所杀。

从利用李多祚等禁军将领这点，重俊的做法和当年张柬之等是一致的。但张等成功而重俊失败者，是由于张等的行动代表了李武两家的共同利益，而重俊则止凭他个人和与他并无多少渊源的部分禁军，却要去掉整个武氏家族包括和武氏家族沆瀣一气的韦后在内，在韦后、安乐公主以及中宗等李武政权代表者的抗御下自然必败无疑。所以当时虽然已"分兵守宫城诸门"包括玄武门在内，韦后、安乐公主仍能拥中宗登玄武门楼，中宗一呼便能使千骑倒戈，李多祚等及重俊不得不随之被杀。

但重俊这次政变毕竟袭杀了武氏家族为首的武三思、武崇训父子，多少削弱了一点武家的力量，这在客观上给韦后造成了扩充韦家权势的机会。在这以前，韦后是以李武政权成员的面貌出现在政治舞台上的，这次政变武三思父子被杀后就有所变化。《旧唐书·韦庶人传》说：

> 神龙三年（707），节愍太子死后，宗楚客率百僚上表，加后号为顺天翊圣皇后。景龙二年春，宫中希旨，妄称后衣箱中有五色云出，帝使画工图之，出示于朝，乃大赦天下，百僚母妻各加邑号。右骁卫将军知太史事迦叶志忠上表曰："昔高祖未受命时，天下歌《桃李子》；太宗未受命时，天下歌《秦王破阵乐》；高宗未受命时，天下歌《侧堂堂》；天后未受命时，天下歌《武媚娘》；伏惟应天皇帝（李显）未受命时，天下歌《英王石州》；顺天皇后（韦后）未受命时，天下歌《桑条韦也》《女时韦也》。……伏惟皇后降帝女之精，合为国母，……谨进《桑条歌》十二篇，伏请宣布中外，进入乐府，皇后先蚕之时，以享宗庙。"帝悦而许之。……兵部尚书宗楚客又讽补阙赵延禧表陈符命，解《桑条》以为十八代之符，请颁示天下，编诸史册，帝大悦。……
> 〔景龙〕三年（709）冬，帝将亲祠南郊，国子祭酒祝钦明、司业郭山恽建议云："皇后亦合助祭。"……帝纳其言，以后为亚献。

可见此时韦后已不以李武政权的成员自甘，而要模仿武曌之于高宗，准备制造一个"内外称为二圣"的局面。接着，景龙四年（710）六月中宗死去，韦后又进一步学习武曌的临朝称制，如《韦庶人传》所说：

> 后与兄太子少保温定策，立温王重茂为皇太子，召诸府兵五万人屯京城，分为左右营，然后发丧。少帝即位，尊后为皇太后，临朝摄政。韦温总知内外兵马，守援宫掖。驸马韦捷、韦灌分掌左右屯营，武延秀及温从子播、族弟璿、外甥高崇（嵩）共典左右羽林军及飞

骑、万骑。

案之《旧唐书》卷八六《中宗诸子传》，这温王重茂是中宗第四子，后宫所生，后来死于开元二年（714），这时才十岁，自然是个傀儡。武延秀则是武承嗣之子，武崇训被杀后安乐公主的新夫，和韦温等韦家的人来掌握禁军这个要害部门，在李武政权外另行形成其势力。要说韦后乱政，只有到这个时候才说得上，因为这以前的政权是李武政权，韦后不能负主要责任。

中宗李显之死，《旧唐书·中宗纪》说是"安乐公主志欲皇后临朝称制而求立为皇太女，由是与后合谋进鸩"。《韦庶人传》则说"帝遇毒暴崩，时马秦客侍疾，议者归罪于秦客及安乐公主，后惧，秘不发丧"，已和《中宗纪》说得不尽一致。其实恐怕都是后来李隆基等发动政变诛杀韦后、安乐公主时给安上的罪名，以示政变之名正言顺。如果真是安乐公主为了要当皇太女而和韦后合谋毒杀中宗，则事成后何以韦后不践此诺言立皇太女而只立重茂为皇太子为皇帝？《通鉴》卷二〇九景龙元年五月丁卯说燕钦融上言"皇后淫乱，干预国政"云云而为宗楚客扑杀，"上虽不穷问，意颇怏怏不悦，由是韦后及其党始忧惧"，胡三省注并点明这是"为韦后弑逆张本"，则更出于附会想象。韦后之干预国政久为中宗默许，何以此时经人家上言点出就"怏怏不悦"（《旧唐书·中宗纪》记此事就没有说中宗"怏怏不悦"）？中宗的存在对韦后干政并无妨碍，韦后又何必谋杀中宗以招来个封建社会中大不韪的"篡弑"罪名，给自己增添麻烦。因此，中宗很大可能是病死的。《旧唐书·中宗纪》说他"显庆元年（656）十一月乙丑生"，崩时"年五十五"，宫廷的淫乐生活容易损伤人的健康，年过半百因病死亡本属正常。何况《韦庶人传》正有"马秦客侍疾"的明文，可以证明此时中宗确实在患病。

四　李隆基获取政权和睿宗内禅

　　唐玄宗李隆基是相王即睿宗李旦的第三子，他为了获取政权，先后发动两次军事行动。一次是景龙四年（710）六月壬午中宗去世改元唐隆的同月庚子夜利用禁军发动政变，杀韦后、安乐公主、武延秀、上官婉儿，使睿宗当上皇帝，他进封平王，册为皇太子。再一次是延和元年（712）七月壬午受睿宗内禅为皇帝，第二年先天二年（713）七月三日杀太平公主，取得全部政权。

　　同样利用禁军发动政变，为什么李隆基能够成功，而前此他的堂兄弟重俊失败。这不排除可能存在的某些偶然原因，但根本的决定性原因则是由于力量强弱不同。如前所说，重俊虽是皇太子，并无自己的实力，要和整个武氏家族包括韦后、安乐公主等为难，自然寡不敌众。李隆基则不同，《旧唐书》卷七《睿宗纪》记李隆基以临淄王身份发动的政变说：

> 景龙四年夏六月，中宗崩，韦庶人临朝，引用其党分握政柄，忌帝望实素高，潜谋危害。庚子夜，临淄王讳与太平公主子薛崇简、前朝邑尉刘幽求、长上果毅麻嗣宗、苑总监钟绍京等率兵入北军，诛韦温、纪处讷、宗楚客、武延秀、马秦客、叶静能、赵履温、杨均等，诸韦武党羽皆诛之。

这里称"临淄王讳"，可见是直接录自玄宗时所修的《睿宗实录》，如《新唐书》卷五八《艺文志》著录的刘知几《太上皇实录》、吴兢《睿宗实录》之类，其不提杀韦后及武延秀妻安乐公主者，自以韦后、安乐公主是李隆基的婶母和堂姊妹，动手诛杀多少有损于已为今上的李隆基的令德，这和《旧唐书》卷八《玄宗纪》、卷一〇六《王毛仲传》及《韦庶人传》之诿为"乱兵所杀"是同一用心，不必注意。值得注意的是，和李隆基合谋参与政变的有太平公主与前夫薛绍所生子薛崇简在内，而且居于合谋参与者的首列,《韦庶人传》和《玄宗纪》也是这么说。《玄宗纪》且有李隆基"与太平公主谋之,公主喜,以子崇简从"的明文,可见这次政变是代表相王李旦一系的李隆基和太平公主一系的联合行动。太平公主固是高宗李治的幼女,但系武曌所出,此时的丈夫又是武曌的堂侄武攸暨,因此实际上代表着一部分武氏势力。《睿宗纪》所记政变后"废武氏崇恩庙,其昊陵、顺陵并去陵名",而景云二年(711)又"复武氏昊陵、顺陵,仍量置官属,太平公主为武攸暨请也"可证。李隆基能利用武氏势力中太平公主一系为其同盟,用来对付武氏另一系安乐公主、武延秀以及刚欲另成势力的韦后,其力量自非重俊之可比拟。因而禁军左右羽林军之主力万骑也就甘愿归附他为他利用。如《玄宗纪》所说:

> 上(李隆基)……以庚子夜率幽求等数十人自苑南入,总监钟绍京又率丁匠百余以从,分遣万骑往玄武门杀羽林将军韦播、高嵩,持首而至,众欢叫大集,攻白兽、立德等门,斩关而进,左万骑自左入,右万骑自右入,合于凌烟阁前,时太极殿前有宿卫梓宫万骑,闻噪声,皆披甲应之,韦庶人惶惑走入飞骑营,为乱兵所害。

于是政变成功。

至于李隆基此时之所以能和太平公主结成同盟,乃是由于当时安乐公主一系势力的膨胀和太平公主之间发生了矛盾。《通鉴》卷二〇八有两条记事很能说明这两系矛盾的尖锐化。一条是景龙元年(707)七月所记:

> 襄邑尉襄阳席豫闻安乐公主求为太女,叹曰:"梅福讥切王氏,独何人哉!"乃上书请立太子,言甚深切。太平公主欲表为谏官。

说明安乐公主求为皇太女遭到太平公主的反对。再一条是同年八月所记:

> 安乐公主及兵部尚书宗楚客日夜谋谮相王,使侍御史冉祖雍诬奏

> 相王及太平公主，云"与重俊通谋，请收付制狱。"

说相王、太平公主与重俊通谋当然不是事实，否则重俊有这两支势力的协助也就不至于如此惨败，所以中宗也没有因此认真追究，但安乐公主要置太平公主和相王于死地则已十分明显。而安乐公主之所以能如此猖狂，又自由于其生母韦后此时之势力已膨胀到可以效法武曌的地步，使安乐公主有恃无恐。因此，李隆基利用其间的矛盾，以同受韦后、安乐公主倾害者的身份来拉拢太平公主，劝诱她和自己一起来发动政变，太平公主怎能不入其彀中。

景龙四年六月庚子政变成功，第二天辛丑李隆基就进封为平王，第四天癸卯又以殿中监兼知内外闲厩押左右厢万骑而同中书门下三品为宰相，比睿宗取代韦后所立少帝重茂而为皇帝还早一天[①]。这可以说是由于立下大功需要酬庸。但李隆基只是睿宗的第三子，却越过睿宗的长子宋王成器、次子申王成义，在同年七月己巳被睿宗册立为皇太子，这就不止一般的酬庸，而是鉴于李隆基此时势力迅速膨胀，如《旧唐书》卷九五《睿宗诸子传》所说，得到"诸王、公卿"的支持，认为他"有社稷大功合居储位"，从而采取的权变措施。接着到景云三年（712）就实现了睿宗内禅。《旧唐书·睿宗纪》记其事说：

> 八月庚子，帝传位于皇太子。自称太上皇帝，五日一度受朝于太极殿，自称曰朕，三品已上除授及大刑狱并自决之，其处分事称诰、令。皇帝每日受朝于武德殿，自称曰予。三品已下除授及徒罪并令决之，其处分事称制、敕。

[①] 均见《旧唐书·睿宗纪》，但《睿宗纪》说李隆基此时除押左右厢万骑外还检校龙武右军，而龙武军之成立实是其后开元二十六年（738）的事情，见《唐会要》卷七二"京城诸军"、《通典》卷二八"左右龙武军"及《旧唐书·玄宗纪》。《玄宗纪》未记载其时还检校龙武右军官职，《睿宗纪》此处误记。

这又是在李隆基势力的压迫下作再一次让步,但仍保留了一部分的最高权力。睿宗本身是没有多大实力的,要保存这点最高权力以与李隆基抗衡,自得依靠同样参加政变立有大功的另一实力派太平公主。正好太平公主也并非安分之徒,《旧唐书》卷一八三《太平公主传》说她"多权略,则天以为类己,每预谋议"。此时政变成功,对立面韦后、安乐公主清除之后,也迫切需要扩张自己的势力。于是如《太平公主传》所说:

> 公主频著大勋,益尊重,……每入奏事,坐语移时,所言皆听,荐人或骤历清职,或至南北衙将相,权移人主,军国大政,事必参决,如不朝谒,则宰相就第议其可否。

这也就是让李家的人居皇帝之名,而由代表武氏家族的太平公主来左右朝局,俨然是过去李武政权的延续。

这时延续李武政权,睿宗为了对付李隆基当然是愿意的。玄宗李隆基则决不会俯首就范。到他受内禅为皇帝后,太平公主便加速了行动。如《太平公主传》所说:

> 公主惧玄宗英武,乃连结将相,专谋异计。其时宰相七人,五出公主门,常元楷、李慈掌禁兵,常私谒公主。

无如此时武氏家族只剩下太平公主这点力量,较景龙四年政变前的韦后、安乐公主更为孤立,即使控制了一些宰相和禁军长官也无济于事。前面已说过,唐朝宰相在长孙无忌、褚遂良以后就不再成为左右中枢政局的力量,张易之、张昌宗控制过那么多宰相仍无救其败亡,宰相张柬之等必凭藉李武家族力量始能发动政变,而最终仍不免受困于武三思,都是明证。而禁军左右羽林军的主力左右万骑早就归附李隆基,在清除韦后、安乐公主时就首先用来杀掉他们的上级羽林将军韦播、高嵩。如今太平公主所控制的羽林长官常元楷、李慈之被架空也正和韦播、高嵩相同。因此在玄宗的攻击下必然一败涂地。《旧唐书·睿宗纪》说：

> 〔玄宗先天二年〕（713）秋七月甲子，太平公主与仆射窦怀贞、侍中岑羲、中书令萧至忠、左羽林大将军常元楷等谋逆，事觉，〔玄宗〕皇帝率兵诛之，穷其党与，太子少保薛稷、左散骑常侍贾膺福、右羽林将军李慈、李钦、中书舍人李猷、中书令崔湜、尚书左丞卢藏用、太史令傅孝忠、僧惠范等皆诛之。……翌日，太上皇诰曰："朕将高居无为，自今后军国刑政一事以上，并取皇帝处分。"

玄宗这次军事行动的成功，不仅迫使太上皇睿宗交出全部权力，自己成为名副其实的皇帝，而且把太平公主代表的武氏家族残余势力彻底消灭①，重新恢复清一色的李氏政权，当年武曌创建的李武政权，至此终于宣告结束。

五　和《记唐代之李武韦杨婚姻集团》的异同

《历史研究》1954年第1期也就是创刊号上登载了陈寅恪先生的《记唐代之李武韦杨婚姻集团》，当时不曾认真看。过了二十多年，在我研究李武政权快完成时，买到上海古籍出版社1980年刚出版的寅恪先生的《金明馆丛稿初编》，才把所收的这篇论文细读。其中主张当时存在"一牢固之复合团体，李、武为其核心"，我自然是同意的，尽管我所论证与先生仍多出入。至所说"韦、杨助之粘合"，我认为尚不甚确切。其分歧是先生认为"此李、武、韦、杨四大家族最高统治集团之组成实由于婚姻之关系"，我则认为当时某些婚姻固确有其政治意图，如武攸暨尚太平公主，武崇训、武延秀先后尚安乐公主之类，而更多统治者的婚姻并不具有这样的政治色彩。即以武曌本人而论，她见悦于唐太宗、唐高宗如《旧唐书·

---

①　太平公主之夫武攸暨此前于"延和元年（712）卒"，见《外戚·攸暨传》。

则天皇后纪》所说只是以其"美容止",和高宗王皇后之以"有美色"见纳相同,她藉此逐步攫取权力,形成武氏家族的政治势力则是后来的事情,并非一开始即是武、李两种政治势力在结合。韦后本也只是普通的后妃,适逢机会才参与中枢政权,最后正将另成其韦氏政治势力,即为玄宗所歼灭,而并非一开始就代表韦氏政治势力与中宗相结合。至于玄宗的杨贵妃更不曾像武曌及其家族那样掌握过中枢最高权力,就连韦后那样短暂地掌握也不曾有过。不能因为有这样一般的婚姻关系就把韦、杨两家也算进此复合的政治团体。

寅恪先生这篇论文还认为武氏政治势力延续至玄宗开元、天宝时尚不稍衰歇,到天宝末杨贵妃之死才告结束。但所持理由多难于成立。如先生指出"开元时如姚崇、宋璟、张说、张九龄等先后任将相,此诸人皆为武曌所拔用,故亦皆是武氏之党"。我认为恐不能这么说。这在前面第五章第五节评郭沫若的武则天研究已谈过,只是没有涉及被武曌拔用的人是否就算武氏之党这一点。所以需要在这里补充一下,即算不算武氏之党,还得看这些人有没有和武氏势力相互勾结的实迹。

就寅恪先生所列举的姚、宋、二张来讲,除《旧唐书》卷九九《张九龄传》说"玄宗在东宫举天下文藻之士亲加策问,九龄对策高第,迁右拾遗",并非由武曌拔用外,《旧唐书》卷六《则天皇后纪》、《新唐书·宰相表》说姚崇已于武周圣历元年(698)"同凤阁鸾台平章事",《旧唐书》卷九六《宋璟传》说宋璟也在武周末"迁左御史台中丞",卷九七《张说传》说张说武周长安初"迁右史内供奉,兼知考功贡举事,擢拜凤阁舍人",都可说是武曌所拔用,但又确实查不出他们有和武氏势力代表人物如武承嗣、武三思、安乐公主、太平公主等人勾结的实迹。勉强找点在疑似之间的,只有《旧唐书》卷九六《姚崇传》所说张柬之等政变成功,威逼武曌幽居上阳宫后,姚崇"独呜咽流涕"。其实他本是"预谋"诛张易之兄弟的,只是不同意张柬之等贪拥立之功而逼武曌下台的做法,所以当张柬之、桓彦范责备他时,他会讲:"事则天岁久,乍此辞违,情发于衷,非忍所得。昨预公诛凶逆者,是臣子之常道,岂敢言功;今辞违旧主悲泣者，亦臣子之终节。"这就是把诛二张和逼武曌分开来说的。而与他齐名的宋璟，则更有直接对抗武氏家族武三思的言行，如《宋传》所说：

〔中宗〕时武三思恃宠执权，尝请托于璟，璟正色谓之曰："当今复子明辟，王宜以侯就第，何得尚干朝政，王独不见产、禄之事乎！"俄有京兆人韦月将上书讼三思潜通宫掖，将为祸患之渐，三思讽有司奏月将大逆不道，中宗特令诛之。璟执奏请按其罪状，然后申明典宪，月将竟免极刑。

至于姚、宋、张说之被玄宗重用，很大程度是由于他们都曾站在玄宗一边反对太平公主。《旧唐书·姚崇传》说：

睿宗即位，……寻迁中书令，时玄宗在东宫，太平公主干预朝政，……外议以为不便，元之（崇原名）同侍中宋璟密奏请令公主往就东都，……以息人心。

《宋璟传》说：

时太平公主谋不利于玄宗，尝于光范门内乘辇伺执政以讽之，众皆失色，璟昌言曰："东宫有大功于天下，真宗庙社稷之主，安得有异议！"乃与姚崇同奏请令公主就东都。

《张说传》说：

玄宗在东宫，说与国子司业褚无量俱为侍读，深见亲敬，明年，同中书门下平章事。……皇太子即帝位，……太平公主引萧至忠、崔湜等为宰相，以说为不附己，转为尚书左丞罢知政事，仍令往东都留司。说既知太平等阴怀异计，乃因使献佩刀于玄宗，请先事讨之，玄宗深嘉纳焉。

他们既如此反对代表武氏最后势力的太平公主，自然不能如寅恪先生所说是"武氏之党"。

寅恪先生还认为玄宗时大宦官高力士也是"武氏政治势力之维持者"，玄宗的妃嫔武惠妃、杨贵妃以及生肃宗的杨妃，还有天宝时最有实权之宰相李林甫、杨国忠，也都和武氏势力有关系。我认为也没有讲对，在后面讲玄宗朝中枢政局和肃宗得立为皇太子时都将一一辩说。

第七章　玄宗朝的中枢政局

一　对皇子和后妃的防微杜渐

景云三年（712）改元太极又改元延和的八月，玄宗李隆基即位，改元先天。先天二年（713）七月剪除太平公主，十二月改元开元。开元经历了二十九年，改元天宝。天宝十四载（755）十一月安禄山叛乱，十五载（756）七月肃宗李亨自立于灵武，八月玄宗逊位为太上皇。先后加起来玄宗的统治长达四十五年，明代讲文学的人称之为盛唐，而称前此自高祖、太宗、高宗到武太后、中宗、睿宗为初唐，此后肃宗至敬宗为中唐，文宗以后为晚唐。

这盛唐确实可说是李唐的全盛时期，玄宗李隆基也确实是位有作为的皇帝。陈寅恪先生在《隋唐制度渊源略论稿》的"财政"章中就指出："隋虽统一南北，而为时甚短，又经隋末之扰乱，社会经济之进步亦为之停顿，直至唐高宗武则天之世，生养休息约经半世纪之久，社会经济逐渐进展，约再历半世纪，至玄宗之时，则进展之程度几达最高度，而旧日北朝之区域自西晋永嘉乱后其社会经济之发达未有盛于此时者也。"并引用《旧唐书》卷九〇《裴耀卿传》、《新唐书》卷五三《食货志》等讲说其时如何以"变造义仓"及"和籴"使关中经济得以自给，其后卢开万君撰写

《唐代和籴制度新探》①，又对先生认为"和籴之法乃由西北地方制度一变而成中央政府制度"加以纠正。凡此在讲政治史时自可不必赘说。这本《政治史》里要讲的是玄宗朝在政治以至军事上作出的前几朝都不曾考虑到的重大措施。这些措施和盛唐时期之所以能安定且富强有着紧密的关系，而最后安禄山的叛乱也可由此找到根源。

这一章里先说玄宗如何使中枢政局得以稳定。他抓了两个方面。首先是对皇子们的安抚，因为他自己就是以睿宗的第三子通过军事政变，诛杀中宗的韦后和安乐公主把睿宗扶上皇帝宝座，以功劳大超越睿宗的长子成器而成为皇太子、成为皇帝的。而且他的曾祖李世民也是以高祖的第二子通过玄武门之变成为皇帝的。为防微杜渐，他得着意安抚好他的大哥成器（后改名宪）、二哥成义（改名㧑）、弟弟隆范（后单称范）、隆业（后单称业）。《旧唐书》卷九五《睿宗诸子传》说：

> 玄宗兄弟圣历初出阁，列第于东都积善坊，五人分院同居，号"五王宅"。大足元年从幸西京，赐宅于兴庆坊，亦号"五王宅"。及先天之后，兴庆是龙潜旧邸，因以为宫。〔宁王〕宪于胜业东南角赐宅，申王㧑、岐王范于安兴坊东南赐宅，薛王业于胜业西北角赐宅，邸第相望，环于宫侧。玄宗于兴庆宫西南置楼，西面题曰花萼相辉之楼，南面题曰勤政务本之楼。玄宗时登楼，闻诸王音乐之声，咸召登楼同榻宴谑，或便幸其第，赐金分帛，厚其欢赏。诸王每日于侧门朝见，归宅之后，即奏乐纵饮，击毬斗鸡，或近郊从禽，或别墅追赏，不绝于岁月矣。游践之所，中使相望，以为天子友悌，近古无比，故人无间然。

对兄弟如此友悌，是要他们安分守己。其中本来可当皇太子的大哥宁王宪就做得比较好，《睿宗诸子传》说：

---

① 收入1983年陕西人民出版社出版《唐史研究会论文集》。

> 玄宗既笃于昆季，虽有谗言交构其间，而友爱如初。宪尤恭谨畏慎，未曾干议时政及与人交结，玄宗尤加信重之。

岐王范则不够注意，《诸子传》说：

> 范好学工书，雅爱文章之士，士无贵贱，皆尽礼接待，与阎朝隐、刘庭琦、张谔、郑繇篇题唱和，又多聚书画古迹，为时所称。时上禁约王公，不令与外人交结。驸马都尉裴虚己坐与范游谳，兼私挟谶纬之书，配徙岭外。万年尉刘庭琦、太祝张谔皆坐与范饮酒赋诗，黜庭琦为雅州司户，谔为山茌丞。然上未尝间范，恩情如初，谓左右曰："我兄弟友爱天至，必无异意，只是趋竞之辈强相托附耳，我终不以纤芥之故责及兄弟也。"

虽然对与外人结交的岐王范可以宽容不加斥责，和他饮酒赋诗的文士刘庭琦、张谔就得黜逐，驸马都尉和他游谳加上私挟谶纬更要配徙岭外。至于兄弟的亲戚当玄宗身体欠适时和外人私议休咎，处分自愈加严厉，《诸子传》所记：

> 〔开元〕十三年（725），上尝不豫，〔薛王〕业妃弟内直郎韦宾与殿中监皇甫恂私议休咎。事发，玄宗令杖杀韦宾，左迁皇甫恂为锦州刺史。妃惶惧，降服待罪，业亦不敢入谒。上遽令召之，业至阶下，逡巡请罪，上降阶就执其手曰："吾若有心猜阻兄弟者，天地神明，所共咎罪。"乃欢谳久之，仍慰谕妃，令复其位。

对薛王业和王妃则仍慰谕不追问。这样以胡萝卜为主，必要时副之以大棒，成为玄宗安抚兄弟诸王使他们安分守己的一贯措施。

对自己的皇子皇孙也是如此，所不同的是进而创设了和其前"五王宅"颇不一样的"十王宅"和"百孙院"。《旧唐书》卷一〇七《玄宗诸子传》说：

> 先天之后，皇子幼则居内，东封年（开元十三年，725），以渐成长，乃于安国寺东附苑城同为大宅，分院居，为十王宅，令中官押之。于夹城中起居，每日家令进膳，又引词学工书之人入教，谓之侍读。十王，谓庆、忠、棣、鄂、荣、光、仪、颍、永、延、济，盖举全数。其后盛、仪、寿、陈、丰、恒、凉六王又就封，入内宅。二十五年（737），鄂、光得罪，忠继大统，天宝中庆、棣又殁，唯荣、仪等十四王居院。而府幕列于外坊，时通名起居而已。外诸孙成长，又于十宅外置百孙院。每岁幸华清宫，宫侧亦有十王院、百孙院。宫人每院四百，百孙院三四十人。又于宫中置维城库，诸王月俸物约之而给用。诸孙纳妃嫁女，亦就十宅中。太子不居于东宫，但居于乘舆所幸之别院，太子亦分院而居。婚嫁则同亲王、公主，在于崇仁之礼院。

这里所说"盛、仪、寿、陈、丰、恒、凉六王又就封"，实数已有七王，当从《新唐书》卷七《玄宗诸子传》和《唐会要》卷五"诸王"作"寿、信、义、陈、丰、恒、凉七王就封"，而这《旧传》的盛王也应如《新传》和《会要》移入上文"十王"之中作"庆、忠、棣、鄂、荣、光、仪、颍、永、延、盛、济等王"。这样庆、忠等王是十二王，加上又就封的七王为十九王，其中"鄂、光得罪"，"忠继大统"，"庆、棣又殁"，共去掉五王，正好剩下"荣、仪等十四王居院"。"鄂、光得罪"事以《新传》所记为详悉，说：

> 太子瑛，始王真定，进王郢，开元三年（715）立为皇太子。……初，瑛母（赵丽妃）以倡进，善歌舞，帝在潞得幸，……鄂、光二王母（皇甫德仪、刘才人）亦帝为临淄王时以色选。及武惠妃宠幸

倾后宫，生寿王，爱与诸子绝等，而太子、二王以母失职，颇怏怏。惠妃女咸宜公主婿杨洄揣妃旨，伺太子短，哗为丑语。惠妃诉于帝，且泣，帝大怒，召宰相议废之，中书令张九龄谏，……太子得不废。俄而九龄罢，李林甫专国，数称寿王美以摇妃意。……二十五年（737），洄复构瑛、〔鄂王〕瑶、〔光王〕琚与〔太子〕妃之兄薛锈异谋，惠妃使人诡召太子、二王，曰："宫中有贼，请介以入。"太子从之，〔惠〕妃白帝曰："太子、二王谋反，甲而来。"帝使中人视之，如言，遽召宰相林甫议，答曰："陛下家事，非臣所宜豫。"帝意决，乃诏："太子瑛、鄂王瑶、光王琚同恶均罪，并废为庶人；锈赐死。"瑛、瑶、琚寻遇害，天下冤之，号"三庶人"。

但寿王瑁仍未能代立为皇太子，第二年立为皇太子的是忠王玙，也就是后来改名绍又改名亨的肃宗皇帝，这就是所说的"忠继大统"，不再算在居住十宅的诸王里面。"天宝中庆、棣又殁"的"庆"是玄宗的长子庆王琮，天宝十一载（752）死去到肃宗时追册为奉天皇帝的那一位。"棣"是棣王琰，也死于天宝十一载，不过不是正常死亡。《旧唐书·玄宗诸子传》说：

> 先是，琰妃韦氏有过，琰怒之，不敢奏闻，乃斥于别室，宠二孺人，孺人又不相协。至十一载，孺人乃密求巫者，书符置于琰履中以求媚。琰与监院中官有隙，中官闻其事，密奏于玄宗，云琰厌魅圣躬，玄宗使人掩其履而获之。玄宗大怒，引琰诘责之。……及推问之，竟孺人也。玄宗犹疑琰知情，怒未解，太子已下皆为请，命囚于鹰狗坊中，绝朝请，忧惧而死。

这和前此太子瑛、鄂王瑶、光王琚都是被怀疑图谋不轨而非正常死亡，尽管都是冤狱。而"中官闻其事"，又足见令中官押十王宅所起的作用。此外在十王宅以至百孙院里生活着的都相安无事。出事情要到安禄山起兵、玄宗逃离长安、中央政权暂时瓦解之时，从而肃宗方能自立于灵武，永王璘才得擅兵于江陵，而在开元、天宝长达四十年间亲王们确实不曾发生什么变乱。说明玄宗对他们的防微杜渐措施是有效的，在稳定中枢政局上起了积极的作用。

再一项防微杜渐的措施是对后妃。因为在整个初唐阶段皇后干政的事情已屡见不鲜，武氏之以皇后、皇太后进而改唐为周，韦后在中宗死后"临朝摄政"，均其尤甚者。因此玄宗发现自己的皇后王氏事涉不轨就断然处置。《旧唐书》卷五一《后妃·玄宗废后王氏传》说：

> 上为临淄王时，纳后为妃。上将起事，颇预密谋，赞成大业。先天元年，为皇后。……后兄守一以后无子，常惧有废立，导以符厌之事。有左道僧明悟为祭南北斗，刻霹雳木书天地字及上讳，合而佩之，且祝曰："佩此有子，当与则天皇后为比。"事发，上亲究之，皆验。开元十二年（724）秋七月己卯，下制曰："皇后王氏，天命不祐，华而不实，造起狱讼，朋扇朝廷，见无将之心，有可讳之恶，焉得敬承宗庙，母仪天下，可废为庶人，别院安置。……"守一赐死。其年十月，庶人卒。

想"与则天皇后为比"，当然犯了大忌。七月被废至十月就死去，怕也不见得是平静地善终。

《新唐书》卷七六《后妃·玄宗王皇后传》有王皇后"久无子，而武妃稍有宠"的话，这是事实。《旧唐书》卷五一《后妃·玄宗贞顺皇后武氏传》就是为这武妃立的传，说：

> 武氏，则天从父兄子恒安王攸止女也。攸止卒后，后尚幼，随例入宫。上即位，渐承恩宠。及王庶人废后，特赐号为惠妃，宫中礼秩，一同皇后。所生母杨氏，封为郑国夫人。同母弟忠，累迁国子祭酒；信，秘书监。……以开元二十五年（737）十二月薨，年四十余。下制曰："……玉衣之庆，不及于生前，象服之荣，徒增于身后，可

赠贞顺皇后，宜令所司择日册命。"葬于敬陵。时庆王琮等请制齐衰之服，有司请以忌日废务，上皆不许之。立庙于京中昊天观南。

案这《后妃传》的总序说："唐因隋制，皇后之下有贵妃、淑妃、德妃、贤妃各一人，为夫人正一品"，"〔开元中〕于皇后之下立惠妃、丽妃、华妃等三位，以代三夫人为正一品"。则这位武氏惠妃在妃嫔中已是位居极品了，而且是"宫中礼秩，一同皇后"，还像皇后那样可以让亲属加点不重要的官职了，可在她活着时就是不给正位为皇后。这是为什么呢？《唐会要》卷三"皇后"有个说法：

〔开元〕十四年（726）四月，侍御史潘好礼闻上欲以惠妃为皇后，进疏谏曰："臣尝闻《礼记》曰：'父母之雠，不共戴天。'《公羊传》曰：'子不复父雠，不子也。'昔齐襄公复九世之雠，丁兰报木母之恩，《春秋》美其义，汉史称其孝，陛下既不以齐襄为法，丁兰为戒，岂得欲以武氏为国母，当何以见天下之人乎，不亦取笑于天下乎？……又惠妃再从叔三思、从父延秀等并干乱朝纲，递窥神器，豺狼同穴，枭獍同林，至如恶木垂阴，志士不息，盗泉飞液，正夫莫饮，良有旨哉！……伏愿陛下详察古今，鉴戒成败，慎择华族之女，必在礼义之家，称神祇之心，允亿兆之望。为国大计，其在于兹。且惠妃本是左右执巾栉者也，不当参立之。……又见人间盛言，尚书左丞相张说自被停知政事之后，每谄附惠妃，诱荡上心，欲取立后之功，更图入相之计。……且太子本非惠妃所生，惠妃复自有子，若惠妃一登宸极，则储位实恐不安。……昔汉高祖以戚夫人之故，将易太子之位，时有商山四皓，虽不食汉庭之禄，尚能辅翼太子，况臣愚昧，职参宪府，慷慨关心，感激怀愤，陛下留神省察。"

《新唐书》并把这个谏疏节要增入卷七六的《玄宗贞顺皇后武氏传》里，最后还添上一句"遂不果立"，好像真是玄宗本来要立武惠妃为皇后，经潘好礼上了谏疏才中止。但这篇谏疏的真实性是成问题的。德宗贞元年间纂修原本《会要》的苏冕把它收录进去时就加了一条案语，在今百卷本《唐会要》里仍保存着，作：

> 苏冕驳曰：此表非潘好礼所作。且好礼先天元年为侍御史，开元十二年为温州刺史致仕，表是十四年献，而云职参宪府？若题年恐错，则①武惠妃先天元年始年十四，王皇后有宠未衰，张说又未为右丞相，竟未知此表是谁献之。

因此《通鉴》卷二一三开元十四年四月下虽节引这谏疏，却不著潘好礼之名，只说"或上言"，并在《考异》里备详《唐会要》潘疏和苏驳。其实这所谓潘疏在内容上也尽多毛病。首先是武曌的改唐为周虽被否定，但她之为皇后、皇太后仍被承认，中宗在她死后上谥曰则天大圣皇后，祔葬于高宗的乾陵，睿宗时如《旧唐书》卷六《则天皇后纪》所说追尊为大圣天后，改号为则天皇太后，到玄宗如《新唐书》卷四《则天皇后纪》所说在开元四年改为则天皇后。这自由于中宗、睿宗都是她的亲儿子，玄宗是她的亲孙儿，把亲妈、亲奶奶彻底否定了，岂不叫儿子、孙儿也落得个名不正言不顺。这个谏疏却把武家说成是玄宗的"父母之雠"，还引用了今见于《宋书》卷二二《乐志》引曹植《灵芝篇》和《初学记》卷一七引孙盛《逸人传》的丁兰为所刻父母木像报仇故事，真不知是从何说起！下文预测武惠妃成了皇后会危及非所生的太子，固还似在情理之中，而把自己比作汉初辅翼太子的商山四皓，可不又吹过了头！因此我不仅肯定苏冕的批驳，还认为这谏疏根本就是一篇其后的拟作，其时间当在开元二十五年武惠妃谮害太子及鄂、光二王之后，所以不自觉地把危及太子的话写了进去。总之，这所谓疏谏之事既不存在，武惠妃之不得立为皇后只有出于玄宗的宸断。这自是玄宗有鉴于先朝武、韦以至自己王皇后的事情，所采取

---

① 此"则"字武英殿聚珍版《唐会要》作"即"，今据《通鉴考异》所引改正。

的又一种防微杜渐的特殊措施，"宫中礼秩，一同皇后"，又不让正位皇后，死后虽赠个皇后却不许皇子制齐衰之服，不许以忌日废务。

至于这位武惠妃的谮害太子、二王，并没有超脱后宫争宠以求立爱的程式，对国家仍算不上有太大的危害。而且如《新唐书·玄宗诸子传》所说，太子、二王成为"三庶人"遇害后，"岁中惠妃数见庶人为祟，因大病，夜召巫祈之，请改葬，且射行刑者瘗之，讫不解"，以致到年底十二月里就死去。这固然是由于做了亏心事而闹病产生幻觉，也不无夹杂着怕玄宗一旦悔悟追究问罪的因素。此外陈寅恪先生在《记唐代之李武韦杨婚姻集团》里因为武惠妃是"则天从父兄子恒安王攸止女"，"攸止卒后……随例入宫"，就认为在玄宗朝仍保留着武氏势力，理由也嫌欠缺。历史上政治斗争失败一方的妻女为胜利者所占有并受宠爱，本是习见的事情，岂能就此说胜利者有意让失败一方的势力保存下来。何况在史书上确实找不到这位不曾当上皇后的武惠妃有什么维护武氏势力的言行。

武惠妃死后继之得宠的是杨贵妃。《旧唐书》卷五一《玄宗杨贵妃传》说：

> 玄宗杨贵妃，高祖令本，金州刺史。父玄琰，蜀州司户。妃早孤，养于叔父河南府士曹玄璬。开元……二十四年〔武〕惠妃薨，帝悼惜久之，后庭数千，无可意者。或奏玄琰女姿色冠代，宜蒙召见。时妃衣道士服，号曰太真，既进见，玄宗大悦。

《新唐书》卷七六《杨贵妃传》则加详其先世并先为寿王妃事，作：

> 玄宗贵妃杨氏，隋梁郡通守汪四世孙，徙籍蒲州，遂为永乐人。幼孤，养叔父家。始为寿王妃。开元二十四年武惠妃薨，后廷无当帝意者，或言妃姿质天挺，宜充掖廷，遂召内禁中，异之，即为自出妃意者，丐籍女官，号太真，更为寿王聘韦诏训女，而太真得幸。

说武惠妃开元二十四年（736）薨，自是错误，当从前引《旧唐书·武氏传》作二十五年，陈寅恪先生《长恨歌笺证》（《清华学报》一四卷一期，后编入《元白诗笺证稿》作为第一章）并引用《旧唐书》卷九《玄宗纪》、《唐会要》卷三"皇后"等作了考证。但陈先生《记唐代之李武韦杨婚姻集团》又据《册府元龟》卷八五三"姻好"武士彟条、《新唐书》卷一〇〇《杨执柔传》、卷七一下《宰相世系表》杨氏观王房等考知武曌生母杨氏为杨达之女，隋文帝族子观王杨雄之侄女，而杨贵妃据《新传》复为永乐人，据《宰相世系表》永乐杨氏为汉太尉杨震第五子奉之后裔，与隋文帝杨坚、观王杨雄之为杨震长子牧之后裔同出一源，因而认为杨贵妃"此房虽非武曌外家近属"，"亦属于此大集团，不过为距核心较远之外围人物"。其实这种《世系表》之所谓源出某某本未必可信，魏晋南北朝重视门阀的余风所及，自言是前朝某显达后裔的事情固屡见不鲜，洪迈《容斋随笔》卷六"唐书世系表"条即已指出。即使可信，永乐杨氏与观王杨雄房的远祖确同出汉太尉杨震，到唐代也已极为疏远，和观王杨雄侄女的夫家武氏更谈不上有什么关系。所以对此可不必注意。应该注意的，是《旧唐书·杨贵妃传》在"玄宗大悦"后接着说的：

> 不期岁，礼遇如惠妃。太真姿质丰艳，善歌舞，通音律，智算过人，每倩盼承迎，动移上意，宫中呼为"娘子"，礼数实同皇后。

说明玄宗对这位杨贵妃仍和前任武惠妃一样，给了皇后待遇还是不给正位为皇后，说明这不再立专宠者为后，确已成为不让武后、韦后复生而采取的另一项防微杜渐措施。

这项措施对武惠妃是有效的，武惠妃确实没有变成武、韦，而用在杨贵妃身上是否生效？有人会说并未生效，因为向来有"开元之治，天宝之乱"，而乱就由于宠爱了杨贵妃的讲法。其实这不过是"女人是祸水"的世俗之见，和白居易《长恨歌》同时撰写的陈鸿的《歌传》，不也在最后来两句"惩尤物，窒乱阶"，要把杨贵妃比作夏桀的妹喜、商纣的妲己、周幽王的褒姒、晋献公的骊姬。但只要破除这个成见，不带这个有色眼镜，试看杨贵妃"礼数实同皇后"后的所作所为，便知道完全不是这么一回事。这在《旧唐书·杨贵妃传》已讲得很清楚，仅是：

> 有姊三人，皆有才貌，玄宗并封国夫人之号，长曰大姨封韩国，三姨封虢国，八姨封秦国，并承恩泽，出入宫掖，势倾天下。天宝初，进册贵妃，妃父玄琰累赠太尉齐国公，母封凉国夫人，叔玄珪光禄卿，再从兄铦鸿胪卿，锜侍御史。……韩、虢、秦三夫人与铦、锜等五家，每有请托，府县承迎，峻如诏敕，四方赂遗，其门如市。……开元已来，豪贵雄盛，无如杨氏之比也。……宫中供贵妃院织锦刺绣之工凡七百人，其雕刻镕造又数百人，扬、益、岭表刺史必求良工造作奇器异服，以奉贵妃献贺，因致擢居显位。……十宅诸王、百孙院婚嫁，皆因韩、虢为绍介，仍先纳赂千贯，而奏请罔不称旨。

这实在只是宠妃贵戚间常见的高度奢侈贪婪，从兄铦、锜辈也只是循例做点无关紧要的官职，怎么也不能说成是直接危害到李唐的政权，说这杨贵妃成为新的武、韦。至于所谓"天宝之乱"，本只指天宝十四载（755）十一月安禄山的叛乱，其原因要留待后面详细讲说。杨贵妃的从祖兄杨国忠当上宰相也不全凭裙带关系，相反杨贵妃最后在马嵬驿之死倒是受了他的牵累，这也要留待后面来说。玄宗的防微杜渐措施在杨贵妃身上仍然生效能起作用。

不过这种不立皇后以防微杜渐的措施，在玄宗以后没有能继续推行下去。肃宗自立于灵武后就把共患难的张良娣册为淑妃，两年后册为皇后。以后历朝皇帝有时立皇后，有时来不及以后立为皇太后，蓄意不让贵妃正位为皇后的只有宪宗。这自因为照例有帝便得有后，不让立后总不像太平盛世的缘故。

对皇子们的防微杜渐措施可自此成为李唐的国策。元稹《和李校书新题乐府十二首》编入今本《元氏长庆集》卷二四中的第一首《上阳白发人》，在入后说：

> 此辈贱嫔何足言，帝子天孙古称贵。诸王在阁四十年，七宅六宫门户閟。隋炀枝条袭封邑（原注：近古封前代子孙为二王三恪），肃宗血胤无官位（原注：肃宗已后诸王并未出阁）。王无妃媵主无婿，阳亢阴淫结灾累。何如决壅顺众流，女遣从夫男作吏。

陈寅恪先生《元白诗笺证稿》第五章"新乐府"据今本《元集》卷二三《乐府古题序》得知此《新题乐府》作于宪宗元和四年（809），又从钱谦益所校改诗中"七宅"为"十宅"，以明是讲玄宗设置十五宅以后的情况。从这里可以知道肃宗以还入住十王宅的皇子们不仅和玄宗时同样不能出阁担任官职预问政事，就连皇子本身下及其子女的婚姻都发生问题，《旧唐书·杨贵妃传》所称"十宅诸王、百孙院婚嫁皆因韩、虢为绍介"的热闹局面已一去不复返了①。所以元稹要在这里呼吁，希望改变政策做到"女遣从夫男作吏"。寅恪先生还指出这"可与《元氏长庆集》三二《献事表》所列十事中'二曰任诸王以固磐石。三曰出宫人以消水旱。四曰嫁诸女以遂人伦'等相参证"。但这出宫人在唐代本是常有之事，仅据《册府元龟》卷四二"帝王部·仁慈"所记载，太宗、高宗、睿宗、肃宗、德宗、顺宗、宪宗、穆宗、敬宗、文宗都放出过，有的还不止放一次，其中宪宗朝就在元和八年六月和十年十二月放过两次。是否因为元和初年没有放，元稹以及白居易的《新乐府》中才都写了《上阳白发人》，而八年十年之放是听取了元、白二公的建议，已不得而知。至于要求皇子出阁任事的建议则显然未被听取。所以《新唐书》在卷八二《十一宗诸子传》的论赞里总结道：

---

① 这诗里的"主无婿"是指皇子的女儿而不是皇帝的女儿，因为即使肃宗以下各个皇帝的女儿即公主者，除早薨或为女道士外，一般都记其下嫁某某人，见《唐会要》卷六"公主"及《新唐书》卷八二《诸帝公主传》。

> 唐自中叶，宗室子孙多在京师，幼者或不出阁，虽以国王之，实与匹夫不异，故无赫赫过恶，亦不能为王室轩轾，运极不还，与唐俱殚。

这最后几句，可说是把玄宗创设这项防微杜渐措施的得失讲清楚了。

二 宦官控制禁军

现在讲玄宗依仗的力量：有宦官，有禁军，当然还得有宰相。这里先讲宦官和禁军，宰相放到下一节来讲。

宦官，早在先秦时就有的，其来源吕诚之师的《三国史话》里讲得最清楚。诚之师指出，所谓"宦"，本来只是指在政府里学习办事。战国时贵族多养门客，宦又成为充当门客的意思。这种门客不仅贵族门下有，国君也有，专门蓄养着充当近侍随从，就叫做宦官。因此宦官本来并不都是阉割过的人。但既成为国君的亲随，经常穿宫入室，弄得不好会和后妃们发生不正常男女关系，总不如用阉割过丧失性能力的人来得妥当。正好，古代本有对男性俘虏施加"宫刑"的办法，即阉割后到宫里来服役，于是宦官中也常选用受过宫刑的来充当。《后汉书》卷七八《宦者传》说"中兴之初，宦官悉用阉人"，从此宦官就都是阉割过的，有的是受了宫刑，更多是自行阉割以投充的了①。

唐代的宦官仍是如此。他们的出身地《新唐书·宦者传》所记较《旧唐书·宦官传》详细，有岭南、闽、蜀的，也有京兆和河中的。京兆、河中的当出于自行阉割投充，岭南、闽、蜀则如陈寅恪先生《唐代政治史述论稿》上篇所指出"在当时皆边徼蛮夷区域，其地下级人民所受汉化自甚浅薄，而宦官之姓氏又有不类汉姓者"，其中必多南方少数民族而被迫阉

---

① 以上只是摘述诚之师所说的大要，其详可看《三国史话》原书，有1943年开明书店本，又收入1987年上海教育出版社出版的诚之师《论学集林》。至于近代俗称宦官为"太监"者，《史话》也指出是由于明代宦官的办事机构有二十四个，都称为某某监的缘故。

割以进充的。这当然是由于其时北方以游牧为生的少数民族比较厉害,即使战败也不愿受阉割当宦官,宦官只有多从农耕的南方少数民族中选用。宦官是奴隶身份,《旧唐书》卷一八四《宦官传》记唐末以昭宗名义所下诛戮宦官的诏书,其中就说:"此辈皆朕之家臣也,比于人臣之家,则奴隶之流。"用现代科学语言来讲就是属于皇帝的家内奴隶。家内奴隶通常和从事劳动生产的奴隶一样,都是被奴役受压迫的。但如上升为奴隶头儿、奴隶总管,成为高级的宦官,那就不再代表他原来的阶级,代表被压迫的少数民族的利益,转而站到他主子一边去压迫奴役别人。有的且进而为皇帝所宠信,在内廷形成一种特殊政治势力即所谓内朝了。

不过在李唐初期,宦官的这种特殊势力还没有形成。这自由于开国时总有若干与皇帝共过艰难的从龙人物,用今天通常的语言就是所谓"自己人",如高祖的裴寂,太宗的房玄龄、杜如晦尤其是长孙无忌,他们既充任外朝的宰相,又有资格在皇帝身边参与机密,出现当年诸葛亮《出师表》中期望的"宫中府中,俱为一体"的局面,皇帝不需要在内廷另外宠用一些人作为亲信。以后长孙无忌等宰相不行了,内廷又先后经武后、韦后把持而成其为内朝,武周时的内朝则改由男宠张易之、张昌宗组成,都还轮不上也不需要借助于宦官。这就是《旧唐书》卷一八四《宦官传》总序所说:

> 贞观中太宗定制,内侍省不置三品官,内侍是长官,阶四品。至〔高宗〕永淳末向七十年,权未假于内官,但在阁门守御,黄衣廪食而已。则天称制,二十年间,差增员位。中宗性慈,务崇恩贷,神龙中宦官三千余人,超授七品以上员外官者千余人,然衣朱紫者尚寡。

宦官在内廷形成政治势力是在玄宗时候,总序接着说:

> 玄宗在位既久,崇重宫禁,中官稍称旨者,即授三品左右监门将军,得门施棨戟。开元、天宝中……品官黄衣已上三千人,衣朱紫者

千余人。

其中主要人物自首推高力士。

《旧唐书·宦官·高力士传》一开头讲他的来历说：

> 高力士，潘州人，本姓冯，少阉，与同类金刚二人，圣历元年岭南讨击使李千里进入宫。则天嘉其黠惠，总角修整，令给事左右。后因小过，挞而逐之，内官高延福收为假子，延福出自武三思家，力士遂往来三思第。岁余，则天复召入禁中，隶司宫台，廪食之。长六尺五寸，性谨密，能传诏敕，授宫闱丞。

陈寅恪先生《记唐代之李武韦杨婚姻集团》据此认为高力士到玄宗朝"潜身宫禁，实为武氏政治势力之维持者"，显然是不对的。因为《高传》接着说：

> 景龙中，玄宗在藩，力士倾心奉之，接以恩顾。及唐隆平内难，升储位，奏力士属内坊，日侍左右，擢授朝散大夫、内给事。先天中，预诛萧、岑等功，超拜银青光禄大夫，行内侍同正员。开元初，加右监门卫将军，知内侍省事。

说明高力士虽早岁曾受武氏卵翼，到中宗景龙时已改换门庭，倾心投靠时为临淄王的玄宗李隆基。玄宗成为皇太子，他日侍左右。玄宗即位之初先天二年七月剪除武氏残余势力太平公主及其党羽之役，他参预行动。这次行动在《旧唐书》卷八《玄宗纪》里讲得更详尽，是：

> 〔玄宗〕以中旨告岐王范、薛王业、兵部尚书郭元振，将军王毛仲，取闲厩马及家人三百余人，率太仆少卿李令问、王守一、内侍高力士、果毅李守德等亲信十数人，出武德殿，入虔化门，枭〔左羽林

大将军〕常元楷、〔右羽林将军〕李慈于北阙,擒〔左散骑常侍〕贾膺福、〔中书舍人〕李猷于内客省以出,执〔中书令〕萧至忠、〔侍中〕岑羲于朝,皆斩之。

高力士正是以这一系列的忠诚使他和宦官们成为玄宗依仗的力量。

《旧唐书·高力士传》接着历数宦官们在玄宗朝的盛况:

> 杨思勖、黎敬仁、林招隐、尹凤祥等,贵宠与力士等。杨则持节讨伐,黎、林则奉使宣传,尹则主书院。其余孙六、韩庄、杨八、牛仙童、刘奉廷、王承恩、张道斌、李大宜、朱光辉、郭全、边令诚等,殿头供奉、监军、入蕃、教坊、功德主当,皆为委任之务。监军则权过节度,出使则列郡辟易,其郡县丰赡,中官一至军,则所冀千万计,修功德,市鸟兽,诣一处则不啻千贯。

可下面加上了一句:

> 皆在力士可否。

《新唐书》卷二○七《宦者·高力士传》承用了这段记载,怕不明白,在最后还作:

> 然悉藉力士左右轻重乃能然。

而高力士之权势所以在诸宦官之上,是由于《旧书·高传》所说:

> 每四方进奏文表,必先呈力士,然后进御,小事便决之。玄宗常曰:"力士当上,我寝则稳。"故常止于宫中,稀出外宅,……于寝殿侧帘帷中休息。

这明白地告诉人们，高力士的权势就在于可以替代玄宗来接受四方进奏文表，除大事要听玄宗宸断外，小事便代为处理；再则因为是宦官可以经常留止在宫里，并且就在玄宗的寝殿旁边休息，和玄宗太接近了，随时可以商议请示；从而形成事实上的内朝。这自然要使其他有权势者看了眼红，因为这些即使外朝的宰相也只能徒自欣羡而无从企及的。

前面说过，宰相的事情要放到下面来讲。这里只讲由于高力士的权势引起他和另一个被玄宗宠信的王毛仲之间的矛盾，也就是宦官和禁军之间的矛盾，看当时是怎样来解决。

《旧唐书》卷一〇六《王毛仲传》记述毛仲以及禁军的勋劳说：

> 王毛仲，本高丽人也。父游击将军职事求娄，犯事没官，生毛仲，因隶于玄宗。性识明悟，玄宗为临淄王，常伏事左右。及出兼潞州别驾，又见李宜德趫捷善骑射，为人苍头，以钱五万买之。景龙三年冬，玄宗还长安，以二人挟弓矢为翼。初，太宗贞观中，择官户蕃口中少年骁勇者百人，每出游猎，令持弓矢于御马前射生，令骑豹文鞯，著画兽文衫，谓之百骑①。至则天时渐加其人，谓之千骑，分隶左右羽林营。孝和（中宗）谓之万骑，亦置使以领之。玄宗在藩邸时，常接其豪俊者，或赐饮食财帛，以此尽归心焉。毛仲亦悟玄宗旨，待之甚谨，玄宗益怜其敏惠。及四年六月，中宗遇弑，韦后称制，令韦播、高嵩为羽林将军，令押千骑营②，榜棰以取威。其营长葛福顺、陈玄礼等相与见玄宗诉冤，会玄宗已与刘幽求、麻嗣宗、薛崇简等谋举大计，相顾益欢，令幽求讽之，皆愿决死从命。及二十日

---

① 案《唐会要》卷七二"京城诸军"羽林军条谓"其兵名曰飞骑,中简材力骁健善骑射者号为百骑",《通典》卷二八"左右羽林军"同,可证贞观时的百骑并非从官户蕃口即所谓户奴中择取。唐长孺先生《唐书兵志笺正》认为"《毛仲传》所述,盖非贞观之初制,而武后时之情形也。百骑初置,选自飞骑,及武后扩大为千骑,乃取之户奴耳"。

② 上文已说中宗时"谓之万骑",这"千骑营"必是"万骑营"之误。《旧唐书》卷八《玄宗纪》说葛福顺是"押万骑果毅",行动时说"左万骑自左入,右万骑自右入,合于凌烟阁前",均可证实。

夜，玄宗入苑中，宜德从焉，毛仲避之不入。乙夜，福顺等至，玄宗曰："与公等除大逆，安社稷，各取富贵，在于俄顷，何以取信？"福顺等请号而行，斯须斩韦播、韦璿、高嵩等头来，玄宗举火视之，又召钟绍京领总监丁匠刀锯百人至，因斩关而入，后及安乐公主等皆为乱兵所杀。其夜，……玄宗……进封平王，……崇简、嗣宗及福顺、宜德功大者为将军，次者为中郎将。……毛仲数日而归，玄宗不责，又超授将军。……①及先天二年七月，毛仲预诛萧、岑等功，授辅国大将军、左武卫大将军、检校内外闲厩兼知监牧使，进封霍国公，实封五百户。

可见此王毛仲也是玄宗在藩时就倾心侍奉，参预剪除太平公主之役，从而和高力士同样为玄宗所依仗的。所不同者：高力士是凭宦官身份得以替代处理进奏文表而形成其为内朝；王毛仲则由勾结万骑营将进而成为禁军实际上的领袖人物，掌握了警卫京师的武装力量。加之他所任检校内外闲厩兼知监牧使又是主持全国马政、为国家军事需要管理蓄养官马的要职，详见《唐会要》卷六五"闲厩使"、卷六六"群牧使"及《新唐书》卷五〇《兵志》，这又给他增添了骄横的资本。所以《王传》在下面接着说：

毛仲奉公正直，不避权贵，两营万骑功臣、闲厩官吏皆惧其威，人不敢犯。苑中营田草莱常收，率皆丰溢，玄宗以为能。开元十四年，赠其父秦州刺史。毛仲虽有赐庄宅，奴婢、驼马、钱帛不可胜纪，常于闲厩侧内宅住。每入侍谯赏，与诸王、姜皎等御幄前连榻而坐。玄宗或时不见，则悄然如有所失，见之则欢洽连宵，有至日晏。其妻已邑号国夫人，赐妻李氏又为国夫人，每入内朝谒，二夫人同承赐赉，生男，孩稚已授五品，与皇太子同游。故中官杨思勖、高力士

---

① 此处原有"及玄宗为皇太子监国，因奏改左右万骑左右营为龙武军……"等文字。但后面要讲到，这析左右羽林军置龙武军是开元二十六年(738)的事情，已在开元十九年(731)贬杀王毛仲之后，因此这里删去不引。

等常避畏之。七年，进位特进，行太仆卿，余并如故。九年，持节充朔方道防御讨击大使。……毛仲部统严整，群牧孳息，遂数倍其初，刍粟之类，不敢盗窃，每岁回残，常致数万斛。不三年，扈从东封，以诸牧马数万匹从，每色为一队，望如云锦，玄宗益喜。于岳下以……毛仲加开府仪同三司，……又敕张说为《监牧颂》以美之①。十七年，从朝五陵，又赠毛仲父益州大都督。毛仲益骄，尝求为兵部尚书，玄宗不悦，毛仲怏怏，见于词色。又福顺子娶毛仲女，宜德、唐地文等数十人皆与毛仲善，倚之多为不法。中官等妒其全盛逾己，专发其罪，尤倨慢之。中官高品者，毛仲视之蔑如也，如卑品者，小忤意则挫辱如己之僮仆，力士辈恨入骨髓。毛仲承恩遇，妻产，尝借苑中亭子纳凉，玄宗借之。中官构之弥甚，曰："北门奴官太盛，豪者皆一心，不除之，必起大患。"

这"北门奴官"即是指原由"官户蕃口"即"户奴"组成的禁军万骑营及其领袖王毛仲。宦官高力士和他们的斗争终于获得玄宗的支持而取得胜利。《旧唐书》卷八《玄宗纪》记载：

〔开元〕十九年（731）春正月壬戌，开府仪同三司、霍国公王毛仲贬为瀼州别驾，中路赐死，党与贬黜者十数人。

出自《实录》的《本纪》自然不会备悉详情，《旧书·王传》也只说"后毛仲索甲仗于太原军器监，时严挺之为少尹，奏之，玄宗恐其党震惧为乱，乃隐其实状"，下王毛仲"宜从远贬，可瀼州别驾员外置长任，差使驰驿领送至任，勿许东西及判事"的诏书。这"索甲仗"只算是个导火线。诏书中翻出当年逃避剪除韦后之役的老账，说他"往属艰难，遽兹逃

---

① 《新唐书·兵志》所说"毛仲既领闲厩，马稍复，始二十四万，至十三年乃四十三万"，即据此颂，颂全称《陇右监牧颂德碑》，全文见《四部丛刊》影印明嘉靖伍氏龙池草堂刻二十五卷本《张说之文集》。

匿"，当然也不是这时处理他的理由。这时的理由，只能如《旧唐书》卷一九〇中《文苑·齐澣传》记齐澣对玄宗所说的是：

> 福顺典兵马，与毛仲婚姻，小人宠极则奸生，若不预图，恐后为患，惟陛下思之。况腹心之委，何必毛仲，而高力士小心谨慎，又是阉官，便于禁中驱使。臣虽过言，庶裨万一。

这不是过言，而是从玄宗利害考虑的肺腑之言。而且即使旁人不说玄宗自己心里也应清楚，历史上阉割过的宦官确实再不安分也没有篡夺自立的先例，而其他有权势者就不敢保险。因此在高力士和王毛仲之间，玄宗最后宁要高力士而不要王毛仲，王毛仲注定逃脱不了被贬杀的厄运。

剩下一个问题，即王毛仲既是禁军实际上的领袖人物，掌握着警卫京师的武装力量，何以玄宗收拾他时没有遇到抗拒？这又说明其时禁军已发生了变化，其中一部分经收买拉拢站到高力士和玄宗一边，迫使王毛仲及其党羽不得不俯首就范。《旧书·王传》在下诏贬逐王毛仲后开列了同时被贬逐的名单，有：

> 左领军大将军耿国公葛福顺贬壁州员外别驾，左监门将军卢龙子唐地文贬振州员外别驾，右武卫将军成纪侯李守德贬严州员外别驾，守德本〔与毛仲同挟弓矢以翼玄宗之李〕宜德也，立功后改名，右威卫将军王景耀贬党州员外别驾，右威卫将军高广济贬道州员外别驾。

这葛福顺是最早投靠玄宗在剪除韦后之役出了力的万骑营长，李宜德、唐地文也均见上引《旧书·王传》，和王景耀、高广济等五人之系禁军将领自毋庸怀疑。他们所任领军、武卫、威卫以至监门卫等府兵系统官职自只是虚衔①，抑在贬逐之前已用调虎离山之计把他们转到此等徒有空名的府

---

① 拙撰《说隋末的兵果——兼论我国中古兵制的变革》中曾提出此项看法，文载《燕京学报》新三期，又收入拙著《文史探微》。

兵系统岗位上，今已不得而知。但羽林将领必不仅此五人，五人之外未列入贬逐名单的羽林将领肯定多数倒向了玄宗、高力士一边。其有姓名可稽考者，首先就是当初和葛福顺一同投靠玄宗的陈玄礼。《旧书·王传》最后便附记陈玄礼事迹，说：

> 其后中官益盛，而陈玄礼以淳朴自检，宿卫宫禁，志节不衰。天宝中，玄宗在华清宫，乘马出宫门，欲幸虢国夫人宅，玄礼曰："未宣敕报臣，天子不可轻去就。"玄宗为之回辔。他年在华清宫，逼正月半，欲夜游，玄礼奏曰："宫外即是旷野，须有备预，若欲夜游，愿归城阙。"玄宗又不能违。

可见贬逐葛福顺诸将后陈玄礼之受宠信。《唐会要》卷七二"京城诸军"记：

> 〔开元〕二十六年（738）十一月析左右羽林军置龙武军，以左右万骑营隶焉。

《旧唐书》卷九《玄宗纪》同，并记二十七年（739）"五月癸卯置龙武军官员"。官员名单虽未见记述，但《旧书·玄宗纪》说马嵬驿兵变时陈玄礼的官职是龙武大将军，《新唐书》卷五《玄宗纪》作左龙武大将军，其荣授当即在初置龙武军官员之时。至于争取此陈玄礼自不必玄宗躬行诱导，高力士即优为之。这不仅作为处理进奏文表的宦官最受玄宗信用，争取了陈玄礼等又系用来孤立政敌王毛仲，而且这种分化禁军的活动本为其时所习见，当年王毛仲自身就为玄宗拉拢葛福顺、陈玄礼，如今争取陈玄礼以惩治王毛仲，正如后人常说的"即以其人之道还治其人之身"。只因此等阴谋秘计多不宜宣之于庙堂，为实录、国史之所不载，新旧《唐书》无从记述，只有让后人来作合乎事理的推测了。

陈玄礼是禁军长官，跟随他站到玄宗和高力士一边的肯定还有将领和兵众。很偶然地在唐墓志中居然找到了两个这样的人物,他们名叫刘感和张安生。两方墓志大概在乾隆末年或嘉庆初出土于西安郊区,所以不见于乾隆四十六年(1781)问世的毕沅《关中金石记》,要到王昶嘉庆十年(1805)作序版行的《金石萃编》和黄本骥道光二年(1822)编刻的《隋唐石刻拾遗》才著录全文,前三四十年尚可访得拓本。刘感志题"唐故云麾将军左龙武军将军彭城刘公墓志铭",说:

> 公讳感,……属我皇拨乱之开元也,公提剑以从,杖戈而先,……遂使群凶泥首,万方革面。解褐授翊卫副尉、行兴州大桃戍主,迁右卫宁州彭池府左果毅,……又改昭武校尉、行左卫陕州曹阳府折冲,转左领军卫同州襄城府折冲,……无何,拜宁远将军左武卫翊府右郎将,又迁明威将军、右龙武翊府中郎将,……转云麾将军、左龙武将军、上柱国,进封彭城郡开国伯,食邑七百户。……以天宝十二载二月廿一日薨于永兴里之私第,春秋七十一。

这"提剑以从"云云,自指此刘感参与剪除韦后之役,其身份只是万骑营普通战士,此役立了功才解褐得授官职。历任官职中属府兵十二卫系统者,当如前所释与王毛仲同贬名单中所书尽是虚衔,最后的右龙武翊府中郎将、左龙武将军乃是实职。张安生志题"唐故云麾将军行右龙武军将军上柱国开国侯南阳张公墓志铭",说:

> 公讳安生,……景云中属韦氏窃权,……〔公〕提一剑而直入,扫九重以殄谧。……遂解褐授果毅,二迁折冲,一拜郎将,再转中郎,毕于龙武将军矣,食邑九百户。……以天宝十三载冬十一月十日扈从薨于昭应县之官第也,享载七十有一。初公染疾城中,将赴汤所,左右留劝,作色不从,曰:"吾亦知难保者命,但殒随君侧,以表忠诚,……愿之足矣,汝等勿违。"言毕扶疾即行,到遂终彼。

这和刘感同样是以万骑营战士除韦后立功任职,升擢到右龙武将军的。他竭诚为玄宗的警卫,虽濒死而不辞,自缘在高力士与王毛仲之争中和刘感等坚决跟随陈玄礼,从而再经考验成为龙武新军的骨干。不过如前所说此类涉及阴谋秘计之事不宜外宣,致撰写墓志时也只能恪遵功令概从删略而已。

读史者多以为李唐禁军听命于宦官,是始于德宗之以宦官为左右神策护军中尉,其实王毛仲的失败,已标明了禁军开始为宦官所操纵,这从下一章讲马嵬驿之变更可证实。而这种由宦官来操纵统率禁军的办法虽有流弊,却至少避免了为外朝宰相或皇子所利用,此后再不会出现如前朝宰相张柬之用来除武曌男宠和临淄王时的玄宗用来除韦后之类的事情,这对稳定中枢政局减少动乱也不无好处。

三　宰相们的真实面貌

讲玄宗朝的宰相,往往只注意到开元时的姚崇、宋璟,天宝时的李林甫、杨国忠,通行历史教科书也多数是这么写的。这也难怪,原本李唐国史的《旧唐书》,在卷一〇六《李林甫等传》的"史臣曰"就说:

> 开元任姚崇、宋璟而治,幸林甫、国忠而乱。

元稹名篇编入今本《元氏长庆集》卷二四的《连昌宫词》也说:

> 我闻此语心骨悲,太平谁致乱者谁?翁言野父何分别,耳闻眼见为君说。姚崇宋璟作相公,劝谏上皇言语切。燮理阴阳禾黍丰,调和中外无兵戎。长官清平太守好,拣选皆言由相公。开元之末姚宋死,朝廷渐渐由妃子。禄山宫里养作儿,虢国门前闹如市。弄权宰相不记名,依稀忆得杨与李。庙谟颠倒四海摇,五十年来作疮痏。

其实这只能算是代表了唐人的世俗之见。玄宗时外朝宰相的真实面貌,这里需要重新作全盘的研讨。

玄宗朝的宰相其实是比较多的。《唐会要》卷一"帝号"讲玄宗时说有:

> 宰相三十四人:刘幽求、韦安石、魏知古、崔湜、陆象先、窦怀贞、岑羲、萧至忠、郭元振、张说、姚元之(崇)、卢怀慎、源乾曜、宋璟、苏颋、张嘉贞、王晙、李元纮、杜暹、萧嵩、宇文融、裴光庭、韩休、裴耀卿、张九龄、李林甫、牛仙客、李适之、陈希烈、杨国忠、韦见素、崔圆、房琯、崔涣。

这当是从所说延和元年(712)七月五日玄宗即位时算起的,即位后改本年为先天元年。但据《旧唐书·玄宗纪》《新唐书·玄宗纪》和《宰相表》并参考两《唐书》本传,韦安石任宰相早在睿宗景云二年(711)的二月至十月,不知怎么被错算进玄宗朝的名单里。崔湜、窦怀贞、岑羲、萧至忠则是玄宗尚未掌握全权时站在太平公主一边的人,先天二年(713)七月已随太平公主被玄宗剪除。最后的崔圆、房琯、崔涣已是天宝十五载(756)六七月玄宗避安禄山叛军逃离长安将到成都时所任命,也可以不算进去。除去这两头,为玄宗所用的宰相有二十六人。这里再用两《唐书》纪传和《宰相表》,表列他们任宰相的起讫年月,并核计其干了几年几个月,以便观览,以醒眼目:

姓名	任宰相起讫年月①	年月核计②
刘幽求	开元元年③八月至十二月	5个月
魏知古	先天元年八月至开元二年五月	1年10个月

---

① 有人在此前已一度以至再度任过宰相,在这表里不再将其前度的年月列入。

② 这年月核计的几个月,只是指跨有几个月,如刘幽求之为开元元年八月至十二月,就算5个月。

③ 这年本是先天二年,到十二月才改为开元元年,为醒目起见,这表上就用《通鉴》纪年的办法,都写成开元元年了。

续表

姓名	任宰相起讫年月	年月核计
陆象先	先天元年正月至开元元年七月	1年 7个月
郭元振	开元元年六月至十月	5个月
张说	开元元年七月至十二月 开元九年九月至十四年四月	6个月 4年 8个月
姚元之(崇)	开元元年十一月至四年闰十二月	3年 2个月
卢怀慎	开元元年十二月至四年十一月	3年
源乾曜	开元四年十一月至闰十二月 开元八年正月至十七年六月	3个月 9年 6个月
宋璟	开元四年闰十二月至八年正月	3年 2个月
苏颋	开元四年闰十二月至八年正月	3年 2个月
张嘉贞	开元八年正月至十一年二月	3年 2个月
王晙	开元十一年四月至十二月	9个月
李元纮	开元十四年四月至十七年六月	3年 3个月
杜暹	开元十四年九月至十七年六月	2年 10个月
萧嵩	开元十六年十一月至二十一年十二日	5年 2个月
宇文融	开元十七年六月至九月	4个月
裴光庭	开元十七年六月至二十一年三月	3年 10个月
韩休	开元二十一年三月至十二月	10个月
裴耀卿	开元二十一年十二月至二十四年十一月	3年
张九龄	开元二十一年十二月至二十四年十一月	3年
李林甫	开元二十二年五月至天宝十一载十一月	18年 7个月
牛仙客	开元二十四年十一月至天宝元年七月	5年 9个月
李适之	天宝元年八月至五载四月	3年 9个月
陈希烈	天宝五载四月至十三载八月	8年 5个月
杨国忠	天宝十一载十一月至十五载六月	3年 8个月
韦见素	天宝十三载八月至至德二载三月	2年 8个月

表上核计得很清楚,开元年间的宰相一般只干了三年多,少的甚至一年多或几个月。其中姚崇、宋璟也不例外,姚崇是三年两个月,宋璟接上同样是三年两个月,加起来核算是六年三个月,还不到开元二十九个年头的四分之一,认为开元之治全靠这两位好宰相显然不尽符史实。开元时比姚、宋干得长的宰相有张说,先是六个月,再是四年八个月,源乾曜先是三个月,再是九年六个月,萧嵩也有五年两个月。开元后期的情况有些变动,其时拜相干到天宝后期的李林甫为时长达十八年七个月,而与李同获奸相之称的杨国忠只有三年八个月者,乃缘随玄宗逃离长安在马嵬驿被杀,并非罢免或正常死亡。

为什么会出现如上的情况?上述的这几名宰相干得究竟怎么样?这里试就现有的史料作剖析。

先看姚崇。姚崇是老资格,早在武周时就擢用,武周长安二年(702)十月至中宗神龙元年(705)还任过宰相。睿宗即位后,在景云元年(710)七月又入相,和比他早几天入相的宋璟都站在玄宗一边反对太平公主,到景云二年(711)正月在太平公主压力下又和宋璟同被贬逐。玄宗先天二年(713)七月剪除太平公主之后,同年十一月姚崇才重新入相。

姚崇这次入相后处理的政务,《旧唐书》卷九六《姚传》只记述了两件:一是"中宗时公主外戚皆奏请度人为僧尼,亦有出私财造寺者,富户强丁,皆经营避役,远近充满",经姚崇进奏,"令有司隐括僧徒,以伪滥还俗者万二千余人"。再是开元四年(716)山东蝗虫大起,姚崇主张"夜中设火,火边掘坑,且焚且瘗,除之可尽","遣御史分道杀蝗","蝗因此亦渐止息"。但这还算不上事关大局①。

关大局的政绩,当如这《旧书·姚传》所说,是:

> 是时上初即位,务修德政,军国庶务,多访于崇,同时宰相卢怀

---

① 《新唐书·姚传》还说姚这次入相时提出十事要玄宗施行。但据《通鉴》卷二一〇开元元年十月甲辰的《考异》,其说出于传为吴兢所撰《升平源》,《考异》即不置信,指出:"当时天下之事,止此十条,须因事启沃,岂一旦可邀,似好事者为之,依托兢名,难以尽信,今不取。"

慎、源乾曜等但唯诺而已。崇独当重任，明于吏道，断割不滞。

《新唐书》卷一一四《姚传》讲得更详细，说：

> 崇尤长吏道，处决无淹思。三为宰相，常兼兵部，故屯戍斥候、士马储械，无不谙记。玄宗初立，宾礼大臣故老，雅尊遇崇，每见便殿，必为之兴，去辇临轩以送，它相莫如也。时承权戚干政之后，纲纪大坏，先天末，宰相至十七人①，台省要职不可数。崇常先有司罢冗职，修制度，择百官各当其材，请无广释道，无数移吏。繇是天子责成于下，而权归于上矣。

能使"天子责成于下，而权归于上"，俾中央政局走上正轨，这应该就是把姚崇加上其继承者宋璟作为良相典范的原因。

但《新唐书·姚传》还有一大段记载不知怎么被读史者忽略了，这就是说他：

> 资权谲，如〔缘得罪太平公主出〕为同州〔刺史〕，张说以素憾，讽赵彦昭劾崇。及当国，说惧，潜诣岐王申款。崇它日朝，众趋出，崇曳踵为有疾状，帝召问之，对曰："臣损足。"曰："无甚痛乎？"曰："臣心有忧，痛不在足。"问以故，曰："岐王陛下爱弟，张说辅臣，而密乘车出入王家，恐为所误，故忧之。"于是出说相州。魏知古，崇所引，及同列，稍轻之，出摄吏部尚书，知东都选，知古憾焉。时崇二子在洛，通宾客馈遗，凭旧请托，知古归，悉以闻。他日，帝召崇曰："卿子才乎，皆安在？"崇揣知帝意，曰："臣二子分司东都，其为人多欲而寡慎，是必尝以事干魏知古。"帝始以崇私其

---

① 据两《唐书》纪传和《宰相表》，先天二年包括剪除太平公主之前加上其后之在宰相位上的，统共也仅得刘幽求、魏知古、崔湜、陆象先、窦怀贞、岑羲、萧至忠、郭元振、张说、姚崇十人，除去与太平公主同被剪除的崔湜、窦怀贞、岑羲、萧至忠更不到此数，这里说"十七人"或传写有误。

子，或为隐，微以言动之，及闻，乃大喜，问："安从得之？"对曰："知古，臣所荐也。臣子必谓其见德而请之。"帝于是爱崇不私而薄知古，欲斥之，崇曰："臣子无状，桡陛下法，而逐知古，外必谓陛下私臣。"乃止，然卒罢〔知古〕为工部尚书。

这虽均不见于《旧唐书·姚传》，但已为《通鉴》卷二一〇开元元年十二月癸丑条、卷二一一开元二年五月辛亥条采用。《旧唐书》卷九七《张说传》也说张"为姚崇所构，出为相州刺史"，卷九八《魏知古传》也记"姚崇深忌惮之，阴加谗毁，乃除工部尚书，罢知政事"，足见自可信从。何况为姚崇谗毁者绝不止此二人，仅就《旧唐书》记载，尚有卷九七《刘幽求传》所说"开元初……〔幽求〕罢知政事，姚崇素嫉忌之，乃奏言幽求郁怏于散职，兼有怨言，贬授睦州刺史"。同卷《钟绍京传》所说"玄宗即位，复召拜户部尚书，迁太子詹事，时姚崇素恶绍京之为人，因奏绍京发言怨望，左迁绵州刺史"。可见宰相大臣之间多有矛盾，不时地在相互排挤倾陷。而姚崇所玩手法，一如《新传》所描述的那样，才使他屡屡得逞吧！

当然，纵使屡屡得逞，仍总有被抓住把柄不得不下台之日。《旧唐书·姚传》记述其经过，《新传》简约为："紫微史赵诲受夷人赇，当死。崇素亲倚，署奏营减，帝不悦。时曲赦京师，惟诲不原，崇惶惧，上还宰政，引宋璟自代。"这是开元四年（716）闰十二月的事情，如前所核计这次任宰相只有三年两个月。

前面讲过，宋璟在睿宗景云元年（710）七月到二年（711）正月已任过宰相。《通鉴》卷二一一在他这次再任宰相的开元四年闰月己亥纪事中说：

璟为相，务在择人，随材授任，使百官各称其职，刑赏无私，敢犯颜直谏，上甚敬惮之。

《新唐书·姚宋合传》的论赞也说：

> 璟刚正又过于崇，玄宗素所尊惮，常屈意听纳。故唐史臣称崇善应变以成天下之务，璟善守文以持天下之正，二人道不同，同归于治，此天所以佐唐使中兴也。……然唐三百年，辅弼者不为少，独前称房、杜，后称姚、宋，何哉？君臣之遇合，盖难矣夫！

这自是原本国史所写的议论。《通鉴》还给加上几句，写成：

> 使赋役宽平，刑罚清省，百姓富庶。唐世贤相，前称房、杜，后称姚、宋，他人莫得比焉。

更加重了姚、宋二位的分量。

但宋璟这次在相位上的嘉言懿行之见于记载者，也和姚崇那样并不多。仅有驾幸东都，因崤谷处驰道隘狭，车骑停拥，玄宗要罢黜河南尹和知顿使，为宋璟劝阻。宋璟和他同时拜相的苏颋为皇子制名及封邑并公主等邑号，不奉诏别撰一佳名及一美邑号，以免母宠子爱发生问题。又当时的王皇后父王仁皎卒，宋璟与苏颋筑坟一依礼式。这些在《旧传》、《新传》都相同。其罢相经过，则《新传》失记，仅《旧传》作"先是，朝集使每至春将还，多有改转，率以为常，璟请一切勒还，绝其侥求之路。又禁断恶钱，发使分道检括销毁之，颇招士庶所怨。俄授璟开府仪同三司，罢知政事"。《通鉴》更认定禁断恶钱是宋璟与苏颋罢相的导火线，在卷二一二开元八年（720）正月讲其事的经过说："时璟与中书侍郎、同平章事苏颋建议严禁恶钱，江淮间恶钱尤甚，璟以监察御史萧隐之充使括恶钱，隐之严急烦扰，怨嗟盈路，上于是贬隐之官。辛巳，罢璟为开府仪同三司，颋为礼部尚书。"《旧唐书》卷八八《苏颋传》说他"与侍中宋璟同知政事，璟刚正，多所裁断，颋皆顺从其美，若上前承旨、敷奏及应对，则颋为之助，相得甚悦"。可见宋璟和他同时罢相是为别个有力者所排挤中伤。

声望次于姚、宋的张说，也早在睿宗景云二年（711）正月到十月任过宰相。先天二年（713）七月太平公主剪除后重新入相，这年十二月即改称开元元年的十二月，又为同列姚崇倾陷罢相外任。姚崇、宋璟也相继罢相之后，他在开元九年（721）九月又以军功三度入相，干了四年八个月，在开元十四年（726）四月又罢相。《旧唐书》卷九七《张传》备详最后罢相的经过说："先是，御史中丞宇文融献策，请括天下逃户及籍外剩田，置十道劝农使，分往检察，说嫌其扰人不便，数建议违之。及东封还，融又密奏分吏部置十铨，融与礼部尚书苏颋等分掌选事。融等每有奏请，皆为说所抑，由是铨综失叙。融乃与御史大夫崔隐甫、中丞李林甫奏弹说引术士夜解及受赃等状，敕宰臣源乾曜、刑部尚书韦抗、大理少卿胡珪、御史大夫崔隐甫就尚书省鞫问。……时中书主事张观、左卫长史范尧臣并依倚说势，诈假纳赂，又私度僧王庆则往来与说占卜吉凶，为隐甫等所鞫伏罪。……由是停兼中书令，观及庆则决杖而死，连坐迁贬者十余人。隐甫及融等恐说复用为己患，又密奏毁之，明年，诏说致仕，仍令在家修史。"这又明显的是被排挤倾陷。

在相位五年两个月的萧嵩，是在开元十六年（728）十一月以抵御吐蕃有功拜相的。《旧唐书》卷九九《萧传》说："〔开元〕二十一年（733）二月，侍中裴光庭卒。光庭与嵩同位数年，情颇不协，及是，玄宗遣嵩择相，嵩以右丞韩休长者，举之。及休入相，嵩举事，休峭直，辄不相假，互于玄宗前论曲直，因让位。玄宗眷嵩厚，乃许嵩授尚书右丞相，令罢相，以休为工部尚书。"事在二十一年十二月，是互相闹矛盾而同时下台，两败俱伤。

开元年间居相位真正特别久的是源乾曜，先从开元四年（716）十一月到闰十二月干了三个月，再从开元八年（720）正月到十七年（729）六月又干了九年六个月。《旧唐书》卷九八《源传》说："乾曜在政事十年，时张嘉贞、张说相次为中书令，乾曜不敢与之争权，每事皆推让之。及李元纮、杜暹知政事，乾曜遂无所参议，但唯诺署名而已。初，乾曜因姜皎所荐，遂擢用，及皎得罪，为张嘉贞所挤，乾曜竟不救之，议者以此讥焉。"就凭此种姿态，好歹不和同列闹矛盾，这才干得长久。以致《旧传》的"史臣曰"都要说他"职当机密，无所是非，持禄保身，焉用彼相"！他最后罢相，当是由于年老多病，因为再过两年到开元十九年（731）冬他就死去。

在源乾曜之前还有一位同类型的人物，就是早在开元元年（713）十二月拜了相的卢怀慎。《旧唐书·卢怀慎传》正好和源同卷，说"怀慎与紫微令姚崇对掌机密，怀慎自以为吏道不及崇，每事皆推让之，时人谓之'伴食宰相'"。只是过了三年到开元四年（716）十一月此卢就病故，没有能继续对付着干下去。

为什么开元前期的宰相一般都干不长？我认为至少可以从两个方面来考虑。从宰相方面来说，当时玄宗的新政权刚刚建立，各路人物都有兴头来奔竞，来猎取高位，因而宰相们的所谓外朝一时不易形成其重心，同列之间相互排挤倾陷之事自然层见叠出。玄宗这方面呢？我把他毕生几个关键时间的年龄编排了一下：出生是在武太后垂拱元年（685）的八月五日，剪除太平公主的先天二年即开元元年（713）才二十九岁，天宝元年（742）五十八岁，天宝十五载即肃宗至德元载（756）七十二岁，到肃宗元年建巳月即宝应元年（762）的四月五日七十八岁时去世。则开元前期正当他年富力强，有精神有兴趣来直接过问外朝宰相的事情。加上宰相的事情也确实叫他不怎么放心，岑羲、萧至忠等投靠太平公主和自己作对的事情就在眼前，稍远一点，为首发动政变把他祖母大周皇帝武曌弄下台的也有宰相张柬之和崔玄暐。而此时宰相们的排挤倾陷也容易暴露其弱点毛病，易于为他一一抓住及时处理。这些应该就是开元前期宰相更迭频繁、多数干不长的根本原因。

不过，他大概还不曾发现这些宰相敢于动摇他的统治，所以让他们罢相时一般不再严加处分，相反还常给予名义上的高官聊事安抚。如姚崇、宋璟都授开府仪同三司罢知政事，其后玄宗幸东都，还令姚崇五日一参仍入阁供奉，令宋璟兼京兆留守俄又兼吏部尚书，复迁尚书右丞相即尚书右仆射。张说罢相后也与宋璟同时拜左丞相即左仆射和集贤院学士，又加开府仪同三司。魏知古、韩休都是转工部尚书罢知政事，韩休还迁太子少师。萧嵩授尚书右丞相即右仆射罢相，后又拜太子太师。这当然并不能说这位玄宗就如何宽厚，因为此前对付真与他为敌的岑羲、萧至忠等宰相是概从诛戮，丝毫不手软的。

现在来讲李林甫。此人一向被认定为祸乱国家的罪人，如前面所说，《新唐书》更索性把他打入了卷二二三的《奸臣传》。但正因为如此，两《唐书》的《李传》不会和有些史传那样尽给传主说好话，可以从所记述中多少看到点此人的真面目。

《旧唐书》卷一〇六《李传》说他走源乾曜、宇文融的门路进入官场，又说他"因中官干〔武〕惠妃云：'愿保护寿王。'惠妃德之"，以及韩休推荐他"堪为宰相"，应都是事实。但说由于"侍中裴光庭妻武三思女……与林甫私，中官高力士本出三思家，乃光庭卒，武氏衔哀祈于力士，请林甫代其夫位，力士未敢言"，其后玄宗相韩休，事先"力士遽漏于武氏，乃令林甫白休，休既入相，甚德林甫"才给推荐，则事涉床笫隐私，未必真能成为政治上用人的主要原因。陈寅恪先生《记唐代之李武韦杨婚姻集团》据此认为李林甫"所以能致是者，则由于高力士、武惠妃之助力，此亦玄宗用人行政深受武氏影响之明证"，自亦不能成立，何况如前所说，高力士、武惠妃此时均并不代表武氏政治势力。而且韩休已在开元二十一年（733）十二月罢相，李林甫拜相要到开元二十二年（734）五月①，可见还是凭其能力为玄宗擢用的。

李林甫上台后，对同时的宰相大臣也很会排挤倾陷，《旧传》所记述的归纳起来有两起。先是针对张九龄。张九龄反对听从武惠妃废掉太子瑛等，李退后对中贵人即宦官说"家事何须谋及于人"。又不顾张九龄反对，支持进用牛仙客。加上九龄与中书侍郎严挺之善，蔚州刺史王元琰坐赃严要救免，玄宗"以九龄有党，与裴耀卿俱罢知政事，拜左、右丞相，出挺

---

① 《旧传》错成二十三年，前列表格作二十二年，是据两《唐书·玄宗纪》、《新书·宰相表》写定的。

之为洺州刺史，元琰流于岭外，即日林甫代九龄为中书〔令〕、集贤殿大学士、修国史，拜牛仙客工部尚书、同中书门下平章事，知门下省事"。这是开元二十四年（736）十一月的事情。二十五年（737）四月，"监察御史周子谅言仙客非宰相器，玄宗怒而杀之，林甫言子谅本九龄引用，乃贬九龄为荆州长史"。

同月太子瑛等被废，李林甫建议立寿王李瑁，可第二年玄宗立了年长的忠王也就是后来继位为肃宗的李亨为太子，"自是林甫惧，巧求阴事以倾太子"，太子周围的人就成为李排挤倾陷的对象。李先令御史中丞杨慎矜诬告太子妃兄刑部尚书韦坚，自己再奏宰相李适之与坚昵狎，及户部尚书裴宽、京兆尹韩朝宗并曲附适之，玄宗"赐坚自尽，裴、韩皆坐之斥逐"。后杨慎矜权位渐盛，李又引王铁为御史中丞，授意王铁"诬罔密奏慎矜左道不法，遂族其家"。太子良娣杜氏父有邻为婿柳勣飞书告其不法，引李邕为证，诏王铁与杨国忠按问，"铁与国忠附会林甫奏之，于是赐有邻自尽，出良娣为庶人，李邕、裴敦复枝党数人并坐极法"。李又令济阳别驾魏林告陇右河西节度使王忠嗣，说忠嗣"自云与忠王同养宫中，情意相得，欲拥兵以佐太子"，玄宗虽不置信，"然忠嗣亦左授汉阳太守"。

所有这些当然都很恶劣，但和前此姚崇倾陷人的手法相比较，也止能说各有千秋。只是此时外朝的权力已相对集中，倾陷人也得集中火力，不像姚崇当年权力分散，致使四面出击而已。

至于外朝权力所以能相对集中，其重要原因自由于玄宗彼时已渐入老境，加以中原经济日见繁荣，户口赋税有所增长①，而自设置节度使以来，周边也大体宁静②，使他对外朝宰相们的事情，不再像当初那样有兴致去过问处理。这样就出现了《旧唐书·李传》所说的：

---

① 如后来杜佑《通典》卷七"历代盛衰户口"所说："（开元）二十年户七百八十六万一千二百三十六，口四千五百四十三万一千二百六十五。天宝元年户八百三十四万八千三百九十五，口四千五百三十一万一千二百七十二。……十四载管户总八百九十一万四千七百九，管口总五千二百九十一万三千九，此国家之极盛。"这当然还只是为征收赋税而登录统计的数字，实际的户口肯定更大于此数。

② 这到第九章里要详细讲。

> 上在位多载，倦于万机，恒以大臣接对拘检，难徇私欲，自得林甫，一以委成，故杜绝逆耳之言，恣行宴乐。

就李林甫来说，前面讲到本是凭能力被擢用的。其主要表现如《旧书·李传》所说是：

> 每事过慎，条理众务，增修纲纪，中外迁除，皆有恒度。

再是：

> 自处台衡，动循格令，衣冠士子，非常调无仕进之门。

吕诚之师据此也认为他"盖亦守成综核之才"（《隋唐五代史》第四章第一节"玄宗政治"）。这和姚崇的"明于吏道"，"罢冗职，修制度，择百官各当其材"，宋璟的"务在择人，随材授任，使百官各称其职"，其实只是一回事，确可说已多少克尽了相职。至如《旧书·李传》所说：

> 林甫面柔而有狡计，能伺候人主意，故骤历清列，为时委任，而中官妃家，皆厚结托，伺上动静，皆预知之，故出言进奏，动必称旨。

这通过宦官和妃家来伺上动静，可又是姚崇、宋璟辈未尝措意的，自然更让玄宗对他放心倚重，"一以委成"。而李也就此加紧地党同伐异，培植自己的势力，做到：

> 与宰相李适之虽同宗属，而适之轻率，尝与林甫同论时政，多失大体，由是主恩益疏，以至罢免。黄门侍郎陈希烈性便佞，尝曲事林

甫，适之既罢，乃引希烈同知政事，林甫久典枢衡，天下威权，并归于己，台司机务，希烈不敢参议，但唯诺而已。……宰相用事之盛，开元已来，未有其比。

这样就使李林甫能集外朝相权于一身，经历长达十八年七个月的岁月，到天宝十一载（752）十一月才以老病去世。

杨国忠在《旧唐书》和李林甫同卷，说"本名钊，……太真妃〔杨贵妃〕即国忠从祖妹也。天宝初，太真有宠，剑南节度使章仇兼琼引国忠为宾佐，既而擢授监察御史"。但后来大用，倒并非如通常所说全凭裙带关系，也不能如陈寅恪先生《记唐代之李武韦杨婚姻集团》认为这说明"玄宗亦为武党所包围蒙蔽"，因为如前所说杨贵妃之杨与武曌生母之杨本无甚关系，杨国忠和武氏更无牵连。其所以大用，还是凭他的理财能力，如《旧书·杨传》所说：

上春秋高，意有所爱恶，国忠探知其情，动契所欲，骤迁检校度支员外郎，兼侍御史，监水陆运及司农、出纳钱物、内中市买、召募剑南健儿等使，以称职迁度支郎中。不期年兼领十五余使，转给事中兼御史中丞，专判度支事。……〔天宝〕八载，玄宗召公卿百僚观左藏库，喜其货币山积，而赐国忠金紫，兼权太府卿事。国忠既专钱谷之任，出入禁中，日加亲幸。

与此同时，杨国忠也卷入朝臣互相倾陷的漩涡而得到好处。先是投靠李林甫，《旧书·杨传》讲侍御史杨慎矜听从李林甫倾陷太子妃兄韦坚，"以国忠怙宠敢言，援之为党，以按其事，京兆府法曹吉温舞文巧诋，为国忠爪牙之用"，"自是连岁大狱，追捕挤陷，诛夷者数百家，皆国忠发之。林甫方深阻保位，国忠凡所奏劾，涉疑似于太子者，林甫虽不明言以指导之，皆林甫所使，国忠乘而为邪，得以肆意"。《旧传》还说杨慎矜与王铁有隙，"铁乃附国忠，奏诬慎矜，诛其昆仲"，据《旧唐书》卷一〇五

《杨慎矜传》事在天宝六载（747）十一月，也是李林甫在指使操纵的。

到羽毛稍丰，又把矛头转而指向李林甫了。《旧传》说"吉温为国忠陈移夺执政之策，国忠用其谋"。"京兆尹萧炅、御史中丞宋浑皆林甫所亲善，国忠皆诬奏谴逐，林甫不能救。王铁为御史大夫兼京兆尹，恩宠侔于国忠，而位望居其右，国忠忌其与己分权，会邢縡〔潜构逆谋〕事泄，乃陷铁兄弟诛之，因代铁为御史大夫，权京兆尹，赐名国忠"，事在天宝十一载（752）四月。其前天宝十载（751）四月杨国忠推荐的剑南节度使鲜于仲通进攻南诏"全军陷没"，十一月杨国忠兼领剑南节度使，使司马李宓率师再讨，又"不战而败"。十一载（752）南诏侵蜀，"蜀人请国忠赴镇，林甫亦奏遣之，将辞，雨泣恳陈必为林甫所排，帝怜之，不数月召还。会〔是年十一月〕林甫卒，遂代为右相，兼吏部尚书、集贤殿大学士、太清太微宫使，判度支、剑南节度、山南西道采访、两京出纳租庸铸钱等使并如故"。《旧书》同卷《李林甫传》还说国忠"既得志，诬奏林甫与蕃将阿布思同构逆谋，诱林甫亲族间素不悦者为之证，诏夺林甫官爵，废为庶人，岫、崿诸子并谪于岭表"。《旧书·玄宗纪》记此事发生在天宝十二载（753）二月，即李林甫死后第三个月。这就旧道德来说，也是很不像话的，所以《旧书·李传》要给加上句"及国忠诬构，天下以为冤"。

《旧唐书·杨传》说："国忠本性疏躁，强力有口辩，既以便佞得宰相，剖决机务，居之不疑，立朝之际，或攘袂扼腕，自公卿已下，皆颐指气使，无不詟惮。"又说："国忠既以宰臣典选，奏请铨日便定留放，不用长名。……故事，吏部三铨，三注三唱，自春及夏，才终其事。国忠使胥吏于私第暗定官员，集百僚于尚书省对注唱，一日令毕，以夸神速，资格差谬，无复伦序。明年注拟，又于私第大集选人，令诸女弟垂帘观之，笑语之声，朗闻于外。故事，注官讫，过门下侍中、给事中。国忠注官时，呼左相陈希烈于座隅，给事中在列，曰：'既对注拟，过门下了矣。'"这都是对杨国忠的政绩作否定的。《新唐书》的《杨传》在卷二○六《外戚传》里，大体本上述史料讲述外，还加上一段："故事，岁揭版南院为选式，选者自通，一辞不如式，辄不得调，故有十年不官者。国忠创押例，无贤不肖,用选深者先补官,牒文谬缺得再通,众议翕然美之。"给杨说了好话,这应该也有依据,但总的看来比当年的姚、宋以至李林甫都差多了。至于《旧传》所说"贵妃姊虢国夫人,国忠与之私","远近饷遗,珍玩狗马,阉侍歌儿,相望于道"之类,还只是当年权贵们的通病。安禄山的叛乱也另有原因,不能由杨国忠承担责任。

《新唐书·李林甫传》说:"至德中,两京平,大赦,唯禄山支党及林甫、杨国忠、王铁子孙不原。"《通鉴》记其事在卷二二〇至德二载(757)十二月戊午。此后原本国史的《旧书·李杨等传》、元稹的《连昌宫词》都把李林甫和杨国忠相提并论,对李说来是颇为委屈的。

四 内廷宦官和外朝宰相之争

唐代初期宦官还没有形成其特殊势力,不曾和外朝宰相发生矛盾。发生矛盾要到玄宗时候,宦官一边是其首领高力士,宰相则先是李林甫,再是杨国忠。

将这矛盾明白地讲出来的,是郭湜撰写的、记述高力士一生重要言行的《高力士外传》。《外传》说:

> 上因大同殿思神念道,左右无人,谓高公曰:"朕自住关内向欲十年,俗阜人安,中外无事,高止黄屋,吐故纳新,军国之谋,委以林甫,卿谓如何?"高公顿首曰:"臣自〔开元〕二十年已后,陛下频赐臣酒,往往过度,便染风疾,言辞倒错,进趋无恒,十年已来,不敢言事,陛下不遗鄙贱,言访刍荛,纵欲上陈,无裨圣造,然所闻所见,敢不竭诚。且林甫用变造之谋,仙客建和籴之策,足堪救弊,未可长行。恐变正仓尽即义仓尽,正义俱尽,国无旬月之蓄,人怀饥馑之忧。和籴不停,即四方之利不出公门,天下之人尽无私蓄,弃本逐末,其远乎哉!但顺动以时,不逾古制,征税有典,自合恒规,则人不告劳,物无虚费。军国之柄,未可假人,威权之声,振于中外,得

失之议,谁敢兴言,伏维陛下图之。"上乃言曰:"卿十年已来,不多言事,今所敷奏,未会朕心。"乃顿首曰:"臣生于夷狄之国,长自升平之代,一承恩渥,三十余年,尝愿粉骨碎身,以裨玄化,竭诚尽节,上答皇慈。顷缘风疾所侵,遂使言辞舛谬,今所尘黩,不称天心,合当万死。顿首顿首。"上曰:"朕与卿休戚共同,何须忧虑?"命左右曰:"即置酒为乐,无使怀忧。"左右皆称万岁。从此便住内宅,不接人事。

这里先说"〔开元〕二十年已后",再说"十年已来",开元二十年(732)之后再经十年便是天宝元年(742),此时高力士已在玄宗面前公开反对李林甫。所谓"变造""和籴",本章一开头提及的陈寅恪先生《隋唐制度渊源略论稿》"财政"章已有所解释。高力士抓住这两项财政政策,来反对玄宗将"军国之谋,委以林甫"。

《外传》此后又说:

〔天宝〕十二年(753)冬,林甫云亡,国忠作相。……十三年(754)秋大雨,昼夜六十日,陈希烈罢相,韦见素持衡。上因左右无人,谓高公曰:"自天宝十年(751)之后,朕数有疑,果致天灾,以殃万姓,虽韦、陈改辙,杨、李殊途,终未通朕怀,卿总无言,何以为意?"高公伏奏曰:"开元二十年已前,宰臣授职,不敢失坠,边将承恩,更相戮力。自陛下威权假于宰相,法令不行,灾眚备于岁时,阴阳失度,纵为轸虑,难以获□,臣不敢言,良有以也。"上久而不答。

前面的对话说"〔开元〕二十年已后",这里对话又说"开元二十年已前"。案李林甫之任宰相是在开元二十二年,《外传》老讲二十年当是高力士上年纪后只记了个成数。总之是说"陛下威权假于宰相"后就什么都会出问题,何止昼夜六十日的大雨。此时"林甫云亡",把矛头对准了杨国忠。

这些是口头攻击，当然还必有具体行动。可查考的，最早是开元二十六年（738）立太子的事情。如前所说，李林甫本来建议立寿王李瑁，结果立了年长的玄宗第三子忠王即后来的肃宗李亨，而高力士在中间是起了作用的。《新唐书》卷二〇七《宦者·高力士传》就讲了其事说："太子瑛废，武惠妃方嬖，李林甫等皆属寿王，帝以肃宗长，意未决，居忽忽不食，力士曰：'大家不食，亦膳羞不具耶？'帝曰：'尔，我家老，揣我何为而然？'力士曰：'嗣君未定耶？推长而立，孰敢争？'帝曰：'尔言是也。'储位遂定。"《通鉴》卷二一四开元二十六年五月也据以写入，《考异》并说还见于《统记》，自非虚构可信。说明至少早在此时内廷高力士与外朝李林甫之间的矛盾已经露头，到天宝时就逐步加深。前面讲过曾进言帮助高力士反对王毛仲的齐澣，这时候见厄于李林甫即是一个事例。《旧唐书》卷一九〇中《文苑·齐澣传》说："澣因高力士中助，连为两道采访使，……李林甫恶之，遣人掎撼其失，会澣判官犯赃，澣连坐，遂废归田里。天宝初，起为员外少詹事，留司东都。时绛州刺史严挺之为林甫所构，除员外少詹事，留司东都，与澣皆朝廷旧德。既废居家巷，每园林行乐，则杖屦相过，谈谑终日。林甫闻而患之，欲离其势，〔天宝〕五年（746），用澣为平阳太守，卒于郡。"和高力士闹矛盾发展到倾陷高力士一边的人。高力士对杨国忠，则天宝十三载（754）予以攻击而玄宗"久而不答"后，到天宝十五载（756）就在马嵬驿把他和杨贵妃一并剪除，这在下一章还要详细说。

至于在李林甫之前，尚未发现高力士与宰相之间的矛盾痕迹，这当由于姚崇、宋璟以至张说等宰相疲于同列显贵之间的相互排挤倾陷，还没有能形成集相权于一身的局面。宦官高力士这边也因与禁军之间的矛盾要到开元十九年正月王毛仲等贬死才得解决，此前也未形成其为内朝，自与外朝宰相无多争竞。而这双方的变化正在开元后期，亦即玄宗渐入老境而李林甫集相权于一身之时。我以为只有这样才可说是理清了玄宗时期中枢政局种种纠纷的头绪，而其时姚、宋、李、杨诸宰相的真实面貌也才得以弄清楚。

第八章　马嵬驿之变和《长恨歌》

一　谁发动了马嵬驿兵变

上面第七章讲了玄宗朝的中枢政局，讲了内廷宦官与外朝宰相之争，本来就应该接着讲另一方面即如何对付强大起来的周边少数民族，从而讲到安史之乱和马嵬驿杨贵妃之死。但第七章最后已提到杨贵妃之死和宦官与宰相相争的关系，为方便起见，不如在这里把马嵬驿之变列为专章先讲过，然后再讲节度使和安史之乱。

天宝十四载（755）十一月丙寅，范阳节度使安禄山叛乱。十五载（756）六月辛卯，叛军入潼关。乙未，玄宗出京师谋幸蜀。丙申，次马嵬驿，扈从的禁军发生变乱，杀宰相杨国忠，杨贵妃也连带被赐死。后来大文学家白居易还以杨贵妃之死作为题材写了名篇《长恨歌》，使玄宗和杨贵妃的离合悲欢成为家喻户晓的故事。

我也是从读《长恨歌》才知道马嵬驿杨贵妃之死的。当时我还是个十三岁的孩子，在读到《长恨歌》里的：

九重城阙烟尘生，千乘万骑西南行。翠华摇摇行复止，西出都门百余里。六军不发无奈何，宛转蛾眉马前死。花钿委地无人收，翠翘金雀玉搔头。君王掩面救不得，回看血泪相和流。

模模糊糊地感觉到这是扈从禁军军士的自发行动。后来读《通鉴纪事本末》，又查看《通鉴》卷二一八的记载，讲到"至马嵬驿，将士饥疲，皆愤怒"，以及"军士围驿"，玄宗"令收队，军士不应"云云，更加深了军士自发行动的印象。直到二十世纪八十年代初细读《旧唐书》《通鉴》以探讨李唐统治集团的内部矛盾斗争，方觉得大谬不然。

《旧唐书》里讲到马嵬驿兵变的就有好几处，卷一〇六《杨国忠传》、卷一〇八《韦见素传》也都把兵变讲成自发，认为是"士兵不得食"，"饥而愤怒"所致。卷九《玄宗纪》还讲到离京师的当天至咸阳望贤驿时，玄宗"亭午未进食，俄有父老献麨（即炒熟磨粉的干粮）"的事情，唐人姚汝能纂集的《安禄山事迹》也有类似的说法，好像士兵"饥而愤怒"确有其事。但玄宗在撤离京师长安之前是作过点准备的，《通鉴》就讲头天六月甲午"既夕，命龙武大将军陈玄礼整比六军，厚赐钱帛，选闲厩马九百余匹"，第二天乙未黎明才启程，并不能说是仓皇逃窜，何以钱帛都知道要厚赐给扈从禁军，却偏偏不给他们准备饭食？而且马嵬驿距离长安城不过一百多里，走上一天工夫就到达，禁军再娇弱，也不可能弄到饥疲不堪以至激起兵变。真的这么激起了兵变，则军心早已涣散，军纪早已荡然无存，也绝非让他们杀个杨国忠、杨贵妃就能重新收拾整顿。而事实上杀掉杨国忠、贵妃以及其他杨氏家族后，禁军仍把玄宗一行安全护送到成都，再没有经过多大的波折。第二年冬天长安、洛阳相继收复之后，又由这批禁军护送回关中。这都说明前此马嵬驿事件绝非禁军军士因饥疲而自发的兵变，而只能是一次有预谋、有计划、有指挥的行动。至于说什么玄宗"亭午未进食，俄有父老献麨"，无非是史官和文士在美化玄宗之如何得民心，为百姓爱戴。其实《玄宗纪》和《安禄山事迹》在下文都有"尚食持御膳"之类的话，可见饭食本已准备，何赖百姓来进献？

既然这次行动是有预谋、有计划、有指挥，那由谁在指挥？是禁军最高长官陈玄礼。这在《旧唐书·玄宗纪》里本已写得很清楚：

> 次马嵬驿，诸卫顿军不进，龙武大将军陈玄礼奏曰："逆胡指阙，以诛国忠为名，然中外群情，无不嫌怨。今国步艰阻，乘舆震荡，陛下宜徇群情，为社稷大计，国忠之徒，可置之于法。"……及诛杨国忠，……兵犹未解，上会高力士诘之，回奏曰："诸将既诛国忠，以贵妃在宫，人情恐惧。"上即命力士赐贵妃自尽。玄礼等见上请罪，命释之。

《安禄山事迹》也说：

> 行在都虞候陈玄礼领诸将三十余人带仗奏曰："国忠父子既诛，太真（贵妃）不合供奉。"上曰："朕即当处置。"……高力士乃请先入见太真，具述事势，太真曰："今日之事，实所甘心，容礼佛。"遂缢于佛堂，异置驿庭中，令玄礼等观之。玄礼等免胄谢焉，军人乃悦。

《安禄山事迹》是所谓"合本子注"性质的著作，对马嵬驿之变的经过讲得很详细，当系采自时人对玄宗幸蜀的记载，如《新唐书》卷五八《艺文志》杂史类所著录的温畬《天宝乱离西幸记》、宋巨《明皇幸蜀记》之类，可说是较原始的史料。《旧唐书》的本纪则在宣宗以前都是《实录》的节本，《实录》除某些地方有曲意隐讳的毛病如讲唐初太宗和高祖、建成、元吉等关系外，下笔也都比较审慎。而这两种记载如上所引都只说事变是陈玄礼出头而不讲由于士兵饥疲。陈玄礼本人在《旧唐书》里也有传，附于卷一〇六《王毛仲传》后，其中更明确地写道：

> 及禄山反，玄礼欲于城中诛杨国忠，事不果，竟于马嵬斩之。

这篇传很简略，不像一般大臣的列传以行状家传为蓝本，而是当时的国史撰述者柳芳凭亲身见闻命笔，再为《旧唐书》所承用，自当有更高的史料价值。可见陈玄礼本在长安城里就要对杨国忠下手,只是没有找到机会,这时离长安到马嵬,除自己指挥的禁军外不再有其他势力掣肘,于是把杨氏家族清除干净,连带贵妃在内。

《陈玄礼传》说他"以淳朴自检",绝非怙势弄权、跋扈飞扬之徒。而且他只是禁军长官,弄倒了杨国忠也轮不到他来取而代之当宰相。而动用禁军杀宰相,甚至杀皇帝的宠妃可是要担大风险的,没有强有力的后台,他是绝无勇气来冒此风险的。

那后台是谁?《旧唐书》卷五一《杨贵妃传》说是"禁军大将陈玄礼密启太子诛国忠父子",《韦见素传》说是陈玄礼"与飞龙马家李护国谋于皇太子请诛国忠",都认为后台是皇太子即肃宗,而且是通过了肃宗身边的宦官李护国即李辅国。以致吕诚之师《隋唐五代史》也认为这次行动太子肃宗"与其谋"(第四章第七节)。但真是如此,手握禁军的陈玄礼自必要跟随肃宗北上至灵武,肃宗在灵武自立他必继续为此新政权出力,成为肃宗朝从龙功臣的首列。可陈玄礼并没有这么做,没有跟随肃宗而继续扈从玄宗,和宦官高力士一同保护玄宗到成都。第二年至德二载(757)十月随成为太上皇的玄宗返回,如《玄宗纪》所说"十一月丙申次凤翔郡,肃宗遣精骑三千至扶风迎卫",实际上是让玄宗转由肃宗的兵马来警卫,剥夺了陈玄礼指挥扈从武装的权力。上元元年(760)七月丁未玄宗被迫自南内迁居西内,丙辰"高力士配流巫州",陈玄礼也勒令致仕。所有这些都证实陈玄礼和肃宗之间并没有任何特殊关系,兵变的后台自别有其人。至于《贵妃传》《韦见素传》所以不顾事实这么写,当缘其后认为诛杨国忠、杨贵妃乃正义之举,如杜甫《北征》即有"桓桓陈将军,仗钺奋忠烈,微尔人尽非,于今国犹活"之说,因而有的撰史者要献谀肃宗而曲意涂饰。只是卷一○《肃宗纪》里还不见这些话,可见所本《实录》还比较严肃不曾编造。

为此我曾撰写了《说马嵬驿杨妃之死的真相》(《学林漫录》五集,1982年中华书局版,后收入拙撰《唐代史事考释》1998年台北联经出版事业公司版),在排除军士自发行动和肃宗为后台之说后,指出兵变真正的后台只能是玄宗身边最受宠信的大宦官高力士。这是因为在玄宗朝大宦官高力士在内廷形成其政治势力，与以王毛仲为代表的禁军相争已于开元十九年取得胜利，王毛仲及禁军将领葛福顺等被贬逐，而另一派以陈玄礼为首的禁军将领追随高力士仍获得宠用，禁军亦由此为高力士所控制操纵。凡此在上一章已作了论证。再是外朝宰相至李林甫、杨国忠因权力集中，又与宦官高力士发生矛盾，如上一章所说，在天宝十三载（754）高力士和玄宗对话时已攻击杨国忠要杨下台，玄宗"久而不答"，过了两年，就乘动乱在马嵬驿指使统率禁军的陈玄礼把杨剪除，正是事态发展的必然结局。至于杨贵妃，高力士本来和她别无恩怨。《旧唐书·贵妃传》说她前此曾忤旨两度被谴送出宫，都由高力士出面召还，这无非是聊尽宦官的本职。这时要剪除其族兄杨国忠，在重视家族的观念下贵妃自必受到株连而不能幸免。于是在陈玄礼动用禁军在外边诛杀杨国忠后，高力士又以宦官的身份入内逼缢了杨贵妃。

高力士此人给人的印象并不恶劣。但他使内廷宦官形成中枢的重要政治势力，开了后来宦官成为"内大臣"的先例。他控制操纵禁军，也是后来定制由宦官任神策军长官的先导，尽管还没有在禁军中有正式名义，但前此王毛仲之为禁军首脑本也没有正式名义。中唐时内廷与外朝相争，宦官动辄贬杀宰相，也无非是继承了高力士动用禁军剪除宰相杨国忠的老传统。只是高力士还没有直接危害到皇帝本人，对玄宗还是尽其保护之职的。但这也不都是他在尽愚忠，而是因为他的权力是依靠玄宗建立起来的，玄宗如果倒台，他自己也将失去一切。

最后分析玄宗的态度。高力士、陈玄礼固是他的亲信，杨国忠也是他的亲信，因此在安禄山叛乱之前，玄宗对内廷宦官高力士和外朝宰相杨国忠之间要讲平衡，所以天宝十三载高力士攻击杨国忠时会"久而不答"，没有偏袒哪一方。但到这时形势起了变化，在安禄山叛军进逼下长安政权已告崩溃，玄宗要考虑的首先是自身安全问题。高力士、陈玄礼和自身的关系深，如第六章"李武政权"所说，都是早在四十多年前青年时代就在一起合谋攫取政权的老伙伴，而且此时老伙伴手握禁军，负有扈从的重任，是自身安全的唯一保障。而另一方面，杨家和他的关系毕竟浅，杨国忠之任宰相是在天宝十一载十一月，到这时还不满四年，杨贵妃入宫早一点，在开元末年，到这时也不到二十年。加之玄宗此时高龄已届七十二，杨贵妃亦已三十八，久已不属青年人徒知沉溺男女之情的年岁，区区床笫之爱何如比得上自身安全之重要。杨国忠的宰相头衔在兵荒马乱中更起不了多少作用。玩弄封建政治几及半个世纪、老于谋算的玄宗对此自能了然于心。当此不能两全之时，听从高力士、陈玄礼而舍弃杨国忠、杨贵妃，正是玄宗必然作出的抉择。因此杨贵妃之死实际上是经过玄宗同意的，《旧唐书·玄宗纪》所书"上即命力士赐贵妃自尽"，可以说是史官的直笔。

这种分析从以后的事态也可以得到证实。马嵬驿事件后玄宗平安抵达成都，在成都住了一年多后又返回京师长安，仍一直依赖高力士、陈玄礼护持[①]。所以如《旧唐书·肃宗纪》所说，至德二载（757）十二月大封赏中居首列的"蜀郡元从功臣"，除韦见素以前宰相太子太师挂名居首外，与之同加实封三百户的就只有高力士、陈玄礼二人。玄宗住进长安的南内兴庆宫后，高力士、陈玄礼还和他形影不离。到他在肃宗的大宦官李辅国的压力下迁居西内完全失去人身自由时，高力士、陈玄礼也随之贬逐、致仕。这些在后面第十一章里还要讲到。如果逼缢杨贵妃没有获得玄宗同意，真如《长恨歌》所说是"君王掩面救不得"，那高力士、陈玄礼和玄宗之间是绝对不可能有这种融洽无间的现象的。

那么《长恨歌》怎么办？我们不能认为作者白居易是唐朝人，讲唐朝的事情就一定对，像当年郭沫若先生那样，看到唐人李商隐《利州江潭作》的诗题下注有"感孕金轮所"，便认定则天武后生于利州即今四川广元。因为李商隐的《利州江潭作》也好，白居易的《长恨歌》也好，都不是在写历史而是写诗，而且还不是写杜甫《北征》之类的所谓史诗。

---

① 如《旧唐书》卷一一二《李峘传》即记"上皇在成都，健儿郭千仞夜谋乱，上皇御玄英楼招谕，不从，〔蜀郡太守剑南节度采访使〕峘与六军兵马使陈玄礼等平之"。

二　和历史真实大有出入的《长恨歌》

《长恨歌》既然只是诗,是文学作品,为什么在这本政治史里还得花点篇幅讲一讲?就因为人们往往把它认为真是在写杨贵妃和唐玄宗的历史,澄清一下对了解历史真相有好处。

前面说过,我初读《长恨歌》时还是个孩子。上大学时承陈寅恪先生赐寄他在《清华学报》十四卷第一期上发表的《长恨歌笺证》抽印本,即其后编入《元白诗笺证稿》作为第一章的,才有对此名篇试作研究之想。因而过了多年写出《说马嵬驿杨妃之死的真相》之后,又接着写了篇《长恨歌新解》(后发表于1985年的人文杂志丛刊《文史集林》第一辑,今收入《唐代史事考释》和《文史探微》),找出《长恨歌》中好多处与历史真实有出入。

出入最大而且作为全诗重要情节的有三处。

开头一处,就是所写的:

> 九重城阙烟尘生,千乘万骑西南行。翠华摇摇行复止,西出都门百余里。六军不发无奈何,宛转蛾眉马前死。花钿委地无人收,翠翘金雀玉搔头。君王掩面救不得,回看血泪相和流。

白居易作《长恨歌》的同时还请陈鸿撰写《长恨歌传》,是诗的散文化,也说:

> 翠华南幸,出咸阳,道次马嵬亭,六军徘徊,持戟不进,从官郎吏,伏上马前,请诛错以谢天下,国忠奉氂缨盘水,死于道周。左右之意未快,上问之,当时敢言者请以贵妃塞天下之怒,上知不免,而不忍见其死,反袂掩面,使牵之而去,苍黄展转,竟就绝于尺组之下。

这比《长恨歌》写得更文一些，用了诛晁错、奉氂缨盘水等《汉书》里杀戮宰辅的典故，意思还是说马嵬驿之变是士兵的自发行动。其实不是，上一节已弄清楚了，是宦官高力士指使禁军首脑陈玄礼有预谋、有计划的行动。玄宗则从个人安危考虑，自需依仗老伙伴高力士、陈玄礼而舍弃杨国忠、杨贵妃，说贵妃之死是"君王掩面救不得"，并不真实。

《长恨歌》自马嵬驿事变后用大半篇幅描写玄宗对杨贵妃的思念，而其高潮则通过临邛道士入海上仙山获见贵妃来表现，所谓：

> 临邛道士鸿都客，能以精诚致魂魄。为感君王展转思，遂教方士殷勤觅。排空驭气奔如电，升天入地求之遍。上穷碧落下黄泉，两处茫茫皆不见。忽闻海上有仙山，山在虚无缥缈间。楼阁玲珑五云起，其中绰约多仙子。中有一人字太真，雪肤花貌参差是。

这是《长恨歌》的又一重要情节，陈鸿《歌传》也作同样的记述，但这仍旧不是事实。当然，这不是说海上仙山之不存在和方士到仙山获见已死的杨贵妃为不可能，而是说连方士为玄宗寻觅贵妃的装神弄鬼活动在当时也不允许出现。

玄宗以太上皇身份于至德二载（757）十二月丁未返回长安后定居兴庆宫即南内，乾元三年（760）七月丁未移居西内之甘露殿，第二年上元二年（761）四月甲寅卒于神龙殿，均见《旧唐书·玄宗纪》《肃宗纪》（惟《肃宗纪》误记入居南内在丙午）。《长恨歌》所说玄宗教方士寻觅杨贵妃之事是在南内抑西内，诗中不曾明确交代。姑且先作为南内吧，玄宗入居南内之后的情况见《旧唐书》卷一八四《宦官·李辅国传》及《通鉴》卷二二一上元元年六月条，而以《通鉴》所记较为详备：

> 上皇爱兴庆宫，自蜀归即居之。上时自夹城往起居，上皇亦间至大明宫。左龙武大将军陈玄礼、内侍监高力士久侍卫上皇，上又命玉

真公主、如仙媛、内侍王承恩、魏悦及梨园弟子常娱侍左右。上皇多御长庆楼，父老过者往往瞻拜，呼万岁，上皇常于楼下置酒食赐之。又尝召将军郭英义等上楼赐宴。有剑南奏事官过楼下拜舞，上皇命玉真公主、如仙媛为之作主人。

又《旧唐书·肃宗纪》说：

〔乾元元年八月〕甲辰，上皇诞节，上皇宴百官于金明门楼。……〔十月〕甲寅，上皇幸华清宫，上送于灞上。……十一月丁丑，……上皇至自华清宫，上迎于灞上。

《高力士外传》说：

上皇在兴庆宫，先留厩马三百匹。

则玄宗在南内的二年半时间虽处于肃宗政权监护之下，仍有相当范围内之自由。要招致方士，以后世的眼光来看似不无可能，因为这无非是迷信活动，不牵涉政治。但在封建社会却并非如此简单，其时上层统治阶级所兴的大狱，就往往和交通左道、巫祝、方士之类发生牵连。即以玄宗朝而言，如第七章第一节引《旧唐书》卷五一《后妃·玄宗废后王氏传》：

后兄守一以后无子，常惧有废立，导以符厌之事。有左道僧明悟为祭南北斗，刻霹雳木书天地字及上讳，合而佩之，且祝曰："佩此有子，当与则天皇后为比。"事发，上……下制曰："皇后王氏……可废为庶人，别院安置。……"守一赐死。

又引卷一〇七《玄宗诸子·棣王琰传》：

> 宠二孺人，……孺人乃密求巫者，书符置于琰履中以求媚。琰与监院中官有隙，中官闻其事，密奏于玄宗，云琰厌魅圣躬。……玄宗大怒，……命囚〔琰〕于鹰狗坊中，绝朝请，忧惧而死。

此外卷一〇五《杨慎矜传》说：

> 慎矜性疏快，素昵于〔王〕铁，尝话谶书于铁，又与还俗僧史敬忠游处。……铁于〔李〕林甫构成其罪，云"慎矜是隋家子孙，心规克复隋室，故蓄异书，与凶人来往，而说国家休咎"。……玄宗震怒，……诏杨慎矜〔及兄〕慎馀、〔弟〕慎名并赐自尽。

这几件案子都是玄宗亲手处理过的，他不可能不懂得交通方士、左道之类在某种情况下的严重性。此时处于肃宗政权监护之下，即使依恋贵妃的美色，重萌思念之心，也绝对不敢公然访求临邛道士来装神弄鬼。何况此时逼杀贵妃的高力士、陈玄礼日侍左右，玄宗的圣躬仍有赖他们保护，作为有政治头脑的玄宗，也绝对不致有此等思恋贵妃的举动以启高、陈之疑忌。因此可以断定，即使在南内有一定的自由之时，玄宗也不可能招致方士来寻觅贵妃。

迁入西内如何？《通鉴》卷二二一上元元年七月所记说：

> 丁未，〔李〕辅国矫称上语，迎上皇游西内，至睿武门，辅国将射生五百骑露刃遮道奏曰："皇帝以兴庆宫湫隘，迎上皇迁居大内。"上皇惊，几坠。高力士曰："李辅国何得无礼！"叱令下马，辅国不得已而下。力士因宣上皇诰曰："诸将士各好在！"将士皆纳刃，再拜呼万岁。力士又叱辅国与己共执上皇马鞚，侍卫如西内，居甘露殿，辅国率众而退。所留侍卫兵才羸老数十人，陈玄礼、高力士及旧宫人皆不得留左右。……丙辰，高力士流巫州，王承恩流播州，魏悦流溱州，陈玄礼勒致仕，置如仙媛于归州，玉真公主出居玉真观。上更选

后宫百余人置西内备洒扫。

据《高力士外传》则高力士之除名长流尚在移西内十余日后，而所述迁移之狼狈似更为近真，这留待讲第十一章时细说。总之玄宗迁西内已成为完全失去自由的俘囚，其不可能招致方士更无待言。

关于马嵬驿之变稍后尚有某些皮相之谈，如《旧唐书·杨国忠传》等所记载，白居易也许真的不明真相。玄宗入居南内、西内后之不可能招致方士，则在本朝曾任秘书省校书郎的白居易不会不懂得。陈寅恪先生《元白诗笺证稿》第五章"新乐府·李夫人"曾指出《李夫人》此篇"又不见泰陵一掬泪，马嵬坡下念杨妃，纵令妍姿艳质化为土，此恨长在无销期"等句与《长恨歌》的关系，以论证《长恨歌》"后半节畅述人天生死形魂离合之关系"，实"由汉武帝李夫人故事转化而来"。我亦有同样的看法，详旧作《汉皇与明皇》（载民国38年4月8日《东南日报》"文史"）。我并认为，这段方士寻觅贵妃的情节，并非白居易采集已在社会上流播的故事传说，而即系白居易以汉武帝李夫人为蓝本所编造。因为在唐人杂记、小说中有关玄宗、贵妃的逸闻至多，其中还有若干是牵涉方士罗公远、叶法善之类的。但从未见过这样请方士寻觅贵妃的故事。

《长恨歌》的再一个画龙点睛式的重要情节，是杨贵妃见到玄宗使者临邛道士时玄宗的寄语：

临别殷勤重寄词，词中有誓两心知。七月七日长生殿，夜半无人私语时。在天愿作比翼鸟，在地愿为连理枝。

《歌传》说得更具体些：

昔天宝十载，侍辇避暑骊山宫。秋七月，牵牛、织女相见之夕，……夜始半，休侍卫于东西厢，独侍上。上凭肩而立，因仰天感牛女事，密相誓心，愿世世为夫妇，言毕，执手各呜咽，此独君王知之耳。

对此，陈寅恪先生早在《长恨歌笺证》里就提出了两个问题。

一个问题是关于长生殿，陈先生根据《旧唐书》卷九《玄宗纪》天宝元年十月条、《唐会要》卷三〇"华清宫"条"长生殿名曰集灵台以祀神"的记载，以及《唐诗纪事》卷六二郑嵎《津阳门诗注》"长生殿乃斋殿""飞霜殿即寝殿"的讲法，认为"唐代宫中长生殿虽为寝殿，独华清宫之长生殿为祀神之斋宫，神道清严，不可阑入儿女猥琐，乐天未入翰林，犹不谙国家典故，习于世俗，未及详察，遂致失言"。不过这类"失言"问题尚小，华清宫"寝殿"与"斋宫"在后面第四节里还得讲，这里可不再多说。

寅恪先生提出的另一问题则值得注意，即"温泉之浴，其旨在治疗疾病，除寒祛风，非若今世习俗，以为消夏逭暑之用"，"则玄宗临幸温汤必在冬季春初寒冷之时节。今详检两《唐书·玄宗纪》无一次于夏日炎暑时幸骊山，而其驻跸温泉，常在冬季春初，可以证明者也。夫君举必书，唐代史实，武宗以前大抵完具，若玄宗果有夏季临幸骊山之事，断不致漏而不书。然则绝无如《长恨歌》、《传》所云，天宝十载七月七日玄宗与杨妃在华清宫之理，可以无疑"。寅恪先生这点讲得很正确。玄宗在位四十四年中有三十一年行幸过骊山，其前往起初在十月至明年正月，开元二十六年后基本固定在十月，返回长安则在十一月至明年正月。如《歌传》所说"避暑骊山宫"七夕相誓的天宝十载，《旧唐书·玄宗纪》即写明是"冬十月辛亥幸华清宫"。因此某些记载如《旧唐书·杨贵妃传》《杨国忠传》就索性说"玄宗每年十月幸华清宫"。《长恨歌》《传》把七月七日相誓说成在骊山华清宫，确实有悖于史实。

但在这个重要情节上为什么再一次违背史实，寅恪先生尚未暇疏说。我则认为，这也和前一个重要情节招致方士之不可能一样，不是白居易不谙典故，缺乏常识，而是明知故犯。因为今本《白氏长庆集》卷一二歌行曲引除收有《长恨歌》外，还收入一首题为《江南遇天宝乐叟》的歌行，其中说道：

> 是时天下太平久，年年十月坐朝元。

朝元阁是华清宫的建筑物，见《旧唐书·玄宗纪》天宝七载十二月戊戌条，可见白居易本人是知道每年十月幸华清宫这个故事的。如果说这首歌行未注写作年份，或许成于《长恨歌》之后，则可复检配合《长恨歌》同时撰写的《歌传》，其中也已说道：

> 时每岁十月驾幸华清宫。

加以《长恨歌》本身"春寒赐浴华清池"之不曰"夏暑"而作"春寒"，都可作为白居易明知行幸季节的铁证。不谙典故缺乏常识自可不论，明知故犯就不能不探究其故犯的原因。

原因我认为应该从两方面来说。先是时间，为什么一定要把夜半相誓说在七月七日？这需对七月七日这个日子作考察。《艺文类聚》卷四"岁时"引东汉末崔寔《四民月令》说：

> 七月七日，……设酒脯时果，散香粉于筵上，祈请于河鼓、织女，言此二星神当会①。

《初学记》卷四"岁时部"引晋周处《风土记》说：

> 七月七日，其夜洒扫于庭，露施几筵，设酒脯时果，散香粉于河鼓（原注：《尔雅》曰："河鼓谓之牵牛"）、织女，言此二星神当会，

---

① 《初学记》卷四"岁时部"引《四民月令》无此数语，但东汉人《古诗十九首》中已有"迢迢牵牛星，皎皎河汉女"之咏，可见其时确已有此风俗，《类聚》所引不妄，《初学记》当以其语与上文所引周处《风土记》重复删落，而未思《风土记》实承用《四民月令》。

守夜者咸怀私愿，或云见天汉中有奕奕正白气，有耀五色，以此为征应，见者便拜，而愿乞富乞寿，无子乞子，唯得乞一，不得兼求，三年乃得言之，颇有受其祚者。

又引梁宗懔《荆楚岁时记》说：

七夕，妇人结彩缕，穿七孔针，或以金银鍮石为针，陈瓜果于庭中以乞巧，有喜子网于瓜上，则以为得。

唐代犹是如此，如《唐语林》四库本卷八"补遗"说：

七夕者，七月七日夜。《荆楚岁时记》云："七夕，妇人穿七孔针，设瓜果于庭以乞巧。"今人乃以七月六日夜为之，至明晓望于彩缕，以冀织女遗丝，乃是七晓，非夕也，又取六夜穿七窍针，益谬矣。今贵家或连二宵陈乞巧之具，此不过苟悦童稚而已①。

即《长恨歌传》也说：

秋七月牵牛、织女相见之夕，秦人风俗，是夜张锦绣，陈饮食，树瓜华，焚香于庭，号为乞巧，宫掖间尤尚之。

至于见诸诗人歌咏，自《古诗十九首》"迢迢牵牛星，皎皎河汉女"以下之为《艺文类聚》《初学记》以及《北堂书钞》卷一五五"岁时"所引用者已连篇累牍，更无论唐人。白居易生于唐代，自备悉当时宫掖民间于七

---

① 《唐语林》系北宋王谠采唐人小说五十家分门编集，此条不知取自何书，不知所谓"七月六日夜为之"是唐何时何地习俗。但恐仍以七日夜为之者为通行，如《长恨歌传》所说，及李商隐《七夕偶题》"花果香千户"，《辛未七夕》"惟与蜘蛛乞巧丝"等诗可证。何况此条本身也仍说"贵家或连二宵"，并非都改七夕为六夕或七晓。

月七日牛女相会之夕的乞巧风俗，同时又身为文士，易受前人以七夕牛女乞巧故事入诗歌之启发，其所编集以资辞藻之用的《六帖》，今传《白氏六帖事类集》本卷一"七月七日"条下就备列《荆楚岁时记》等记载，则撰写《长恨歌》时选择此通行宫掖民间的牛女相会七夕乞巧节，作为玄宗、贵妃男女相誓的时间，以天上牛女与人间夫妇相比附，诚可说是天衣无缝，锱铢悉称，要改用冬春任何其他节日都不可能如此适合。

再说地点。七月七日玄宗、贵妃既不在骊山，能不能把相誓的地点说成在皇帝平日所居的大明宫或宫中某殿，不曰"七月七日长生殿"。这也不能，因为骊山对玄宗来说已有其不可分离的特殊关系。本来，由于骊山毗邻长安又有温汤之胜，在长安地区建都的帝王前往游乐者自多有其人，并非始于李唐，更不始于玄宗，宋敏求《长安志》卷一五"临潼县温汤"已有讲说。不过像玄宗那样几乎每年行幸，甚至在骊宫受正旦朝贺，确实是前所未有的。而旧骊宫之踵事增华为华清宫，如《长安志》所说于"骊山上下益治汤井为池，台殿环列山谷"，"又筑会昌城，即于汤所置百司与公卿邸第"，俨然与长安的大明宫及西内、南内相敌体，则又悉成于玄宗之时，迥非前此帝王略事兴筑之所能及。自玄宗以后，则如《长安志》所说"天子罕复游幸，唐末遂皆圮废"。其间只有穆宗、敬宗这两个青年童稚喜好游乐的皇帝各去过一次，见《旧唐书》卷一六《穆宗纪》元和十五年（820）十一月，卷一七《敬宗纪》宝历元年（825）十一月，都当天即回，还备受臣下们谏阻。谏阻穆宗的表状存元稹的《元氏长庆集》，即今本卷三四的《两省供奉官谏驾幸温汤状》，其中说：

> 伏以驾幸温汤，始自玄宗皇帝。乘开元致理之后，当天宝盈美之秋，葺殿宇于骊山，置官曹于昭应，警跸于缭垣之内，周行于驰道之中，万乘齐驱，有司尽去，无妨朝会，不废戒严。而犹物议喧嚣，财力耗顿，数年之中，天下萧然。累圣已来，深惩覆辙，骊宫圮毁，永绝修营。

敬宗之事则见于四库本《唐语林》卷六"补遗":

> 宝历中,敬宗皇帝欲幸骊山,时谏者至多,上意不决。拾遗张权舆伏紫宸殿下叩头谏曰:"昔周幽王幸骊山,为戎所杀;秦始皇葬骊山,国亡;明皇帝宫骊山,而禄山乱;先皇帝(穆宗)幸骊山,而享年不长。"帝曰:"骊山若此之凶耶?我宜往以验彼言。"

可见中唐时人舆论以为安禄山叛乱是由于玄宗淫侈游乐,而淫乐之中心则在骊山,人主除个别外多不敢蹈此覆辙,几以行幸骊山为恶德。这种认识今天看来当然大成问题,而当时诗人则不能不深受其影响。因此举凡中唐以还诗人歌咏玄宗、贵妃故事多涉骊山,歌咏骊山亦必及玄宗、贵妃。白居易作为诗人自亦未能免俗,这就是《长恨歌》宁愿违背史实,而必须把七月七日夜半相誓的地点放到骊山这个淫乐热闹之所的原因。

以上三处是构成《长恨歌》的重要情节,却偏偏都远离了历史真实。

此外,在细节上不符史实之处也不时出现,对此前人已有所发觉。如南宋时程大昌在所撰《雍录》的卷四"温泉说"中就认为《长恨歌》"多不得其实"。我把这些不得其实的略略搜罗,就有下面这么多。

(一)"汉皇重色思倾国,御宇多年求不得"。唐人诗篇称玄宗往往用其谥号曰"明皇",这里本也可用"明皇",用"汉皇"者,是暗示此诗的蓝本是汉武帝李夫人故事,所以《歌传》就点明贵妃"鬓发腻理,纤秾中度,举止闲冶,如汉武帝李夫人"。这在陈寅恪先生《长恨歌笺证》中已经指出。不过当时中国亦可称"汉",皇帝自亦可称"汉皇",所以这里用"汉皇"是语意双关,不能算背离史实。背离史实的倒是第二句"御宇多年求不得"。玄宗先天元年"御宇",到开元末年贵妃入宫已近三十年,诚可说"多年"。但这"多年"中已有备承恩宠,宫中礼秩一同皇后的武惠妃,并非"多年求不得"而是早已求得。但《长恨歌》偏要如此写,自为了要使主题更加集中。这比《歌传》一定要写出"先是,元献皇后、武淑妃皆有宠①，相次即世"，然后转入寻求贵妃者显然更为高明。

（二）"杨家有女初长成，养在深闺人未识。"杨贵妃先为玄宗第十八子武惠妃所生寿王瑁之妃，已是人所共知的事实，《歌传》即点明"潜搜外宫，得弘农杨玄琰女于寿邸"。而《长恨歌》不如实写出者，倒并非如南宋赵与峕《宾退录》所说"大恶不容不隐"（卷九），马永卿《懒真子》所说"《春秋》为尊者讳"（卷二），而也是为了集中文字于主题，防止横生枝节。

（三）"春寒赐浴华清池，温泉水滑洗凝脂。侍儿扶起娇无力，始是新承恩泽时。"据《旧唐书·玄宗纪》，骊宫在天宝六载十月才改名华清宫，而前此则曰温泉宫，贵妃之承恩早在其先，如何能有华清池之称？此点《雍录》"温泉说"已指出。但今本《旧唐书》肃宗乾元以前纪传多用吴兢等所撰国史，而据《歌传》"世所知者有《玄宗本纪》在"之语，知白居易辈实读过此等国史本纪。今仍违背国史记载写作"华清池"者，以华清宫之名为人所共知，写"华清池"则并宫名也连带而出。否则写成"温泉池"，或如《歌传》写成"汤泉"，则不仅均属不辞，且与下句"温泉水滑"相犯，写成"赐浴在汤池"又点不出"华清"二字，都不如径用"华清池"为好。

（四）"六军不发无奈何，宛转蛾眉马前死。"贵妃之死固非禁军自发行动，"六军"一词也有问题。《旧唐书》岑建功本校勘记卷三二《贵妃传》"既而六军不散"条引张宗泰说："以《新书·兵志》考之，大抵以左右龙武、左右羽林合成四军，及至德二载，始置左右神武军，是至德以前有四军无六军明矣。《白居易长恨歌传》曰'六军徘徊'，《歌》曰'六军不发无奈何'，盖诗人沿天子六军旧说，未考盛唐之制耳。"案《新唐书·兵志》所说左右龙武军建置时间虽有错误，但玄宗末年禁军之仅有左右羽林、左右龙武四军，则诚是事实，别详唐长孺先生《唐书兵志笺正》卷

---

① 其实后来追赠元献皇后的杨氏之受宠，绝不能与武惠妃、杨贵妃相比。《旧唐书》卷五三《后妃·玄宗元献皇后杨氏传》所说梦覆去胎药生肃宗等神话，显系肃宗自立后所编造，写入国史而为《旧书》承用，本书第十一章还将讲说。

三。而《长恨歌》《传》之所以沿用"天子六军"旧说者，很明显是考虑到"六军"之称比较通俗，不若"四军"眼生，必须于当时史实熟悉者方能懂得。

（五）"黄埃散漫风萧索，云栈萦纡登剑阁。峨嵋山下少人行，旌旗无光日色薄。"这有两个问题。首先，从陕西南下至成都不需要经过峨嵋山，如宋人沈括《梦溪笔谈》卷二三"谬误"所说："峨嵋山在嘉州，与幸蜀路并无交涉。"而所以如此写者，一则峨嵋是四川有名的大山，用峨嵋山比用其他不甚知名的山川来得通俗且更易形象化。再则据《元和郡县图志》卷三一剑南道嘉州峨眉县："峨眉大山，在县西七里，……两山相对，望之如峨眉，故名。"是此山本以似眉而名峨嵋，用峨嵋山可与上面所咏"宛转蛾眉马前死"映带成文。这是地理上的问题。从时间来说也有问题。玄宗之幸蜀，《旧唐书·玄宗纪》写出了日程，是天宝十五载六月乙未离长安，丁酉发马嵬驿，七月壬戌次益昌县，渡吉柏江入剑南，庚辰至成都，一路上正值炎暑。炎暑来风可热可凉，但绝对不能如秋风之称"萧索"，炎炎烈日也绝不能形容成秋冬季节日色之"薄"。而《长恨歌》偏要不顾时令用"风萧索""日色薄"者，无非是为了要写出幸蜀途中君臣心情之凄凉暗淡，以与前此"骊宫高处入青云，仙乐风飘处处闻"的热闹场面相衬托。

（六）"天旋地转回龙驭，到此踌躇不能去。马嵬坡下泥土中，不见玉颜空死处。君臣相顾尽沾衣，东望都门信马归。"案之《旧唐书·玄宗纪》："〔至德二年〕十月，肃宗遣中使啖廷瑶入蜀奉迎。丁卯，上皇发蜀郡。十一月丙申，次凤翔郡，肃宗遣精骑三千至扶风迎卫。十二月丙午，肃宗具法驾至咸阳望贤驿迎奉。"则玄宗返回长安确仍经过马嵬。但此时高力士、陈玄礼及原在陈指挥下杀戮杨国忠等的禁军扈从随行，为"君"的玄宗面对他们不可能垂思念贵妃之泪，为"臣"的这批人更不可能为贵妃垂泪，迎卫监视的肃宗所遣精骑也不会垂泪。《长恨歌》偏说"君臣相顾尽沾衣"，是为了要写出贵妃之死博得时人广泛的同情哀怜。

（七）"归来池苑皆依旧，太液芙蓉未央柳。芙蓉如面柳如眉，对此如何不泪垂。"这是描绘回到长安时的情景。据宋敏求《长安志》卷六"唐宫室·东内大明宫章"："有太液池，池内有太液亭子。"知此池是人君游赏之所，池内种植芙蓉即《歌传》所谓"池莲"自属可能。同卷"禁苑内苑章"："未央宫，……汉之旧宫也，去宫城二十一里，唐置都邑之后，因其旧址，复增修之，宫侧有未央池。"《歌》所谓"池苑"之苑即指此内苑，"未央柳"即指此内苑未央宫中或未央池侧之柳，案之苑中有所谓"柳园亭"，在其处植柳也自可能。但玄宗于至德二载十二月返回长安时的活动经过，如《旧唐书·玄宗纪》所说是："丁未，至京师，文武百僚、京城士庶夹道欢呼，靡不流涕。即日御大明宫之含元殿，见百僚，上皇亲自抚问，人人感咽。时太庙为贼所焚，权移神主于大内长安殿，上皇谒庙请罪，遂幸兴庆宫。"①其间并未一经内苑。而且大明宫的太液池远在含元殿之北，当日忙于抚问百官，请罪神主，也未必有暇涉足。再则，返回时已届十一月严冬，芙蓉早已枯败净尽，冬柳也绝不能那样"如眉"。《长恨歌》为了要写出"对此如何不泪垂"，才不顾地点时令信笔写上"太液芙蓉未央柳"和"芙蓉如面柳如眉"。

（八）"西宫南苑多秋草，落叶满阶红不扫。梨园弟子白发新，椒房阿监青娥老。"唐代并无南苑，此"南苑"自即南内之互文。玄宗回长安先住南内，其后被迫移入西内，则应说"南苑西宫"方妥。不过这出入尚小，与事实大有出入的是"梨园弟子"两句。《旧唐书》卷二八《音乐志》说："玄宗又于听政之暇，教太常乐工子弟三百人为丝竹之戏，……号为皇帝弟子，又云梨园弟子，以置院近于禁苑之梨园。"这些乐工子弟不可能是中年以上的人，而玄宗天宝十五载六月离长安幸蜀，第二年至德二载十二月即返回，不到一年半时间，他们如何能迅速衰老而新生白发？椒房之阿监虽一般由年龄稍长的宫女来充任，也不至在同样短促的时间内顿现老态。《长恨歌》如此写，是为了要极言归来后之凄凉衰败，不堪回首。

（九）"夕殿萤飞思悄然，孤灯挑尽未成眠。"宋邵博《闻见后录》卷

---

① 《旧唐书·肃宗纪》所记略同，惟大内之殿名作"长乐"，这是当时要把"宫省门带'安'字者改之"的缘故，见《肃宗纪》至德二载十一月壬申。

一九对此批评说:"宁有兴庆宫中夜不烧蜡油,明皇帝自挑灯者乎?书生之见可笑耳。"陈寅恪先生《长恨歌笺证》也认为"乐天之作《长恨歌》在其任翰林学士以前,宫禁夜间情状,自有所未悉"。其实恐仍是为了极言玄宗回长安后处境之凄凉,所以不用蜡烛入诗而偏用要挑的"孤灯"。

(十)"悠悠生死别经年,魂魄不曾来入梦。"这"别经年"通常只能解释为别离经一年。但贵妃之死在天宝十五载六月,离第二年十二月玄宗之返长安已近一年半时间。何况上文已说"西宫南苑多秋草",加上住南内的时间就更远不止"经年"之别了。所以如此者,仍由于《长恨歌》本非写实,在这些地方可以随便不拘。

三 一篇《长恨》有风情

《长恨歌》全篇不过八百四十字,而行文不恤细节者既如此,讲述重要情节之背离史实又如彼,这究竟是怎么一回事,需要在这里进而作解答,尽管这多少侵入了文学的领域,但文与史有时确实很难截然分家。

先总的说一下,这篇《长恨歌》,我认为是白居易选择若干史实加以彻底改造,使之成为一完整故事,而用歌行这种体裁写出来的文学作品。以下再说具体点。

(一)《长恨歌》故事是以汉武帝思念李夫人的旧闻为蓝本。不过李夫人是因病善终的,而杨贵妃则被缢凶死,凡凶死者从民俗学来说最易打动人们的心灵[①]。抓住马嵬驿之变把它说成是士兵自发行动,君王则如汉献帝于伏后之死那样"掩面救不得",自更能猎取读者的同情。

(二)李夫人之有故事性,如《汉书》卷九七上《外戚·孝武李夫人传》所说,全在于死后有方士齐人少翁为之招魂,因此《长恨歌》必须在玄宗返回长安用大篇幅编造一临邛道士寻觅贵妃的故事,不顾其与史实有

---

① 如蒋子文据《搜神记》等只是汉末秣陵尉,苏峻用旧时看法更是犯上作乱之徒,而在东晋南朝成为朝野严祀的蒋帝、苏侯神者,凶死是其主要原因。此外如项羽之所谓灵异著于南朝,关羽祠庙明、清以来之遍及民间,和此也很有关系。

矛盾扞格。

（三）李夫人故事，如《李传》记汉武帝诗中所说，见到"是邪非邪，立而望之，偏何姗姗其来迟"的形影就告结束。《长恨歌》则由此展开"七月七日长生殿"的故事，青出于蓝而胜于蓝，正是白居易这位大文学家手笔高妙之处。

（四）这个故事的时间所以要定在七月七日夜半，是利用在宫掖民间都流行已久的七夕乞巧风俗，从天上的牵牛、织女七夕相会，引出人间的男女悲欢离合，如《歌传》所谓"感牛女事，密相誓心，愿世世为夫妇"，作为全诗的主题。

（五）既然相誓"愿世世为夫妇"，并且如《歌传》所写贵妃将"复堕下界，且结后缘，或为天，或为人，决再相见，好合如旧"，则可谓结局圆满，无复遗恨。但白居易在写了"在天愿作比翼鸟，在地愿为连理枝"之后，却接上"天长地久有时尽，此恨绵绵无绝期"以为全诗结束，并题目也标作"长恨歌"，这不是和主题相矛盾，而是点清海上仙山、重践誓言云云无非虚幻，只能作故事欣赏而不必凿实，这又是白居易高妙之处，迥非并时文士之所能企及。

（六）至于七月七日地点之必须在骊山华清宫，则如前所说当时骊宫与玄宗、贵妃已不能分割，不用骊宫改用其他大明宫等作为背景，整个故事将大为减色。其他细节之不顾史实随心凑捏描绘者，也出于同一目的。这种要求情节服从于主题，就是《长恨歌》与杜甫史诗的一个显著区别。

弄清了《长恨歌》的性质，才能恰如其分地对它作出评价。但现在对《长恨歌》的许多评价似乎不是如此。这些评价归纳起来大体有两种：一种认为《长恨歌》是歌颂爱情，甚至说是歌颂纯洁的爱情；另一种则相反，认为是讥讽封建统治阶级；还有人从中调和，认为二者兼而有之。我认为都未见得中肯。

《长恨歌》是讥讽之说并非现在才有，清代思想正统且颇有点迂腐的诗人沈德潜就如此主张。在他所选的《唐诗别裁集》有"此讥明皇之迷于色而不悟也。以女宠几于丧国，应知从前之谬戾矣，乃犹令方士遍索"云云的议论。如果要找证据，《歌》中的"春宵苦短日高起，从此君王不早朝"，"姊妹兄弟皆列土，可怜光彩生门户。遂令天下父母心，不重生男重生女"之类句子都可算得上。《歌传》所说"乐天因为《长恨歌》，意者不但感其事，亦欲惩尤物、窒乱阶，垂于将来"，更可说是第一等的证据。但后者和元稹《莺莺传》结尾"大凡天之所命尤物也，不妖其身，必妖于人"之类的议论同属套话，名义上可说是模仿古人的"曲终奏雅"，实际与主题无甚关涉。试问读过《长恨歌》的只要不抱成见，有谁能产生"惩尤物、窒乱阶"的思想以至仇恨封建统治阶级的感情？可见这种讥讽说实在近乎深文周纳，没有多少说服力。

以《长恨歌》为歌颂爱情说也有问题。且不说封建帝王对后妃嫔御除生理欲望外一般不会有多少真正的爱情，也不说马嵬驿贵妃之缢事实上是为玄宗权衡利害后所默许的行动。即从《长恨歌》本身来看，一开头便说"汉皇重色思倾国"，"色"难道能和爱情等同，爱情岂必倾国之色，"回眸一笑百媚生，六宫粉黛无颜色"之类岂能谓之纯洁？中国古代诗歌中歌颂纯洁爱情的作品确是有的，如《华山畿》《孔雀东南飞》之类，很难说《长恨歌》和这类作品有同样的思想风格。

我认为与其漫无凭准地猜测，还不如看看作者本人对作品的自我评价。《白氏长庆集》卷一六有《编集拙诗成一十五卷因题卷末戏赠元九李二十》，首联就说："一篇《长恨》有风情，十首《秦吟》近正声。"《秦吟》者，即《白集》卷二"讽谕"之《秦中吟》十首，前有自序所谓"贞元、元和之际，予在长安，闻见之间，有足悲者，因直歌其事"，与《新乐府》等同属以讽谕为目的之作品。白居易认为这样的作品方符合古人采诗观风的要求，如《白集》卷四五《与元九书》中所说：

> 仆当此日，掌在翰林，身是谏官，手请谏纸，启奏之外，有可以救济人病、裨补时阙而难于指言者，辄咏歌之，欲稍稍递进闻于上。上以广宸聪，副忧勤；次以酬恩奖，塞言责；下以复吾平生之志。岂图志未就而悔已生，言未闻而谤已成矣。又请为左右终言之：凡闻仆

贺雨诗，而众口籍籍，已谓非宜矣；闻仆哭孔戡诗，众面脉脉，尽不悦矣；闻《秦中吟》，则权豪贵近者相目而变色矣；闻乐游园寄足下诗，则执政柄者扼腕矣；闻宿紫阁村诗，则握军要者切齿矣：大率如此，不可遍举。不相与者号为沽名，号为诋讦，号为讪谤；苟相与者，则如牛僧孺之戒焉，乃至骨肉妻孥，皆以我为非也；其不我非者，举不过三两人。……呜呼，岂六义四始之风，天将破坏不可支持耶？抑又不知天之意不欲使下人之病苦闻于上耶？

可见白居易认为只有《秦中吟》之类的讽谕诗才符合古代诗人"六义四始"之旨，才够得上所谓"正声"也就是今人所谓讥讽性、政治性的作品。至于《长恨歌》，则白居易编集时并没有把它收入讽谕诗里，不认为"正声"而止是"风情"之作。对此，白居易在《与元九书》中也有所申说：

及再来长安，又闻有军使高霞寓者，欲聘倡妓，妓大夸曰："我诵得白学士《长恨歌》，岂同他妓哉！"由是增价。……自长安抵江西三四千里，凡乡校、佛寺、逆旅、行舟之中，往往有题仆诗者；士庶、僧徒、孀妇、处女之口，每每有咏仆诗者。此诚雕虫之戏，不足为多。然今时俗所重，正在此耳。虽前贤如渊、云者，前辈如李、杜者，亦未能忘情于其间哉！

又说：

今仆之诗，人所爱者，悉不过杂律诗与《长恨歌》已下耳。时之所重，仆之所轻。

唐末五代时人王定保所撰《唐摭言》卷一五"杂记"，记大中皇帝（唐宣宗）吊白乐天诗中也有"童子解吟《长恨》曲"之句。足见《长恨歌》之见重于时,是见重于士庶、僧徒、妇女、童子,亦即彼时高水平者在外的流俗之人①。这些流俗之人对政治性强烈的讽谕诗未必感兴趣,感兴趣的是故事性强,当然文采也要好的比较通俗的文艺作品。《长恨歌》所讲的既是离开当时才半个世纪的本朝宫闱故事,故事的中心又牵涉到流行在社会上尤为妇女、童子所喜爱的七夕乞巧风俗,从牵牛、织女的相会引出玄宗、贵妃人间天上的离合悲欢,而所用记叙体长歌的表达形式又颇似当时风行的"变文""俗讲"②,自然比用散文形式撰写的记叙男女之情的传奇如《李娃传》《无双传》《霍小玉传》之类更容易受到当时流俗的欢迎。所谓"有风情"者,就是指这类以男女之情为中心的作品。这种男女之情和今日所谓纯洁爱情本来就不是一回事,"风情"的作品《长恨歌》以至《李娃传》等本只是讲说故事而没有考虑去歌颂男女主角的什么爱情③。因此只能老老实实地说,像《长恨歌》这样的作品在艺术上是十分成功的,思想性则说不上什么。白居易在《与元九书》里本来只承认《长恨歌》是以"雕虫之戏"即今所谓"艺术性"而为"时俗所重",《戏赠元九李二十》诗之"一篇《长恨》有风情"也无非是以艺术上的成功自夸,若与讲求思想性的讽谕"正声"相比较,则自然要重"正声"而轻"风情"。对一个诗人来说,写出"正声"当然是可贵的,"正声"之余写点无害于社会的"风情"以及其他够不上"正声"之作谅亦无伤于大雅。而且非"正声"的无害之作有时由于艺术高超也能流传不衰,在诗歌、绘画、音乐等文艺领域里这样的例子至多。又何必一定用今天的标准来要求,把这类流

---

① 宋惠洪《冷斋夜话》卷一所谓"白乐天每作诗,令一老妪解之,问曰解否,妪曰解,则录之,不解则易之。故唐末之诗近于鄙俚",当即由此而编造,《夜话》记事颇有不足凭信者,此亦其一。至于唐末某些作者之诗较前此确有近鄙俚处,其原因当别事研讨,绝不能把责任往白居易身上一推了之。

② 关于"变文""俗讲"之流行于唐代,向达先生《唐代俗讲考》已有所论述(收入所著《唐代长安与西域文明》,三联书店版)。又唐孟棨《本事诗》"嘲戏"门记诗人张祜与白居易相戏:"祜曰:'祜亦尝记得舍人《目连变》。'白曰:'何也?'祜曰:'上穷碧落下黄泉,两处茫茫皆不见,非《目连变》何耶?'"恐在揶揄个别诗句巧相比类的同时,还有《长恨歌》体式近乎"变文"的暗示。

③ 白行简所撰《李娃传》中有倡女李娃与其姥勾结诳骗男主角的情节,主张歌颂爱情说者对此极感棘手,多方辩解。其实只要懂得这类作品本不在歌颂爱情而只是"风情"之作,则面对这种诳骗情节就不致有所惊怪而曲为回护。

传不衰之作——拔高,非把《长恨歌》提到讥讽封建统治阶级或歌颂纯洁爱情的高度来认识不可呢?这样既难于自圆其说,又有背作者本意,实殊属不必。

四　说长生殿

第二节里提到"七月七日长生殿"的问题,这里对这"长生殿"附带作讲说。

"长生殿"一词除写入白居易《长恨歌》外,尚见于其他文献。如《旧唐书》卷七八《张行成附张易之昌宗传》说"则天卧疾长生院",卷八二《李义府附李湛传》说"〔李湛〕率所部兵直至则天所寝长生殿",卷一〇《肃宗纪》说"〔肃宗〕崩于长生殿",卷一一六《肃宗诸子·越王系传》说"〔张〕后令内谒者监段恒俊与越王谋,召中官有武勇者二百余人授甲于长生殿"。胡三省注《通鉴》,在卷二〇七长安四年十二月"太后寝疾居长生院"下对此作了解释,认为"长生院即长生殿","盖唐寝殿皆谓之长生殿。此武后寝殿之长生殿,洛阳宫寝殿也。肃宗大渐,越王系授甲长生殿,长安大明宫之寝殿也。白居易《长恨歌》所谓'七月七日长生殿,夜半无人私语时',华清宫之长生殿也"。

但《旧唐书》卷九《玄宗纪》称:"〔天宝元年〕冬十月丁酉,幸温泉宫。辛丑,……新成长生殿,名曰集灵台,以祀天神。"《唐会要》卷三〇"华清宫"也作:"天宝元年十月造长生殿,名为集灵台,以祀神。"据北宋宋敏求《长安志》卷一五"临潼温汤"长生殿小注引《实录》"天宝元年新作长生殿集灵台以祀神",知《旧纪》《会要》所书均本《实录》,惟宋《志》所引在"集灵台"前脱去"名曰"或"名为"二字。长生殿既为祀神之用,则似不能同时作为寝殿,《长恨歌》、《通鉴》胡注以华清宫的长生殿为寝殿就有问题。

《唐诗纪事》卷六二郑嵎《津阳门诗》自注又提出另一种说法:"有长生殿,乃斋殿也,有事于朝元阁,即御长生殿以沐浴也。""飞霜殿即寝殿，而白傅《长恨歌》以长生殿为寝殿，殊误矣。"这里明确否定了华清宫的长生殿为寝殿之说，说华清宫寝殿是飞霜殿。至于华清宫之长生殿则是斋殿，有事于朝元阁之先在此沐浴，则祀神之所乃是朝元阁而不是长生殿，和《实录》说长生殿名曰集灵台是祀神之所的讲法又有不同。诗注连集灵台这个名称都没有提到。

宋敏求《长安志》"温汤"所述华清宫的殿阁名称方位，由于史料阙佚，多本"《津阳门诗》注及今所在遗迹"。其中据诗注分列飞霜殿、长生殿为两个条目，条目下小注即抄录诗注作为解释。另外，又在长生殿条目后别出一集灵台条目，这和《实录》之以长生殿即集灵台的讲法复有歧异。南宋程大昌《雍录》卷四"温泉"、元骆天骧《类编长安志》卷九"胜游门·华清宫"都照抄宋《志》。不过宋《志》、程《录》在集灵台条目下都无小注，骆《志》则在集灵台下新增一段注释："在长生殿侧，天宝元年作，则斋沐以祀神。"后两句是从宋《志》长生殿小注抄来的，前一句是骆天骧自己加上的。

陈寅恪先生撰《长恨歌笺证》，则兼信《旧纪》、《会要》即《实录》以及《津阳门诗》注，将《实录》长生殿祀神和诗注长生殿斋宫沐浴两种不同的讲法合二而一，说"李三郎与杨玉环乃于祀神沐浴之斋宫，夜半曲叙儿女私情，揆之事理，岂不可笑"，从而和诗注一样否定《长恨歌》之以夜半私语在长生殿，并否定《通鉴》胡注之以华清宫长生殿为寝殿。

前此清人冯浩笺注李商隐《骊山》"平明每幸长生殿"句，又别具新说，说"今玩白傅诗，初未言是寝殿，七月七日焚香乞巧，亦祀天神之类也。郑嵎所讥自欠明析，《通鉴》注亦小疏"（《玉溪生诗集笺注》卷三）。实际是在为《长恨歌》的"七月七日长生殿"回护。

以上种种，诚可谓异说纷纭，歧中有歧。如何理清头绪，探得真相，多年来我曾反复考虑。

我认为，《旧唐书·玄宗纪》和《唐会要》所书都本《实录》，是最可信据的第一手史料，而且二者文句基本相同，当无脱误。但《旧纪》《会要》这段文句确实不易通解。既说"新成长生殿"，则"长生殿"已是此新成建筑物的名称，何以下文又接上一句"名曰集灵台"或"名为集灵台"，难道此建筑是一物而有二名？如果这样，则应说"又名集灵台"，如何能说"名曰""名为"，难道《实录》撰人的文理真的如此欠通。《旧唐书·二张传》说"则天卧疾长生院"，《李湛传》说"率所部兵直至则天所寝长生殿"，但同书卷九一《桓彦范传》却说彦范、李湛等率兵斩关而入时"则天在迎仙宫之集仙殿"，此"集仙殿"应即《李湛传》的"长生殿"，则又是一建筑物而有二名。试检宋敏求撰元人增修的《元河南志》（《藕香零拾》刻徐松辑《永乐大典》本），于卷四"唐城阙古迹"的宫城部分只有集仙殿，小注"武太后造，前有迎仙门"，与《桓彦范传》所纪相符合，而不见如《李湛传》等所说长生殿或长生院的名称。检宋敏求《长安志》，于卷六"唐宫室"的"东内大明宫章"以至"西内章"、卷九"南内兴庆宫"条，也都不见长生殿的名称。长生殿的名称仅见于"东内大明宫章"之后的"别见"部分。而所谓"别见"者，是不见于唐人所传宫省旧图而为宋敏求旁搜其他文献所得者，故方位悉不明了，其中的长生殿疑即抄自《旧唐书·李湛传》等，别无其他依据。

根据以上分析，我认为只能作这样的解释，即所谓长生殿者，并非某所建筑物的专称，而系唐人对皇帝寝殿的通称。既是通称，自然不能记入宫省图，宫省图上只能标记专称，因此在《长安》《河南》两宋《志》中除"别见"外就找不到所谓长生殿的痕迹。这样，《旧纪》《会要》即《实录》所记的头两句也就很好通解，"新成长生殿，名曰集灵台"者，"新成寝殿，名曰集灵台"之谓，并非一建筑物而二名，"长生殿""集灵台"之间当然也不能用"一名"而要用"名曰""名为"。此外，武太后卧疾的寝所一说长生院、一说长生殿者，也不必如《通鉴》胡注作"长生院即长生殿"的解释，院不能等于殿，而应是院中有殿，据《桓彦范传》《河南志》，此院正式名称应是迎仙宫或迎仙院，此殿正式名称应是集仙殿。因为是皇帝所居住之宫院与所寝之殿，所以可称为长生院与长生殿。

《旧纪》《会要》即《实录》纪事的"以祀天神""以祀神"应如何解释，祀神之所是否必不能同时又是寝殿，如《津阳门诗》注和《长恨歌笺证》以及冯浩笺注李商隐诗等所说，我认为也不见得。因为寝殿并非一定不能祀神，如清大内即今北京故宫中的坤宁宫，是皇后所居亦即所谓寝殿，而其中每日朝祭释迦牟尼、观音、关帝，夕祭穆哩罕诸神、画像神、蒙古神，又同时为日常祀神之所，沈阳故宫的皇后所居寝殿也是如此，这都是寝殿可以祀神的明证。当然，这可能是起于东北的女真的习俗，但同样起于东北的鲜卑旧俗或其他胡俗也多影响李唐宫廷，则其时宫廷中出现一些在寝殿祀神的习俗诚不足为怪。《实录》之所以特别加上一句"以祀天神"，只是为了解释长生殿即寝殿之为什么要命名集灵台，此外不再含有其他用意。冯浩笺注李诗把儿女七夕乞巧附会为祀神，说《长恨歌》所咏七夕相誓的长生殿本谓祀神之所而非寝殿，则徒事调停弥缝，未必于诗旨相合。

郑嵎虽是唐人，但《津阳门诗》里有"湟中土地昔湮没，昨夜收复无疮痍"之句，则实系宣宗大中时期的作品，去天宝已逾百年，不特遗老无存，旧时华清宫的建筑物亦复日见废圮。即此诗真如郑嵎自序所说是根据他"下帷于石瓮僧观"时所闻"宫中陈迹"和耳闻"自言世事明皇"的山下旅邸主公所道"承平故实"而作，也无非采摭当时流传的野语逸闻，其价值不过与唐末五代时王仁裕撰写《开元天宝遗事》之类相伯仲。试看诗注中对罗公远、叶法善等荒诞不经的故事津津乐道，并以懂得"开元中未有东西神策军但以六军为亲卫"自诩，而不知其时实止有左右羽林龙武四军，即可知所说之多不足为典要。其所谓"长生殿乃斋殿"，"白傅《长恨歌》以长生殿为寝殿即殊误"者，自系误解《实录》"长生殿名曰集灵台，以祀天神"所致（盖至晚唐时以长生殿为寝殿通称的习惯已不存在，或当时此种用语本止流行在上层统治阶级内部，非寻常士人若郑嵎者所能谙熟）。又看到骊山别有一祀神之朝元阁遗址，为避免重复而窜易《实录》之祀神为斋沐，并增添出"有事于朝元阁即御长生殿以沐浴"的臆说。不知祀神本不必止在一地，如清大内日常祀神虽在坤宁宫，岁终至元旦大祭则别在所谓堂子。而且据《旧唐书·玄宗纪》天宝七载十二月戊戌"言玄元皇帝见于华清宫之朝元阁，乃改为降圣阁"，以及卷一〇六《李林甫传》

"林甫时已寝疾，……巫言一见圣人差减，……乃敕林甫出于庭中，上登降圣阁遥视，举红巾招慰之"等纪事，和白居易《江南遇天宝乐叟》"年年十月坐朝元"的诗句，似朝元阁仍为皇帝日常起居之所，而并非专用以祀神的建筑，后来认为祀神者乃缘讹言玄元皇帝李耳降临而附会，诗注如此增益益远离史实。至宋敏求本唐史专家，乃以文献无征之故，撰述《长安志》"华清宫"部分不得不旁采诗注，而不知用《实录》校出诗注此条之多事增益。又所据《实录》此条"集灵台"上脱去"名曰"或"名为"，遂在长生殿下别标一集灵台条目。其后程《录》、骆《志》悉本宋《志》，骆《志》且径谓集灵台在长生殿侧，旧时撰述类多此等粗疏凭臆之处，正有赖后人匡正。

至于飞霜殿之为寝殿，当系郑嵎在骊山所闻野老传说。程氏《雍录》卷四有华清宫图，则才入津阳门即标一飞霜殿，世岂有大门之内便是卧寝之理？自不足取信。元李好文别撰《长安志图》三卷附宋《志》行世，其中唐骊山宫图广占三幅，则又移飞霜殿于程图长生殿位置，而迁长生殿与集灵台于宫墙外东侧丛山之中。无非师心自用，自我作古，益为识者之所不取。

以上是我当年对"长生殿"的讲说。其后辛德勇君撰《唐骊山华清宫长生殿新解》，发表于1994年第3期台湾《历史》月刊，后收入1996年中华书局版所著《古代交通与地理文献研究》。辛君注意到《旧唐书》卷二四《礼仪志》也有这一段关于长生殿的记载，却作"天宝元年，……新作长生殿改为集灵台"，因此说："原来是天宝元年十月华清宫（当时称温泉宫）新寝殿建成后，改作祀神之宫，名为集灵台。"辛君此解说自较鄙说更为圆到。但何以据《实录》撰写的《旧唐书·玄宗纪》和《会要》均作"名曰"或"名为集灵台"，岂《实录》原文如此，而撰作《旧书·礼仪志》者揣《实录》本意而径写成"改为集灵台"。这样，骊山华清宫必另有一长生殿即寝殿，会不会真是郑嵎听骊山野老传说的飞霜殿呢？但即使是也不可能如《雍录》所绘紧靠津阳门。

我又考虑，当时要弄个集灵台以祀神，何必用长生殿即寝殿来改。又洛阳之长生殿即寝殿，据前引《元河南志》正式名称为集仙殿，门曰迎仙门，这"集仙""迎仙"和集灵台之"集灵"岂不又具有同样气味。加上清代坤宁宫之祀神，则即使长生殿改为集灵台后已不作寝殿使用，似仍摆脱不了作为寝殿之长生殿本来就带有的神秘色彩。

骊山及其温泉至今仍为关中游览胜地，长生殿故事亦恒为人们所艳说。因此这"说长生殿"的大段考证虽非讲政治史之所必涉及，对通读彼时文献包括《长恨歌》等诗篇亦尚不无裨益。

第九章　范阳节度与奚、契丹

一　一个被长期忽视的问题

前面讲了玄宗朝的中枢政局和由此派生的马嵬驿之变，这里要讲其时如何对付周边的少数民族。讲范阳即幽州节度使的建立和奚、契丹的关系，说清楚在契丹和奚的压力下原先的府兵制不能适应，从而设置节度使来临制扞御，使安禄山得据以叛乱。

通行教科书要到讲五代时才提及契丹，然后讲契丹即辽与北宋之间的和战。其实早在初唐武周之时，契丹与奚已成为严重的东北边患，可不知怎么长期被人们所忽视。就我所知，惟吕诚之师《隋唐五代史》述武周时契丹李尽忠叛乱，能指出："耶律氏之坐大，兆于此矣。"又据《旧唐书·地理志》指出："方事之殷，营州境内诸夷州多内迁河南，神龙时乃还治幽州，又为安史造乱及乱平后河北诸镇负固不服之由，故李尽忠之乱，虽不久戡定，其关系实绝大也。"（第三章第四节）凡此均堪称卓识，非时流之所能及。半个世纪前我撰写大学毕业论文时，检读杜佑《通典》，也曾注意到卷一四八"兵"总序有玄宗时"将欲荡灭奚、契丹，剪除蛮、吐蕃"之说（本书第三章讲府兵之所以败坏时亦已引用）。遗憾的是杜佑出于彼时实用的需要，《通典》"兵"这部分只举大量战例而不讲军事制度的沿革。《通典》卷一七二"州郡"、《旧唐书》卷三八《地理志》以及《通鉴》卷二一五天宝元年正月壬子条都列举安西、北庭、河西、朔方、河东、范阳、平卢、陇右、剑南九个节度使和岭南五府经略使的辖区、兵力，这当以天宝年间的政府文书为依据，是研究安史乱前节度使的第一等史料，可没有把这种既是地方政权又是军事指挥机构的节度使制度的来龙去脉作交代。《新唐书》卷五〇是《兵志》，要讲军事制度，但常被教科书引用的"唐有天下二百余年，而兵之大势三变：其始盛时有府兵，府兵后废而为彍骑，彍骑又废，而方镇之兵盛矣"这几句话，就说得含糊不清。府兵照规定有宿卫京师和征镇四方两项任务，府兵废坏后宿卫任务虽曾由彍骑来承袭，征镇则后面要说，是由招募健儿长任边军的办法来解决，从而形成藩镇擅兵的局面，彍骑之废和方镇之盛并没有因替的关系。《新唐书》卷六四至六九是《方镇表》，这和《唐会要》卷七八"节度使"一样，对查考各个节度使的设置沿革是有用处的，但仍说明不了设置节度使的缘由。直到民国37年唐长孺先生发表了论文《唐代军事制度之演变》，如本书第三章第四节所引用讲述了唐初东西二战线之后，并曾进而对由府兵征戍演变为健儿长任边军，作了精辟的考证。只是文中所举都是西北军镇的事例，东北的情况范阳节度使之如何建立，尚未暇顾及。因此还需要我在这里再事申说。

二 奚、契丹的威胁

《旧唐书》卷三八《地理志》说："范阳节度使临制奚、契丹。"是为了对付东北的少数民族契丹和奚，才建立范阳节度的。

契丹和奚始见于《魏书》，其由来在《魏书》卷一〇〇《契丹传》《库莫奚传》，《旧唐书》卷一九九下、《新唐书》卷二一九、《旧五代史》卷一三七《契丹传》《奚传》，和《辽史》卷六三《世表》里，都有记载。他俩都源出于东胡，"异种同类"。东胡的先进者鲜卑在魏晋时逐步进入中原，成为"五胡"之一，遗部留居塞外的就是契丹和库莫奚，到隋代库莫奚也简称为奚①。《唐会要》卷九六"奚"说:"〔武周万岁〕通天年中,契丹叛,奚亦臣属突厥。两国(契丹、奚)常为表里,号为'两蕃'。"②东北隅在此"两番"威胁之下,看如何来对付解救。

案唐初的边防设施,基层沿袭前朝有"镇"和"戍",下面分置"烽候",也简称为"烽"③,后来在镇、戍之上又陆续设置"军"和"守捉"④,再上最高一级叫"都督府",也早在唐初就设置。《通典》卷一七二"州郡"序目下说:

> 大唐武德初,……其边镇及襟带之地,置总管府,以领军戎。至七年,改总管府为都督府。

《唐会要》卷六八"都督府"说:

> 武德七年二月十二日,改大总管府为大都督府,管十州已上为上都督府,不满十州只为都督府⑤。

就河北地区来说,设有幽州和营州两个都督府。其辖区如《旧唐书》卷三九《地理志》河北道所记:

---

① 此犹女真族中先进者入居中原建立金国,后进者仍留居故地成为后来清室的始祖。
② 唐人多以奚、契丹为"两蕃""二蕃",见于文献者甚多,如《唐会要》"奚"即有"故事,尝以范阳节度使为押奚契丹两蕃使"之说。《新唐书》卷二一九《奚传》本《会要》而误读,作"契丹反,奚亦叛,与突厥相表里,号'两番'",似奚与突厥或奚、契丹与突厥号"两番"者,不足为据。
③ 详《大唐六典》卷五职方郎中、《通典》卷三三镇戍关市官、《旧唐书》卷四四《职官志》诸镇诸戍、《新唐书》卷四九下《百官志》镇戍。
④ 《大唐六典》卷五兵部郎中、《通典》卷一七二"州郡"序目下、《旧唐书》卷三八《地理志》和《通鉴》卷二一五天宝元年正月壬子所列"节度使",以及《新唐书》卷五〇《兵志》所列"道"下,均写出所属各守捉的名号,其设置则在节度使之先,《唐会要》卷七八"节度使"记有若干军和守捉的设置年月。至于《新唐书·兵志》说"唐初,兵之戍边者,大曰军,小曰守捉,曰城,曰镇,而总之者曰道",则是统指安史乱前而言,《兵志》行文遣词每含糊不清,已如前说。
⑤ 《大唐六典》卷三〇大都督府则谓"至隋,改为总管府,皇朝武德四年,又改为都督府,贞观中,始改为上、中、下都督府",似以《会要》为是。至《新唐书·兵志》所说"道有大将一人,曰大总管,已而更曰大都督",自误,唐长孺先生《唐书兵志笺正》已有所辨正。

> 幽州大都督府，隋为涿郡。武德元年，改为幽州总管府，管幽、易、平、檀、燕、北燕、营、辽等八州。……二年，又……置玄州。……六年，改总管为大总管，管三十九州。七年，改为大都督府。……九年，改大都督为都督，幽、易、景、瀛、东盐、沧、蒲、鑫、北义、燕、营、辽、平、檀、玄、北燕等十七州。贞观元年，废玄州，……又废北义州。……八年，……都督幽、易、燕、北燕、平、檀六州。
>
> 营州上都督府，隋柳城郡。武德元年，改为营州总管府，领辽、燕二州。……七年，改为都督府，管营、辽二州。贞观二年，又督昌州。三年，又督师、崇二州。六年，又督顺州。十年，又督慎州。

看起来一个都督府可以管好几州，但只管这些州的军事，如《通典》卷三二大都督下就只说"掌所管都督诸州城隍、兵马、甲仗、食粮、镇戍等"，而不管民政[①]。至于兵，从都督府到军、守捉、镇、戍都有一些常备兵，主要是由中央招募派来的健儿[②]，府兵照规定也要定期来边防地区轮流承担镇戍任务[③]，不过合起来人数不会很多[④]，只能防止小规模的侵扰，遇到大敌就无力对付。因此，从唐初开始，就另有一种命将出师的措施。如《通典》卷三二"都督"说：

> 复有行军大总管者，盖有征伐，则置于所征之道，以督军事。

---

① 《大唐六典》卷三〇说都督和京兆、河南、太原牧及州刺史同样有"清肃邦畿，考核官吏，宣布德化，抚和齐人，劝课农桑，敦谕五教，每岁一巡属县，观风俗，问百姓，录囚徒，恤鳏寡，阅丁口"等任务，实际上多半只是虚文。看后来设置节度使一开始都管不到民政，何况当初的都督。

② 这到下一节还要讲。

③ 《大唐六典》卷五兵部郎中记卫士（即府兵，因分隶诸卫故称卫士）"征行之镇守者免番而遣之"，"凡差卫士征戍镇防，亦有团伍"等等，即是追记府兵全盛时的措施。《册府元龟》卷一三五"愍征役"开元九年诏，"诸府卫士，役重人微，既每征行，又尝番上"的"征行"，看下文当即指承担镇戍任务。

④ 《通典》"州郡"序目下、《旧唐书·地理志》等所载诸军守捉兵马若干，已是设置节度使、边兵制度改革后的数字，不足为据。

又《唐会要》卷七八"节度使"说：

> 贞观三年八月，李靖除定襄道行军大总管，贞观三年已后，行军即称总管，本道即称都督。

这种临时任命的行军总管、大总管调用若干府兵和府兵之外其他性质的兵，组成大兵团到前线充当作战的主力，也就是《新唐书·兵志》所说的"若四方有事，则命将以出，事解辄罢，兵散于府，将归于朝"的办法。

府兵制本来就是集兵权于中央。上述和府兵制配合的边防措施，也确实可如《新唐书·兵志》所说起到"将帅无握兵之重，所以防微渐绝祸乱"的作用。但如第三章第四节所说，府兵自"垦田籍帐，一与民同"即所谓"兵农合一"之后，再也不愿背井离乡远征，致使田园荒弃家口无以为生，从而丧失其原先的战斗力。加之实施命将出师的办法，使府兵和总管之间缺乏历史渊源，互不相习，更难为之尽力。至于平时戍边兵力之单薄，自又无从遏制事变的突然发生。凡此在武周万岁通天的奚、契丹事变中就一一暴露出来。

为便于说明问题，这里引用《通鉴》，因为它记述此次事变的经过，较两《唐书·契丹传》更为详备。《通鉴》卷二〇五：

> 万岁通天元年（696）……夏五月壬子，营州契丹松漠都督李尽忠、归诚州刺史孙万荣举兵反，攻陷营州，杀都督赵文翙。……乙丑，遣左鹰扬卫将军曹仁师、右金吾卫大将军张玄遇、左威卫大将军李多祚、司农少卿麻仁节等二十八将讨之。秋七月辛亥，以春官尚书梁王武三思为榆关道安抚大使，姚璹副之，以备契丹。……尽忠寻自称无上可汗，据营州，以万荣为前锋略地，所向皆下，旬日兵至数万。……八月丁酉，曹仁师、张玄遇、麻仁节与契丹战于硖石谷，……契丹设伏横击之，飞索以缒玄遇、仁节，生获之，将卒死者填山

谷，鲜有脱者。……九月，制："天下系囚及庶士家奴骁勇者，官偿其直，发以击契丹。"初令山东近边诸州置武骑团兵。以同州刺史建安王武攸宜为右武威卫大将军，充清边道行军大总管，以讨契丹。……十月辛卯，契丹李尽忠卒，孙万荣代领其众。突厥默啜乘间袭松漠，虏尽忠、万荣妻子而去。……孙万荣收合余众，军势复振，遣别帅骆务整、何阿小为前锋，攻陷冀州，杀刺史陆宝积，屠吏民数千人，又攻瀛州，河北震动。

卷二〇六：

〔神功元年〕（697）三月戊申，清边道总管王孝杰、苏宏晖等将兵十七万，与孙万荣战于东硖石谷，唐兵大败，孝杰死之，……将士死亡殆尽。……武攸宜军渔阳，闻孝杰等败没，军中震恐，不敢进。契丹乘胜寇幽州，攻陷城邑，剽掠吏民，攸宜遣将击之，不克。……〔四月〕癸未，以右金吾卫大将军武懿宗为神兵道行军大总管，与右豹韬卫将军何迦密将兵击契丹。五月癸卯，又以娄师德为清边道副大总管，右武威卫将军沙吒忠义为前军总管，将兵二十万击契丹。……〔六月〕武懿宗军至赵州，闻契丹将骆务整数千骑将至冀州，懿宗惧，……退据相州，委弃军实器仗甚众，契丹遂屠赵州。……万荣之破王孝杰也，于柳城西北四百里依险筑城，留其老弱妇女、所获器仗资财，……〔突厥默啜〕发兵取契丹新城，……尽俘以归，……时万荣方与唐兵相持，军中闻之，恟惧，奚人叛万荣。神兵道总管杨玄基击其前，奚兵击其后，获其将何阿小。万荣军大溃，帅轻骑数千东走，……奴斩其首以降。……其余众及奚、霫皆降于突厥。……九月壬辰，大享通天宫，大赦，改元〔神功〕。……久视元年（700），……初，契丹将李楷固……骆务整……屡败唐兵，及孙万荣死，二人皆来降，……使将兵击契丹余党，悉平之。

案这次事变的时间延续得并不长，前后还不到两年，但已经造成严重的局势。由于都督府的兵力太单薄，控制奚、契丹的第一线据点营州迅速失陷，都督被杀。接着中央三度兴师，"以春官尚书梁王武三思为榆关道安抚大使"，"以同州刺史武攸宜为右武威卫大将军充清边道行军大总管"，"以左金吾卫大将军武懿宗为神兵道大总管"等，还是过去命将出师的老办法。所用部队今能考知的，有《文苑英华》卷六四七张说《为河内郡王武懿宗等平冀州贼契丹等露布》①所提到的河东、关内、河南、陇右四道八个折冲府的府兵，有上引《通鉴》所说发"天下系囚及庶士家奴骁勇者"，但府兵此时既已丧失战斗力，系囚和庶士家奴又是未经训练的乌合之众，加之远道赴救，地理不熟，武三思、武攸宜、武懿宗辈复以不谙军事的贵戚为统帅，因此尽管王孝杰、苏宏晖等将兵十七万，武懿宗、娄师德等将兵二十万，兵数上远超过契丹和奚，娄师德、王孝杰还都是曾立功西陲的名将，详《旧唐书》卷九三娄、王本传，仍几乎是每战必败，王孝杰甚至堕谷殒命。最后如非突厥袭击契丹后方，奚又和契丹携贰，从而侥幸取胜，事情将弄得不知如何收拾。

不能老是凭侥幸来取胜，改革军事制度以安定边陲，就日益迫切地提到议事日程上来。

三　设置范阳节度使

改革军事制度，就是在边陲要地设置节度使。

这种节度使制度的建立，我认为要经过两个阶段。第一阶段，把原来行军大总管的权力转移给边防军事长官，出现了在军事上比都督等权力大得多的节度使。第二阶段，把所管地区甚至扩大到整个一道的地方行政和财赋大权都逐步集中到节度使手中，使节度使成为一道或一个大地区的最高军政长官。

---

① 此文《四部丛刊》影印明嘉靖伍氏龙池草堂刻二十五卷本《张说之文集》失收，《文苑英华》卷前目录作《为建安郡王武攸宜等平冀州贼契丹露布》，题下注"一本作建安郡王武攸宜，非"。

前引《唐会要》卷七八"节度使"中说:"贞观三年已后,行军即称总管,本道即称都督。"好像二者是平级的,其实不然。边镇所设置的一般只是都督。如幽州这个重镇,据《旧唐书》卷三九《地理志》武德六年至九年是大总管、大都督,以后就降为都督。即使有的地区名为大都督,但据《通典》卷三二都督条所说是"亲王为之,多遥领其任,亦多为赠官,长史居府以总其事"。而命将出师虽然也派行军总管,上面的统帅都是行军大总管级。以万岁通天时征讨李尽忠、孙万荣之役为例,第二次出师武攸宜是清边道行军大总管,王孝杰是总管;第三次出师武懿宗是神兵道大总管,娄师德是清边道副大总管,沙吒忠义是前军总管,而地方上如《旧唐书》卷八九《狄仁杰传》所说仁杰是幽州都督。武攸宜、武懿宗这两个行军大总管就不仅是行军总管的上级,同时也成为幽州都督的上级[①]。现在要改变命将出师的老办法,就需要提高边镇军事长官的地位,把行军大总管的权力转移给他们,从而使边镇自身具备抗御强敌的能力。这一般是派大将先以行军大总管的身份到边镇留住下来,担任这个大地区的最高军事长官,以统筹防务,所以有的也径称之为镇军大总管。如《册府元龟》卷九九二"备御"中宗神龙元年六月:"以左骁卫大将军裴思谅摄右御史台大夫,充灵武军大总管,以备突厥。"三年五月戊戌:"命右屯卫大将军张仁亶为朔方道大总管,以备突厥。"睿宗景云元年九月:"以前太子少师唐休璟为特进兼朔方道大总管,以备突厥。"二年十月:"命太仆卿李迥秀持节朔方后军大总管,以备胡寇。"延和元年六月:"吏部尚书郭元振为朔方道行军大总管,节度诸军,以备胡寇。"《唐大诏令集》卷五九开元二年二月五日《王晙朔方道行军总管制》:"可持节充朔方道行军大总管,仍兼安北大都护,丰、安、定远三城等军及侧近州军,宜依旧例,并受晙节制[②]。"卷一三〇开元二年二月二十八日《命姚崇等北伐制》:"可持节灵

[①] 此外出师征讨以行军大总管为统帅之事尚多,详《册府元龟》卷一一九"选将"。其中仅有少数是以行军总管为统帅的,也有不叫行军大总管叫安抚大使的,如征讨李尽忠等第一次出师即以武三思为榆关道安抚大使。

[②] 《册府元龟》卷九九二"备御"开元二年二月条作"节度"。

武道行军大总管，管内诸军咸受节度。"《册府元龟》卷一一九"选将"开元三年四月庚申诏："〔右羽林军大将军薛讷〕可持节充凉州镇军大总管，赤水、建康、河源及缘边州军并受节度，……〔左卫大将军郭虔瓘〕可持节充朔州镇军大总管，和戎、大武及并州以北缘边州军并受节度，……讷便特于凉州住，……虔瓘于并州住。"这种行军或镇军大总管都赐有旌节，有权节度管内所有的驻军，对驻军将领可以军法从事，所以职衔上多标出"持节"两个字①。有时也径称之为"节度使"，如景云元年十月丁酉"以幽州镇守经略节度大使薛讷为左武卫大将军兼幽州都督"②。有的还明令把行军大总管改为节度使，如《唐会要》卷七八"节度使"开元九年十月六日敕："朔方行军大总管宜准诸道例改为朔方节度使。"③称"使"是因为这只是中央差遣的特使，因此《大唐六典》卷五兵部郎中要说"以奉使言之则曰节度使"。《唐会要》要把"节度使"列入卷七八"诸使"里，而把"都督府"列入卷六八和府尹、刺史等在一起。《通典》卷三二"职官·州郡"里也只标都督而小注"总管、节度、团练、都统诸使附"，并且点明节度使是"近代行军总管之任"。凡此都表明节度使不算正式的地方官，只有都督才是有品级的地方官。所以薛讷的幽州镇守经略节度大使，在名义上还得兼任原有的幽州都督。也有由都督兼充节度使的，如《唐会要》卷七八"节度使"："景云二年四月，贺拔延嗣为凉州都督充河西节度使。"④"开元元年十二月，鄯州都督阳矩除陇右节度。"还有由低

---

① 都督本来也"持节"，《通典》卷三二都督条就说都督的前身"诸州总管亦加号使持节"，但实际上只是虚名。《旧唐书》卷四四《职官志》上州刺史注："魏晋刺史任重者为使持节都督，轻者为持节，后魏北齐总管、刺史则加使持节诸军事，……隋开皇三年罢郡，以州统县，刺史之名存而职废，而于刺史、太守官位中不落持节之名。"诸州总管、都督之"加号使持节"也是这种虚名性质，和这时行军或镇军大总管之真能节制管内驻军者是两回事。这点唐长孺先生《唐书兵志笺正》卷二"都督带使持节者始谓之节度使"条已事疏说，可参考。

② 见《通鉴》卷二一〇，《考异》说是"从《太上皇实录》"。

③ 开元九年今聚珍版《唐会要》作"元年"，《新唐书》卷六四《方镇表》则列"置朔方节度使"于开元九年，作"九年"是对的，这时其他八个地区都已设置了节度使，所以《会要》所载敕中要说"宜准诸道例"，聚珍版的"元年"是"九年"形似滋误，今径改正。

④ 《新唐书》卷六七《方镇表》作景云元年"置河西诸州军州节度支度营田督察九姓部落赤水军兵马大使"。

一级的军大使以及边方都护改为节度使的,如《新唐书》卷六五《方镇表》:"〔开元八年〕更天兵军大使为天兵军节度使。"卷六六《方镇表》:"〔开元七年〕升平卢军使为平卢军节度经略河北支度管内诸蕃及营田等使。"卷六七《方镇表》:"〔先天元年〕北庭都护领伊西节度等使。""〔开元六年〕安西都护领四镇节度支度经略使。"大致从睿宗景云元年(710)以后到开元九年(721)这段时间内,完成了后来称为范阳、平卢、河东、朔方、安西、北庭、河西、陇右、剑南九个节度使的设置工作①,接过原先行军大总管的权力,从东北到西南初步呈现一道防御线,这是第一个阶段②。

《通典》卷三二说:"〔节度使〕得以军事专杀,行则建节,府树六纛,外任之重莫比焉。"《旧唐书》卷四四节度使条原注也承用了这几句话,好像节度使的威权只在"得以军事专杀"这一点上,这是不够的。节度使真正做到"外任之重莫比",还必须通过兼领诸使来扩大权力。就河北地区首要的幽州即范阳节度使来说,景云元年十月丁酉任命薛讷还只叫"镇守经略节度大使"③,其后如《唐会要》卷七八"节度使"所说,范阳节度使所"至开元十五年十二月除李尚隐,又带河北支度营田使。二十七年十二月除李适之,又加河北海运使。天宝元年十月,除裴宽为范阳节度使经略河北支度营田河北海运使,已后遂为定额"。此外还有一个更重要的兼职,即是《新唐书》卷六六《方镇表》所记的开元二十年"幽州节度

---

① 《旧唐书》卷四四《职官志》节度使说"天宝中缘边御戎之地置八节度",当本《大唐六典》卷五兵部郎中"凡天下之节度使有八"而说,其实《六典》只是计划作此安排,并非当时真的仅有八节度使。《旧书》卷三八《地理志》如前所说列举九节度使不误。

② 这里还有个谁先建立的问题。《通鉴》卷二一○说:景云元年九月丁酉"以幽州镇守经略节度大使薛讷为左武卫大将军兼幽州都督,节度使之名自此始。"《考异》:"《统纪》:'景云二年四月以贺拔延秀为河西节度使,节度之名自此始。'《会要》云:'景云二年贺拔延嗣为凉州都督充河西节度,始有节度之号。'又云:'范阳节度自先天二年始除甄道一。'《新表》:'景云元年置河西诸军州节度支度营田大使。'按讷先已为节度大使,则节度之名不始于延嗣也。今从《太上皇实录》。"其实这一二年的先后考清楚了意义也不大,倒是由此可知最先设置节度使的是幽州和河西,幽州对付奚、契丹,河西对付吐蕃,说明节度的设置确是为了对付成为边患的少数民族。

③ 《通鉴》据《太上皇实录》。又《唐会要》卷七八"节度使","先天二年二月甄道一除幽州节度经略镇守使",《新唐书》卷六六《方镇表》开元二年"置幽州节度诸州军管内经略镇守大使",名号稍有详略。

使兼河北采访处置使，增领卫、相、洺、贝、冀、魏、深、赵、恒、定、邢、德、博、棣、营、郑十六州及安东都护府"。因为《唐会要》卷七八另有"采访处置使"的门类，所以在讲节度使时被省略了。

要知道采访处置使的重要，得简单地回顾一下唐代地方行政制度的沿革。最初，地方上只有州、县两级，稍后在上面又设道，《唐会要》卷七〇"州县分望道"说："贞观元年三月十日，始因关河近便，分为十道。"①并如卷七七"巡察按察巡抚等使"所说，先后派遣巡察使、存抚使、按察使等代表朝廷临时分道出巡，"察吏人善否，观风俗得失"。到睿宗时就要进一步把临时派遣改为设置正式的管理机构，这就是《通典》卷一七二"州郡"序目下所说："景云二年又分置二十四都督府，分统诸州，时议以权重不便，寻罢之。"②玄宗开元后期又设置辖区更大于都督府的道一级的采访处置使。《唐会要》卷七八"采访处置使"说："开元二十二年二月十九日，初置十五道采访处置使。……至三月二十三日，诸道采访处置使……等奏请各使置印，许之。二十五年十二月二十四日，命诸道采访使考课官人善绩。"③这种采访处置使不是像过去巡察使那样只是"访察闻奏"④，而是有权处置，可以"专停刺史务，废置由己"⑤，和东汉末年的刺史、州牧一样成为道的非正式长官。因此如上引《新唐书》卷六六《方镇表》所记，幽州节度使兼了河北采访处置使，就同时增领卫、相等十六州和安东都护府，整个河北道基本上都为他所管领。再加上所兼的河北支度营田使和河北海运使，营田、海运这两宗特殊的财源也归所有，幽州节度使就成为权力前所未有的河北全道最高军政长官。这是节度制度形成的第二阶段，作为指挥体制至此才告健全。

---

① 也见《通典》卷一七二"州郡"序目下,《旧唐书》卷三八、《新唐书》卷三七《地理志》。
② 《旧唐书》卷三八、《新唐书》卷三七《地理志》同。二十四都督府名目管州则见《唐会要》卷六八"都督府"。
③ 聚珍版《唐会要》原作"十道","十"下自脱"五"字,今径补。又二十二年,《通典》"州郡"序目下,《旧唐书》卷三八《地理志》、《通鉴》作二十一年,《新唐书》卷三七《地理志》作二十年,与卷六六《方镇表》所说开元二十年"幽州节度使兼河北采访处置使"相吻合。
④ 见《唐会要》卷七七"巡察按察巡抚等使"开元三年三月敕。
⑤ 如《唐会要》卷七八"采访处置使"大历十二年五月中书门下奏中所说。

至于兵,原先除少数丧失战斗力的府兵定期前来服役外,主要是由中央招募派来的健儿。但健儿背井离乡,日久亦必不堪其苦。所以在《册府元龟》卷一三五"悯征役"的开元五年正月、十二年九月、十三年正月、十四年六月、十六年三月、十二月等诏里,就采取缩短镇戍年限,放还老弱病患,以及帮助健儿家属营种等措施。同时还试行就在边防要地直接招募健儿的办法,以解决矛盾。《册府元龟》卷一二四"修武备"里也保存了这样两条史料,一条是开元二年十月诏:

> 其以西北军镇宜加兵数,先以侧近兵人充,并精加简择。

再一条是开元八年八月诏:

> 敕幽州刺史邵宏于幽、易两州选二万灼然骁勇者充幽州经略军健儿,不得杂使,租庸调资课并放免。

事实上不会仅止这两起,而且未必一定要奉诏才能办。这么办得多了,朝廷也觉得由节度使就本地招募的办法比较好,到开元后期就明诏把它固定下来作为正式的制度。这就是《册府元龟》"修武备"所载开元二十五年(737)五月癸未诏:

> 宜令中书门下与诸道节度使各量军镇闲剧,审利害,计兵防健儿等作定额,委节度使放诸色征行人内及客户中召募,取丁壮情愿充健儿长任边军者,每岁加于常例,给田地屋宅,务加优恤,使得存济。每年逐季本使报中书门下,至年终一时录奏。

过了两年开元二十七年(739)修成进上的《大唐六典》,在卷五兵部郎中就写上"天下诸军有健儿",说:

> 旧，健儿在军皆有年限，更来往，颇为劳弊。开元二十五年敕，以为天下无虞，宜与人休息，"自今已后，诸军镇量闲剧利害，置兵防健儿，于诸色征行人内及客户中召募，取丁壮情愿充健儿长住边军者，每年加常例给赐，兼给永年优复，其家口情愿同去者，听至军州，各给田地屋宅。"人赖其利，中外获安，是后州郡之间永无征发之役矣。

所以要指定在"诸色征行人"和"客户"中招募，当是因为主户有承担租庸调的任务，为不使减少租调收入和影响庸役，节度使就只在不承担租庸调的诸色征行人和自动来投的客户中招募健儿，但怕也未必严格地区分，主户情愿的就一定被拒绝。这些招募来的正式名称，应如《六典》所说是"兵防健儿"，或可简称为"健儿"。《六典》所说"充健儿长住边军"，也许比《元龟》的"充健儿长任边军"正确，因为今通行明崇祯黄国琦刻本实多讹误①。至于实施这就地招募兵防健儿的作用，自是既能充实加强了节度使管下的兵力，使足以制御边陲的少数民族，同时又让中原百姓不再有被招募为健儿长期屯守边陲之苦。尽管《六典》所说"是后州郡之间永无征发之役"有所夸大，或者止是想这么办。因为当时还有征发百姓为防丁的事情，如《册府元龟》卷八六"赦宥"所载天宝十载（751）《南郊赦文》中就仍有"京兆府及三辅三郡，百役殷繁，自今以后，应差防丁、屯丁，宜令所繇支出别郡"的话。同年征南诏还曾大事征募，如《通鉴》卷二一六所说"制大募两京及河南北兵以击南诏，人闻云南多瘴疠，未战士卒死者什八九，莫肯应募，杨国忠遣御史分道捕人，连枷送诣军所"。总

---

① 《玉海》卷一三八引《邺侯家传》所说"开元末李林甫为相，又请诸军召募长征健儿，以息山东兵士，于是师不土著，无家族之顾，将帅胁一时之令，而偏裨杀帅自擅之兆生矣"，当即本《六典》该条而生议论，其议论之背离事实，唐长孺先生《唐代军事制度之演变》已予驳正。而所说"长征健儿"一词，不见于《六典》《元龟》及其他文献，当亦为《家传》所臆造，因为要说也只能说"长镇健儿"，如《元龟》卷一三五开元十六年十二月诏就有"健儿长镇"的话，因为这种健儿确只是长期镇戍而不是长期出征。又《通鉴》卷二二四大历三年末胡三省注引此开元二十五年诏作"开元十五年"，谷霁光《府兵制度考释》第七章第三节引此诏误以胡注为正确而信从，而不思《六典》《元龟》都作"二十五年"，胡注实是脱漏了"二"字。

的说来还是减轻了中原百姓的负担,做到"人赖其利,中外获安",这是好的一方面①。不好的方面是自此边镇有兵而中原除少量禁军外再无常备之兵,为节度使拥兵自擅创造了条件,这也许是当初不曾预计到的。

四 范阳节度使的战绩

现在要讲范阳节度使的作用。

从范阳节度使初置时说起,《通鉴》卷二一〇:

〔景云元年(710)十月〕丁酉,以幽州镇守经略节度大使薛讷为左武卫大将军兼幽州都督。……〔先天元年〕(712)三月丁丑,以〔左羽林将军孙〕佺为幽州大都督,徙讷为并州长史。……〔六月庚申〕佺帅左骁卫将军李楷洛、左威卫将军周以悌发兵二万、骑八千,分为三军,以袭奚、契丹,……曰:"薛讷在边积年,竟不能为国家复营州,今乘其无备,往必有功。"……唐兵大败,……佺、以悌为虏所擒,献于突厥,默啜皆杀之。……十一月乙酉,奚、契丹二万骑寇渔阳,幽州都督宋璟闭城不出,虏大掠而去。

卷二一一:

开元二年(714)正月,并州长史、和戎大武等军州节度大使薛讷……奏请击契丹,复置营州。……〔七月〕将兵六万,出檀州击契丹,……唐兵大败。……〔四年(716)八月〕辛未,契丹李失活、奚李大酺帅所部来降。……五年(717),奚、契丹既内附,贝州刺史

---

① 杜甫《兵车行》中有"或从十五北防河,便至四十西营田"之句,自是写在开元二十五年诏敕诸军置兵防健儿之前,所云"汉家山东二百州,千村万落生荆杞",则非事实,如唐长孺先生所说"是诗人推阐至尽之义"。凡此见唐先生《兵车行写作年代质疑》,见武汉大学历史系魏晋南北朝隋唐史研究室编《魏晋南北朝隋唐史资料》第十三辑,1994年武汉大学出版社版。

宋庆礼建议请复营州。三月庚戌，制复营州都督于柳城，兼平卢军使，管内州县镇戍皆如其旧。以太子詹事姜师度为营田支度使，与庆礼等筑之，三旬而毕。庆礼清勤严肃，开屯田八十余所，招安流散，数年之间仓廪充实，市里浸繁。

卷二一二：

〔六年（718）五月〕契丹王李失活卒，癸巳，以其弟娑固代之。……〔七年（719）升平卢军使为平卢军节度经略河北支度管内诸蕃及营田等使。〕①……〔八年〕（720）契丹牙官可突干骁勇得众心，……击娑固，娑固败奔营州，〔平卢军节度使〕营州都督许钦澹遣安东都护薛泰帅骁勇五百与奚王李大酺奉娑固以讨之，战败，娑固、李大酺皆为可突干所杀，生擒薛泰，营州震恐，许钦澹移军入渝关。可突干立娑固从父弟郁干为主，遣使请罪。……〔十二年〕（724）契丹王李郁干卒，弟吐干袭位。……〔十三年〕（725）契丹王李吐干与可突干复相猜忌，……来奔，……可突干立李尽忠之弟邵固为主。

卷二一三：

〔十八年（730）五月〕己酉，可突干弑邵固，帅其国人并胁奚众，叛降突厥，奚王李鲁苏……来奔。制〔幽州节度使〕幽州长史赵含章讨之，又命中书舍人裴宽、给事中薛侃等于关内、河东、河南北分道募勇士。六月丙子，以单于大都护忠王浚领河北道行军元帅，以御史大夫李朝隐、京兆尹裴伷先副之，帅十八总管以讨奚、契丹。……可突王寇平卢，先锋使张掖乌承玼破之于捺禄山。……九月丁巳，以忠王浚兼河东道元帅，然竟不行。……二十年（732）春正月

---

① 据《新唐书》卷六六《方镇表》补入。

乙卯，以朔方节度副大使信安王祎为河东河北行军副大总管，将兵击奚、契丹。壬申，以户部侍郎裴耀卿为副总管。……〔三月〕信安王祎帅裴耀卿及幽州节度使赵含章分道击奚、契丹。含章与虏遇，虏望风遁去，平卢先锋将乌承玼言于含章曰："二虏，剧贼也，前日遁去，非畏我，乃诱我也，宜按兵以观其变。"含章不从，与虏战于白山，果大败，承玼别引兵出其右，击虏，破之。乙巳，祎等大破奚、契丹，俘斩甚众，可突干帅麾下远遁，余党潜窜山谷，奚酋李诗琐高帅五千余帐来降，祎引兵还①。……〔二十一年（733）〕闰月癸酉，幽州道副总管郭英杰与契丹战于都山，败死。时节度薛楚玉遣英杰将精骑一万及降奚击契丹，屯于榆（渝）关之外，可突干引突厥之众来合战，奚持两端，散走保险，唐兵不利，英杰战死，余众六千余人犹力战不已，虏以英杰首示之，竟不降，尽为虏所杀。

案景云元年（710）在幽州设置节度大使，如上节所说开元二十年（732）兼领河北采访处置使，前此开元八年（720）诏幽州刺史可于幽、易二州选用本军健儿，则早在开元二十五年（737）诏敕诸道节度使在征行人及客户中招募健儿长住边军之前，幽州节度使已经以此种方式充实兵力，说明上述这景云元年到开元二十一年（733）的历史，正是幽州节度使防区在建设过程中与奚、契丹的一段抗衡史。

这个时期，奚、契丹和突厥是联合的，不会像武周时那样有突厥袭击的后顾之忧，可突干又是契丹的人才，其能力比过去李尽忠、孙万荣要强，而幽州节度使防区尚在建设之中，因此双方互有胜负，但实际上官方已逐步取得优势，显示了防区的实力。这表现在：（1）除先天元年奚、契丹一度进逼幽州外，每个战役都是官方主动出击，战场也多在渝关以外，

---

① 大历十年元载撰《王忠嗣碑》，《金石萃编》卷一〇〇著录，其中所说"信安王之临辽碣也，用武于卢龙塞"，即指其帅赵含章等破奚、契丹而言。王鸣盛《十七史商榷》卷八八"王忠嗣两传异同"条却说："信安王据两传言皆在河东，……而碑乃言辽碣，……地理亦不合。"连《通鉴》都不一检，可谓疏忽。

扭转了过去消极防御的局面。(2)恢复了控制奚、契丹的第一线据点渝关外的营州，并以此为基础分设平卢节度使，更减少了奚、契丹对内地的威胁。(3)所用的基本上是幽州节度使包括后来平卢节度使管内的兵力，薛讷把河东地区的兵力用于河北并未奏效，忠王浚为行军元帅帅十八总管讨奚、契丹也未成行，信安王祎以副大总管身份来指挥实际上还是用幽州、平卢的兵马取胜。最后薛楚玉节度幽州时虽有郭英杰之败，但所统兵众都愿为之牺牲，可见健儿长住边军之后，兵将之间的封建关系已经建立，再不存在原先互不相习的问题。(4)《通鉴》只记郭英杰之败，其实薛楚玉任节度时多数战役是打胜了的，《文苑英华》卷六四七保存了樊衡所撰《为幽州长史薛楚玉破契丹露布》，就记载着"平卢之战""墨山之讨""卢龙之师"以及直捣契丹"松漠漠庭"的四次胜仗，说明由于防区建设的完成，对奚、契丹的优势已告确立。接着，就有开元二十二年（734）"六月壬辰幽州节度使张守珪大破契丹遣使献捷"和十二月乙巳"张守珪斩契丹王屈烈及可突干传首"的胜利。

张守珪破契丹事《通鉴》所记太简略，详情见于《旧唐书》卷一〇三《张守珪传》：

〔开元〕二十一年（733），转幽州长史兼御史中丞、营州都督、河北节度副大使，俄又加河北采访处置使。先是，契丹及奚连年为边患，契丹衙官可突干骁勇有谋略，颇为夷人所伏，……及守珪到官，频出击之，每战皆捷。契丹首领屈刺（屈烈）与可突干恐惧，遣使诈降，守珪察知其伪，遣管记右卫骑曹王悔诣其部落就谋之。悔至屈刺帐，贼徒初无降意，乃移其营帐渐向西北，密遣使引突厥，将杀悔以叛。会契丹别帅李过折与可突干争权不叶，悔潜诱之，夜斩屈刺及可突干，尽诛其党，率余烬以降。守珪因出师次于紫蒙川，大阅军实，谳赏将士，传屈刺、可突干等首于东都。……二十三年（735）春，守珪诣东都献捷，会籍田礼毕酺宴，便为守珪饮至之礼，上赋诗以褒美之，……仍诏于幽州立碑以纪功赏。

案张守珪这次凭幽州节度使管内的兵力打得契丹可突干不得不投降,可突干投降后有贰心,一个节度使管记就有可能把他诛灭,显然不是武周当年侥幸取胜之比,是真正的空前大捷,所以要仿古礼饮至,效勒石燕然故事立碑以纪功赏。就在开元初年,张说的《论幽州戎事表》还说"熟闻幽州兵马寡弱,卒欲排比,未可即用,城中仓粮,全无贮积"①,经营不到二十年就能凭幽州本身的实力,制服奚、契丹这样历来不好对付的强敌。说明节度使制度确实成效卓著,为时人所共睹。

吴廷燮《唐方镇年表》卷四幽州节度使,张守珪之后开元二十七年(739)十二月任李适之,二十九年(741)七月任王斛斯,天宝元年(742)十月更幽州节度使为范阳节度使,任裴宽,天宝三载(744)三月任安禄山。关于安禄山叛乱的事情,下一章里要详细讲,这里只讲一点,即他任范阳节度兼平卢时,仍是积极执行了抗击奚、契丹的任务。唐人姚汝能撰《安禄山事迹》卷上说:

> 安禄山,营州杂种胡也。……张守珪为范阳(幽州)节度使,禄山盗羊奸发,追捕至,欲棒杀之,禄山大呼曰:"大夫不欲灭奚、契丹两蕃耶?而杀壮士!"守珪奇其言貌,乃释之,留军前驱使,遂与史思明同为捉生将。禄山素习山川井泉,尝以麾下三五骑生擒契丹数十人,守珪转奇之,每益以兵,擒贼必倍。后为守珪偏将,所向无不摧靡,守珪遂养为子,以军功加员外左骑卫将军,充衙前讨击使。……〔开元〕二十四年(736),禄山为平卢将军,讨契丹失利,……玄宗惜其勇锐,但令免官。……二十八年(740),为平卢军兵马使。二十九年(741)三月九日,加特进。……授营州都督,充平卢军节度使、知左厢兵马使、支度营田水利陆运使副、押两蕃渤海黑水四府经略。……天宝元年(742)正月六日,……以禄山为左羽林大将军,

---

① 此文宋人所见张说文集已失收,见《文苑英华》卷六一四,原注"开元六年"。

员外置同正员兼柳城郡太守、持节充平卢军摄御史大夫、管内采访处置等使。……三载（744）三月，授范阳长史，充范阳节度、河北采访使、平卢节度，余如故。……四载（745），奚、契丹各杀公主，举部落以叛。禄山方邀两蕃，肆其侵掠，奚等始贰于我。……九载（750）八月二日，又加河北道采访处置等使。……〔十载〕（751）二月二日，遂加云中太守兼充河东节度采访使，余如故。……禄山性残忍，多奸谋，常诱熟蕃奚、契丹，因会酒中实毒鸩杀之，动数十人，斩大首领，函以献捷。是年秋，禄山大举兵讨契丹，……奚遂以骁骑二千从之，禄山使为乡导，行至土护真河，誓众，……遂昼夜兼行三百余里，……时属雨甚，弓弩尽湿，弛而不可张，……奚又背禄山以附契丹，并力夹攻，杀伤略相当。矢中禄山鞍桥，鞭弭俱弃，簦履亦坠，独以麾下二十骑走上山，苍黄陷于坑中，男庆绪、麾下将孙孝哲扶出之，又战数十里。会夜，追骑解，遂投平卢城。平卢骑将史定方领精兵三千赴之，契丹知救至，遂解围而去，禄山方得脱。十一载（752）三月，禄山引蕃奚步骑二十万直入契丹，以报去秋之役，朔方节度副使奉信王阿布思率同罗数万以会之。布思与禄山不协，遂拥众归漠北，禄山乃屯兵不进。……十一月十七日，禄山遣其男……庆绪献奚、契丹及同罗、阿布思等生口三千人……于阙下。

案《事迹》撰于安史乱平之后，行文自应多加贬词，但还可看出安禄山不仅以讨击奚、契丹起家，在贵为节度使后对付奚、契丹仍全力以赴，可知玄宗之信任安禄山自有其理由。其后安禄山叛乱，率其主力南下，奚、契丹乘机侵袭，如《事迹》卷下所记：

〔十五载〕（至德元载，756）五月，奚、契丹两蕃数出北山口，至于范阳，俘劫牛马子女，止城下累日。城中唯留后赢兵数千，不敌，……遂以乐人戴竿索者为趫捷可用，授兵出战，至城北清水河大败，为奚、羯所戮，唯三数人伏草莽间获免。

但毕竟没有出大乱子。只要有范阳节度使的存在，奚、契丹的南侵就不能不遭到阻遏。

五 中唐以后的作用

安禄山以及史思明的叛乱所谓安史之乱平定后，朝廷仍无法消灭其残余势力，代宗宝应二年（763）以降将李宝臣为成德军节度使，薛嵩为相卫等州节度使，李怀仙为幽州节度使，田承嗣为魏博等州都防御使，在原先范阳节度使管领的河北地区重建了藩镇。此后幽州、成德、魏博号为河北三镇，如《新唐书》卷二一〇《藩镇传》总序所说："遂擅署吏，以赋税自私，不朝献于廷，效战国肱髀相依，以土地传子孙，胁百姓，加锯其颈，利怵逆污，遂使其人自视由羌狄然。一寇死，一贼生，讫唐亡百余年，卒不为王土。"但在制御奚、契丹上仍能继承范阳节度使初建以来的老传统，一直起着积极作用。这就是《唐会要》卷九六"奚"所说：

> 故事，尝以范阳节度使为押奚契丹两蕃使。自至德后，藩臣多擅封壤，朝廷优容之，俱务自完，不生边事，故二蕃亦少为寇。其每岁朝贺，常各遣数百人，至幽州，则选其酋长三五十人赴阙，引见于麟德殿，赐以金帛遣还，余皆驻而馆之，率以为常。

《旧唐书》卷一九九下《奚传》、《新唐书》卷二一九《契丹传》略同，当即据《唐会要》。又《唐会要》、两《唐书·奚契丹传》并有至德以后奚、契丹遣使朝贡的记事。《册府元龟》卷九七一、九七二"朝贡"、卷九七六"褒异"记得更多。偶有几次入寇，又多为幽州节度使所击破，如《旧唐书·奚传》说："〔德宗〕贞元四年（788）七月，奚及〔契丹〕、室韦寇振武。十一年（795）四月，幽州奏却奚六万余众。"①《新唐书》卷二一九《奚传》说："〔文宗〕大和四年（830），〔奚〕复盗边，卢龙（幽州）李载义破之，执大将二百余人，缚其帅茹羯来献。"②"〔宣宗〕大中元年（847），北部诸山奚悉叛，卢龙张仲武禽酋渠，烧帐落二十万，取其刺史以下面耳三百、羊牛七万、辎贮五百乘献京师。"③因此前此大和五年（831）处理幽州军乱，如《旧唐书》卷一七二《牛僧孺传》所说是：

> 五年正月幽州军乱，〔杨志诚〕逐其帅李载义，文宗以载义输忠于国，遽闻失帅，骇然，急召宰相谓之曰："范阳之变奈何？"僧孺对曰："此不足烦圣虑。且范阳得失不系国家休戚，自安史已来翻覆如此。前时刘总以土地归国，朝廷耗费百万，终不得范阳尺帛斗粟入于天府，寻复为梗。至今志诚亦由前载义也，但因而抚之，俾扞奚、契丹不令入寇，朝廷所赖也，假以节旄，必自陈力，不足以逆顺治之。"帝曰："吾初不详，思卿言是也。"④

说明河北地区范阳节镇之有制御奚、契丹的作用，已是当时朝廷所公认的事实，中晚唐和奚、契丹比较能和平共处，不能不肯定河北藩镇有一份功

---

① 《新唐书》卷二一九《奚传》略同。《唐会要》卷九六"契丹"记"贞元四年复犯我北鄙，幽州以闻"，《旧唐书》卷一九九下《契丹传》也记"贞元四年与奚众同寇我振武，大掠人畜而去"，则契丹也曾一同入寇，因此在引文中补入"契丹"。又《会要》同卷"奚"作"元和四年七月奚及室韦寇振武，五年四月幽州奏破奚六万余众"，当即与两《唐书》所记为同一事，似以作"贞元"为是，"五年"与"十一年"则未知孰是。
② 《册府元龟》卷九八七"征讨"作："文宗大和四年四月，幽州节度使李载义上言，今月三日发兵入奚界，杀奚贼五千余人，生擒刺史、县令、大将、首领等二百七十三人。"
③ 《册府元龟》卷九八七"征讨"作："宣宗大中元年春，幽州大破奚众。"
④ 《新唐书》卷一七四《牛僧孺传》、《旧唐书》卷一八〇《杨志诚传》略同。但《杨传》说范阳"北捍突厥"，则是"北扞契丹"之误，以当时东突厥早已灭亡，即西突厥也不存在了。

绩①。

唐末五代初年，河北藩镇中成德、魏博两家已因投靠朱温而丧失独立性，只有刘仁恭的幽州仍为河北重镇，继续起着遏制契丹和奚的作用。《旧五代史》辑本卷一三七《契丹传》说：

〔唐僖宗〕光启中，其王钦德者，乘中原多故，北边无备，遂蚕食诸郡，达靼、奚、室韦之属，咸被驱役，族帐浸盛，有时入寇。刘仁恭镇幽州，素知契丹军情伪，选将练兵，乘秋深入，逾摘星岭讨之，霜降秋暮，即燔塞下野草以困之，马多饥死，即以良马赂仁恭，以市牧地。仁恭季年荒恣，出居大安山，契丹背盟，数来寇钞。时〔仁恭子〕刘守光戍平州，契丹舍利王子率万骑攻之，守光伪与之和，张幄幕于城外以享之，部族就席，伏甲起，擒舍利王子入城。部族聚哭，请纳马五千以赎之，不许，钦德乞盟纳赂以求之。自是十余年不能犯塞②。

可见幽州节镇在契丹面前仍很有声威。

契丹别部长阿保机代钦德为主，称王称帝，给中原很大威胁，子德光即位后更加紧南侵。这时在幽州镇守的是最后一任节度使赵德钧。《旧五代史》辑本卷九八《赵德钧传》说：

〔后唐庄宗〕同光三年（925），移镇幽州。……〔明宗〕天成中，

---

① 中唐时奚、契丹曾一度依附回纥，如《李卫公集》卷二《幽州纪圣功碑铭》就说："先是奚、契丹皆有房使监护其国，责以岁遗，且为汉谍，自回鹘啸聚，靡不鸱张，公(张仲武)命裨将石公绪等谕意两部，戮回鹘八百人。"《唐会要》卷九六"契丹"也说："会昌二年(842)……幽州节度使张仲武奏：契丹新立王屈戍等云，契丹旧用回鹘印，今恳请当道闻奏，乞国家赐印。"可能有人会据此说中晚唐时奚、契丹已见衰微，不足自立，因此少为寇，并不是河北藩镇制御的作用。案当时回纥确比奚、契丹强大，所以奚、契丹要依附回纥，但并不等于奚、契丹本身已衰微，已无力南侵。早在玄宗时奚、契丹曾依附过突厥，而同时可突干等仍经常威胁河北地区，德宗、文宗、宣宗时奚、契丹也曾几次单独入侵，如本节所引，都说明当时少数民族的入侵与否并不完全决定于有没有依附别个少数民族。

② 《旧唐书》卷二一九、《新五代史》卷七二《契丹传》略同。

定州王都反，契丹遣惕隐领精骑五千来援都，至唐河，为招讨使王晏球所败。会霖雨相继，所在泥淖，败兵北走，人马饥疲，德钧于要路邀之，尽获余众，擒惕隐已下首领数十人，献于京师。……德钧奏发河北数镇丁夫，开王马口至游口，以通水运，凡二百里。又于阎沟筑垒，以戍兵守之，因名良乡县，以备钞寇。又于幽州东筑三河城，北接蓟州，颇为形胜之要，部民由是稍得樵牧。德钧镇幽州凡十余年，甚有善政①。

可见直到这时幽州节镇仍是契丹南侵的最大障碍。

这个障碍最后不是被契丹拔掉的，而是自动撤除的。《旧五代史》辑本卷一三七《契丹传》说：

〔后唐〕长兴末，契丹迫云州，明宗命晋高祖（石敬瑭）为河东节度使兼北面蕃汉总管。〔后唐末帝〕清泰三年（936）晋高祖〔叛唐〕，为张敬达等攻围甚急，遣指挥使何福赟表乞师〔契丹〕，愿为臣子。德光白其母曰："儿昨梦太原石郎发使到国，今果至矣，事符天意，必须赴之。"德光乃自率五万骑由雁门至晋阳，即日大破敬达之众于城下。寻册晋高祖为大晋皇帝，约为父子之国，割幽州管内及新、武、云、应、朔州之地以赂之，仍每岁许输帛三十万。时幽州赵德钧屯兵于团柏谷，遣使至幕帐，求立己为帝，以石氏世袭太原。德光对使指帐前一石曰："我已许石郎为父子之盟，石烂可改矣。"……赵德钧〔及养子〕赵延寿自潞州出降于契丹，德光锁之令随牙帐②。

《通鉴》卷二八〇后晋高祖天福元年（936）十一月甲戌说：

---

① 参考《旧五代史》辑本卷一三七、《新五代史》卷七二《契丹传》。
② 参考《旧五代史》辑本《赵德钧传》、《新五代史》卷七二《契丹传》及《通鉴》卷二八〇天福元年纪事。

> 德钧见述律太后，……太后问曰："汝近者何为往太原？"德钧曰："奉唐主之命。"太后指天曰："汝从吾儿求为天子，何妄语邪！"……又曰："吾儿将行，吾戒之云，赵大王若引兵北向渝关，亟须引归，太原不可救也。汝欲为天子，何不先击退吾儿，徐图亦未晚。……"

足见到这时契丹对幽州节镇仍有很大的顾忌，如不是赵德钧妄图称帝，自弃根本而投靠契丹，即使石敬瑭甘愿割弃幽州，契丹未必能轻易到手。至于石敬瑭所割弃的幽、蓟、瀛、莫、涿、檀、顺、新、妫、儒、武、云、应、寰、朔、蔚十六州，后来宋人称之为燕云十六州的，正包括了原幽州节度使的全部管区①。因此如《通鉴》卷二八〇天福元年七月所说，事前石敬瑭手下的刘知远表示反对，认为"厚以金帛赂之，自足致其兵，不必许以土田，恐异日大为中国之患，悔之无及"。无奈石敬瑭不从，于是这个阻遏契丹南侵的障碍转而为契丹所有，刘知远"为中国之患"的话不幸而言中。

二百年前为了对付奚、契丹在河北地区设置范阳即幽州节度使，二百年后终于因幽州节镇管区的割让，而为契丹南侵大开方便之门，从而契丹建立的辽国成为北宋的大敌。可北宋人撰写的《新唐书》，在卷二一五上《四夷传》的总序里却只说：

> 唐兴，蛮夷更盛衰，尝与中国亢衡者有四：突厥、吐蕃、回鹘、云南是也。……凡突厥、吐蕃、回鹘以盛衰先后为次；东夷、西域又次之，迹用兵之轻重也；终之以南蛮，记唐所繇亡云。

这《四夷传》是把奚、契丹作为北狄的，在总序里对奚、契丹一句也不

---

① 《旧唐书》卷三八《地理志》："幽州节度使，管幽、涿、瀛、莫、檀、蓟、平、营、妫、顺等十州。"其中最北的营、平二州已在后唐同光、天成时被契丹所攻占，见《旧五代史》辑本卷一三七、《新五代史》卷七二《契丹传》。

提，看得比所谓东夷、西域都不重要。足见当时对这段历史已颇为隔膜，需要千年以后的今天来为之发覆。

第十章　安史之乱

一　《通典》的"二统"说

上一章讲了奚、契丹和建立范阳节镇的关系，这里需要再用专章来讲以范阳为根据地的安史之乱的始末。

要讲安史之乱，讲安禄山为什么会叛乱，最好读一读杜佑在《通典》里说的一段话。这是写在《通典》卷一四八"兵"的总序里的，说：

> 玄宗御极，承平岁久，天下乂安，财殷力盛。开元二十年以后，邀功之将，务恢封略，以甘上心，将欲荡灭奚、契丹，剪除蛮、吐蕃，丧师者失万而言一，胜敌者获一而言万。宠锡云极，骄矜遂增。哥舒翰统西方二师，安禄山统东北三师，践更之卒，俱授官名，郡县之积，罄为禄秩。于是骁将锐士，善马精金，空于京师，萃于二统。边陲势强既如此，朝庭势弱又如彼，奸人乘便，乐祸觊欲，胁之以害，诱之以利。禄山称兵内侮，未必素蓄凶谋。是故地逼则势疑，力侔则乱起，事理不得不然也。

杜佑是唐代中期著名的政治家、理财家，在大历初年就纂修《通典》[①]，

[①] 详《通典》李翰序，王鸣盛《十七史商榷》卷九〇"杜佑作通典"条。

去安史之乱为时无几①。因此这段议论除过于贬低节度使的作用，并诟他们为"邀功之将，务恢封略"，自感慨于安禄山叛乱而发外，所谓"哥舒翰统西方二师，安禄山统东北三师，……骁将锐士，善马精金，空于京师，萃于二统"之说，实在是揭示了事态的真相。所以今天就凭此切入，对安史之乱作探讨分析。

所谓"西方二师""东北三师"，都是指节度使的武力。如上一章所说，节度使是睿宗景龙、玄宗先天时开始设置的。到天宝元年（742）已有九个节度使和一个实力次于节度使的经略使②。《通鉴》卷二一五天宝元年正月壬子说他们是：

> 安西节度，抚宁西域，统龟兹、焉耆、于阗、疏勒四镇，治龟兹城，兵二万四千。
>
> 北庭节度，防制突骑施、坚昆，统瀚海、天山、伊吾三军，屯伊、西二州之境，治北庭都护府，兵二万人。
>
> 河西节度，断隔吐蕃、突厥，统赤水、大斗、建康、宁寇、玉门、墨离、豆卢、新泉八军，张掖、交城、白亭三守捉，屯凉、肃、瓜、沙、会五州之境，治凉州，兵七万三千人。
>
> 朔方节度，捍御突厥，统经略、丰安、定远三军，三受降城，安北、单于二都护府，屯灵、夏、丰三州之境，治灵州，兵六万四千七百人。
>
> 河东节度，与朔方掎角以御突厥，统天兵、大同、横野、岢岚四军，云中守捉，屯太原府忻、代、岚三州之境，治太原府，兵五万五千人。
>
> 范阳节度，临制奚、契丹，统经略、威武、清夷、静塞、恒阳、北平、高阳、唐兴、横海九军，屯幽、蓟、妫、檀、易、恒、定、

---

① 《旧唐书》卷一四七《杜佑传》说佑元和七年（812）薨，寿七十八（《新唐书》卷一六六《佑传》同），则上推天宝十四载（755）安禄山叛乱时佑已二十岁，乱前情况自为佑眼见耳闻。

② 其设置年月沿革，详《唐会要》卷七八"节度使"和《新唐书·方镇表》，二者有异同。

漠、沧九州之境，治幽州，兵九万一千四百人。

平卢节度，镇抚室韦、靺鞨，统平卢、卢龙二军，榆关守捉，安东都护府，屯营、平二州之境，治营州，兵三万七千五百人。

陇右节度，备御吐蕃，统临洮、河源、白水、安人、振威、威戎、漠门、宁塞、积石、镇西十军，绥和、合川、平夷三守捉，屯鄯、廓、洮、河之境，治鄯州，兵七万五千人。

剑南节度，西抗吐蕃，南抚蛮、獠，统天宝、平戎、昆明、宁远、澄川、南江六军，屯益、翼、茂、当、巂、柘、松、维、恭、雅、黎、姚、悉十三州之境，治益州，兵三万九百人。

岭南五府经略，绥静夷、獠，统经略、清海二军，桂、容、邕、交四管，治广州，兵万五千四百人[①]。

以上诸节镇中，兵力在五万以上的大镇有范阳（幽州）、陇右、河西、朔方、河东。这是由于当时东北的契丹和奚已极为强悍，因此临制奚、契丹的范阳兵力为诸镇之冠。平卢从范阳分出，名为镇抚室韦、靺鞨，实际和范阳一起行动。西方的大敌是吐蕃，因此设置陇右、河西两大镇来对付。安西抚宁西域，等于其前卫，北庭又自安西分出，兵力自均远不如河、陇。剑南西抗吐蕃，南抚蛮、獠，蛮即南诏，虽附于吐蕃，此时尚不为大患，因此剑南只对吐蕃起牵制作用，兵力也不很多。夷、獠对唐的统治更少危害，因此岭南五府的兵力最少，还没有升格到节度[②]。东突厥在武周时虽曾中兴，到开元初默啜败亡，势复浸衰，因此北方的朔方、河东虽是大镇，却常依附于陇右、河西或范阳，不能自成系统。这样哥舒翰所统的河西、陇右"西方二师"，安禄山所统的范阳、平卢后来还加上河东成为"东北三师"，就成为当时最强大的两个军事集团。

---

① 《通典》卷一七二"州郡"、《旧唐书》卷三八《地理志》所记诸节镇经略兵额微有出入。
② 《大唐六典》卷五兵部郎中列举八个节度使，其中有岭南，当是开元时对节度使的调整计划，并未实施。升岭南为节度据《唐会要》是至德二载，据《新唐书·方镇表》是至德元载，都在安史乱起之后。

因为《通典》在这里点了两个集团首脑哥舒翰、安禄山的名，有必要对这些首脑人物节度使们的来历作些研究。《旧唐书》卷一〇六《李林甫传》说："国家武德、贞观已来，蕃将如阿史那社尔、契苾何力忠孝有才略，亦不专委大将之任，多以重臣领使以制之。开元中张嘉贞、王晙、张说、萧嵩、杜暹皆以节度使入知政事。林甫固位，志欲杜出将入相之源，尝奏曰：'文士为将，怯当矢石，不如用寒族、蕃人，蕃人善战有勇，寒族即无党援。'帝以为然，乃用〔安〕思顺代林甫领〔朔方节度〕使，自是高仙芝、哥舒翰皆专任大将，林甫利其不识文字，无入相由。然而禄山竟为乱阶，由专得大将之任故也。"《新唐书》卷二二三上《李林甫传》照写了这段话，《安禄山事迹》卷上、《大唐新语》卷一一也有类似的记载，其实怕是李林甫死后人们编造了用来加重其罪名的。因为其中所说安思顺之代领朔方节度，如《通鉴》所记已在天宝十一载四月，而高仙芝天宝六载任安西四镇节度，哥舒翰同年任陇右节度，见《旧唐书》卷一〇四《高传》《哥舒传》，均在安思顺任节度之前，如何能说"自是高仙芝、哥舒翰皆专任大将"？高仙芝文化程度如何不清楚，哥舒翰则《旧传》明谓其"好读《左氏春秋传》及《汉书》"，如何能说"不识文字"？足见李林甫为固位而用寒族、蕃人之说，殊欠真实。当时多用寒族、蕃人为节度使是有的，蕃人高仙芝、哥舒翰、安禄山、安思顺之外还有夫蒙灵詧，王君㚟、张守珪、牛仙客、王忠嗣、封常清等则均是寒族。这是由于高门贵族在朝廷会有更好的出路，不愿到边境长期充当节度使，而要巩固边防，节度使又非久任不可，就只能多用寒族、蕃人，他们虽然不一定"不识文字"，但一般没有条件入相①，只好长期在边境干事业，时间一长，不说蕃人，寒族也锻炼得很能打仗，说他们"善战有勇"倒是讲对了的。

至于说他们"无党援"，可不见得。他们在两《唐书》里多数都有传，查看一下就发现其间勾结援引的情况也很严重。如王君㚟初事郭知运于河

---

① 牛仙客入相是例外，但为人看不起，说他"不才,滥登相位"，见《旧唐书》卷一〇三《仙客传》。

西、陇右，其后节度河西，委任牛仙客，牛仙客也节度河西①。王忠嗣任河东、朔方、河西、陇右四镇节度，擢用哥舒翰，王忠嗣贬废，哥舒翰就代王节度陇右，又兼领河西②。高仙芝为安西节度夫蒙灵䎗所拔擢，既代灵䎗节度安西，用封常清为判官，高仙芝改任河西节度，封常清就继任安西节度③。张守珪本出身北庭，一度调到范阳，又回河西，升擢陇右节度，又转范阳节度，在范阳委用安禄山，安禄山先节度平卢，继又节度范阳兼平卢④。在这种局面下，不是本镇出身的人充任节度使就往往干不下去。如《旧唐书》卷一〇三《王忠嗣传》说他"在河东、朔方日久，备谙边事，得士卒心，及至河、陇，颇不习其物情"，因此尽管当时"佩四将印，控制万里"，仍成不了西方节镇的领袖，成领袖的只能是生长安西、出身河西，兼领河西、陇右大镇的哥舒翰。张守珪在范阳抵御奚、契丹立了大功，却长不下去，恐怕和他不是出身范阳多少有关，兼领范阳、平卢成为东北军事集团领袖的只能是生长平卢、出身范阳的安禄山。

这"东北三师"和"西方二师"既是两个自成系统的军事集团，迟早要对立闹矛盾。《旧唐书》卷一〇四《哥舒翰传》记述说：

> 翰素与禄山、思顺不协，上每和解之为兄弟。是冬，禄山、思顺、翰并来朝，上使内侍高力士及中贵人于京城东驸马崔惠童池亭宴会，……〔禄山〕谓翰曰："我父是胡，母是突厥，公父是突厥，母是胡，与公族类同，何不相亲乎？"翰应之曰："野狐向窟嗥，不祥，以其忘本也。敢不尽心焉！"禄山以为讥其胡也，大怒，骂翰曰："突厥敢如此耶！"翰欲应之，高力士目翰，翰遂止。

这是天宝十一载（752）的事情，《安禄山事迹》卷上、《新唐书》卷二二

---

① 《旧唐书》卷一〇三、《新唐书》卷一三三《王君㚟传》、《牛仙客传》。
② 《旧唐书》卷一〇四、《新唐书》卷一三五《哥舒翰传》。
③ 《旧唐书》卷一〇四、《新唐书》卷一三五《高仙芝传》、《封常清传》。
④ 《旧唐书》卷一〇三、《新唐书》卷一三三《张守珪传》、《旧唐书》卷二〇〇上、《新唐书》卷二二五上《安禄山传》。

五上《安禄山传》、《通鉴》卷二一六天宝十一载十二月丁酉条均有记载。唐人以西胡大量入居，遂诟胡为狐①，因而安禄山误解哥舒翰的意思，"以为讥其胡也"而"大怒"。这说明东北和西方两大军事集团已对立得很厉害，不仅是安禄山与哥舒翰个人之间在闹意气。本来，西方节镇多，河西、陇右两大镇之外还有安西、北庭，北方朔方、河东两大镇和西方的关系也比较密切，王忠嗣就曾兼领河东、朔方、河西、陇右四镇节度，天宝八载（749）哥舒翰还统帅陇右、河西、朔方、河东兵攻取吐蕃石堡城，当时西方集团的声势仍在东北的范阳、平卢之上。到天宝十载（751）二月安禄山在范阳、平卢外又兼领了河东节度成为"东北三师"，十一载（752）四月安禄山的党羽安思顺又充当了朔方节度②，东北集团的实力就超过了西方，出现"国之重镇惟幽都"③、"天宝以来东北隅节度位冠诸侯"④的局面。以致安禄山在这次宴会上表现得如此骄横，敢于把对手哥舒翰骂得不回口⑤。于此也可见朔方、河东两镇虽不能像西方、东北那样自成系统，在斗争的某种情况下仍起着决定作用，这到安史乱起后就更明显。

二 安禄山的实力

《通典》说当时"骁将锐士，善马精金，空于京师，萃于二统"，从而发生了安禄山的叛乱。这里需要对安禄山这东北一统的"骁将锐士"作重点诠释。

---

① 详旧作《读陈寅恪先生〈狐臭与胡臭〉兼论狐与胡之关系》，载民国37年3月10日《东南日报》"文史"，又收入拙著《学苑零拾》，2001年华东师范大学出版社版。

② 安思顺之党于安禄山，看《安禄山事迹》卷上所说禄山幼时与"思顺并为兄弟"（《旧唐书·禄山传》同），以及上引《旧唐书·哥舒翰传》所说"翰与禄山、思顺不协"可知。因此禄山兵起、朝廷即擢朔方右厢兵马使九原太守郭子仪代思顺节度朔方，调思顺到长安任户部尚书，实际监视起来，以后又从哥舒翰请把思顺杀掉。《安禄山事迹》卷上记郭子仪有《请雪安思顺表》，这是郭感于私恩为思顺请雪，由此也可见当时边镇将佐同固结之深。

③ 《全唐诗》第四函第五册贾至《燕歌行》。

④ 《全唐文》卷三一六李华《安阳县令厅壁记》。

⑤ 杜甫《后出塞》之三咏东北节镇有"主帅位益崇，气骄凌上都"之句，真可谓诗史。

我国古代军队中常有少数民族的战士和将领，不仅少数民族掌握政权时是这样，汉族政权下也是如此。少数民族尤其是东北和北方以及西方今藏族生活地区的战斗力一般比较强，安禄山统率的东北军事集团之所以能战斗，少数民族起着很大的作用。这一点陈寅恪先生在《唐代政治史述论稿》上篇"统治阶级之氏族及其升降"中早就指出。陈先生并根据《旧唐书》卷二〇〇上《安禄山传》"禄山营州柳城杂种胡人"，《新唐书》卷二二五上《安传》"本姓康，母阿史德"，以及《旧书·哥舒翰传》安禄山所说"我父是胡，母是突厥"等记载，论定"安禄山父系之为羯胡，即中亚月氏种"①。但陈先生进而据《旧唐书》卷一〇《肃实纪》下制"乃者羯胡乱常，两京失守"，卷一〇四《封常清传》"常清使骁骑与柘羯逆战"等，说当时称安禄山为"柘羯"或"羯胡"，又考《大唐西域记》卷一飒秣建国即康国所说"兵马强盛，多是赭羯之人，其性勇烈，视死如归"，以及《新唐书》二二一下《西域·安国传》所说"募勇健者为柘羯，柘羯犹中国言战士也"，认为"凡康、安、石等中亚月氏种人，皆以勇健善战著闻"，好像安禄山及所部即由此成为善战的集团，则微嫌过当。因为所谓羯或羯胡者，虽源出中亚月氏，迁中原后已成为指斥北方少数民族的用语，由专名变为泛称，如《后汉书》卷四八《吴盖陈臧传论》"戎羯丧其精胆"的唐章怀太子注就说："羯，本匈奴别部，分散居其上党武乡羯室，因号羯胡。此总谓戎夷耳，不指于羯也。"所以《晋书》卷六三《李矩传》、卷八六《张寔传》、《文选》卷三七《刘越石劝进表》李善注引王隐《晋书·怀帝纪》，都称南匈奴的刘曜为"臭羯""羯贼""羯逆"，《宋书》

---

① 至于史思明，《旧唐书》卷二〇〇上《史传》只说"宁夷州突厥杂种胡人"。陈先生则根据《新唐书》卷二一七上《回鹘传》所说"始回纥至中国，常参以九姓胡，往往留京师，至千人，居赀置产甚厚，会酋长突董、翳蜜施、大小梅录等还国，装橐系道"，与《旧唐书》卷一二七《张光晟传》所说"建中元年回纥突董梅录领众并杂种胡等自京师还国，舆载金帛，相属于道"同是一事，因而认为《史传》云"杂种胡"也就是中亚昭武九姓胡。但晋南北朝以来"杂人""杂户""杂夷""杂类""杂胡""杂种"等词在文献中时常出现，很多并非指昭武九姓胡，唐代也是如此，详拙撰《"羯胡""柘羯""杂种胡"考辨》，载1980年中华书局《文史》第八辑，复收入拙著《唐代史事考释》及《文史探微》。可见昭武九姓胡固可称为"杂种胡"，杂种胡则范围广并非都是昭武九姓胡。《旧书·史传》所说"宁夷州突厥杂种胡人"者，只是"在宁夷州的和突厥有关的一些少数民族中人"之谓，在没有找出其他史料前，不能断定他一定有昭武九姓胡的血统。

卷六〇《范泰传》、卷七〇《袁淑传》称鲜卑的拓跋魏为"羯虏""羯寇",《全唐文》卷二〇九陈子昂《为建安王贺破贼表》、卷二一〇《为建安王借马表》、卷二一四《为建安王誓众表》、卷二一六《祃牙文》、卷二二四张说《论神兵军大总管功状》、卷二三三《为河内王作祭陆冀州文》、《为魏元忠作祭石岭战亡兵士文》称契丹和奚为"凶羯""戎羯"。当然真的中亚昭武九姓胡在安禄山管区是有的,但如《旧唐书》卷一九八《西戎传》说,康国"善商贾,争分铢之利,男子年二十,即远之旁国,来适中夏,利之所在,无所不到"。其专长是做买卖而并非战斗。《大唐西域记》、《新唐书·西域传》所说的"赭羯""柘羯",也只是指该国中的勇健者、该国的战士,而并非说通国的人都勇健都特别能战斗①。安禄山之流之所以懂得战斗,当受其母系突厥以及营州地区奚、契丹的影响,犹五胡之羯入中原后受南匈奴之熏染而成为善战之民族。至其继承父系康氏九姓胡的传统,则如《安禄山事迹》卷上所说尝以"解九蕃语为诸蕃互市牙郎",节镇范阳后复"潜于诸道商胡兴贩,每岁输异方珍货,计数百万。每商至,则禄山胡服坐重床,烧香列珍宝,令百胡侍左右,群胡罗拜于下,邀福于天,禄山盛陈牲牢,诸巫击鼓歌舞,至暮而散。遂令群胡于诸道潜市罗帛,及造绯紫袍、金银鱼袋、腰带等百万计,将为叛逆之资,已八九年矣"。这是利用九姓商胡来充实财富,巩固其经济基础,而不是用他们来从事征战。安禄山用来从事征战的主力,应该就是范阳节镇所要临制的当地的奚、契丹。

这么做并非始于安禄山。早在贞观十八年(644)唐太宗打高丽时,

---

① 又"柘羯"此词在记述安史之乱的文献中很少出现,除《旧唐书·封常清传》外,仅《新唐书》卷一九二《张巡传》说"尹子奇将同罗、突厥、奚劲兵……攻睢阳,……有大酋被甲引拓羯千骑麾帜乘城招巡",这"拓羯"当即"柘羯"。但如陈寅恪先生认为这"拓羯"即昭武九姓胡,那上文只说"将同罗、突厥、奚劲兵",这里怎么突然冒出多至千骑的昭武九姓胡呢?《旧唐书》卷一八七下《张巡传》、《通鉴》卷二一九至德二载五月所记均无此句话。再看杜甫《喜闻官军已临贼寇二十韵》有"花门腾绝漠,拓羯(也是'柘羯'之误)渡临洮。此辈感恩至,羸俘何足操"之句,这是诗人在歌咏援助官军的回纥部队,怎么既称回纥为"花门"外,又用上了"柘羯"? 如果不是如《新唐书·回鹘传》所说"始回纥至中国,常参以九姓胡"外,有没有可能由于昭武九姓胡入居中原者多,"柘羯"之称渐为人们所知悉,从而也用来称并非昭武九姓胡的其他勇士呢?凡此与"羯胡"问题均详拙撰《"羯胡""柘羯""杂种胡"考辨》。

就曾悉发契丹酋长与奚首领从军，见《旧唐书》卷二《太宗纪》、卷二一九《契丹传》及《奚传》、《唐会要》卷九六"奚"和《全唐文》卷七太宗《命张俭等征高丽诏》、《命将征高丽诏》、《克高丽辽东城诏》。奚、契丹成为东北隅大敌后，上一章讲到久视元年（700）曾利用契丹降将李楷固、骆务整将兵击平契丹余党。上一章所引《文苑英华》卷六四七樊衡《为幽州长史薛楚玉破契丹露布》中讲到所用"东胡杂种君长之群"有二万五千余骑，其中东胡种的契丹和奚当占了大多数①。安禄山也这么办而且用得更多。今存记述安禄山部队中少数民族的史料，有《安禄山事迹》卷上所说："〔禄山〕养同罗及降奚、契丹曳落河八千余人为假子，及家童教弓矢者百余人，以推恩信，厚其所给，皆感恩竭诚，一以当百。""阿布思者，〔突厥〕九姓首领也，开元初为默啜所破，请降附，……禄山因请为将，共讨契丹。〔阿布思〕虑其见害，乃率其部以叛。后为回鹘所破，禄山诱其部落降之。"②卷中所说："禄山起兵反，以同罗、契丹、室韦曳落河，兼范阳、平卢、河东、幽、蓟之众，号为父子军，马步相兼十万，鼓行而西。"《通鉴》卷二一八至德元载七月所说："同罗、〔仆骨〕、突厥从安禄山反者屯长安苑中，甲戌，其酋长阿史那从礼帅五千骑窃厩马二千匹逃归朔方，谋邀结[河曲九府六胡州]诸胡，盗据边地。"③卷二二〇至德二载十二月所说："安庆绪之北走也，其大将北平王李归仁及精兵曳落河、同罗、六州胡数万人皆溃归范阳。"④其中说到的少数民族计有契丹、奚、室韦、同罗、仆骨、突厥九姓阿布思部，以及开元元年被安置在灵州南部黄河以东皋兰、燕然、燕山、鸡田、奚鹿、烛龙六州的突厥九姓所谓六州

---

① 这种即以此民族的人组织军队来抗御此民族，在世界史上也不乏其例，如罗马即曾组织日耳曼兵团以抗御日耳曼的侵扰。

② 参考《通鉴》卷二一五天宝元年八月、卷二一六天宝十一载三月、十二载五月，《旧唐书》卷一九四上《突厥默啜传》。

③ 参考《通鉴考异》所引《肃宗实录》、《汾阳家传》以及《旧唐书》卷一二〇、《新唐书》卷一三七《郭子仪传》，引文中"仆骨""河曲九府六州胡"诸词即从《旧唐书·郭传》补入。

④ 这六州胡就是《通鉴》至德元载七月甲戌条所说为阿史那从礼邀结的河曲九府六胡州诸胡，阿史那从礼这次虽擅自脱离安禄山集团，其部众以后当又有叛附禄山的，所以这里会有同罗、六州胡溃归范阳的纪事。

胡①。这里除室韦本近奚、契丹，是"契丹之别类""别部"②外，同罗、仆骨是铁勒诸部③，和突厥九姓阿布思部都迟至天宝后期才战败穷蹙降附安禄山④，六州胡之被煽诱更是至德初年的事情，这些都只是不甚可靠的杂牌队伍⑤，惟有契丹和奚才是安禄山的嫡系主力。上面所引《安禄山事迹》提到禄山军中的"曳落河"，当时最有善战之称⑥，实际上就是后来《辽史》里的拽剌军⑦，是奚、契丹民族中所选拔出来的精兵⑧。安禄山将领中最被信用和最以悍勇见称的也多有奚、契丹，如孙孝哲是"契丹人"，张孝忠"本奚之族类"，王武俊"本出契丹怒皆部"，李宝臣"本范阳内属奚"⑨，《安禄山事迹》卷中说"〔天宝〕十四载五月禄山遣副将何千年奏表陈事，请以蕃将三十二人以代汉将"⑩，其中奚、契丹当也不在少数。以至安禄山的贴身侍卫阉竖也用奚、契丹，如《旧唐书·禄山传》所说天

---

① 参考《唐会要》卷七三灵州都督府开元元年条、《旧唐书》卷三八《地理志》关内道灵州都督府条。
② 《旧唐书》卷一九九下、《新唐书》卷二一九《室韦传》。
③ 《旧唐书》卷一九九下《铁勒传》、《新唐书》卷二一七下《回鹘传》。
④ 《安禄山事迹》卷上记天宝十一载禄山遣其男庆绪送"奚、契丹及同罗、阿布思等生口三千人"于阙下，《通鉴》卷二一七天宝十三载二月己丑禄山奏"臣所部将士讨奚、契丹、九姓、同罗等勋效甚多"，均可证。仆骨当也在这些战役中随同罗降附。
⑤ 如同罗、仆骨、突厥等既在阿史那从礼率领下脱离安禄山集团，后来溃归范阳的同罗余众又"走归其国"。后一事见《通鉴》卷二二〇至德二载十二月甲子。
⑥ 如房琯在陈涛斜之战前就曾自吹"逆党曳落河虽多，岂能当我刘秩等"，可见"曳落河"之善战已为时人所公认。房琯语见《旧唐书》卷一一一、《新唐书》卷一三九《琯传》，及《通鉴》卷二一九至德元载十月。
⑦ 《历史语言研究所集刊》第七本第四分有陈述先生所撰《曳落河考释及其相关诸问题》，对此作了详尽的论说。
⑧ 《安禄山事迹》卷上"曳落河"下小注："蕃人健儿为曳落河。"此"蕃人"当专指奚、契丹而言，因为当时已习称奚、契丹为"两蕃"。后人误读《事迹》，以为曳落河也包括同罗的精兵在内，故司马光于《通鉴》卷二一六天宝十载二月丙辰，就改《事迹》的原文为"养同罗、奚、契丹降者八千余人，谓之曳落河，曳落河者，胡言壮士也"。宋祁修《新唐书·回鹘传》，于卷二一七下"同罗"条也增入"安禄山反，劫其兵用之，号曳落河者也"。其实旧史固有以曳落河与同罗并列的，如《通鉴》卷二一七天宝十四载十二月丙午条《考异》引《河洛春秋》就有禄山"留同罗及曳落河一百人"的话，即前引《通鉴》卷二二〇至德二载十二月也说"精兵曳落河、同罗"（《通鉴》此条当另本旧史），可见同罗与奚、契丹的曳落河是两回事，《通鉴》卷二一八至德元载五月壬午条《考异》引《河洛春秋》思明"精骑万人，悉是同罗曳落河"，此"同罗"与"曳落河"之间也当点断，不能连续。
⑨ 详《旧唐书》卷二〇〇上《新唐书》卷二二五上《孙孝哲传》、《旧唐书》卷一四一《张孝忠传》、《新唐书》卷二一一《王武俊传》《李宝臣传》。
⑩ 其事《通鉴》卷二一七记在天宝十四载二月辛亥。

宝十一载安禄山讨契丹败绩，"被射，折其玉簪，以麾下奚小儿二十余人走上山"。最见信用其后刺杀安禄山的阉竖李猪儿，也是"契丹之降口"，见《安禄山事迹》卷下。因此《事迹》卷中要点出："禄山专制河朔已来七年余，蕴蓄奸谋，潜行恩惠，东至靺鞨，北及匈奴，其中契丹，委任尤重，一国之柄，十得二三，行军用兵，皆在掌握。"这确是揭示了安禄山东北军事集团的真相。

这些安禄山集团中的奚、契丹是从哪里来的？从现存史料看，大致有两个来源。一是战败被俘或降附的，如《安禄山事迹》卷中所说："禄山悉解九夷之语，躬自抚慰，曲宣威惠，夷人朝为俘囚，暮为战士，莫不乐输死节。"上述李猪儿就是契丹降口，尽管后来与安庆绪同谋刺杀安禄山。再是久已内属定居在范阳、平卢的奚、契丹，如上述张孝忠、王武俊、李宝臣等人。当时有设置羁縻州来安插这类内属少数民族的办法，《旧唐书》卷三九《地理志》河北道就记述了天宝时的情况，即"自燕以下十七州，皆东北蕃降胡散诸处幽州、营州界内，以州名羁縻之"。这十七州中，威州"所领户契丹内稽部落"，玄州"处契丹李去闾部落"，崇州"处奚可汗部落"，师州"领契丹、室韦部落"，鲜州"分饶乐郡都督府奚部落置"，带州"处契丹乙失革部落"，沃州"处契丹松漠部落"，昌州"领契丹松漠部落"，信州"处契丹失活部落"，还有个青山州据《新唐书》卷四三下《地理志》也是契丹州。合起来奚、契丹州在幽、营地区就达十个，占十七个羁縻州的绝大多数①。这些散居幽、营的奚、契丹人都是大好兵源，如《旧书·地理志》所说："安禄山之乱，一切驱之为寇，遂扰中原。"

奚、契丹外，当时少数民族中战斗力强的还有西方北方的回纥和吐蕃，西方的河西、陇右两大镇就是专为抵御吐蕃设置的。但吐蕃最初尚未入居河、陇境内，河、陇武装部队中也从未有过吐蕃族的战士和将领，这点和东北范阳、平卢之多奚、契丹大不一样。当时河、陇是有少数民族

---

① 余外七个羁縻州中燕州、慎州、夷宾州、黎州置处靺鞨,归义州置处海外新罗,瑞州置处突厥,凛州置处降胡。又《新唐书》卷四三下《地理志》羁縻州河北道所记与《旧志》略有出入,可参考。

的，如《旧唐书》卷四〇《地理志》从陇右道分出的河西道中就有"吐浑部落、兴昔部落、阁门府、皋兰府、卢山府、金水州、蹛林州、贺兰州"，并说"已上八州府并无县，皆吐浑、契苾、思结等部寄在凉州界内"。《安禄山事迹》卷中记禄山兵起后哥舒翰所率防守潼关的河、陇诸蕃部也有"奴剌、颉、跌、朱耶、契苾、浑、蹛林、奚结、沙陀、蓬子、处蜜、吐谷浑、恩结等一十三部落"。这些部落的战斗力在当时不仅不如强悍的吐蕃，也不如安禄山部队的奚、契丹，这从后来灵宝决战中就看得明显。从这点来说，西方的河、陇二师对东北的范阳、平卢二师也屈居了下风，何况后来又加上河东成为东北三师，甚至差点加上安思顺的朔方变成东北四师。

骑兵在古代作战中最具威力，《通典》所说"善马精金"之"善马"也非浮文泛词。《旧唐书》卷三八《地理志》记载节度使所管马数：安西二千七百匹，北庭五千匹，河西万九千四百匹，朔方万四千三百匹①，河东万四千匹，范阳六千五百匹，平卢五千五百匹，陇右万六百匹②，剑南二千匹③，这是天宝初年的数字。其中范阳、平卢只各五六千匹，河西、陇右以及朔方、河东都在万匹以上，似乎西方二师在"善马"上占了上风。其实也不见得，这些数字多少有点表面文章。《安禄山事迹》卷上就说禄山"畜单于护真大马习战斗者数万匹"④。《旧唐书》卷二〇〇上《禄山传》记天宝十三载（754）正月禄山"请为闲厩、陇右群牧等都使，……又请知总监事，既为闲厩、群牧等使，上筋脚马皆阴选择之，夺得楼烦监牧，及夺张文俨马牧"⑤。这都说明安禄山叛乱前拥有"善马"之多已不减河、陇，如《新唐书》卷五〇《兵志》所说他"阴选胜甲马归范阳，故其兵力倾天下而卒反"。

---

① 《旧志》原作"四千三百匹"，脱"万"字，据《通典》卷一七二"州郡"补。
② 《旧志》原作"六百匹"，脱"万"字，据《通典》"州郡"补。
③ 岭南五府经略无马匹。
④ 《新唐书·禄山传》作"三万匹"，《旧唐书·禄山传》作"战马万五千匹"。
⑤ "及夺"当是"又夺"之误。并可参考《新唐书·禄山传》、《兵志》，《安禄山事迹》卷中，《通鉴》卷二一七天宝十三载正月壬戌。

以上讲了《通典》所说的"边陲势强"，这里再讲"朝廷势弱"，这也就是指朝廷直接控制下的中原势弱。这方面如《唐会要》卷七二"军杂录"所记：

> 天宝末，天子以中原太平，修文教，废武备，销锋镝，以弱天下豪杰。于是挟军器者有辟，蓄图谶者有诛，习弓矢者有罪，不肖子弟为武官者，父兄摈之不齿。惟边州置重兵，中原乃包其戈甲，示不复用，人至老死不闻战声。六军诸卫之士皆市人白徒，富者贩缯采，食粱肉，壮者角抵拔河，翘木扛铁，日以寝斗，有事乃股栗不能授甲。其后盗乘而反，非不幸也①。

这是安史之乱前夕的情况，乱起后，如《安禄山事迹》卷中所说：

> 百姓等议曰："百年老公，未尝见范阳兵马向南者。"人人相与忧惧。……所至郡县，无兵御捍，皆开门延敌，长史走匿，或被擒杀，或自缢路旁，而降者不可胜计。
>
> 兵起之后，列郡开甲仗库，器械朽坏，皆不可执，兵士皆持白棒，所谓天下虽安，忘战必危。

这种"朝廷势弱""边陲势强"的局面，玄宗等最高统治者并非完全不觉察，苦于积重难返，已找不出根本上解决的办法。只得对不甚放心的节度使设法更换，如西方的王忠嗣开元二十九年为朔方节度使，天宝四载兼河东节度使，五载正月充河西、陇右节度使又权知朔方、河东节度使事，《旧唐书》卷一〇三《王传》说他此时"佩四将印，控制万里"，于是同年四月"固让朔方、河东节度，许之"，六载十一月贬汉阳太守，分任哥舒翰节度陇右，安思顺节度河西。但对东北的安禄山也许还不到时候，只用

---

① 参考唐郑棨《开天传信记》开元初上留心治道条（今本《唐语林》卷三"夙惠"所采略同）。

高官厚禄来姑事笼络，如《通鉴》卷二一七天宝十四载二月壬子记玄宗对杨国忠等所说："禄山，朕推心待之，必无异志。"《安禄山事迹》、两《唐书·禄山传》以及唐人小说中所记玄宗对禄山宠赐优渥，迥异寻常，后人读了往往感到奇怪，不甚置信[①]，就由于没有懂得这是当时朝廷采用的一种策略。无奈这种策略对安禄山这样的野心家此时已不起作用，渔阳鼙鼓一鸣，半壁河山立即变色。

三　前期战局的剖析

安史兵事，旧史所记已甚详备。这里只就其时朝廷所用的武力，对前期的战局作剖析。

《唐大诏令集》卷一一九有天宝十四载十二月《亲征安禄山诏》，说道：

> 其河西、陇右、朔方除先发蕃汉将士及守军郡城堡之外，自余马步军将兵健等一切并赴行营，各委节度使统领，仍限今月二十日齐到。

《通鉴》卷二一七天宝十四载十二月壬辰亦有此记载。这"亲征"当然未

[①] 如清代诗人袁枚就有"《唐书》新旧分明在，那有金钱洗禄儿"的诗句，不知杨贵妃与禄山作三日洗儿、玄宗加赐洗儿金银钱物之事已见于第一手史料《安禄山事迹》，并非后人编造。至《旧唐书·禄山传》所说"请为贵妃养儿"，玄宗"命杨铦已下并约为兄弟姊妹"，则是少数民族以"养儿"示亲附的习俗，犹《安禄山事迹》所说禄山"养同罗及降奚、契丹曳落河八千余人为假子"，自更非袁枚所能懂得了。

曾实现，但可看出当时中原实无可用之兵①，安禄山的东北三师既叛，主要得靠西方的河、陇二师以及西北方的朔方之师来抵御，这是"骁将锐士，善马精金，空于京师，萃于二统"的必然结果。

调动河、陇二师要花一点时间，远水难救近火，因此在十一月庚午确信安禄山发动叛乱后，只好就已在长安的西方将帅中任命一二位，让他们招募乌合之众去抵挡一阵。《旧唐书》卷一〇四《封常清传》说：

〔天宝〕十四载入朝，……时禄山已叛，……以常清为范阳节度，俾募兵东讨。其日，常清乘驿赴东京召募，旬日得兵六万，皆佣保市井之流，乃斫断河阳桥，于东京为固守之备。十二月，禄山渡河，……先锋至葵园，常清使骁骑与柘羯逆战，杀贼数十百人。贼大军继至，常清退入上东门，又战不利，贼鼓噪于四城门入，杀掠人吏。常清又战于都亭驿，不胜。退守宣仁门，又败。乃从提象门入，倒树以碍之，至谷水，西奔至陕郡。

同卷《高仙芝传》说：

〔天宝九载〕入朝，拜开府仪同三司，……为右羽林大将军。十四载……十一月，安禄山据范阳叛，是日以京兆牧荣王琬为讨贼元帅，仙芝为副，命仙芝领飞骑、彍骑及朔方、河西、陇右应赴京兵马，并召募关辅五万人，继封常清出潼关进讨。……十二月，师发，……屯于陕州。……常清以余众奔陕州，谓仙芝曰："累日血战，贼锋不可当，且潼关无兵，若狂寇奔突，则京师危矣，宜弃此守，急保

---

① 所以张巡用来抗御叛军的兵众只能临时召募，如《旧唐书》卷一八七下《忠义·张巡传》所说："禄山之乱，巡为真源令，说谯郡太守令完城。募市人为拒贼之势，……与单父尉贾贲各召募豪杰，同为义举。时雍丘令令狐潮欲以其城降贼，民吏百余人不从命，……闭城门拒潮召贲，贲与巡引众入雍丘。"其后移众入睢阳与许远等共守，而许远也是临时任命的睢阳太守，并无基本队伍。他们能以此来牵制叛军，如《新唐书》卷一九二《忠义传》赞所说"使不得搏食东南"，"而唐全得江淮财用，以济中兴"，自然极受唐人以及后世人们的尊敬，尽管他们并非在双方主力相持的战场上立功。

潼关。"……俄而贼骑继至，诸军惶骇，弃甲而走，无复队伍。仙芝至关，缮修守具，……贼骑至关，已有备矣，不能攻而去，仙芝之力也。

这封常清、高仙芝都是西方系统的名将，其才智绝不在安禄山等东北将领之下。但封常清是临时来朝，虽系现任安西节度，并没有带作战部队，只凭召募"得兵六万，皆佣保市井之流"。高仙芝只是前任安西节度，这时在长安任右羽林大将军，手里更没有可用的野战军。说"领飞骑、彍骑"，但这些宿卫禁军都早已败坏无战斗力，"朔方、河西、陇右"也只是"应赴京兵马"，实际上未必赶上，所以《通鉴》卷二一七天宝十四载十一月丁丑说是"于京师募兵十一万，号曰天武军，旬日而集，皆市井子弟"。然而封常清还能在洛阳打几次硬仗，高仙芝还能退守住潼关，说明已尽了极大的努力。因此监军宦官边令诚冤杀他们时，他们手下的兵要"齐呼曰枉"。

河西、陇右大军赶到，于是第三次出兵，起用曾"统西方二师"的哥舒翰为统帅。《旧唐书》卷一○四《哥舒翰传》说：

〔天宝十三载〕入京，废疾于家。及安禄山反，上以封常清、高仙芝丧败，召翰入，拜为皇太子先锋兵马元帅，以田良丘为御史中丞，充行军司马，以王思礼、钳耳大福、李承光、苏法鼎、管崇嗣及蕃将火拔归仁、李武定、浑萼、契苾宁等为裨将，河陇、朔方兵及蕃兵与高仙芝旧卒共二十万，拒贼于潼关。

上一节所引《安禄山事迹》卷中说得更详细，是"领河、陇诸蕃部落奴剌、颉、跌、朱耶、契苾、浑、蹛林、奚结、沙陀、蓬子、处蜜、吐谷浑、恩结等一十三部落，督蕃汉兵二十一万八千人镇于潼关"。哥舒翰所统西方二师和安禄山所统东北三师要一决雌雄。从数量来说，哥舒翰"督蕃汉兵二十一万八千人"，安禄山出动的据《禄山事迹》卷中是"马步相兼十万"，《旧唐书·禄山传》作"诸蕃马步十五万"，《新唐书·禄山传》和《通鉴》卷二一七天宝十四载十一月甲子都作"十五万，号二十万"，这是"鼓行而西"的全军。崔乾祐所率进逼潼关的叛军则少得多，如其后灵宝之战，《禄山事迹》卷下说崔乾祐军"不过万人，为撒星阵"，"又以陌刀五千人列于阵后"，加起来不会超过二万。又《事迹》卷下还说前此有人劝哥舒翰说"禄山阻兵以诛〔杨〕国忠为名，公若留二万人守潼关，悉以余兵诛国忠，此汉诛晁错挫七国之计"，也足证崔乾祐军之不到二万，否则此人不敢劝哥舒翰只用二万人守关。这样哥舒翰是以二十一万之众来抗击崔乾祐的不到二万，却不出关野战而只图守住潼关，自不仅如《禄山事迹》卷下所说"翰至潼关，风疾颇甚，军中之务，不复躬亲，政事委行军田良丘，其将王思礼、李承光又争长不叶，全无斗志"，内部矛盾太多太深①。更主要的原因还在于所有奴剌、颉、跌等一十三部落的能征惯战不如叛军中的奚、契丹，如上一节所说，东北三师已超过了西北二师的实力。

河、陇二师以外，邻近战线且较有实力的是朔方。朔方节度使曾是安禄山的党羽安思顺，天宝十四载十一月安禄山叛乱，朝廷就用掌握实权的天德军使兼九原太守、朔方节度右兵马使郭子仪替代安思顺为节度使。当时的战略是让哥舒翰以河、陇主力守住潼关，叫朔方节度使作为偏师向安禄山的后方河东、河北进逼。《旧唐书》卷一二〇《郭子仪传》说：

> 〔天宝〕十四载安禄山反，十一月以子仪为卫尉卿兼灵武郡太守充朔方节度使，诏子仪以本军东讨。遂举兵出单于府，收静边军，……进收云中、马邑，开东陉。……十五载正月，贼将蔡希德陷常山

---

① 《旧唐书·哥舒翰传》还说"良丘复不敢专断，鼓令不一，颇无部伍"。又王思礼是哥舒翰的旧将，"禄山反，哥舒翰为元帅，奏思礼加开府仪同三司兼太常卿同正员充元帅府马军都将，每事独与思礼决之"，见《旧唐书》卷一一〇《思礼传》。李承光则随高仙芝抵御安禄山，仙芝被冤杀，"承光摄领其众"，见《通鉴》卷二一七天宝十四载十二月癸卯。二人渊源有别，因此"争长不叶"。后来灵宝战败，哥舒翰又被手下的蕃将火拔归仁缚送叛军。这些都说明哥舒翰军内部矛盾之多且深。

郡，执颜杲卿，河北郡县皆为贼守。二月，子仪与河东节度使李光弼率师下井陉，拔常山郡，破贼于九门，南攻赵郡。……师还常山，贼将史思明以数万人蹑其后，……三日至行唐，贼疲乃退，我军乘之，又败〔之〕于沙河。禄山闻思明败，乃以精兵益之，我军至恒阳，贼亦随至。……六月，子仪、光弼率仆固怀恩、浑释之、陈回光等阵于嘉山，贼将史思明、蔡希德、尹子奇等亦结阵而至，一战败之，……思明露发跣足奔于博陵。于是河北十余郡皆斩贼守者以迎王师，子仪将北图范阳，军声大振。

卷一一〇《李光弼传》也说：

玄宗春求良将，委以河北、河东之事，以问子仪，子仪荐光弼堪当闻寄。十五载正月，以光弼为云中太守摄御史大夫充河东节度副使知节度事。二月，转魏郡太守、河北道采访使，以朔方兵五千会郭子仪军，东下井陉，收常山郡。贼将史思明以卒数万来援常山，追击破之，进收藁城等十余县，南攻赵郡。三月八日，光弼兼范阳长史、河北节度使，拔赵郡。……六月，与贼将蔡希德、史思明、尹子奇战于常山郡之嘉山，大破贼党，……思明露发跣足，奔于博陵，河北归顺者十余郡。光弼以范阳禄山之巢穴，将先断之，使绝根本。

可见这个战略在当时是生效的。和《旧唐书·禄山传》同卷有其谋士高尚的传，说：

始，尚与严庄、孙孝哲计画，白禄山以为事必成。及……李光弼、郭子仪继收常山、赵郡，河北路绝者再，河南诸郡皆有防御，潼关有哥舒翰之师。禄山大惧，怒尚等曰："汝元向我道万全，必无所畏，今四边若此，赖郑、汴数州尚存，向西至关，一步不通，河北并已无矣，万全何在？更不须见我。"尚等遂数日不得见禄山，忧闷不知所为。

《安禄山事迹》卷中也这么讲。初不意哥舒翰会出关作战致有灵宝之败，使战局起了根本的变化。

哥舒翰出关作战的事情，《旧唐书·哥舒翰传》和《安禄山事迹》都有大体相同的记述。前面据《安禄山事迹》所说有人劝哥舒翰回兵诛杨国忠，《哥舒翰传》也讲到，并说：

> 翰心许之，未发。有客泄其谋于国忠，国忠大惧，乃奏曰："兵法'安不忘危'，今潼关兵众虽盛，而无后殿，万一不利，京师得无恐乎！请选监牧小儿三千人训练于苑中。"诏从之，遂遣剑南军将李福、刘光庭分统焉。又奏召募一万人屯于灞上，令其腹心杜乾运将之。翰虑为所图，乃上表请乾运兵隶于潼关，遂召乾运赴潼关计事，因斩之。自是翰心不自安。……贼将崔乾祐于陕郡潜锋蓄锐，而觇者奏云"贼殊无备"，上然之，命悉众速讨之。翰奏曰："……是阴计也，……若轻出关，是入其算，乞更观事势。"杨国忠恐其谋己，屡奏使出兵。上久处太平，不练军事，既为国忠眩惑，中使相继督责。翰不得已，引师出关。

这当是由于杨国忠与哥舒翰之间有矛盾，同时玄宗对握有河、陇二师重兵的哥舒翰也已不敢完全信任。结果是：

> 六月四日，次于灵宝县之西原，八日，与贼交战。官军南迫险峭，北临黄河，崔乾祐以数千人先据险要。翰及良丘等浮船中流以观进退，谓乾祐兵少，轻之，遂促将士令进，争路拥塞，无复队伍。午后东风急，乾祐以草车数十乘纵火焚之，烟焰亘天。将士掩面，开目不得，因为凶徒所乘，王师自相排挤，坠于河。其后者见前军陷败，悉溃，填委于河，死者数万人，号叫之声振天地，缚器械，以枪为

桴，投北岸，十不存一二。军既败，翰与数百骑驰而西归，为火拔归仁执降于贼。

灵宝战败，关系极大。《通鉴》卷二一八至德元载六月乙未，"王思礼自潼关至，始知哥舒翰被擒，以思礼为河西、陇右节度使，即令赴镇收合散卒，以俟东讨，……思礼至平凉，闻河西诸胡乱，还，诣行在。初，河西诸胡部落闻其都护皆从哥舒翰没于潼关，故争自立，相攻击，而都护实从翰在北岸，不死，又不与火拔归仁俱降贼。上乃以河西兵马使周泌为河西节度使，陇右兵马使彭元耀为陇右节度使，与都护思结进明等俱之镇，招其部落"。这是聊以善后之举。《旧唐书》卷一〇九《李嗣业传》说："禄山反，两京陷，上（肃宗）在灵武，诏嗣业赴行在，嗣业自安西统众万里，……至凤翔谒见。"这是远自安西调来的一支救兵，但为数无多，不足以当大敌①。另一支属于陇右节镇的神策军，则如《唐会要》卷七二"京师诸军神策军"说："天宝初，哥舒翰破吐蕃于临洮城西二百余里，遂请以其地为神策军，朝廷以成如璆为洮阳太守兼神策军使，及安禄山反，如璆使其将卫伯玉领神策军千余人赴难于相州城下。"更是两年以后乾元元年（758）的事情。算下来当时完整可用且较有战斗力的，就只有朔方节度使的兵马了。于是《旧唐书·李光弼传》在讲了嘉山战胜后接着说：

> 会哥舒翰潼关失守，玄宗幸蜀，人心惊骇，肃宗理兵于灵武，遣中使刘智达追光弼、子仪赴行在。

《旧唐书·郭子仪传》说：

> 子仪与李光弼率步骑五万至自河北。时朝廷初立，兵众寡弱，虽得牧马，军容缺然。及子仪、光弼全师赴行在，军势遂振，兴复之

---

① 关于这支安西兵的考证，别详第十三章"泾原和凤翔"节的小注。

势，民有望焉。

想当初玄宗任用二统，结果安禄山所统的东北三师反戈内向，哥舒翰所统西方二师战败溃亡，剩下来依靠的倒是并不特别重视的朔方，这也是始料之所不及。

至于郭子仪，政治上可能有点办法，军事上则并不算是怎么杰出的人才。《旧唐书·子仪传》说他"始与李光弼齐名，……威略不逮"。《新唐书》卷一三六《李光弼传》说光弼"初与郭子仪齐名，世称李郭，而战功推为中兴第一。其代子仪朔方也，营垒、士卒、麾帜无所更，而光弼一号令之，气色乃益精明云"。郭子仪之所以成为"中兴"元勋者，无非因为他是朔方军的首脑而已。

四　借用回纥兵

河西、陇右这二师还敌不过拥有奚、契丹的安禄山叛军，光靠原来只算偏师的朔方节镇自更承担不了平叛的大任，只好求助于西北边外的少数民族。当时这些少数民族中最不好对付的是吐蕃，尽管在唐初有过松赞干布和文成公主的一段姻缘，后来仍不是某些教科书上所想象的有什么友好的表现，为此才如前所说设置了河西、陇右两节镇以事抗御，还加上了"西抗吐蕃，南抚蛮、獠"的剑南。河、陇二师在灵宝战败溃散，吐蕃就乘虚而入，如《旧唐书》卷一九六上《吐蕃传》所说："〔肃宗〕乾元之后，吐蕃乘我间隙，日蹙边城，或为虏掠伤杀，或转死沟壑，数年之后，凤翔之西，邠州之北，尽蕃戎之境，湮没者数十州。"要请救兵就只得找还不太侵凌唐室而地处吐蕃之北的回纥了。

当时借用回纥兵平乱的始末，大体备详于《旧唐书》的《回纥传》，这是官方的记述。此外以史诗著称的杜甫也留下若干篇章，多少代表了当时的舆论。今天不妨来个史诗互证，以窥测其时平定安史的真相。《旧唐书》卷一九五《回纥传》说：

> 至德元载（756）七月，肃宗于灵武即位，遣……使于回纥以修好征兵。……〔二载〕（757）九月，……回纥遣其太子叶护领其将帝德等兵马四千余众助国讨逆。肃宗赐宴甚厚，又命元帅广平王（即其后的代宗）见叶护，约为兄弟，接之颇有恩义，叶护大喜，谓王为兄。戊子，回纥大首领达干等一十三人先至扶风，与朔方将士见，仆射郭子仪留之，宴设三日。叶护太子曰："国家有难，远来相助，何暇食为！"子仪固留之，宴毕便发，其军每日给羊二百口、牛二十头、米四十石。

可见一开始关系还不坏。所以杜甫在名篇《北征》里要说：

> 阴风西北来，惨淡随回鹘。其王愿助顺，其俗善驰突。送兵五千人，驱马一万匹。此辈少为贵，四方服勇决。所用皆鹰腾，破敌过箭疾。

《哀王孙》里所说"窃闻太子已传位，圣德北服南单于。花门剺面请雪耻"，《喜闻官军已临贼寇二十韵》里所说"花门腾绝漠，柘羯渡临洮。此辈感恩主，羸俘何足操"，也都是这种兴奋的口气。这里的"花门"是指回纥[①]，"送兵五千人"也正与《回纥传》所说"兵马四千余众"相合。这四五千回纥骑兵和朔方军共同进取两京。其经过如《回纥传》所说：

> 及元帅广平王率郭子仪等至香积寺东二十里，西临沣水。贼埋精骑于大营东，将袭我军之背，朔方左厢兵马使仆固怀恩指回纥驰救之，〔贼〕匹马不归，因收西京。十月。广平王、副元帅郭子仪领回

---

① 《新唐书》卷四〇《地理志》陇右道甘州删丹："北渡张掖河，西北行出合黎山峡口，旁河东壖屈曲东北行千里，有宁寇军，……军东北有居延海，又北三百里有花门山堡，又东千里至回鹘衙帐。"因此其时人们习惯用"花门"来称回纥。

纥兵马与贼战于陕西。初次于曲沃，叶护使其将军车鼻施、吐拨裴罗等旁南山而东，遇贼伏兵于谷中，尽殪之。子仪至新店，遇贼战，军却数里，回纥望见，逾山西岭上曳白旗而趋击之，直出其后，贼众大败，军而北坑①，逐北二十余里，人马相枕藉，蹂践而死者不可胜数，斩首十余万，伏尸三十里。贼党严庄驰告安庆绪，率其党背东京北走渡河。而叶护从广平王、仆射郭子仪入东京。

这是至德二载九、十月的事情。安禄山在这年正月已被次子安庆绪等谋杀，庆绪如《旧唐书·安禄山传》所说是"素懦弱，言词无序"，叛军内部已有分崩离析的征兆，因此官军胜得比较容易。尽管所说"斩首十一万"是夸大②，回纥的战功仍不容抹杀，因为不靠回纥，朔方军未必有独自攻取两京的勇气。杜诗《忆昔》的"忆昔先皇巡朔方，千乘万骑入咸阳。阴山骄子汗血马，长驱东胡胡走藏"，还是肯定了回纥的劳绩。

麻烦的是当时回纥还过着游牧生活，习惯于掠夺人家的财富，这次打叛军克名城岂能洗手不干，这样两京就遭了殃。《回纥传》说：

> 初收西京，回纥欲入城劫掠，广平王固止之③。及收东京，回纥遂入府库收财帛，于市井村坊剽掠，三日而止，财物不可胜计。广平王又赍之以锦罽宝贝，叶护大喜。及肃宗还西京，十一月癸酉，叶护自东至。敕百官于长乐驿迎，上御宣政殿宴劳之，叶护升殿，其余酋长列于阶下，赐锦绣缯䌽、金银器皿。及辞归蕃，……叶护奏曰："回纥战兵，留在沙苑，今且须归灵夏取马，更收范阳，讨除残贼。"

---

① 此处似有脱误，《新唐书》卷一四二上《回鹘传》、《通鉴》均无此语。
② 自范阳南下的安禄山叛军，新旧《唐书》的《安禄山传》和《通鉴》卷二一七天宝十四载十一月甲子都作"十五万"，《安禄山事迹》作"十万"，以后再裹胁些也不可能增加很多，所以《旧唐书·郭子仪传》只说这次新店之战安庆绪"悉其众十万"，怎么能有"十一万"被斩首，必系彼时上报战绩时所作夸大之词。
③ 《通鉴》卷二二〇至德二载十月癸卯："初上欲速得京师，与回纥约曰：'克城之日，土地士庶归唐，金帛子女皆归回纥。'"其实即无约，回纥破城后还是照例要掠夺一番的，说是肃宗主动提出"金帛子女皆归回纥"，恐亦未必。

> 乙丑，诏曰："……回纥叶护……可司空仍封忠义王，每载送绢二万匹至朔方军，宜差使受领。"

为什么不一鼓作气直捣范阳？归灵夏取马恐是托词，实际上是掠夺饱了要享受一番，不肯再打硬仗。杜诗《留花门》还讲了这时回纥兵的祸害，说：

> 北门天骄子，饱肉气勇决。高秋马肥健，挟矢射汉月。自古以为患，诗人厌薄伐。修德使其来，羁縻固不绝。胡为倾国至，出入暗金阙。中原有驱除，安忍用此物。公主歌黄鹄，君王指白日。连云屯左辅，百里见积雪。长戈鸟休飞，哀笳晓幽咽。田家最恐惧，麦倒桑枝折。沙苑临清渭，泉香草丰洁。渡河不用船，千骑常撇烈。胡尘逾太行，杂种抵京室。花门既须留，原野转萧瑟。

诗中提到"公主歌黄鹄"，是乾元元年（758）肃宗幼女宁国公主出嫁为回纥毗伽阙可汗可敦时的作品，讲了其时回纥兵留驻的情况，诗人此刻已改换了口气，对回纥转褒为贬。"连云屯左辅"，就是指"回纥战兵，留在沙苑"，沙苑在同州冯翊县南，所以叫"左辅"。《元和郡县图志》卷二同州冯翊县说，沙苑"东西八十里，南北三十里"，唐代"以其处宜六畜，置沙苑监"，本是块好牧场，可是回纥兵一驻屯，就破坏得不成样子。这种破坏掠夺，实在远甚于安禄山的叛军。这是摆在朝廷面前的第一个问题。

第二个问题是两京易收，河北难取。两京对叛军本是傥来之物，得之固好，失之也不伤元气。河北则是叛军的老巢，身家性命攸关，万不能放弃。《安禄山事迹》卷下说：

> 〔至德二年〕十月六日，又收东都，安庆绪空东都遁于河朔，……疲卒才一千，骑士三百而已。至滏阳县界，时河东节度使李光弼屯卒一万、军马三百在滏阳，庆绪处必死地，谓诸弟曰："一种是死，

不如刀头取决。"遂与庆和等三人领家童数百，设奇计大破官军。光弼大溃，泽潞节度使王思礼营相去四五里，知光弼败，一时分散。庆绪遂分八道曳露布，称破光弼、思礼两军，收斩万计，营幕俨然，天假使便，无所欠少。况回鹘已走，立功不难，其先溃将士，于相州屯集。

安庆绪这点残兵败卒拼起命来尚如此难于对付，要攻占老巢范阳，彻底消灭叛军，更谈何容易。因此朝廷不能不另谋对策。

当时叛军有两大据点，安庆绪在相州，史思明在范阳。《旧唐书》卷二〇〇上《史思明传》说：

安禄山死，庆绪令归范阳，……思明转骄，不用庆绪之命。安庆绪为王师所败，投邺郡，其下蕃汉兵三万人初不知所从，思明击杀三千人，然后降之。庆绪使阿史那承庆、安守忠征兵于思明，且欲图之，……〔思明〕拘承庆，斩守忠、李立节之首。李光弼使衙门将傔招之，〔思明〕遂令衙官窦子昂奏表，以所管兵众八万人及以伪河东节度高秀岩来降。肃宗大悦，封归义王、范阳长史、御史大夫、河北节度使，〔其男〕朝义已下并为列卿，秀岩云中太守，以其男如岳等七人为大官，使内侍李思敬、将军乌承恩宣慰使，令讨残贼。明年改乾元元年，四月，肃宗使乌承恩为副使，〔令〕候伺其过而杀之。

这是企图利用叛军内部矛盾不战而收取范阳。对相州，没有办法，只好以和亲为手段再借回纥兵来硬打。这就是《回纥传》所说：

乾元元年……秋七月丁亥，诏以幼女封为宁国公主出降〔回纥毗伽阙可汗〕。……八月，回纥使王子骨啜特勤及宰相帝德等骁将三千人助国讨逆。肃宗嘉其远至，赐宴，命随朔方行营，使仆固怀恩押之。

结果这两头都没有成功。《史思明传》说:

> 〔乌〕承恩至范阳,数漏其情。……思明……因搒杀承恩父子。……十月,郭子仪领九节度围相州,安庆绪偷道求救于思明。……〔乾元二年(759)〕三月,〔思明〕引众救相州,官军败而引退。思明召庆绪等杀之,并有其众。四月,僭称大号,……以范阳为燕京。九月,寇汴州,节度使许叔冀合于思明,思明益振,又陷洛阳。

形势来了个大逆转。回纥兵是参加相州战役的,但在史思明等攻战下也不起作用。《回纥传》说:

> 乾元二年,回纥骨啜特勤等率众从郭子仪与九节度于相州城下战,不利。三月壬子,回纥王子骨啜特勤及宰相帝德等十五人自相州奔于西京,……其月庚寅,回纥特勤辞还行营。……夏四月,回纥毗伽阙可汗死,长子叶护先被杀,乃立其少子登里可汗,……〔宁国公主〕竟以无子得归。

因此杜诗《即事》要说:"闻道花门破,和亲事却非。人怜汉公主,生得渡河归。秋思抛云髻,腰支剩宝衣。群凶犹索战,回首意多违。"用来慨叹这场赔了夫人又折兵的事情。

史思明本是安禄山系统的大将,在安禄山叛乱前就做到平卢都知兵马使,才能威望远出安庆绪辈之上,重占东京洛阳后一直打到陕州,官军仓皇拒守,根本谈不上进取。幸好叛军内部又发生变化,史思明为其子朝义所杀,《旧唐书》卷二〇〇上《史朝义传》说"诸节度使皆禄山旧将,与思明等夷,朝义征召不至"。这样朝廷才计划反攻。但怕官军仍不济事,又用饮鸩止渴的办法第三次向回纥借兵。《回纥传》说:

宝应元年（762），代宗初即位，以史朝义尚在河洛，遣中使刘清潭征兵于回纥，又修旧好。其秋，清潭入回纥庭，回纥已为史朝义所诱，云"唐家天子频有大丧，国乱无主，请发兵来收府库"，可汗乃领众而南，已八月矣。清潭赍敕书国信至，……回纥业已发至三城北①，见荒城无戍卒，州县尽为空垒，有轻唐色，乃遣使北收单于兵马仓粮，又大辱清潭。……上使殿中监药子昂驰劳之，及于太原北忻州南，子昂密数其丁壮，得四千人，老小妇人相兼万余人，战马四万匹，牛羊不纪。先是，毗伽阙可汗请以子婚，肃宗以仆固怀恩女嫁之，及是为可敦，与可汗同来，……上敕怀恩自汾州见之于太原，怀恩又谏国家恩信不可违背。……上以雍王适（即后来的德宗）为兵马元帅，加怀恩同中书门下平章事，……东会回纥登里可汗营于陕州黄河北。……可汗责雍王不于帐前舞蹈，……〔将军〕车鼻遂引〔左厢兵马使药〕子昂、〔元帅行军司马〕李进、〔元帅判官兼掌书记韦〕少华、〔右厢兵马使〕魏琚各榜捶一百，少华、琚因榜捶，一宿而死。以王少年未谙事，放归本营。

回纥这一次本是被史朝义煽诱想来收取唐室府库的，和前两次的应邀发兵不一样，所以横蛮凶狠异乎寻常，经仆固怀恩以亲戚身份劝说才转而助唐攻取东京洛阳。《回纥传》说：

怀恩与回纥右杀为先锋，及诸节度同攻贼，破之，〔进克东京洛阳。〕史朝义率残寇而走。元帅雍王退归灵宝。回纥可汗继进于河阳，列营而止数月。去营百余里，人被剽劫逼辱，不胜其弊。……初，回纥至东京，以贼平，恣行残忍，士女惧之，皆登圣善寺及白马寺二阁

---

① 睿宗景云二年（711）朔方道大总管张仁愿筑三受降城于河上以御突厥，详《唐会要》卷七三"三受降城"及《旧唐书》卷九三、《新唐书》卷一一一《张仁愿传》，吕温《吕和叔集》卷六有《三受降城碑铭》，杜诗《诸将》"韩公本意筑三城，拟绝天骄拔汉旌。岂谓尽烦回纥马，翻然远救朔方兵"，也是咏这件事，张仁愿中宗景龙二年封韩国公。

> 以避之,回纥纵火焚二阁,伤死者万计,累旬火焰不止。及是〔遣使拔贺那上表〕朝贺,又纵横大辱官吏。以陕州节度使郭英乂权知东都留守,时东都再经贼乱,朔方军及郭英乂、鱼朝恩等军不能禁暴,与回纥纵掠坊市及汝、郑等州,比屋荡尽,人悉以纸为衣,或有衣经者。

这说明朔方军、郭英乂、鱼朝恩等军军纪固坏,在洛阳及其周围河阳、汝、郑肆意掠夺杀伤居民者主要还是回纥,而且较前次收复洛阳时更为凶残。所以杜诗《遣愤》要说:

> 闻道花门将,论功未尽归。自从收帝里,谁复总戎机。蜂虿终怀毒,雷霆可震威。莫令鞭血地,再湿汉臣衣。

《旧唐书》在《回纥传》的论赞里也这么说:

> 史臣曰:"……肃宗诱回纥以复京畿,代宗诱回纥以平河朔,戡难中兴之功,大即大矣。然生灵之膏血已干,不能供其求取,朝廷之法令并弛,无以抑其凭陵。忍耻和亲,姑息不暇,……比昔诸戎,于国之功最大,为民之害亦深。……"赞曰:"……安史乱国,回纥恃功。恃功伊何?咸议姑息。民不聊生,国殚其力。"

这都代表了当时的舆论和后世的公论。

五　平定河北和重建藩镇

弄清了三次借用回纥兵的始末,并作了些评说,就可以重点研究一下平定河北的问题。这在《旧唐书·回纥传》里讲得太简略,要看卷一二一《仆固怀恩传》,这大概是根据当时功状编写的,讲得很具体:

怀恩留回纥可汗营于河阳，乃使其子右厢兵马使玚、北庭朔方兵马使高辅成以步军万余众乘胜逐北。怀恩常压贼而行，至于郑州，再战皆捷。进至汴州，伪节度张献诚开门出降。又拔滑州，追破朝义于卫州。伪睢阳节度田承嗣、李进超、李达卢等兵马四万余众又与朝义合，据河来拒，玚连盘济师，登岸薄之，贼党悉奔，长驱至昌乐县东。朝义率魏州兵马来战，又败走，达卢来降，贼徒震骇。于是相州伪节度薛嵩以相、卫州、洺、邢、赵降于李抱玉、高辅成、尚文悊，伪恒阳节度李宝臣（张忠志）以深、恒、定、易四州降于河东节度辛云京。朝义至贝州，又与伪大将薛忠义两节度合。玚至临清县，惧贼气盛，驻军以俟变。朝义领众三万并攻具来攻，玚令高彦崇、浑日进、李光逸等设三伏以待之，贼半渡，伏发，合击而走之。其时回纥又至，官军益振，玚卷甲驰之，大战于下博县东南。贼背水而阵，大军冲击而崩之，积尸拥流而下。朝义又走莫州。于是河南副元帅都知兵马使薛兼训、兵马使郝廷玉、兖郓节度使辛云京会师于下博，进军莫州城下。朝义与田承嗣频出挑战，大败而旋，临阵杀其伪尚书敬荣。朝义惧，自分万余众投归义县，留承嗣守城。于是淄青节度侯希逸继诸将同为攻守，凡月余日。玚与高彦崇、侯希逸、薛兼训等以众三万追及朝义于归义县，交锋而贼溃。属幽州节度使李怀仙送降款，玚顿兵于其境，遣怀仙分兵追蹑。〔宝应〕二年（763）三月（当作正月）①。朝义至平州石城县温泉栅，穷蹙，走入长林自缢，怀仙使妻弟徐有济传其首以献。又降田承嗣之军，河北悉平，怀恩乃与诸将班师。

案这个大战役的打法和过去不一样，有两点特别值得注意：

一是过去收复两京都是依靠回纥兵，这次却主要依靠仆固怀恩父子统

---

① 史朝义之死，当从《旧唐书·史朝义传》、沈既济《建中实录》等作宝应二年正月，详《通鉴》卷二二二广德元年正月甲辰条《考异》。

率的朔方等军，而"留回纥可汗营于河阳"，不让回纥兵北上。以后虽因仆固场在临清县受阻调来点回纥兵，但也只是象征性的，为数不多，而且没有赶得上参加临清战役，以后几次战役中更没有提到这支回纥部队①。这时回纥兵的主力仍随登里可汗留驻河阳，所以河北平定后如《回纥传》所说登里可汗是"自河阳北出泽、潞与怀恩会，历太原……还蕃"，不是从河北还蕃②。所以要这样，显然是因为回纥的掠夺破坏实在叫人受不了，中原两京的百姓好欺侮，河北地区的军民就绝不会那么逆来顺受。如果让登里可汗全军北上，进入河北地区像在东京洛阳那样乱抢乱杀，在河北军民拼死下，四千回纥兵未必经得起打，九节度相州之役三千回纥兵败奔西京便是个先例。

再是，当时河北地区的安史余党田承嗣、张忠志、李怀仙、薛嵩等都手握强兵，霸占州郡，而范阳的"百姓至于妇人小童，皆闲习弓矢"③，仆固怀恩父子北上进入河北地区时的兵力如《怀恩传》所说只有"万余众"，"追及〔史〕朝义于归义县"时，加上侯希逸、薛兼训的兵众也只有"众三万"，用这点兵力要把整个河北地区的叛军全部歼灭，怎么有可能？相反，如果逼紧了，田承嗣、张忠志、李怀仙、薛嵩等和史朝义合力抵御，被歼灭的恐怕是仆固怀恩父子的官军。因此，仆固怀恩父子这次进军改用了一种新战略，把打击目标缩小到史朝义这个总头目身上，紧紧咬住他不放，最后把他歼灭了就算大功告成。至于田承嗣等实力派，只要名义上投顺过来，不再打出叛旗公开和中央政权作对，就一概保存他们既得的地盘和既有的实力，由朝廷正式任命为合法的节度使。田承嗣等对这样的做法当然也合心意；过去自己是安史父子的部属，要听指挥听调动，不能为所欲为；现在直属于中央，而且天高皇帝远，身边没有人监视管辖，可

---

① 《旧唐书·回纥传》说"及诸节度收河北州县，仆固场与回纥之众追蹑二千余里"，即是因后来来了这支回纥部队而言，而行文疏略，让人看了好像回纥主力自始至终参与了平定河北的战役。《新唐书·回鹘传》作"仆固场率回纥兵与朝义挈战，蹀血二千里"，只是据《旧传》改写，写得好像仆固场所用的全是回纥兵，就更为失真。

② 《通鉴》卷二二二宝应元年七月有"回纥悉置所掠宝货于河阳，留其将安恪守之"的记事，好像登里可汗没有留在河阳，不知是根据什么史料，实误。

③ 《通鉴》卷二二二上元二年"李怀仙为范阳尹燕京留守"条《考异》引《蓟门纪乱》。

以在自己的辖区里安安逸逸当土皇帝，又何乐而不为。于是官军所到，争先迎降，史朝义成为孤家寡人，不到五个月河北就宣告平定。

因此，任命安史余党田承嗣等为节度使，让河北藩镇重建，在后人看来也许是一种养痈遗患的失策，如《新唐书》卷二一〇《藩镇传》总序所说："安史乱天下，至肃宗大难略平，君臣皆幸安，故瓜分河北地，付授叛将，护养孽萌，以成祸根。"而不知这是当时河北安史余党势力尚强大下不得不采用的一种策略，舍此实无更妥善的办法。至于所说"讫唐亡百余年率不为王土"，那是后来的问题，怎能把责任统统推到当年平定河北的人的身上？宋祁等文人在修《新唐书》时发点议论很容易，真叫他们去处理实际问题，怕就未必胜任愉快了①。

至于这个策略的决定者当然不会是仆固怀恩。仆固怀恩这个出身铁勒贵族的将军，在宝应二年（763）正月河北平定后，虽于同年改元广德之八月被诬逼反，两度诱吐蕃并领回纥等入寇，其前对李唐朝廷可一直是尽心出力的。《旧唐书》本传就讲到他"以寇难已来，一门之内死王事者四十六人，女嫁绝域，再收两京，皆导引回纥，摧灭强敌"。何况对待田承嗣等安史余党是有关大局的事情，他不会也不敢背着朝廷自作主张另来一套，决策者只能是朝廷而不是他，他只是这个政策的执行者。这在史书里仍留有片段的痕迹，如《旧唐书》卷一四一《田承嗣传》说：

> 帝以二凶继乱，郡邑伤残，务在禁暴戢兵，屡行赦宥，凡为安史诖误者，一切不问。时怀恩阴图不轨，虑贼平宠衰，欲留贼将为援，乃奏承嗣及李怀仙、张忠志、薛嵩等四人分帅河北诸郡。

卷一四二《李宝臣传》说：

> 河朔平定，忠志与李怀仙、薛嵩、田承嗣各举其地归国，皆赐铁

---

① 河北平定是代宗即位的第二年宝应二年（763）正月的事情，《藩镇传》总序却说"至肃宗时大难略平"，连史实都讲错了，好发空论者往往有此毛病。

券，誓以不死，……〔忠志〕仍旧为节度使，乃以恒州为成德军，赐姓名曰李宝臣。

《新唐书》卷二二四上《仆固怀恩传》说：

> 初，帝有诏，但取朝义，其他一切赦之。故薛嵩、张忠志、李怀仙、田承嗣见怀恩皆叩头，愿效力行伍。怀恩自见功高，且贼平则势轻，不能固宠，乃悉请裂河北分大镇以授之，潜结其心以为助，嵩等辛据以为惠云。

又《通鉴》卷二二二宝应元年十一月辛巳制：

> 东京及河南北受伪官者，一切不问。

案既有"但取朝义，其他一切赦之"、"受伪官者，一切不问"、"为安史诖误者一切不问"等诏制，则仆固怀恩父子之穷追史朝义而保留田承嗣等，完全是按朝廷旨意行事。让田承嗣等仍旧为节度使要经过"请"的手续，并由朝廷"赐铁券"，也都说明权在朝廷，仆固怀恩并未专擅。所以《旧唐书·怀恩传》记怀恩"为人媒孽"时"上书自叙功伐"，其中就公开说：

> 陛下委臣副元帅之权，令臣指麾河北，其新附节度使皆握强兵，臣之抚绥，悉安反侧。

这正由于心中无鬼，才敢理直气壮地把处理田承嗣等作为自己的劳绩。至如《旧传》所说"怀恩阴图不轨，虑贼平宠衰，欲留贼将为援"，《新传》本《旧传》所书"怀恩自见功高，且贼平则势轻，不能固宠"，要"潜结其心以为助"等等，更是莫须有之辞①。仆固怀恩平定河北后和田承嗣等再不曾有过往来，叛唐后也不见田承嗣等有任何声援响应，说明仆固怀恩处理河北问题只是公事公办，并未拉私人关系，更谈不上勾结。

后来史书上为什么多把河北藩镇的重建归罪于仆固怀恩，这也有个原因。仆固怀恩当时是颇为几个有权势者所反对的，这几个有权势者是河东节度使太原尹辛云京、泽潞节度使李抱玉以及宦官骆奉先、鱼朝恩。《旧唐书·仆固怀恩传》说他被逼反后，比较正直的颜真卿就说：

> 明怀恩反者，独辛云京、李抱玉、骆奉先、鱼朝恩四人耳，自外朝臣，咸言其枉。

他们密奏仆固怀恩的反迹，诚可谓极深文周纳之能事。如《旧唐书·怀恩传》所载，怀恩奉诏统回纥登里可汗还蕃，他们就说"怀恩与可汗为约，逆状已露"。李抱玉道"马兼银器四事"与怀恩，怀恩"于回纥处得绢，便与抱玉二千匹以充答赠"，却被抱玉"共相组织，将此往来之贶，便为结托之私"。说任命安史余党为节度使是"欲留贼将为援"，也同样是他们诬构的反状之一②。他们四人中，鱼朝恩、骆奉先两名宦官固秽德彰闻，为人不齿，辛云京、李抱玉则极受朝廷宠信。尤其是辛云京，《旧唐书》卷一一〇《辛云京传》说他死后"命中使吊祭"，"宰相及诸道节度使祭者凡七十余幄"，代宗"言及云京，泫然久之"。《新唐书》卷一四七《辛传》说"德宗时第至德以来将相，云京为次"。以地位仅次于中兴元勋郭子仪的大人物辛云京来讲后来确实逼反了的仆固怀恩的坏话，当然容易为人们所轻信。这就是史书上为什么多把重建河北藩镇归罪于仆固怀恩的原因。

---

① 这类莫须有之辞还很多，如薛嵩本降于李抱玉等人，见《旧唐书·仆固怀恩传》，而《旧唐书》卷一二四《薛嵩传》却说"仆固怀恩东收河朔，嵩为贼守相州，闻贼朝义兵溃，王师至，嵩惶惑迎拜于怀恩马前，怀恩释之，令守旧职，时怀恩二心已萌"云云，其为捏造诬蔑更明显。

② 《通鉴》卷二二二宝应元年十一月条："于是邺郡节度使薛嵩以相、卫、洺、邢四州降于陈郑泽潞节度使李抱玉，恒阳节度使张忠志以赵、恒、深、定、易五州降于河东节度使辛云京。……抱玉等已进军入其营，按其部伍，嵩等皆受代，居无何，仆固怀恩皆令复位，由是抱玉、云京疑怀恩有贰心，各表言之。"可供参考。"嵩等皆受代"云云，当系抱玉、云京所捏造以诬陷怀恩之辞。

河北藩镇重建后"讫唐亡百余年率不为王土"的情况,旧史所记已较详备,陈寅恪先生《唐代政治史述论稿》上篇又着重从民族和文化的角度作了讲说。这里只提出一件过去读史者没有注意到的事情,即《通鉴》卷二二四代宗大历八年(773)所记:

> 魏博节度使田承嗣为安史父子立祠堂,谓之"四圣",且求为相。上令内侍孙知古因奉使讽令毁之。冬十月甲辰,加承嗣同平章事以褒之。

案安禄山见杀于安庆绪,安庆绪见杀于史思明,史思明又见杀于史朝义,把这互相屠杀的两家父子共祠一堂,看来只是田承嗣这个不学无术的军人在胡闹,不值一笑,因而修两《唐书·田承嗣传》者对此都略过不提。其实不然。"圣人"这个名词,在唐人习惯用来称皇帝[①]。安史既先后称帝,国号大燕,在他们的统治区内自然也被称为"圣人"。如《安禄山事迹》卷下说史朝义将骆悦、蔡文景与朝义言废立之事,朝义曰:"勿惊动'圣人',善为之计。"《新唐书》卷一二七《张弘靖传》说弘靖入幽州,"俗谓禄山、思明为'二圣',弘靖惩始乱,欲变其俗,乃发墓毁棺,众滋不悦"。因此田承嗣"为安史父子立祠堂,谓之'四圣'"者,实际是建立河北地区的太庙,奉祀大燕皇朝前后四代的皇帝,而隐以自身继之为第五代,像安史那样充当河北地区唯一的领袖。这在朝廷看来,当然是一件可震惊的大事。因为当初平定河北时"但取〔史〕朝义,其他一切赦之",就是允许安史余党把河北地区瓜分割据。而大燕国号和其皇帝必须铲除,从而使河北地区的割据势力处于群龙无首的局面,不让再出个安史之类的领袖用整个河北地区来公开反对朝廷。现在田承嗣要改变这个局面,朝廷

---

① 如《旧唐书》卷五《高宗纪》说内外称高宗、武后为"二圣",见本书第五章第四节所引。又《旧唐书》卷一〇《肃宗纪》说:"上皇至自蜀,……上乘马前导,……士庶舞忭路侧,皆曰:不图今日再见'二圣'。"《新唐书》卷一三九《李泌传》说:"(泌)陈天下所以成败事,帝悦,欲授以官,固辞,愿以客从,入议国事,出陪舆辇,众指曰:着黄者'圣人',着白者山人。"

当然绝对不能同意。因此如《旧唐书·田承嗣传》所说田在魏博"重加税率，修缮兵甲"，"郡邑官吏，皆自署置，户版不籍于天府，税赋不入于朝廷"，朝廷都可优容不问。而一立"四圣"祠堂，就务必要"讽令毁之"，从而遏制其野心。由此也更加证实中央政权对安史乱后的河北地区自有其一贯的策略，绝非仆固怀恩之流之所能左右变更。

第十一章　肃代两朝中枢政局

一　肃宗之为皇太子

上一章讲了肃代两朝如何平定安史之乱，现在应该回过来讲肃代两朝的中枢政局。

从肃宗之为皇太子讲起。

肃宗李亨是玄宗的第三子。先前在开元三年（715）所立的皇太子是玄宗的第二子赵丽妃所生的郢王李瑛，开元二十五年（737）李瑛被废被杀害，二十六年（738）时为忠王的第三子李亨才被立为皇太子。

李瑛是被其时玄宗所宠的武惠妃谮害的，武惠妃想立所生的玄宗第十八子寿王瑁，并得到宰相李林甫的支持。而未能如愿者，是由于已在内廷掌权的宦官高力士和外朝宰相李林甫有矛盾，如前引《新唐书》卷二〇七《宦者·高力士传》所说李林甫等皆属寿王，帝以肃宗长，意未决，力士曰："推长而立，孰敢争。"帝曰："尔言是也。"储位遂定。这说明高力士在反对立寿王李瑁这件事上是起了作用的。至于立第三子李亨为皇太子，只是"推长而立"之所致，并不能说高力士此时和李亨之间另有什么勾结，成为皇太子李亨的后台。否则，其后高力士之不随皇太子李亨去灵武，李亨自立为皇帝后且把随太上皇玄宗返回长安的高力士贬逐巫州，就都不好解释。凡此均详第七章"玄宗朝的中枢政局"的第一、四节和第八章"马嵬驿之变和《长恨歌》"，这里自可省略。

这里要辩说的，是另有些记载认为皇太子李亨的支持者是李林甫之前的宰相张说。讲得最多且有传奇色彩的是《旧唐书》卷五二《玄宗元献皇后杨氏传》里的这段话：

> 后〔睿宗〕景云元年（710）八月选入太子（玄宗）宫。时太平公主用事，尤忌东宫，宫中左右持两端，而潜附太平者必阴伺察，事虽纤芥，皆闻于上，太子心不自安。后时方娠，太子密谓张说曰："用事者不欲吾多息胤，恐祸及此妇人，其如之何？"密令说怀去胎药而入，太子于曲室躬自煮药，醺然似寐，梦神人覆鼎，既寤如梦，如是者三。太子异之，告说，说曰："天命也，无宜他虑。"既而太平诛，后果生肃宗。太子妃王氏无子，后班在下，后不敢母肃宗，王妃抚鞠，慈甚所生。开元中，肃宗为忠王，后为妃，又生宁亲公主。张说以旧恩特承宠异，说亦奇忠王仪表，心知运历所钟，故宁亲公主降说子垍。

这无非是说肃宗李亨生来不凡，未成皇子时地位就迥出诸王之上，且获得张说的有力支持。但所谓覆鼎云者是谁都不会相信的神话。睿宗朝太平公主固有权势，也确曾站到睿宗一边抑制身为太子的玄宗，而玄宗力量亦殊不弱，尔后能迫使睿宗不得不让步实行内禅，又何至在太平党羽窥伺下"心不自安"到不敢让妾侍诞育。所谓杨氏"不敢母肃宗，王妃抚鞠，慈甚所生"也必非事实，否则开元十二年（724）王氏被废何以肃宗不被波及，其后且能成为皇太子。很明显，所有这些都出于肃宗正位后所编造，为肃宗制造天命攸归以抬高其身份①。

其所以有张说出面者，一则张说次子张垍所尚宁亲公主为肃宗同母妹，再则张说本人也当有支持肃宗的言行。因此《旧唐书》卷九七《张说传》说张说长子张均"禄山之乱，受伪命为中书令，掌贼枢衡。李岘、吕諲条流陷贼官均当大辟，肃宗于说有旧恩，特免死，长流合浦郡"。而《旧唐书》卷一〇《肃宗纪》所记开元十八年（730）以时为忠王的肃宗任河北道元帅讨奚、契丹，命百僚设次于光顺门与肃宗相见，"左丞相张说退谓学士孙逖、韦述曰：'尝见太宗写真图，忠王英姿颖发，仪表非常，雅类圣祖，此社稷之福也。'"也许真有其事。但张说父子是和李林甫处于对立面的。开元十四年（726）四月张说被停罢中书令，是时为御史中丞的李林甫等奏弹所致。开元十八年十二月张说去世。二十六年（738）肃宗成为皇太子后，李林甫不仅因前此主张立寿王李瑁此时要巧求阴事想倾陷肃宗，如第七章第四节所说，并与杨国忠对张均、张垍兄弟也设法压抑。这就是《张说传》所说的："〔均〕自以才名当为宰辅，常为李林甫所抑，及林甫卒，依附权臣陈希烈，期于必取，既而杨国忠用事，心颇恶之，罢希烈政事，引文部侍郎韦见素代之，仍以均为大理卿，均大失望。"以及："玄宗尝幸垍内宅，谓垍曰：'希烈累辞机务，朕择其代者，孰可？'垍错愕未对，帝即曰：'无逾吾爱婿矣！'垍降阶陈谢。杨国忠闻而恶之，及希烈罢相，举韦见素代，垍深觖望。"以至安禄山乱起、玄宗出奔时，

---

① 《旧唐书·玄宗元献皇后杨氏传》的这段记载又见于今本《次柳氏旧闻》。《次柳氏旧闻》李德裕撰，见《旧唐书》卷一七四本传，《新唐书》卷五八《艺文志》杂史类也著录。今本卷首冠以李德裕自记，略谓："上元中，史臣柳芳得罪，窜黔中，时〔高〕力士亦徙巫州，因相与周旋。力士以芳尝司史，为芳言先时禁中事，皆芳所不能知，而芳亦有质疑者，亦默识之。及还，编次其事，号曰《问高力士》。……今按求其书，亡失不获。臣德裕亡父先臣〔吉甫〕与芳子吏部郎中冕贞元初俱为尚书郎，后谪官，亦俱东出，道相与语，遂及高力士之说，且曰'彼皆目睹，非出传闻，信而有征，可为实录'。先臣每为臣言之。臣伏念所忆授凡十有七事，……谨录如左，以备史官之阙云。"从文字体式来看这个自记可能真是李德裕的手笔。但今本所记十七事却多荒诞悠谬之谈，如说张果击齿复生，无畏三藏咒龙致雨，以及玄宗幸蜀前登兴庆宫花萼楼置酒歌《水调》之类，皆为事理之所必无，与真出高力士口述的《高力士外传》之翔实可信者截然不同，如何称得上"信而有征，可为实录"、"以备史官之阙"，李德裕何至如此缺乏起码的史识。因此我怀疑此《旧闻》的真本久已佚失，惟自记独存，后人因据自记杂采小说传闻以足成之，而伪谓原本。张说进药、神人覆鼎的神话当系作伪者取自国史或《旧唐书·杨氏传》，而不是《旧唐书·杨氏传》采用《旧闻》。

因有杨国忠扈驾,张均、张垍不敢跟从而陷于贼军成为伪官,"垍死于贼中",均幸得免死长流。则乱前肃宗为皇太子时,张均、张垍虽有心支持当亦无此力量①。

由此可见肃宗成为皇太子在东宫时并未获得强有力的支援,没有能形成自己的政治势力。

二 北上即位灵武

天宝十五载(756)六月辛卯,时为皇太子的肃宗跟随玄宗离京师避乱。丙申有马嵬驿之变,高力士和陈玄礼动用禁军诛杀杨国忠逼缢杨贵妃。肃宗并未参与这次行动,第八章第一节已作了考释。事定后高力士、陈玄礼继续保护玄宗入蜀,肃宗则不再跟随,而分兵北上,自行即位于灵武。其经过详见原本《实录》的《旧唐书·肃宗纪》,说是:

> 车驾将发,留上在后宣谕百姓,众泣而言曰:"逆胡背恩,主上播越,臣等生于圣代,世为唐民,愿戮力一心,为国讨贼,请从太子收复长安。"玄宗闻之曰:"此天启也。"乃令高力士与寿王瑁送太子内人及服御等物,留后军厩马从上,令力士口宣曰:"汝好去,百姓属望,慎勿违之,莫以吾为意。且西戎北狄,吾尝厚之,今国步艰难,必得其用,汝其勉之。"上回至渭北,便桥已断,水暴涨,无舟

---

① 《通鉴》卷二二〇至德二载十二月壬申条《考异》引柳珵《常侍言旨》云:"太上皇召肃宗谓曰:'张均弟兄皆与逆贼作权要官,就中张均更与贼毁阿奴、三哥家事,虽犬彘之不若也,其罪无赦。'肃宗下殿叩头再拜曰:'臣比在东宫,被人诬谮,三度合死,皆张说保护,得全首领以至今日。说两男一旦合死,臣不能力争,傥死者有知,臣将何面目见张说于地下!'呜咽俯伏。太上皇命左右曰:'扶皇帝起。'乃曰:'与阿奴处置张垍,宜长流远恶处,张均宜弃市,阿奴更不要苦救这贼也。'肃宗掩泣奉诏。"这是对张均兄弟结局的另一种讲法。但肃宗成为皇太子时张说早已去世,如何能说"比在东宫……皆张说保护"?《旧唐书·张说传》说张垍死于贼中,张均免死长流合浦郡,与《肃宗纪》至德二载十二月庚午制所说"前大理卿张均特宜免死配流合浦郡"相符合,诏制不可能出于伪造,自与《张说传》所说皆属信史,而在这《常侍言旨》里却胡说张垍长流、张均弃市。足见《常侍言旨》的这段记述毫无史料价值。乃撰写《通鉴》时已发现"肃宗为李林甫所危时说已死",却仍据此《常侍言旨》编写张均、张垍的结局,可谓千虑之失!

楫,上号令水滨百姓,归者三千余人。渭水可涉,又遇潼关散卒,误以为贼,与之战,士众多伤,乃收其余众北上。军既济,其后皆溺,上喜,以为天之佑。时从上惟广平、建宁二王及四军将士,才二千人。自奉天而北,夕次永寿,百姓遮道献牛酒。……戊戌,至新平郡。时昼夜奔驰三百余里,士众器械亡失过半,所存之众,不过一旅。己亥,至安定郡,斩新平太守薛羽、保定太守徐毂,以其弃郡也。庚子,至乌氏驿,彭原太守李遵谒见,率兵士奉迎,仍进衣服粮糗。上至彭原,又募得甲士四百,率私马以助军。辛丑,至平凉郡,蒐阅监牧公私马,得数万匹,官军益振。时贼据长安,知上治兵河西,三辅百姓皆曰:"吾太子大军即至!"贼望西北尘起,有时奔走。……关辅豪右皆谋杀贼,贼故不敢侵轶。上在平凉,数日之间,未知所适,会朔方留后杜鸿渐、魏少游、崔漪等遣判官李涵奉笺迎上,备陈兵马招集之势,仓储库甲之数,上大悦,鸿渐又发朔方步骑数千人于白草顿奉迎。时河西行军司马裴冕新授御史大夫(当作中丞)赴阙,遇上于平凉,亦劝上治兵于灵武以图进取,上然之。上初发平凉,……行至丰宁南,见黄河天堑之固,欲整军北渡,以保丰宁,忽大风飞沙,跬步之间,不辨人物,及回军趋灵武,风沙顿止,天地廓清。七月辛酉,上至灵武,时魏少游预备供帐,无不毕备。裴冕、杜鸿渐等从容进曰:"今寇逆乱常,毒流函谷,主上倦勤大位,移幸蜀川,江山阻险,奏请路绝,宗社神器,须有所归,万姓颙颙,思崇明圣,天意人事,不可固违,伏愿殿下顺其乐推,以安社稷,王者之大孝也。"上曰:"俟平寇逆,奉迎銮舆,从容储闱,侍膳左右,岂不乐哉,公等何急也?"冕等凡六上笺,辞情激切,上不获已,乃从。是月甲子,上即皇帝位于灵武,……即日奏其事于上皇。是日,御灵武南门,下制……大赦天下,改元曰至德。……〔八月壬午〕上以治兵收京城,诏〔郭〕子仪等旋师,子仪、〔李〕光弼率步骑五万屯(当作至)自河北。……是日,上皇至成都,大赦。癸巳,上所奉表始达成都。丁酉,上皇逊位称诰,遣左相韦见素、文部尚书房琯、门下侍郎崔涣等奉册书赴灵武。九月戊辰，上南幸彭原郡，……丙子，至顺化郡，韦见素、房琯、崔涣等自蜀郡赍上册书及传国宝等至。……二载春正月庚戌朔，上在彭原受朝贺，是日通表入蜀贺上皇，……〔甲寅〕上皇遣平章事崔圆奉诰赴彭原。

这一大段文字里本来还夹杂许多用来颂圣的神话，虽被我删节掉，留下的仍免不了带一些这种气味，不过所记行程、所述艰险总还是真实的。此外《旧唐书》卷五二《后妃·肃宗张皇后传》和卷一八四《宦官·李辅国传》也提供了《肃宗纪》不便写入的情节。《肃宗张皇后传》即张良娣的传中说：

> 后，天宝中选入太子宫为良娣，……辩惠丰硕，巧中上旨。禄山之乱，玄宗幸蜀，太子与良娣俱从。车驾渡渭，百姓遮道请留太子收复长安，肃宗性仁孝，以上皇播越，不欲违离左右。宦者李靖忠（辅国）启太子请留，良娣赞成之，白于玄宗，太子如灵武。时贼已陷京师，从官单寡，道路多虞，每太子次舍宿止，良娣必居其前。太子曰："捍御非妇人之事，何以居前？"良娣曰："今大家跋履险难，兵卫非多，恐有仓卒，妾自当之，大家可由后而出，庶几无患。"及至灵武，产子，三日起缝战士衣。太子劳之曰："产忌作劳，安可容易。"后曰："此非妾自养之时，须办大家事。"

《李辅国传》说：

> 本名静忠，闲厩马家小儿，少为阉，貌陋，粗知书计。为仆，事高力士，年且四十余，令掌厩中簿籍。天宝中，闲厩使王鉷嘉其畜牧之能，荐入东宫。禄山之乱，玄宗幸蜀，辅国侍太子扈从。至马嵬诛杨国忠，辅国献计太子，请分玄宗麾下兵，北趋朔方，以图兴复。辅国从至灵武，劝太子即帝位，以系人心。

从这些记述,可看到彼时的真实情况是:

(一)肃宗分兵自立,其谋实出于李辅国、张良娣,并非玄宗的本意。李辅国彼时已是东宫宦官的首脑,之所以劝肃宗分兵自立,是袭当年高力士的故智,想通过拥立来取得内廷政柄。张良娣则性"辩惠",是武曌、韦后、太平公主式的女性,也想通过拥立来分享权力。而肃宗在东宫既别无朝臣为其奥援,如前所说,亲随保护的唯有李辅国、张良娣,李、张的主意自然易于为肃宗接受,何况这分兵自立的主意对肃宗来说,也确实比在玄宗等卵翼下讨生活更有希望。《肃宗纪》中所以不提李、张劝分兵自立,当是由于《纪》所根据的《肃宗实录》是代宗朝的元载所修,见《新唐书》卷五八《艺文志》,其时李、张在政治上均已失败被杀,不便再以此功归诸李、张。至于《肃宗纪》所谓百姓泣留太子,《张后传》所谓百姓遮道请留而肃宗"性仁孝"不欲速离,自皆颂圣之辞,不足置信。

(二)分兵自立后,下一步怎么办?肃宗以及李辅国、张良娣都并无成算,从肃宗到达平凉后尚"未知所适"可知。《李辅国传》说他献计肃宗时就提出"北趋朔方",《通鉴》卷二一八记分兵后肃宗第三子建宁王倓就提出"朔方道近,士马全盛","速往就之,徐图大计",都出于事后附会或行文疏失,不足信据①。当时河西、陇右两节度主力既已覆没,可以用得上的只有朔方军,这点肃宗、李、张等自然是清楚的,但在潼关陷落后朔方军的态度如何,是否还继续支持唐室,当时还未获得可靠的情报,因此直到朔方留后人员奉迎后才敢决策赴灵武,而中途还有所动摇,曾想"整军北渡,以保丰宁"。由此可见玄宗之同意肃宗分兵,也不是认为他有把握利用朔方军以中兴唐室,而只是想借此分散安禄山叛军的注意力,在长安西北牵制叛军,从而确保自己安全入蜀。

---

① 据《旧唐书》卷一一六《肃宗诸子·承天皇帝即建宁王倓传》,他在当时的主张是"暂往河西,收拾戎马",并非如《通鉴》所说是要就朔方。《通鉴》在"朔方道近,士马全盛"下还说"冕衣冠名族,必无贰心",但据《旧唐书·肃宗纪》和卷一一三《裴冕传》,此时冕是河西行军司马,正以授御史中丞前往长安,这和所谓建宁王建议要前往的朔方有何相干?可见《通鉴》这段记载全非事实,不足凭信。

（三）当时灵武、成都间的交通从未中断，裴冕等劝进笺中所说"江山阻险，奏请路绝"不是事实。肃宗不请示玄宗获得认可而自行即皇帝位，迫使玄宗承认既成事实而逊位为太上皇，很明显是夺权性质。但任何封建帝王非万不得已都不甘愿退位让权，玄宗自难例外，因而在鉴于肃宗获得朔方军支持不能不追认这一既成事实的同时，仍先后派宰相韦见素、房琯、崔涣以奉册书赴灵武，崔圆以奉诰赴彭原，企图对新建立的肃宗政权作影响和控制。

以上的情况均较重要，可用来作为了解肃宗时内廷外朝的主要线索。

三　肃宗时的内廷和外朝

肃宗天宝十五载（756）七月甲子即位，改元至德，宝应元年（762）四月丁卯去世，在位前后不到七足年。这里讲这段时间内廷和外朝的政治势力。

内廷首先是宦官。《旧唐书·李辅国传》说：

> 肃宗即位，擢为太子家令，判元帅府行军司马事，以心腹委之，仍赐名护国，四方奏事、御前符印军号，一以委之。……从幸凤翔，授太子詹事，改名辅国。肃宗还京，拜殿中监，闲厩、五坊、宫苑、营田、栽接、总监等使，又兼陇右群牧、京畿铸钱、长春宫等使，勾当少府、殿中二监都使。至德二年十二月，加开府仪同三司，进封郕国公，食实封五百户。宰臣百司，不时奏事，皆因辅国上决。常在银台门受事，置察事厅子数十人，官吏有小过，无不伺知，即加推讯。府县按鞫，三司制狱，必诣辅国取决。随意区分，皆称制敕，无敢异议者。每出则甲士数百人卫从。中贵人不敢呼其官，但呼五郎。宰相李揆，山东甲族，位居台辅，见辅国执子弟之礼，谓之五父。……辅国判元帅行军司马，专掌禁兵，赐内宅居止。

再一个内廷政治人物是张良娣。《旧唐书》本传说：

> 肃宗即位，册为淑妃。……乾元元年（758）四月，册为皇后。……皇后宠遇专房，与中官李辅国持权禁中，干预政事，请谒过当。

可见张、李在肃宗即位尤其是返回长安之后，已掌握中枢绝大部分权力。张后颇似中宗朝的韦后，李辅国则较其前辈高力士之权势更为有过无不及。高力士当年除知内侍省事、任内侍监等宦官最高本职外，还未公开兼任军职和其他官职，李辅国则公开兼任关系财政、军需的监牧诸使，并窃取司法大权，甚至以判元帅行军司马而直接统率禁军，较玄宗朝王毛仲、高力士之控制禁军而未有正式名义者更进了一层。对此，后人多认为肃宗要负责任，是肃宗个人昏庸之所致。其实不然。因为肃宗在东宫除李、张外别无可用的私党及奥援，已如前所说，分兵自立之谋又实出李、张，则即位返京后又如何能对李、张不重加委任。这种委任与当年玄宗之委任王毛仲、高力士，以至玄宗以前唐室诸帝之委任宠臣、后妃，实在无甚不同，不能因李、张跋扈就诟肃宗为昏庸。而且，肃宗对李、张的跋扈也并非全无觉察，一味盲目信任。《张后传》在记述她"干预政事，请谒过当"后，接着就说"帝颇不悦，无如之何"。对于李辅国，则不是"无如之何"而采取了对策，《旧唐书》卷一一二《李岘传》就有这样一段记载：

> 初，李辅国判行军司马，潜令官军于人间听察是非，谓之察事，忠良被诬构者继有之，须有追呼，诸司莫敢抗。御史台、大理寺重囚在狱，推断未了，牒追就银台，不问轻重，一时释放，莫敢违者。每日于银台门决天下事，须处分，便称制敕。禁中符印，悉佩之出入。纵有敕，辅国押署，然后施行。及岘为相，叩头论辅国专权乱国，上悟，赏岘正直，事并变革，辅国以此让行军司马，请归本官，察事等并停。

据传李岘拜相是在乾元二年（759），即肃宗返回长安后的第三年，此时已能听从宰相的进谏对李辅国有所约束，为时亦不算太迟，尽管所谓"让行军司马"一事并未真能实现①，其察事等司法大权确系由此而被剥夺。过了两年，到上元二年（761）八月，又发生了李辅国本人求兼宰相的事情，《旧唐书·李辅国传》说：

> 辅国骄恣日甚，求为宰臣，肃宗曰："以公勋力，何官不可，但未允朝望，如何？"辅国讽仆射裴冕联章荐己，肃宗密谓宰臣萧华曰："辅国欲带平章事，卿等欲有章荐，信乎？"华不对，问裴冕，曰："初无此事，吾臂可截，宰相不可得也。"华复入奏，上喜曰："冕固堪大用。"辅国衔之。

宦官如任宰相，则是合内廷与外朝为一体，其权力之大将为前此之所未有，因此肃宗要继续用宰相予以抵制。只是由于可凭借的力量尚嫌不足，加之第二年宝应元年四月肃宗即病死，没有来得及作出更有效的措施。

外朝宰相在肃宗时先后有过十六名，即韦见素、崔圆、房琯、裴冕、崔涣、李麟、苗晋卿、张镐、王玙、吕諲、李岘、第五琦、李揆、萧华、裴遵庆、元载，详《唐会要》卷一"帝号"并参考《新唐书》卷六二《宰相表》。韦见素、崔圆、房琯、崔涣以及李麟都出于玄宗任命，以后才来到肃宗身边的，其中以房琯较有才略。《旧唐书》卷一一一《房琯传》说：

> 肃宗以琯素有重名，倾意待之，琯亦自负其才，以天下为己任。时行在机务，多决之于琯，凡有大事，诸将无敢预言。寻抗疏自请将

---

① 李辅国之罢判元帅府行军司马，是代宗即位后宝应元年(762)六月己未的事情，见《旧唐书》卷一一《代宗纪》，《李辅国传》及同卷《程元振传》所记略同。《通鉴》卷二二一乾元二年四月庚子记李岘之谏作"辅国由是让行军司马，请归本官，上不许"，知辅国虽有此请而肃宗察其非诚，鉴于时机不成熟而不许，《旧唐书·李岘传》行文自稍嫌疏失。《新唐书》卷一三一《李岘传》即据《旧传》改写，乃径作"辅国由是让行军司马"，连《旧唐书·代宗纪》及《李辅国传》、《程元振传》都不参考检核，可谓其失弥甚。

兵以诛寇孽，收复京都，肃宗望其成功，许之，诏加持节招讨西京兼防御蒲潼两关兵马节度等使。乃与〔郭〕子仪、〔李〕光弼等计会进兵，琯请自选参佐，乃以御史中丞邓景山为副，户部侍郎李揖为行军司马，中丞宋若思、起居郎知制诰贾至、右司郎中魏少游为判官，给事中刘秩为参谋。既行，又令兵部尚书王思礼副之。……及与贼对垒，琯欲持重以伺之，为中使邢延恩等督战，苍黄失据，遂及于败。上犹待之如初，仍令收合散卒，更图进取。会北海太守贺兰进明自河南至，……奏曰："……陛下待琯至厚，以臣观之，琯终不为陛下用。"上问其故，进明曰："琯昨于南朝为圣皇制置天下，乃以永王为江南节度，……盛王为淮南节度，……以枝庶悉领大藩，皇储反居边鄙，此虽于圣皇似忠，于陛下非忠也。……"上由是恶琯。……崔圆本蜀中拜相，肃宗幸扶风，始来朝谒。琯意以为圆才到，当即免相，故待圆礼薄。圆厚结李辅国，到后数日，颇承恩渥，亦憾于琯。……时议……琯为宰相，略无匡懈之意，但……高谈虚论，……听董庭兰弹琴。……宪司又奏弹董庭兰招纳货贿，琯入朝自诉，上叱出之。……〔至德〕二年（757）五月，贬为太子少师。

案肃宗进取长安之所以一开始不用朔方军而用房琯另行编组部队，并不是真对房琯信任，而是企图借此形成一支由中央直接控制的野战军，庶不致兵柄完全落入地方节镇之手。因此并没给房琯指挥全权，而派遣宦官邢延恩等凌驾其上监军督战，这和安禄山叛乱后玄宗对西方节镇封常清、高仙芝、哥舒翰不完全信任，派宦官边令诚等监军督战是同一手法。房琯之所以罢相，其根本原因也不会是收京战败和被人媒孽，而如贺兰进明所点出的，有党于玄宗而对肃宗不忠之嫌。至于韦见素等人，则如《旧唐书》卷一〇八《韦见素传》所说：

〔至德二载〕三月，〔见素〕除左仆射，罢知政事。……及房琯以败军左降，崔圆、崔涣等皆罢知政事，上皇所命宰臣无知政事者。

用《旧唐书·肃宗纪》查一下这几个人的罢相年月，韦见素在至德二载（757）三月，房琯在五月，崔涣在八月，崔圆和李麟同在至德三载即乾元元年（758）五月。不到十五个月就出现"上皇所命宰臣无知政事者"的局面，其根本原因显然和房琯之所以罢相者相同，是肃宗怀疑这些来自玄宗身边为玄宗所任命的宰相对自己不够忠诚，不放心他们在外朝掌权，这和当年高宗之必欲贬死太宗旧人长孙无忌、褚遂良正出于同一目的。当然，除此根本原因外有些人还有其他原因，如《旧唐书》卷一〇八《崔涣传》说涣"惑于听受，为下吏所鬻，滥进者非一，以不称职闻"。卷一一二《李麟传》说麟"正身谨事，无所依附"，为李辅国所"不悦"。这些原因应该都是次要的。例如《李麟传》说崔圆对李辅国"惧其威权，倾心事之"，却和不依附李辅国的李麟同时罢相。于此也可见李辅国并不能完全左右肃宗的意志。

其余十一名宰相都是肃宗自己任命的，其中除元载之任命已在肃宗临死之前，其作用实在代宗朝而外，大体可区分为三类。第一类曾谄附李辅国，如《李麟传》说苗晋卿和崔圆同样惧李辅国威权而"倾心事之"，《李辅国传》说李揆"见辅国执子弟之礼，谓之五父"。第二类如《旧唐书》卷一三〇《王玙传》说玙"以祭祀妖妄致位将相"，卷一二三《第五琦传》说琦以财利进用，都还不曾发现他们有依附李辅国的实迹。但看他们的生平言行也未必能和内廷宦官立异同，到代宗朝宦官鱼朝恩被杀，"琦坐与欸狎"而被贬可为佐证。第三类则不依附李辅国甚或有所斗争，如李岘已见前引《旧唐书》本传，萧华见《李辅国传》及卷九九《萧华传》。裴冕早在至德二载三月就和韦见素同时罢知政事而转迁尚书右仆射，在对待李辅国求为宰相时还能说"吾臂可截，宰相不可得"，《旧唐书》卷一一三本传说他后来"以倖臣李辅国权盛，将附之"，乃是代宗即位之初的事情，不好算到肃宗朝宰相的动态里。《旧唐书》同卷《裴遵庆传》说遵庆是由萧华引进，自不致在对待李辅国问题上和萧华有太大分歧。卷一八五下《良吏·吕諲传》说諲虽曾和"出纳诏命"的宦官马上言相昵，但外任后在处理李辅国党羽妖人申泰芝时还能"刚断不挠"。卷一一一《张镐传》则说镐缘宦官媒孽而罢相,可推测他起码不致和李辅国有牵连。这第三类和李辅国没有牵连以至作过斗争的宰相比第一、二类加起来还多,并没有出现玄宗朝之多因高力士"而取将相高位",以及睿宗朝"宰相七人,五人出〔太平〕公主门",如《旧唐书·高力士传》和卷一八三《外戚·太平公主传》所说的局面。这说明李辅国等内廷宦官的势力在肃宗时还未十分影响到外朝宰相,同时也说明肃宗命相还有自己的主见,并未全以李辅国的好恶转移。肃宗时还有一个介乎内廷、外朝之间的李泌。《新唐书》卷一三九《李泌传》和《通鉴》都把他说得如何才智兼备,好像真是举世无双的杰出人物。但《新唐书·李泌传》、《通鉴》悉本李泌子李繁所撰《邺侯家传》,而《家传》尽多夸饰之词,不如《旧唐书》卷一三〇的《李泌传》能比较如实地讲其功过,如说他到德宗朝真做上宰相后只是"随时俯仰,无足可称"。在玄宗以至肃宗朝李泌的表现,据《旧唐书·李泌传》是:

> 天宝中,自嵩山上书论当世务,玄宗召见,令待诏翰林,仍东宫供奉。杨国忠忌其才辩,奏泌尝为感遇诗,讽刺时政,诏于蕲春郡安置,乃潜遁名山,以习隐自适。天宝末,禄山构难,肃宗北巡,至灵武即位,遣使访召。会泌自嵩、颍间冒难奔赴行在,至彭原郡谒见,陈古今成败之机,甚称旨,延致卧内,动皆顾问。泌称山人,固辞官秩,特以散官宠之,解褐拜银青光禄大夫,俾掌枢务。至于四方文状,将相迁除,皆与泌参议,权逾宰相,仍判元帅广平王军司马事。肃宗每谓曰:"卿当上皇天宝中,为朕师友,下判广平王行军,朕父子三人,资卿道义。"其见重如此。寻为中书令崔圆、倖臣李辅国害其能,将有不利于泌。泌惧,乞游衡山,优诏许之,给以三品禄俸,遂隐衡岳,绝粒栖神。

从这里可以看出李泌之见用,主要是由于乱前曾为东宫供奉,是肃宗的故旧，肃宗在灵武除张良娣、李辅国外，士人中更无亲信，自然要把这位东宫旧人李泌找来做帮手，尽管资历不够，不便立即任命为宰相，仍让他参与中枢机密。这必然引起另一个早就参与中枢机密的宦官李辅国的疑忌，外朝宰相也必然对这个实权超过他们的人不满。李泌处于内外交逼的不利情势下，为保全自己暂时退出了政治舞台，这种做法即使用封建社会的标准来衡量，也未必算是什么上好的品德。

四　玄宗移居和张后被杀

宝应元年（762）四月丁卯肃宗去世，其前宫廷里发生过两件大事：一件是太上皇玄宗被逼移居西内，继而先肃宗死去；再一件是张后与李辅国火并而被杀。

先说玄宗之移居西内，这是肃宗去世前一年的事情。本来，玄宗作为太上皇回到长安后，自不便住进皇帝肃宗所住大内或曰北内的大明宫，就住在南内兴庆宫，因为这本是玄宗为王子时的旧居，玄宗即位后扩建并常往来居住之处。这样住了三年，却被逼移居进其时已颇荒凉等于废弃了的西内太极宫。其事在《旧唐书·肃宗纪》中讲得很简略，只说上元元年（760）七月"丁未，上皇自兴庆宫移居西内。丙辰，开府高力士配流巫州，内侍王承恩流播州，魏悦流溱州，左龙武大将军陈玄礼致仕"。具体的过程则以《高力士外传》所记为详悉：

> 上元元年七月，太上皇移仗西内安置，高公审谪巫州，皆〔李〕辅国之计也。上皇在兴庆宫，先留厩马三百匹，欲移仗前一日，辅国矫诏索所留马，惟留十匹。有司奏陈，上皇谓高公曰："常用辅国之谋，我儿不得终孝道，明早向北内！"及晓，至北内，皇帝使人起拜曰："两日来疹病，不复亲自拜伏，伏愿且留吃饭。"饭毕，又曰："且归南内。"行欲至夹城，忽闻夏夏声，上惊回顾，见辅国领铁骑数百人便逼近御马，辅国便持御马，高公惊下，争持曰："纵有他变，

须存礼仪，何得惊御。"辅国叱曰："老翁大不解事，且去！"即斩高公从者一人。高公即拢御马，直至西内安置。自辰及酉，然后老宫婢十数人将随身衣物至，一时号泣，上皇止之。皆辅国矫诏之所为也，圣上宁得知之乎？

《外传》多本力士口述，这段纪事自然是最可信据的。由此可知这实际上是武装劫送，使玄宗自此完全落入与外界隔绝的俘囚境地。问题是这个行动究竟谁是主谋？据《外传》中所加的"皆辅国之计"，"皆辅国矫诏之所为"等案语，好像主谋者只是一个李辅国。另外有一些记载也是这么讲，如《通鉴》卷二二一上元元年六月说：

〔辅国〕言于上曰："上皇居兴庆宫，日与外人交通，陈玄礼、高力士谋不利于陛下。今六军将士尽灵武勋臣，皆反仄不安，臣晓谕不能解，不敢不以闻。"上泣曰："圣皇慈仁，岂容有此。"对曰："上皇固无此意，其如群小何！陛下为天下主，当为社稷大计，消乱于未萌，岂得徇匹夫之孝。且兴庆宫与闾阎相参，垣墉浅露，非至尊所宜居；大内深严，奉迎居之，与彼何殊。又得杜绝小人荧惑圣听。……"上不听。……辅国又令六军将士号哭叩头，请迎上皇居西内，上泣不应。

这段纪事没有《考异》，不详其所根据。但接着记述七月丁未逼迁西内的过程时，说高力士还能叱令李辅国下马。"与己共执上皇马鞁侍卫如西内"，较《高力士外传》所记已大有粉饰，显然是为上皇玄宗和肃宗留面子，则此所谓"上不听""上泣不应"者，亦是为肃宗留面子的曲笔而已。歪曲不大比较近真的记事保存在《旧唐书·李辅国传》里，说：

上皇自蜀还京，居兴庆宫，肃宗自夹城中起居。上皇时召伶官奏乐，持盈公主往来宫中，辅国常阴候其隙而间之。上元元年，上皇尝登长庆楼，与公主语，剑南奏事官过朝谒，上皇令公主及如仙媛作主人。辅国起微贱，贵达日近，不为上皇左右所礼，虑恩顾或衰，乃潜画奇谋以自固，因持盈待客，乃奏云："南内有异谋。"矫诏移上皇居西内，送持盈于玉真观，高力士等皆坐流窜。

这里虽仍说"矫诏"，但在李辅国奏"南内有异谋"后不再说什么"上不听"了，可见移居之诏实非李辅国之所矫。李辅国掌权后和肃宗也有矛盾，肃宗并非经常为其所左右，已如上一节所说，但在对玄宗这点上则是一致的。因为灵武即位本属夺权性质，玄宗还京后万一复辟，不仅李辅国等支持夺权者立即诛戮，肃宗本人的下场也将不堪设想。因此当玄宗自蜀回京次凤翔郡时，《旧唐书·玄宗纪》说"肃宗遣精骑三千至扶风迎卫"，而《高力士外传》点出这是"贼臣李辅国诏取随驾甲仗"，让玄宗转而处于肃宗一系武力的监视之下。这时肃宗多病[①]，深恐给玄宗造成机会，于是肃宗和李辅国合谋，作出了把玄宗逼迁西内等于囚禁起来的措施。这类措施本是封建统治者所惯用的，前此玄宗自己之迫使睿宗为太上皇让权，以至太宗之劫持高祖为太上皇交权，都是叫父亲充当高等政治俘囚，不过彼时海内安谧，局面稳定，用不到像这次对待玄宗那样严酷。

玄宗之囚禁于西内历时不到两年，宝应元年（762）四月甲寅死于西内神龙殿，这自属于通常史书上所说的"幽死"。但过了十三天，同月丁卯肃宗自己也就死去。尽管《旧唐书·肃宗纪》作了解释，说是肃宗"自仲春不豫，闻上皇登遐，不胜哀悼，因兹大渐"，总有事太突兀之嫌。北宋初乐史所撰《杨太真外传》记玄宗死前毫无病痛，只说"令具汤沐，'我若就枕，慎勿惊我'，宫爱闻睡中有声，骇而视之，已崩矣"，隐约地表示其非善终而系兵死。《太真外传》当然不能视为信史，但乐史撰写时实多采唐人旧闻小说，说明在唐代确有玄宗兵死的传说[②]。当时肃宗既已

[①] 《旧唐书·肃宗纪》上元二年正月甲午"上不康"，宝应元年"上自仲春不豫"，又《高力士外传》记移居西内事也说肃宗"两日来疹病"，足见肃宗晚年之多疾病。

[②] 南宋王铚《默记》所记李辅国遣盗弑玄宗，破脑出丹而死的神话，当亦据此等传说编造。

久病难愈，李辅国怕给玄宗造成复辟的机会而抢先下手，从情理上说也完全是可能的。

宝应元年四月丁卯肃宗死去，前两天乙丑日发生了张后和李辅国之间的火并，张后为李所杀。其经过据《通鉴》卷二二二宝应元年四月丁卯《考异》所引《肃宗实录》，是：

> 张后因太子监国，谋诛辅国，其日，使人以上命召太子，语之，太子不可。乙丑，后矫上命将唤太子，〔宦官〕程元振知之，密告辅国。景（丙）寅，元振与辅国夜勒兵于三殿前，使人收捕越王及同谋内侍朱光辉、段恒俊等百余人。系之，移皇后于别殿。

《旧唐书》卷一一六《越王系传》所记同上引《肃宗实录》而稍加详，《通鉴》即据《越王系传》编写。但《旧唐书》卷一一《代宗纪》及《张后传》，还有卷一八四的《宦官·程元振传》则是另一种说法。《代宗纪》说：

> 宝应元年四月，肃宗大渐，所幸张皇后无子，后惧上功高难制。阴引越王系于宫中，将图废立。乙丑，皇后矫诏召太子，中官李辅国、程元振素知之，乃勒兵于凌霄门，俟太子至，即卫从太子入飞龙厩以俟其变。是夕，勒兵于三殿，收捕越王系及内官朱光辉、马英俊等禁锢之，幽皇后于别殿。

《程元振传》略同，《张后传》则更补述了张后所以反对立太子代宗的原因，说：

> 先在灵武时，太子弟建宁王倓为后谮谱而死。自是太子忧惧，常恐后之构祸，乃以恭逊取容。后以建宁之隙，常欲危之。张后生二子兴王佋、定王侗，兴王早薨，侗又孩幼，故储位获安。

《张后传》《代宗纪》等的说法显然比《肃宗实录》之类可信。封建社会后妃总想立自己所出的皇子为太子以固宠,何况张后在肃宗身边久已握有权势,自然容不了建宁王和太子代宗。李辅国本是肃宗的私党,和代宗并无渊源,但此时肃宗久病已告危殆,就想转而通过拥立代宗以保持其权力。他和张后本来互为表里,沆瀣一气,后来为争夺权力已发生矛盾,如《通鉴》记这次四月乙丑变乱前所说"晚年更有隙",此时自不恤动用武力来个突然袭击,收捕张后所欲立的越王系并其党羽,将张后杀害。《肃宗实录》为代宗朝宰相元载所监修,其时李辅国、程元振当已被贬杀,为了隐讳代宗之为李辅国拥立而歪曲真相,把罪过归之于李辅国、程元振,《通鉴》转信此等曲说,可谓失察。

五　代宗剪除宦官

代宗李豫是肃宗的长子,乾元元年(758)立为皇太子,宝应元年(762)四月己巳即皇帝位,在位十八年,到大历十四年(779)五月辛酉去世。其间后妃里没有出现过政治性人物。宰相《唐会要》卷一"帝号"列数了十二人,即雍王适(音 kuò)、苗晋卿、裴遵庆、元载、李辅国、刘晏、李岘、王缙、杜鸿渐、裴冕、杨绾、常衮。雍王李适即后来的德宗是以平河北之功拜尚书令,不久即立为皇太子。宦官李辅国之兼任中书令也没有几天,苗晋卿等是肃宗朝留下的旧人,其余几个在中枢权力斗争中也多无关紧要,关紧要的只是一个元载。因此,对外朝宰相的事情可不必多谈,只对李辅国、程元振、鱼朝恩几个宦官在中枢的权力消长以及代宗的对策,作若干剖析。

代宗在立为皇太子之前,是以广平王的身份出任天下兵马元帅,和郭子仪一同领回纥兵收复两京的,不像其父长期在东宫不得过问外事,因此自有能力对付这几个宦官。先看怎样对付拥立他有功的李辅国,《旧唐书·李辅国传》是这么说的:

> 代宗即位，辅国与程元振有定策功，愈恣横，私奏曰："大家但内里坐，外事听老奴处置。"代宗怒其不逊，以方握禁军，不欲遽责，乃尊为尚父，政无巨细，皆委参决。五月，加司空、中书令，食实封八百户。程元振欲夺其权，请上渐加禁制，乘其有间，乃罢辅国判元帅行军事，其闲厩已下使名，并分授诸贵，仍移居外。辅国始惧，茫然失据。诏进封博陆王，罢中书令，许朝朔望。辅国欲入中书修谢表，阍吏止之曰："尚父罢相，不合复入此门。"乃气愤而言曰："老奴死罪，事郎君不了，请于地下事先帝。"

案之《旧唐书》卷一一《代宗纪》，罢李辅国判元帅行军事及兵部尚书、闲厩等使，是在宝应元年六月己未，罢中书令在第三天辛酉，说明代宗即位后才两个月就剥夺了李辅国的一切权力。到这年十月李辅国被杀，《李辅国传》说是：

> 十月十八日夜，盗入辅国第，杀辅国，携首臂而去。诏刻木首葬之，仍赠太傅。

但《通鉴》卷二二二宝应元年十月壬戌条《考异》引《统纪》，则作：

> 辅国悖于明皇，上在东宫，闻而颇怒。及践祚，辅国又立功，难于显戮，密令人刺之，断其首，弃之溷中，又断其右臂，驰祭〔玄宗〕泰陵，中外莫测。后杭州刺史杜济话于人曰："尝识一武人为牙门将，曰某即害尚父者。"

说刺杀李辅国出于代宗指使，自真实可信。

另一宦官头目程元振之被任用，是代宗要用他来剥夺李辅国的权力，尤其是剥夺掌管禁军的权力，李辅国既倒，再寻找机会对程元振下手。这就是与李辅国同卷的《旧唐书·程元振传》所说：

> 代宗即位，以功拜飞龙副使、右监门将军、上柱国、知内侍省事。寻代辅国判元帅行军司马，专制禁兵，……是时元振之权甚于辅国，军中呼为十郎。……〔广德元年〕（763）九月，吐蕃、党项入犯京畿，……十月，蕃军至便桥，代宗苍黄出幸陕州，贼陷京师。……及至行在，太常博士柳伉上疏切谏诛元振以谢天下，代宗顾人情归咎，乃罢元振官，放归田里，家在三原。十二月，车驾还京，元振服缞麻于车中，入京城，以规任用，与御史大夫王昇饮酒，为御史所弹，诏……长流溱州。

程元振的权势如此煊赫一时，何以在代宗出走陕州后会束手就擒，《旧唐书》同卷的《鱼朝恩传》作了解答：

> 至德中，常令〔朝恩〕监军事。九节度讨安庆绪于相州，不立统帅，以朝恩为观军容宣慰处置使。……自相州之败，史思明再陷河洛，朝恩常统禁军镇陕，以殿东夏。广德元年，西蕃入犯京畿，代宗幸陕。时禁军不集，征召离散，比至华阴，朝恩大军遽至迎奉，六师方振。

这里所说鱼朝恩统率的禁军，是以神策军为基干的部队，后面第十三章里还要详细讲。至于程元振所专制的禁军，在京师不守时已不集溃散，此程随代宗东幸陕州时已成为无拳无勇之徒，为鱼朝恩军所迎奉的代宗自然很容易使他就范。而代宗在乱离中能办成这一平时不易办到的大事，亦足见其果断机捷。

再看代宗下一步如何利用宰相元载来对付鱼朝恩。其事《旧唐书·鱼传》所记不甚明晰，这里改用《新唐书》卷二〇七《宦者·鱼朝恩传》，是这么说的：

> 元载乃用左散骑常侍崔昭尹京兆，厚以财结其党皇甫温、周皓，温方屯陕，而皓射生将。自是朝恩隐谋奥语，悉为帝知。……朝恩入殿，尝从武士百人自卫，皓统之，而温握兵在外。载乃徙凤翔尹李抱玉节度山南西道，以温代节度凤翔，阳重其权，实内温以自助。……载留温京师，未即遣，约与皓共诛朝恩，谋定以闻，帝曰："善图之，勿反受祸。"方寒食，宴禁中，既罢，将还营，有诏留议事。朝恩素肥，每乘小车入宫省，帝闻车声，危坐，载守中书省，朝恩至，帝责其异图，朝恩自辨悖傲，皓与左右禽缢之，……外无知者。帝隐之，下诏罢观军容等使，增实封户六百，内侍监如故，外咸言"既奉诏，乃投缳"云。

这颇近似后来文宗朝宰相李训谋图宦官仇士良的所谓"甘露之变"，但元载能勾结鱼朝恩的亲信皇甫温、周皓，使宦官的武力转而为己所用，自然能够必操胜算。元载此人本来并不反宦官，《旧唐书》卷一一八《元载传》还说他与李辅国以及内侍董秀等都曾有所勾结。而此时乐于为代宗谋诛鱼朝恩者，是由于鱼朝恩一再欺凌宰相，甚至如《新唐书·鱼朝恩传》所说"谋将易执政，以震朝廷"，使元载为了自己的生存，不得不对鱼朝恩进行反击。因此，可以说这场斗争不仅是皇帝反对宦官，在很大程度上还反映了外朝宰臣与内廷宦官之争。

元载对鱼朝恩斗争取得胜利，自要进而攫取更多的权力。如《旧唐书·元载传》所说：

> 载兼判度支，志气自若，谓己有除恶之功，是非前贤，以为文武才略，莫己之若，外委群吏，内听妇言，……恣为不法，侈僭无度，……货贿公行，近年以来，未有其比。与王缙同列。缙方务聚财，遂睦于载，二人相得甚欢，日益纵横。代宗尽察其迹，以载任寄多年，欲全君臣之分，载尝独见，上诫之，不悛。

这当然不是代宗之所能容忍。《旧唐书·代宗纪》：

> 〔大历十二年（777）三月〕庚辰，宰相元载、王缙得罪下狱。……辛巳制：中书侍郎平章事元载赐自尽，门下侍郎平章事王缙贬括州刺史。

自此大权完全归皇帝所掌握，中枢政局出现短期的稳定。以后德宗即位之初颇事振作者，正是承受了代宗后期政局稳定的余荫。

第十二章　两税法的实施

一　两税法为什么要在这里讲

德宗建中元年（780）实施两税法，本是唐代财政经济上的事情，放在这《六至九世纪中国政治史》里作为一个专章来讲，因为它实际上是德宗即位后的一个重大政治措施。

就我所知，二十世纪六十年代已有这种说法。王仲荦先生在《历史研究》1963年第6期上发表了题为《唐代两税法研究》的论文，被人们认为是颇具权威性之作，其中就说两税法是农民起义所促成的一种改革。不过这个说法我是不同意的，因此需要在这里作点辨析。

我还认为当年之所以对两税法说不清楚，原因之一是史料掌握得欠充分。一般多爱用《旧唐书》卷一一八《杨炎传》里请作两税法的奏疏，而对真正实施两税法的第一手史料很少充分利用。其实这第一手史料并非地下新挖到的或其他孤本秘籍，只是常见书《唐会要》卷八三"租税"里的这一段记述：

建中元年正月五日敕文："宜委黜陟使与观察使及刺史、转运，所由计百姓及客户，约丁产，定等第，均率作，年支两税。如当处土风不便，更立一限。其比来征科色目，一切停罢。"至二月十一日起请条："请令黜陟、观察使及州县长官，据旧征税数及人户土客，定等第钱数多少,为夏秋两税。其鳏寡惸独不支济者,准制放免。其丁租庸调,并入两税。州县常存丁额,准式申报。其应科斛斗,请据大历十四年见佃青苗地额均税。夏税六月内纳毕,秋税十一月内纳毕。其黜陟使每道定税讫,具当州府应税都数及征纳期限,并支留、合送等钱物斛斗,分析闻奏,并报度支、金部、仓部、比部。"其月,大赦天下,遣黜陟使观风俗,仍与观察使、刺史计人产等级为两税法,此外敛者以枉法论。

因此,我在这里就依靠这建中元年正月五日赦文①、二月十一日起请条以及"其月大赦天下"的纪事,并参考大历十四年(779)八月杨炎请作两税法的奏疏②、《陆宣公集》卷二所载陆贽《均节赋税恤百姓六条》给予两税法的批评和其他文献,首先对两税法本身及其前身户税、地税作出比较确切的认识,然后再探讨德宗实施这两税法的真实意图。

王仲荦先生等讲对了的,这里就不事复述,因为这是撰写专著,并非编教材或写知识性的通史、断代史。

二 认识两税法(上)

要把两税法认识清楚,得标出若干小题目以事讲说考释。

(一) 根据什么来定征收户税的等第

户税在唐初就征收,按户等高下确定税额。《唐会要》卷八五"定户等第":"武德六年(623)三月令:天下户量其赀产,定为三等。至九年(626)三月二十四日诏:天下户三等未尽升降,依为九等。"卷八三"租税":"大历四年(769)正月十八日敕:天下〔百姓〕及王公已下,自今

---

① 《唐会要》卷七八"黜陟使"、《册府元龟》卷四八八"赋税"、《通典》卷六"赋税"所载建中元年正月制,就是这个正月五日的赦文。
② 这奏疏也收入《唐会要》卷八三"租税",标明"其年八月宰相杨炎上疏"云云,但把它次于建中元年正月等赦文等之后,显然是不对的,"上疏"条当次于上文大历十四年五月条之后,今本传抄致误。

已后，宜准度支长行旨条，每年税钱，上上户四千文，上中户三千五百文，上下户三千文，中上户二千五百文，中中户二千文，中下户一千五百文，下上户一千文，下中户七百文，下下户五百文。"到建中元年实施两税法，正月五日敕文仍规定要"约丁产，定等第"，二月十一日起请条也说要"据旧征税数及人户土客定等第钱数多少"，按户等来征收户税。

怎样定户等第，《册府元龟》卷四八六"户籍"所载天宝四载（745）三月敕讲得比较具体，即"每至定户之时，宜委县令与村乡对定，审于众议，察以资财，不得容有爱憎，以为高下，徇其虚妄，令不均平，使每等之中，皆称允当，仍委太守详覆，如有不平，县令录奏，量事贬降。其乡村对定之人，便与节级科罪。覆定之后，明立簿书"。其中关键仍如武德六年令所说，在于"量其赀产"即"察以资财"。"赀产""资财"指什么，武德令、天宝四载敕都没有再说。王仲荦先生认为："在封建社会里，土地是主要的生产资料，是重要的财产，如果定户等第而不把土地当作财富统计在内，那成什么话说？"但这只是推测，没有举出证据。其实证据是有的，即中国科学院图书馆所藏新疆吐鲁番胜金口出土的三片所谓《赀合文书》①。这里抄录第一片正反面比较完整的两段：

  第一片正面
  冯照蒲陶二亩半　桑二亩
  常田十亩半
  其他田十五亩
  田地枯桑五亩破为石田亩二斛
  兴蒲陶二亩半　桑二亩
  常田十八亩半　其他田七亩
  泮桑二亩半
  得张阿兴蒲陶二亩半

---

① 见贺昌群先生《汉唐间封建的国有土地制与均田制》图版一、二，1958年上海人民出版社版，并参考贺先生部分释文。

得阚衍常田七亩

得韩千哉田地沙车田五亩

得张渚其他田四亩半□二亩半

赀合二百五十七斛半

第一片反面

齐都卤田八亩半 常田七亩

枣七亩 石田三亩 桑二亩半

得吴并卤田四亩半

赀合八十斛

——右孝敬里

扣竟

　校竟

《文书》上没有年号，贺昌群先生说："据其字迹观察，当是北朝末至唐初之物。"即使是北朝或隋代的吧，唐初的定户等第也还是继承前朝的办法，仍旧可以用它来说明唐代的定户等第。它是定户等第时"量其赀产""察以资财"的一种底账，在上面算出各户的资产折合若干斛即"赀合××斛"，从而确定该户的户等，登入正式的籍帐。而"赀产""资财"，则如《文书》之所开列，尽是"常田×亩""卤田×亩""蒲陶×亩""枣×亩"等各种不同质量和出产的土地顷亩数。当然《文书》上的冯照、齐都都是农村户口，城市户口除了官僚和某些富商外不一定有土地。但在旧社会里，农村户口占绝大多数，就是官僚的资产也总是以土地为主，因此这个《文书》是有代表性的，它证实了按照户等征收的户税，实际上主要还是以拥有土地的数量质量为依据。

弄清这个事实很重要。因为，建中元年实施的两税法虽然把户税和地税都包括在内，但在时人心目中还往往侧重户税。如杜牧《樊川文集》卷一〇的《同州澄城县户工仓尉厅壁记》说："县之所重，其举秀贡贤也，……次乃户税而已。"卷八的《唐故处州刺史李君墓志铭并序》说:"出为池州刺史,始至,创造籍簿,……复定户税。"韦庄《秦妇吟》里也说:"乡园本贯东畿县,岁岁耕桑临近甸。岁种良田二百廛,年输户税三千万。"何以到了宋代的"二税",却完全按土地顷亩来征收,成为清一色的地税性质?现在知道户税的定户等第主要也是依据该户的土地,而后面要讲到,两税法中的户税和地税又都在同一时间征收,发展下去,就势必合并成为完全按土地征收的"二税"。如果忽视这一点,认为宋代的"二税"和唐代的两税法只是名称相似,并无渊源,那就未免有割断历史之嫌。

(二) 什么时候把义仓税称为地税

地税最初是义仓税。《册府元龟》卷五〇二"常平"载:"太宗贞观二年(628)四月制:'天下州县,并置义仓。'先是,每岁水旱,皆以正仓出给,无仓之处,就食他州,百姓流移,或致困穷。左丞戴胄上言:'……请自王公以下,爰及众庶,计所垦田稼穑顷亩,每至秋熟,准其见苗,以理劝课。尽令出粟。稻麦之乡,亦同此税。各纳所在,为立义仓。若年谷不登,百姓饥馑,所在州县,随便取给。'……户部尚书韩仲良奏:'王公已下,垦地亩纳二升,其粟麦税稻之属,各依土地,贮之州县,以备凶年。'制可之。"这只是一种备荒措施,不算正式税收。后来政府随便动用,失去了义仓备荒的本意,义仓税才变成了正式的国家税收——地税。

什么时候发生这种转变?据《通典》卷一二"轻重"所说是:"高宗、武太后数十年间,义仓不许杂用,其后公私窘迫,贷仓支用。自中宗神龙之后,天下义仓,费用向尽。"中宗神龙元年(705)到玄宗即位只有八年,从《通典》的文字上看,好像义仓税变成地税是在开元年间。王仲荦先生并根据《册府元龟》卷四九〇"蠲复"所载开元十三年(725)正月诏中出现"地税"这个名词,说:"因为……按亩征收的缘故,索性连义仓的名称也取消,把它改称为地税了。"

案"地税"这个名词出现后,义仓的名称并未完全取消[①],王先生这句话有错误。但认为"地税"这个名词的出现标志着义仓性质的转变这点,则是正确的,不过说开元十三年诏才开始用"地税"这个名词,又说得太晚了。《册府元龟》卷四九〇"蠲复"高宗永隆元年(680)正月己亥诏载:"雍、岐、华、同四州六等以下户宜免两年地税。"中宗景龙三年(709)十一月南郊礼毕大赦:"关中诸州无出今年地税。"这都在玄宗以前。大概高宗后期武后掌实权时就已使用了"地税"这个名词。

这和《通典》所说"高宗、武太后数十年间,义仓不许杂用"的话并不矛盾。《通典》在"中宗神龙之后,天下义仓,费用向尽"之前已说"其后公私窘迫,贷义仓支用",中宗神龙前就是高宗、武太后时代,可见《通典》本意只是说"高宗、武太后数十年间"义仓原则上不许杂用,事实上后来因公私窘迫,已贷义仓使用,所以到"中宗神龙以后,天下义仓,费用向尽"了,古人行文有时过于疏略,需仔细寻绎上下文去理解。这样,通常认为义仓制度破坏在中宗时实应提前到高宗后期武氏掌权时,而地税这个名词正在此时出现也非偶然,可以如王先生那样认识,是标志着义仓税的性质在起变化。

(三) 地税什么时候开始提高税额,什么时候开始一年两度征收

地税税额,在贞观二年开始设置义仓时,是依照韩仲良奏"王公已下,垦地亩纳二升"。其后曾一度改为按户征收,即《唐会要》卷八八"仓及常平仓"载永徽二年(651)闰九月六日敕所说:"义仓据地收税,实是劳烦,宜令率户出粟,上下户五石,余各有差。"不久当又恢复老办法。如《通典》卷一二"轻重"开元二十五年(737)定式:"王公以下,每年户别据所种田亩,别税粟二升,以为义仓。"《册府元龟》卷四八七"赋税"代宗广德元年(763)七月诏:"地税依旧每亩税二升。"税额起变化在这以后,《元龟》同卷大历四年(769)十月敕:"北(应作比)属秋

[①] 如后尚要讲到的《通典》卷一二"轻重"所说:"开元二十五年(737)定式,王公以下每年户别据所种田亩,别税粟二升,以为义仓。"接着还根据天宝八年(749)的资料列举了各道义仓的贮粮石数。

霖，颇伤苗稼，百姓种麦，其数非多。如闻村间，不免流散，来年税麦，须有优矜。其大历五年（770）夏麦所税，特宜与减常年税，其地总分为两等，上等每亩税一斗，下等每亩税五升，其荒田如能开佃者，一切每亩税二升。"同年十二月敕："今关辅诸州，垦田渐广，江淮转漕，常数又加，计一年之储，有大半之助，其余他税，固可从轻，其京兆来年秋税，宜分作两等，上下各半，上等每亩税一斗，下等每亩税六升，其荒田如能佃者，宜准今年十月二十九日敕，一切每亩税二升。"大历五年三月："定京兆府百姓税，夏税上田亩税六升，下田亩税四升，秋税上田亩税五升，下田亩税三升，荒田开佃者亩率二升。"但有人据此就认为大历五年才开始提高地税税额，这显然是不对的。王仲荦先生说："大历四年两次诏令，都提到'优矜''从轻'，根据这字面来推测，可知大历四年以前的地税征收率，有一度比这令文所规定的还要重。"这个认识是正确的。

究竟什么时候开始提高，王先生根据《新唐书》卷五一《食货志》所说："〔大历元年〕（766）天下苗一亩税钱十五，……号青苗钱，又有地头钱，每亩二十，通名为青苗钱。"认为"当时竭泽而渔，开始征收青苗钱和地头钱，地税的加重，当在这同时"。案王先生这样讲又是推测，没有从文献上找证据。其实证据还是有的，《算经十书》本《夏侯阳算经》卷中"求地税章"就有这样的算题："今有田三百七十九亩，亩出税谷三升纳官，每斛加二升耗，问输正及耗各几何？""今有田一亩，计税谷三升，问一步合计几何？"这《夏侯阳算经》是为现实生活中应用需要而编写的，说明地税税额在代宗广德元年"依旧每亩税二升"以后，第一步是提高到每亩三升，大历四年之前再进一步提高到夏秋地税各在一斗或一斗以上，到大历四年认为提得太高实行有困难又略为降低，如四年十月、十二月敕所说那样，从广德二年到大历四年的六年中是地税税额变动得最剧烈的时候①。

地税在"亩税二升"时从未说过一年两度征收。到大历四年十月、十二月敕中却说"夏麦所税"和"秋税",因此一般认为地税之一年两度征收始于大历四年。这也有问题。因为真始于大历四年,在这两个敕中对为什么改为两度征收必有所解释,但敕中并无任何解释,只平淡地说"其大历五年夏麦所税","其京兆来年秋税",说明地税在这以前早已按夏秋两度征收。这在《夏侯阳算经》里也可得到证实。《算经》卷中"定脚价章"有"两税米"的算题,下面要讲到在唐代凡一年两度征收的赋税都可称为"两税"。可见地税在每亩税额提高到三升时已按一年两度征收。

一方面一年两度征收,一方面又规定亩税三升,究竟是夏秋各征三升呢,还是夏秋税额合起来一共三升?这在文献上无可稽考,但我认为前一种更有可能。因为如果夏秋两次合起来每亩三升,则一次的税额比过去每亩二升还要少,当时政府正急于搜刮,决不愿意这么做。

(四) 为什么叫两税法,两税法包括地税有什么证据,两税法中的户地税是否同时征收

关于两税法之所以得名,过去有人认为是由于它包括了户、地两种税的缘故。这种认识不对。因为在唐代,只要一年两度征收的都可以叫"两税",如《文苑英华》卷四八四常衮大历四年三月《免京兆府税钱制》中就说:"国家计其户籍,俾出泉货,著在令典,谓之两税。"就是把两税法实施前的户税称做"两税"。因此有些人猜测两税法也应由此而得名,如王仲荦先生就说:"只要一个赋税分为两次征收,都可带上'两税'这一名称。杨炎两税所规定的户税,是分夏秋两次征收的,地税也是分夏秋两

---

① 这里牵涉到《夏侯阳算经》的编写年代。1963年中华书局出版的钱宝琮先生校点本《算经十书》,在提要中据《新唐书》卷四九下《百官志》"上元二年(761)诸州复置别驾,德宗时复省"等记载,定此书为代宗时代的作品。但钱先生列举的证据多成问题,即以"别驾"这个职官名称来说,从《唐会要》卷六九"别驾"与《新唐书·百官志》的记载,知并非止是肃宗上元二年以后才有。而《夏侯阳算经》卷中"分禄料章"除"别驾"外还提到"太守",据《唐会要》卷六八"刺史"的记载,"太守""别驾"同时存在只有天宝元年(742)到天宝八载(749)这一段时间。因此,我认为《夏侯阳算经》的原本应是天宝元年到八载之间所编写,到安史乱后代宗年间又有所增改,添入或改写成"亩税谷三升"。

次征收的，因此新税法便很自然地采用两税法这一现成名词。"不过王先生和其他人仍都没有举出证据。其实证据就在实施两税法的建中元年正月五日敕文、二月十一日起请条和纪事里。敕文说："宜委黜陟使与观察使及刺史、转运，所由计百姓及客户，约丁产，定等第，均率作，年支两税。"起请条说："请令黜陟、观察使及州县长官，据旧征税数及人户土客，定等第钱数多少，为夏秋两税。"下文纪事说："遣黜陟使观风俗，仍与观察使、刺史计人产等级为两税法。"三者文句用词都大体相同，而前者讲"年支两税"，"为夏秋两税"，后者则说"为两税法"，岂不正是由于年支夏秋两税才名之为两税法的明证。

对两税法之不仅继承户税而且包括地税，王仲荦先生已引用《唐会要》卷八四"租税"大中四年（850）正月制、《册府元龟》卷四八四"经费"贞元八年（792）裴延龄条、陆贽《论度支令京兆府折税市草状》、元稹《论当州朝邑等三县代纳夏阳韩城两县率钱状》等加以论证，但建中元年（780）二月起请条中还有个最坚强的内证，即所谓"其黜陟使每道定税讫，具当州府应税都数及征纳期限，并支留、合送等钱物斛斗，分析闻奏，并报度支、金部、仓部、比部。"案所谓"黜陟使每道定税"，从下文"遣黜陟使观风俗，仍与观察使、刺史计人产等级为两税法"的纪事来看，所指自是两税，而所定内容则为"当州府应税都数及征纳期限，并支留、合送等钱物斛斗"。这里的"钱"，不用说是户税钱，"斛斗"，也显然是指上文"其应科斛斗，请据大历十四年见佃青苗定额均税"的地税而言，这就充分说明黜陟使所定两税是兼包户税和地税①。只是由于地税是"据大历十四年见佃青苗地额均税"，手续比较简单，不像户税那样要重新"计百姓及客户，约丁户，定等第"，因此在下文纪事中就只说"计人产等级为两税法"，正月五日敕文也只说"约丁产，定等第，均率作，年支两税"，没有再提"应科斛斗"，从而使有些人产生了地税不包括在两税之内

---

① 至于起请条"钱物斛斗"之"物"，当即谷物之"物"。有人根据陆贽所说户税"定税之数，皆计缗钱，纳税之时，多配绫绢"，认为这"物"指绫绢而言。但"钱物斛斗"是指定税的数字，既然"定税之数，皆计缗钱"，这"物"就不可能是绫绢。

的错觉。

两税法中的户税和地税是否同时征收的，讲述两税法的论著都没有提到。其实这在起请条里也已交代清楚。起请条先讲户税"据旧征税数及人户土客，定等第钱数多少，为夏秋两税"，再讲地税的"应科斛斗，请据大历十四年见佃青苗地额均税"，接着总括一句："夏税六月内纳毕，秋税十一月内纳毕。"这"夏税"和"秋税"中当然都各自包括户、地税，户、地税是同时征收的。本来，我国大多数地区一年收获两次，地税是田亩税，户税评定户等所依据的资产如前所说也以土地为主，旧历六月、十一月正是夏收、秋收之后，有新粮可上缴之时，不趁此同时征收户、地税，更待何时？当然，有些地方收获的季节和一般地区不完全一样，或迟或早，所以这"夏税六月内纳毕，秋税十一月内纳毕"也只是大体的规定，允许因地制宜，有所变通，这就是敕文中所说"如当处风土不便，更立一限"，和杨炎请作两税法奏疏中所说"居人之税，夏秋两征之，俗有不便者正之"[①]。而起请条末了所谓"黜陟使每道定税讫，具当州府应税都数及征纳期限，并支留、合送等钱物斛斗，分析闻奏"，也说明各州府的"征纳期限"可由黜陟使根据当地实际情况作出具体规定，不一定拘于六月、十一月。

三　认识两税法（下）

以上对户税和地税以及两税之包括户、地税作了一些讲说和考释，这里要进而解答几个长期以来不曾弄清楚的问题。

（五）两税法有没有全国统一的税额

两税法实施之前，户税、地税的税额是全国统一的，因此有的学者认

---

① 《册府元龟》卷四八八"赋税"建中元年二月条作"二之"，《旧唐书》卷四八《食货志》作"三之"，王仲荦先生根据敕文所说"更立一限"，认为应作"三之"。但"更立一限"者，似是不按照六月、十一月的规定另立期限的意思，并非说在六月、十一月外再定个期限一年收三次。"正之"，则是对原定六月、十一月作更正的意思。

为两税法也应有全国统一的税额。当年陈寅恪先生在《清华学报》十一卷第四期上发表《读秦妇吟》，对韦庄《秦妇吟》中"岁种良田二百廛，年输户税三千万"，就曾引用《唐会要》卷八三"租税"大历四年正月十八日敕来推测户税的税额。最早否认两税法之有统一税额的，就我所知，是李剑农先生，在所著《魏晋南北朝隋唐经济史稿》1959年三联书店版的第十二章第三节里，就提出两税法是用摊配的办法来征收户、地税，可惜不曾引起人们注意。以致其后王仲荦先生的论文中还说："两税实施以后，按亩征收粟米的税额，固然史无明文。但据元稹《同州奏均田》奏议中称：'右臣当州百姓田地，每亩只税粟九升五合，草四分。'陆贽在《均节赋税恤百姓六条》的奏议中称：'今京畿之内，每田一亩，官税五升，而私家收租，殆有亩至一石者。'陆贽的奏议在贞元七年（791），元稹的奏议在长庆二年（822），由此可知，从791到822年这三十多年间，地税每亩的税额，在五升至九升五合左右，如果元稹所指的是一年的税额，而陆贽所指的系夏税或秋税一次的税额，两次合加起来，也近一斗，那么陆贽和元稹所举的数目，又相差不远。"如果早知两税法之为摊配，就何至作此无效的劳动。

其实两税法之为摊配，建中元年二月起请条里本作了明确的规定，即所谓："据旧征税数及人户土客，定等第钱数多少，为夏秋两税，……其应科斛斗，请据大历十四年见佃青苗地额均税，……其黜陟使每道定税讫，具当州府应税都数及征纳期限，并支留、合送等钱物斛斗，分析闻奏。"这里所说"钱数多少"指户税，"应科斛斗"指地税，是分别按"旧征〔户〕税数"及"大历十四年见佃青苗地额"为"当州应税都数"，也就是陆贽《均节赋税恤百姓六条》第一条《论两税之弊须有厘革》中所说："每州各取大历中科率钱谷数最多者便为两税定额。"用今天的语言来表达，就是根据大历时各州府征收的户、地税最高额作为当州府户、地税的固定总额，然后把这户税总额按当州府的户数户等分摊到每户头上，把这地税总额按当州府的垦田亩数分摊到每亩垦田上，这完全是一种摊配性质的税制。收入今本《元氏长庆集》卷三八的元稹《同州奏均田状》，就是因当州垦田荒失，地税摊配不均，提出需要重摊。卷三九的《论当州朝邑等三县代纳夏阳韩城两县率钱状》，就是对朝邑等三县代摊夏阳、韩城两县户税的不合理做法，提出要求纠正。卷二四《和李校书新题乐府·阴山道》所说"税户逋逃例摊配，官司折纳仍贪冒"，也是指这类摊配不公的弊病。《册府元龟》卷四八八"赋税"会昌元年（841）正月制所说："州县每年所征斛斗，一切依元额为定，……数外如有陂泽山原，百姓或力能垦辟耕种，州县不得辄问，所收苗子，五年不在收税限，五年之外，依例收税，于一乡之中，先填贫户欠阙，如无欠阙，即均减众户合征斛斗，但令不失元额，不得随田地顷亩加税。"则是对垦田增辟后如何摊配的规定。正因为是摊配，所以建中元年正月赦文、二月起请条中都不提税额，这不是史无明文或史有阙文，而是本不存在全国统一的税额。

（六）两税法实施后原有的租庸调税额如何处理

两税法实施后，原来的租庸调税额如何处理？过去研究的人往往不甚注意。看到杨炎请作两税法奏疏中所说"其租庸杂徭悉省，而丁额不废"，便认为原有的租庸调已不再征收。《历史教学》1954年第5、6期有金宝祥的《唐代封建经济的发展及其矛盾》，对建中元年二月起请条中所说的"其丁租庸调，并入两税"，竟认为是"一句无甚意义的空文"。

租庸调在建中元年实施两税法之前，仍一直征收并未废止。就大历年间来说，如《册府元龟》卷四九〇"蠲复"大历四年（769）十一月乙亥敕："淮南数州……其准上今年租庸、地税、旨支米等宜三分放二分。"十二年（777）十一月庚辰诏："巴南……蓬、渠、集、壁、充、通、开等州宜放二年租庸。"可见当时租庸调仍每年征收。至于收入多少，王仲荦先生根据杨炎请作两税法奏疏中所说"至德之后，……天下残瘁，荡为浮人，乡居地著者，百不四五"，认为租庸调只是向土户中的课口征收的，这时土户既已不到安史乱前的百分之四五，租庸调的收入就"微不足道"。这也不尽然，《通典》卷七"历代户口盛衰"说唐代户口极盛在天宝十四载（755），其时"管户总八百九十一万四千七百九"，而大历中还有"百二十万户"，将近极盛时的百分之十四，而不是百分之四五，杨炎奏疏所说"百不四五"是行文夸饰之词。这"百二十万户"中课口数字史无明文，姑按《通典》"历代户口盛衰"原注所记肃宗乾元三年（760）"应管户总百九十三万三千一百七十四"，其中"课口二百三十七万七百九十九"的比例来推算，大历中的课口总得在一百五十万左右。以租庸调的法定税额每丁租二石、绢二匹，绵三两（半屯）计，每年还可收入租三百万石、绢三百万匹，绵七十五万屯，不论收入后是否上供中央，就数量来说总还是很可观的。试以《通典》卷六"赋税"原注所记建中初实施两税后"每岁天下共敛三千余万贯，……税米麦共千六百余万石"[①]的数字相比较：绢三百万匹，按每匹值钱三贯计[②]，折钱九百万贯，将近两税钱三千余万贯的三分之一；租三百万石，也将近两税米麦千六百余万石的五分之一；还有绵七十五万屯没有计算在内。这样一笔收入，政府在实施两税法时如何肯放弃。因此起请条中规定"其丁租庸调，并入两税"，就是要把各州府的租庸调总额折成钱谷，分别附加进当州府的户、地税总额里，作为户、地税摊配到当州府每户和每亩垦田上。杨炎奏疏中"其租庸杂徭悉省"的"省"，实际上是省并之"省"，不能理解为省却之"省"。

附带说一下，杨炎奏疏中"其租庸杂徭悉省，而丁额不废"，以及起请条中所说的"州县常存丁额，准式申报"，也不是空文。唐代除按丁征收租庸调外，还有按户等丁额征发徭役的规定。如《唐大诏令集》卷六九《广德二年南郊赦》、卷七〇《宝历元年正月南郊赦》中都提到当时各种徭役的名称，杜牧《樊川文集》卷八《唐故处州刺史李君墓志铭并序》中且有开成时"出为池州刺史，始至，创立籍簿，民被徭役者，科品高下，鳞次比比，一在我手"的记载。说明按丁征收的租庸调虽已并入两税，按户等丁额征发的徭役却从没有废止。因此，杨炎要提出"丁额不废"，起请

[①] 《通鉴》卷二二六建中元年作"税钱一千八十九万八千余缗，谷二百一十五万七千余斛"，与此数字不同。《历史教学》1951年第2卷第5、6期所载岑仲勉先生《唐代两税法基础及其牵连的问题》认为"系专指供京师的数目"。

[②] 天宝元年至八载编写、代宗时又有所增改的《夏侯阳算经》，卷下"说诸分章"有"绢一匹值一贯一百文"，"绢……每匹三贯五百文"，"绢……每匹当钱四贯三百六十六文四分七厘八毫九丝四忽"等几个绢价，陆贽《论两税之弊须有厘革》中则说"往者纳绢一匹，当钱三千二三百文"，折衷一下，姑以每匹三贯作为大历时的一般绢价。

条要作出"州县常存丁额,准式申报"的规定。

(七)两税法有没有减轻负担

两税法对纳税者来说是减轻了负担还是加重了?过去讲述两税法者很少作出明确的答复。这也难怪,因为摊配式的两税法没有统一的税额,无法用简单的数字来和前此的户、地税、租庸调相比较。所以这里改从下面几个方面来推算。

先算一下两税法的主要部分户、地税。前面已说过,建中元年二月起请条里规定户税"据旧征税数",地税"据大历十四年见佃青苗地额",据陆贽所说这就是"每州各取大历中一年科率钱谷数最多者",也就是说各州府的户、地税总额是根据前此征收户、地税最多一年的总额来确定。这和其他年份的户、地税相比,负担已经加重。

再看过去的租庸调。前面也已说过,实施两税法时已把各州府原先征收的租庸调总额分别附加进当州府户、地税总额里,并没有丝毫省免。

租庸调是法定的"正供",户、地税在安史乱后也成为事实上的"正供"。除这些"正供"外,安史乱后地方上还出现了多种巧立名目、擅自征收的非法赋敛,如杨炎请作两税法奏疏中所说"科敛之名凡数百,废者不削,重者不去,新旧仍积,不知其涯"。建中元年正月赦文规定"比来征科色目,一切停罢",好像两税法一实施,这些非法赋敛就统统制止。其实不然。当时只是把各州府非法赋敛的钱物斛斗并入当州府的两税税额之中。陆贽《论两税之弊须有厘革》中所说"大历中非法赋敛,急备、供军、折估、宣索、进奉之类者,既并收入两税",就是明证。所谓"征科色目,一切停罢"者,只是不再保留原有的急备、供军等名目而已。而且,陆贽还说:"大历中纪纲废弛,百事从权,至于率税少多,皆在牧守裁制,邦赋既无定限,官私惧有阙供,每至征配之初,例必广张名数,以备不时之命,且为施惠之资,应用有余,则遂减放,增损既由郡邑,消息易协物宜,故法虽久刓,而人未甚瘁,及总杂征虚数以为两税恒规,悉登地官,咸系经费,计奏一定,有加无除。"也就是说,原先各州府自定的这些赋敛数额并不一定如数征足,还有减放的可能,这时统统并入两税,上报户部即"地官",就非征足不可了,这实际上又加重了负担。

以上就两税法的制定来说,负担已是加重而并非减轻。

至于实施起来,负担更大为增加。这就是《新唐书》卷五二《食货志》所说的:"自初定两税,货重钱轻,乃计钱而输绫绢,既而物价愈下,所纳愈多,绢匹为钱三千二百,其后为钱一千六百,输一者过二,虽赋不增旧,而民愈困。"又实施两税法的纪事说"此外敛者以枉法论"。但如《唐会要》卷八二"租税"所说:"〔建中〕三年(782)五月初加税。时淮南节度使陈少游请于当道两税钱每一千加税二百,度支因请诸道悉如之。"①则又自行打破了原定额。以至《通鉴》卷二三二贞元三年(787)即两税法实施了七年之后的七月甲子纪事里,会有李泌上奏说:"自变两税法以来,藩镇州县多违法聚敛。"实施了十四年之后贞元十年(794)陆贽所上《均节赋税恤百姓》的奏疏里,在提出第二条"请两税以布帛为额不计钱数"时会说:"今既总收极甚之数定为两税矣,所定别献之类复在数外矣,间缘军用不给已尝加征矣,近属折纳价钱则又多获矣,比于大历极甚之数殆将再益其倍焉。"足见两税法实施之后负担只有加重未见减轻。

实施两税法总的负担比过去加重,但摊配到某些人户头上会不会有所减轻?有人认为对土户说来有所减轻,根据是杨炎请作两税法奏疏中所说的:"户无土客,以见居为簿;人无丁中,以贫富为差。"过去只征土户,现在也摊配到客户头上,岂非减轻了土户的负担?其实这有点错觉。因为建中元年以前户、地税本来一向是土客户同样征收的,所谓"户无土客,以见居为簿;人无丁中,以贫富为差"②,就是承用过去征收户、地税的老办法,并非过去户、地税只征土户,这时才土客户都征。非法赋敛也是如此。只有租庸调过去只征土户,并入两税后才分摊到客户头上。不过如前所说,实施两税法后州府的总税额既已加重,土户的负担即使把原先租庸调部分分摊给了客户,仍不会有所减轻。

---

① 《册府元龟》卷四八八"赋税"、《通鉴》卷二二七略同。
② 这是根据《唐会要》卷八三"租税"所载杨疏,《旧唐书·杨炎传》作"户无主客",当从《会要》。

唐代有检括户口的办法，如《唐会要》卷八五"逃户"所说："开元九年（721）正月二十八日监察御史宇文融请急察色役伪滥，并逃户及籍田，因令充使，于是奏劝农判官数人，……分往天下，安辑户口，检责赝田，……诸道括得客户凡八十余万，田亦称是。"实施两税法时也作了一次这样的检括。《通典》卷七"历代户口盛衰"原注就说："户至大历中唯有百三十万户，建中初命黜陟使往诸道按比户口，约都得土户百八十余万，客户百三十余万。"土客户比过去多检括出近二百万户。把原先一百三十万户承担的赋税转移一部分到新检括出的近二百万户头上，对原先一百三十万户来说负担岂非有所减轻。我认为账不能这样算。因为逃亡他乡的客户多数依附地主，检括他们会和当地的地主豪绅发生矛盾，而如《大唐六典》卷三户部度支郎中所述，安史乱前赋税收入是由中央严格控制的，地方政府检括户口、增加税收徒然得罪地主豪绅，自己并无多大好处，要检括必须由中央下决心。安史乱后不同了，地方政府可以自擅赋税而不上供中央，征收愈多对自己好处愈大，可以检括的户口早已被他们检括干净了，他们检括不到的，就更非外来的黜陟使在短期内所能检括出来。《通典》这条记载只能说明安史乱后中央已不复掌握地方政权据以征税的真实户数，实施两税法时才由黜陟使把若干土客户从地方政府手里要过来。因此实施两税法时并不能像宇文融那样真正检括出隐匿不纳赋税的户口，这次检括只对中央有好处，原先缴纳赋税人户的负担并不会减轻。

（八）"版籍不造而得其虚实"应如何理解

有人根据《旧唐书·杨炎传》所说实施两税法后"版籍不造而得其虚实"，认为两税法实施后真可不用编造户籍。其实这是误解。

我国封建社会里没有一个朝代可以不用户籍簿，因为这是政府用来征调赋役的依据。就两税法来说，如果"版籍不造"，如何能知道当州府有多少应该负担赋役的土客户，如何能按户等来向他们摊配户税，如何能按垦田亩数来向他们摊配地税，又如何谈得上"得其虚实"？相反，在两税法实施后的诏令里，多次提到要审定户籍。如《唐会要》卷八五"定户等第"贞元四年（788）正月赦文："天下两税，更审定等第，仍令三年一定,以为常式。"元和十五年(820)二月敕节文:"自今已后,宜准例三年一定两税,非论土著客居,但据赀产差率。"①《册府元龟》卷四八八"赋税"长庆四年(824)三月制:"自今已后,州府所由户帐及垦田顷亩,宜据见征税案为定,申省后户部类会,具单数闻奏;仍敕五年一定税,如有逃亡死损,州县须随事均补,亦仰年终申户部,如有隐漏,委御史台及所在巡院察访闻奏。"尽管这样三令五申。地方官吏还常常不认真执行。《唐大诏令集》卷一〇《元和十四年(819)册尊号敕》中就公开承认:"比来州县,并不定户,贫富变易,遂成不均,前后频有制敕,长吏不尽遵守。"其中也有想认真遵行、扫除积弊的,如《唐会要》"定户等第"元和六年(811)正月衡州刺史吕温奏:"臣昨寻旧案,询问闾里,承前征税,并无等第,又二十余年,都不定户,存亡孰察,贫富不均,臣不敢因循,设法团定,检获隐户,数约万余,州县虽不征科,所由已私自率敛,与其潜资于奸吏,岂若均助于疲民?"元稹《同州奏均田状》:"右件地并是贞元四年(788)检责,至今已是三十六年,其间人户逃移,田地荒废,又近河诸县,每年河路吞侵,沙苑侧近,日有沙砾填掩,百姓税额已定,皆是虚额征率;其间亦有豪富兼并,广占阡陌,十分田地,才税二三,致使穷独逋亡,赋税不办,州县转破,实在于斯。……臣遂设法,各令百姓自通乎实状,又令里正、书手等傍为稳审,并不遣官吏擅到村乡。百姓皆知臣欲一例均平,所通田地,略无欺隐。臣便据所通,悉与除去逃户荒地及河侵沙掩等地,其余见定顷亩,然〔后〕取两税元额地数,通计七县沃瘠,一例作分抽税。自此贫富强弱,一切均平,征敛赋租,庶无逋欠。"可见两税法实施后不按时更定户籍,正是病民弊政之一,要扫除这种积弊实不容易。哪有实施两税法便可以不造户籍之理。

因此所谓"版籍不造而得其虚实",应从另一个角度去理解。即两税法实施后,尚书省只需掌握黜陟使所上报的各州府"应税都数及征纳期限,并支留、合送等钱物斛斗"数字,就能得其虚实,用不着去过问各州

---

① 《册府元龟》卷四八八"赋税"贞元四年正月制、元和十五年二月诏略同。

府人户增减的实况。版籍不是不用造，而是一任地方政府去造，尚书省不必在这方面再操心力。

四　两税法和农民起义本不相干

认识清楚了两税法，然后来看它和农民起义有没有关系。

前面说过，王仲荦先生是认为有的。他在《唐代两税法研究》中说："唐代宗以来，由于政府过度剥削而引起社会危机，大江南北，都不断发生农民起义，尤其是袁晁等几次在江南规模较大的起义，震撼了唐皇朝的统治基础，迫使唐统治阶级在赋税制度方面，不得不进行一些改革"，两税法就是"唐政府在巨大的人民威力下不得不被迫进行改革"的产物[①]。

要判断这种说法是否正确，应该对当时反政府的军事行动作具体的如实的观察。这里为了方便起见，就尽先引用《通鉴》，《通鉴》不详时再杂引两《唐书》和其他文献。

《通鉴》卷二二二肃宗上元二年（761）九月："江淮大饥，人相食。"同卷宝应元年（762）正月："租庸使元载以江淮虽经兵荒，其民比诸道犹有赀产，乃按籍举八年租调之违负及逋逃者，计其大数而征之，择豪吏为县令而督之，不问负之有无，赀之高下，察民有粟帛者发徒围之，籍其所有而中分之，甚者什取八九，谓之'白著'，有不服者，严刑以威之。民有蓄谷十斛者，则重足以待命，或相聚山泽为群盗，州县不能制。"袁晁就是其中最主要的一支。《通鉴》同卷代宗宝应元年八月己巳："台州贼帅袁晁攻陷浙东诸州，改元宝胜，民疲于赋敛者多归之。李光弼遣兵击晁于衢州，破之。"九月："袁晁陷信州。"十月："袁晁陷温州、明州。"广德元年（763）四月庚辰："李光弼奏擒袁晁，浙东皆平。时晁聚众近二十

[①] 又韩国磐先生《隋唐五代史纲》第十一章第二节、第十二章第二节也均有类似之说。

万，转攻州县，光弼使部将张伯仪将兵讨平之。"其经过大略如此①。案安史乱后财赋所入颇赖于江淮地区，袁晁在浙东反抗赋敛，当然会给政府打击，但斗争只持续一两年，虽"聚众近二十万"，占领过若干州县，而派去平乱的仅是李光弼的部将所率的偏师，李光弼本人仍在徐州防御安史余孽，足见对政府的打击并不太大，绝不会达到"震撼唐皇朝的统治基础"的程度②。而且这次反政府的军事行动主要是由"白著"之类的重赋苛敛引起的，因此在宝应元年十月袁晁占领温州、明州之后，《新唐书》卷六《代宗纪》就说："诏浙江水旱，百姓重困，州县勿辄科率。"袁晁失败后，广德二年（764）十一月又说："免越州今岁田租之半，给复温、台、明三州一年。"③可见政府已作了一些缓和矛盾的措施。何以事情已过去十多年，到建中元年再来旧事重提，用实施两税法的办法来缓和矛盾，这使人难于理解。

除袁晁外代宗时还有几次反政府军事行动。《通鉴》卷二二三广德二年正月："吐蕃之入长安也，诸军亡卒及乡曲无赖子弟相聚为盗，吐蕃既去，犹窜伏南山子午等五谷，所在为患。丁巳，以太子宾客薛景仙为南山五谷防御使以讨之。"十一月："五谷防御史薛景仙讨南山群盗，连月不克，上命李抱玉讨之。贼帅高玉最强。抱玉遣兵马使李崇客将四百骑自洋州入，袭之于桃虢川，大破之，玉走成固。庚申，山南西道节度使张献诚擒玉，献之，余盗皆平。"案之《旧唐书·代宗纪》广德二年九月条："自七月大雨未止，京城米斗值一千文，蝗食田。""是秋蝗食田殆尽，关辅尤甚，米斗千钱。"可能有若干困于灾荒的农民参加了这次行动，但吐蕃攻入长安后的"诸军亡卒"当在其中起了主要作用，从而其性质和袁晁之为反抗赋敛不尽相同。它前后只闹了一年多光景，四百骑官军就能大破

---

① 有关袁晁的记载还见于《册府元龟》卷一二二"征讨"、卷三五九"立功"、卷三八五"褒异"，《旧唐书》卷一一《代宗纪》、卷一五二《王栖曜传》，《新唐书》卷六《代宗纪》等文献，除袁晁失败时间《新纪》作广德二年十一月外，所述均大体相同。

② 《旧唐书》卷一一〇《李光弼传》有"监军使以袁晁方扰江淮，光弼兵少，请保润州以避其锋"的记载，似乎袁晁的声威已足牵制李光弼行止。但这段记载是不可信的，所说地理也有错误，《通鉴》宝应元年五月的《考异》已作了辨正。

③ 《册府元龟》卷四九〇"蠲复"广德二年十一月癸卯略同。

其最强的贼帅,可见对政府的威胁也不大。

《通鉴》卷二二四大历六年(771):"岭南蛮酋梁崇牵自称平南十道大都统,据容州,与西原蛮张侯、夏永等连兵攻陷城邑,前容管经略使元结等皆寄治苍梧。经略使王翃至藤州,以私财募兵,不数月,斩贼帅欧阳珪。""翃募得三千余人,破贼数万众,攻容州,拔之,擒梁崇牵,前后大小百余战,尽复容州故地,分命诸将袭西原蛮,复郁林等诸州。先是,番禺贼帅冯崇道、桂林叛将朱济时皆据险为乱,陷十余州,官军讨之,连年不克,〔节度使〕李勉遣其将李观与翃并力攻讨,悉斩之。三月,五岭皆平。"卷二二五大历十年(775)十一月:"西原贼帅覃问乘虚袭容州,翃伏兵击擒之。"卷二二六大历十四年(779)十二月:"湖南贼帅王国良阻山为盗,上遣都官员外郎关播招抚之。"建中元年七月丙寅:"邵州贼帅王国良降。国良本湖南牙将,观察使辛京杲使戍武冈,以扞西原蛮。京杲贪暴,国良家富,京杲以死罪加之,国良惧,据县叛,与西原蛮合,聚众千人,侵掠州县,濒湖千里,咸被其害。诏荆、黔、洪、桂诸道合兵讨之,连年不能克。及曹王皋为湖南观察使,……遗国良书,……约为兄弟,尽焚攻守之具,散其众使还农。"案这几起反政府军事行动前后持续了十年左右,牵动今湖南、广东、广西,其规模比袁晁之在浙东似乎还大一些。但据《旧唐书》卷一五七《王翃传》所说:"自安史之乱,频诏征发岭南兵募隶南阳鲁炅军,炅与贼战于叶县,大败,余众离散,岭南溪洞夷獠乘此相恐为乱。"这些军事行动乃是少数民族乘政府力量削弱而发动的,而为首的有军官王国良之流,说明其性质也与袁晁的抗赋有所不同。同时,湖南、两广和江淮也不一样,不是当时上供财赋的主要地区。从而很难设想实施两税法和这里的反政府行动有什么牵连。王国良是建中元年七月才被曹王李皋招降的,《通鉴》所载李皋的招降书也只说:"将军非敢为逆,欲救死耳。我与将军俱为辛京杲所构,我已蒙圣朝湔洗,何必复加兵刃于将军乎?"专从私人恩怨利害来打动他,没有一句提到这年正月实施的两税法。

以上几次都是《通鉴》以及《旧唐书》本纪所记载的。《旧唐书》中唐及以前的本纪都源自《实录》，司马光纂修《资治通鉴》也经过一番别择，说明这几次还是引起封建统治者注意，而且可引为鉴戒以"资治"的。此外，这个时期的反政府军事行动散见于其他记载者还有若干起，如舒州杨昭，新安沈千载①，余姚龚厉②，沂州李浩③，常州张度④，宣、饶二州方清、陈庄⑤，宣州王方⑥，苏、常诸州潘狞虎、胡参等⑦，除个别外大多发生在长江下游的财赋之区。但规模都不太大，人数至多不过"数千"，为时不过"累年"，活动范围也多数局限于本州县，至多波及邻近州县。他们之所以有此等举动，一方面固然由于安史之乱以来赋敛的加重，另一方面也是由于政府要集中力量对付安史叛军而削弱了对后方的控制。因此一旦引起地方长官的注意，调动为数不很多的部队就能把他们消灭⑧，从而也就没有被写入《旧唐书》本纪和《通鉴》。要说政府慑于他们的威力被迫实施两税法，自更远于情理。而且，如果政府真是慑于农民的威力被迫实施两税法，那两税法之所征收总得比过去要减轻些，这样才谈得上缓和阶级矛盾。对这个关键问题，我在前面已作了明确的答复，即不仅没有减轻反比实施前更加重。天下绝无用加重赋税来缓和矛盾之理，足见两税法的实施，和安史乱起后的反政府军事行动包括农民起义并无因果关系。

还有一点也值得注意。唐人发布的诏令是喜欢做文章的，尤其在如何惠爱优恤百姓上常常大做其文章，只要检读《唐大诏令集》《唐会要》《册

---

① 均见独孤及《毗陵集》卷八《张镐遗爱颂》。
② 《毗陵集》卷五《为江东节度使奏破余姚草贼龚厉捷书》。
③ 《新唐书》卷一六一《郑运逵传》。
④ 《新唐书》卷一四六《李栖筠传》。
⑤ 《旧唐书》卷一三二《李芃传》、《毗陵集》卷四《贺袁傪破贼表》。
⑥ 《元和郡县图志》卷二八宣州旌德县。
⑦ 《旧唐书》卷一四〇《张建封传》、李翱《李文公集》卷一三《柏良器神道碑》。
⑧ 如攻打龚厉的战役，据独孤及《为江东节度使奏破余姚草贼龚厉捷书》，官军方面只有"军将吕道光领拍刀手一百人"，"军将左璋率弩手一百五十人"，"军将余能变率弩手一百五十人"，"军将张恩览率拍刀手一百人"，此外还有"军将潘景兰领辎驮数十辈伪为商旅"以诱敌，"转战数十里"，只杀死龚部三百余人，最后和龚厉一同被杀的也只有"八九十人"，而《捷书》上却说什么"僵仆原隰，脂膏草莽"，颂扬皇上"圣谟神策，与天合契，制胜两楹，威加四海"，极尽铺张扬厉之能事。

府元龟》等都会有此感觉。但在建中元年正月赦文、二月起请条以至杨炎请作两税法奏疏里都没有两税法如何减轻赋敛、如何恤民之类的话头。这正是由于实施两税法时本没有从减轻赋敛、缓和矛盾上来考虑，以致擅长撰写恤民文字的诏令代言人也无从在这方面着笔。

五 实施两税法是和地方争财权

建中元年实施两税法究竟为了什么，要想解决什么矛盾？

安史乱起后东南江浙地区包括农民起义在内的反政府军事行动，确实使阶级矛盾比过去尖锐了一些，但从前面所说的规模和持续时间等来看，显然成不了当时的主要矛盾。当时中央政权用全力来对付的是安史叛军，安史乱定后用很大精力来对付的仍旧是地方藩镇，这个中央和地方的矛盾才是当时的主要矛盾。这个主要矛盾最容易被看到的是在政治上军事上，其实在经济上也是如此。我认为建中元年之所以要实施两税法，就是要从财政税收上来解决中央和地方的经济矛盾，或曰中央向地方争财权。

要弄清楚这个问题，需要回顾一下唐初以来的财政制度。

从唐初到安史乱前，财政收入一直是归中央统一掌管的。如《大唐六典》卷三户部所说："度支郎中、员外郎，掌支度国用租赋少多之数，物产丰约之宜，水陆道路之利，每岁计其所出而支其所用，凡物……皆料其远近时月众寡好恶而统其务焉。……凡天下边军，皆有支度之使，以计军资粮仗之用，每岁所费，皆申度支而会计之，以《长行旨》为准。"原注："支度使及军州每年终各具破用、见在数，申金部、度支、仓部勘会。开元二十四年敕：以每年租耗杂支轻重不类，令户部修《长行旨条》五卷，诸州刺史、县令改替日，并令递相交付者，省司每年但据应支物数，进画颁行，附驿递送，其支配处分，并依旨文为定。"租庸调等税收原则上都要上缴到中央，地方州县每年所需的开支，得按户部规定在税收中留下一部分，边军的开支也必须按户部规定在税收中留用或调拨，每到年终还要把"破用"和"见在"的数字上报户部①。中央把地方的财政控制得如此严密，是和当时全国统一、中央集权的局面完全相适应的。

安史乱后，局面起了变化。河北藩镇如《通鉴》卷二二三代宗永泰元年（765）七月壬辰条所说，是"收安史余党，各拥劲卒数万，治兵完城，自署文武将吏，不供贡赋，……朝廷专事姑息，不能复制，虽名藩臣，羁縻而已"。其他地区也如陆贽《论两税之弊须有厘革》所说"纪纲废弛，百事从权，至于率税少多，皆在牧守裁制"，《通典》卷七"丁中"后总论自注所说"征敛多名，且无恒数"。而这些非法赋敛之所入，又多为地方所有，如杨炎请作两税法奏疏指出的"有重兵处皆厚自奉养，王赋所入无几，吏职之名，随人署置，俸给厚薄，由其增损"，"朝廷不能覆诸使，诸使不能覆诸州"。《通鉴》卷二二六建中元年十月己亥条归结"大历以前"的情况是"赋敛、出入、俸给皆无法，长吏得专之"，而中央的财源大为减缩。甚至如《通鉴》卷二二四所记大历元年正月周智光在华州"擅留关中所漕米二万斛，藩镇贡献，往往杀其使者而夺之"。至于中央的情况，《通鉴》卷二二六大历十四年十二月条追记说："旧制，天下金帛皆贮于左藏，太府四时上其数，比部覆其出入。及第五琦为度支盐铁使，时京师多豪将，求取无节，琦不能制，乃奏尽贮于大盈内库，使宦官掌之，……有司不复得窥其多少，校其赢缩，殆二十年。"这种局面如不扭转，中央政权就有难于维持的危险。

肃宗时安史之乱尚未平定，没有力量来解决这些问题，只好如《旧唐书》卷四七《食货志》、卷一二三《第五琦传》所说。任用第五琦等在盐利上大肆搜括。这在当时虽有成效，可总不是长久之计，因为如听任地方势力发展，盐利也同样有被侵吞的危险。代宗初年，安史之乱算是平定，但其残余势力田承嗣等藩镇仍跋扈河北，时动干戈，西边的吐蕃占领河陇后还一度攻入长安，关中局势重形紧张，解决财政税收还不是时候。要到代宗大历年间，吐蕃的威胁稍见减轻，河北藩镇因内部矛盾不能协力对付

---

① 《通典》卷六"赋税"就载有天宝中度支岁计粟、布、绢、绵、钱上缴中央和留州、供军的数字。

中央，某些节度使且有转而亲附中央的倾向①，盘据华州的周智光也被中央消灭。中央政权日趋稳固，削弱地方势力、包括解决财政税收问题才能提上议事日程。

大历后期，代宗已在这方面有所措施。《通鉴》卷二二五大历十二年（777）五月辛亥："诏自都团练使外，悉罢诸州团练守捉使，又令诸使非军事要急，无得擅召刺史及停其职务差人权摄。又定诸州兵皆有常数。……自兵兴以来，州县官俸给不一，……刺史月给或至千缗，或数十缗，至是始定节度使以下至主簿、尉俸禄，掊多益寡，上下有叙，法制粗立。"大历十四年（779）五月代宗去世，嗣位的德宗更是个急于恢复中央威权，企图有所作为的人物。《通鉴》卷二二六大历十四年十二月下诏："凡财赋皆归左藏，一用旧式。"恢复了中央财政机关的权力。进一步就要通过两税法把尤关重大的财政税收问题用快刀斩乱麻的手段予以解决。细看实施两税法的建中元年正月五日敕文、二月十一日起请条以及杨炎奏疏、陆贽《均节赋税恤百姓六条》，就会发现除继承原先的户、地税和归并租庸调外，凡前所未有而为这次所作出的新规定新措施，无一不关系到解决中央和地方的财权。

（一）户、地税在两税法实施前已成为事实上的国家"正供"，把它作为两税法的基础，再把法定的"正供"租庸调附加进去，这都是比较名正言顺的。而非法赋敛，即使在封建社会也被认为是虐民弊政，何以实施两税法时却把它承认下来而附加进户、地税里？如说怕废止了要影响收入，那尽可把户、地税额再有所提高，何必让本来非法的东西合法化。这就因为这些非法赋敛是地方政权的收入，过去中央无力过问，只好任其恶性发展；这时虽有力过问了，却仍不便明令取缔，以免激起地方政权的普遍反

---

① 如《通鉴》卷二二四大历八年："〔八月〕辛未，幽州节度使朱泚遣弟滔将五千精骑诣泾州防秋。自安禄山反，幽州兵未尝为用，滔至，上大喜。"卷二二五大历九年："朱泚入朝，……九月庚子，至京师，士民观者如堵。"大历十年："成德节度使李宝臣、淄青节度使李正己皆为田承嗣所轻，……及承嗣拒命，宝臣、正己皆上表请讨之。上亦欲因其隙讨承嗣，夏四月乙未，……命河东、成德、幽州、淄青、淮西、永平、汴宋、河阳、泽潞诸道发兵前临魏博。……〔六月〕田承嗣以诸道兵四合，部将多叛而惧。"

抗。于是采取如上的折衷办法；承认这些非法赋敛为合法，不予取缔，而如陆贽《论两税之弊须有厘革》中点出的把它"并入两税"，纳入中央的控制。这就是为陆贽所批评的两税法要"采非法之权令以为经制，总无名之暴赋以立恒规"的原因。

（二）两税法和过去户、地税、租庸调最显著的区别，是不再像过去户、地税、租庸调那样有全国统一的税额，而如二月十一日起请条所说改用了摊配的办法，即以州府为单位，把该州府过去征收户、地税最多一年的总额，加上该州府原先征收的租庸调和非法赋敛，成为该州府的户、地税总额，然后按该州府土客户数户等和垦田来摊配。这样各州府之间就不再有划一的户、地税额，出现了陆贽《论两税之弊须有厘革》所批评的"创制之首，不务齐平"的现象。其所以如此，是因为这时各州府百姓的负担本来就不"齐平"，硬要制定划一的税额使之"齐平"，必然出现有的州府税收较前增多、而有的较前减少的局面。增多了自有背于中央限制地方财权的目的，减少了则易于招致地方的口舌。不如对既成事实作适当的迁就，"不务齐平"以减少波动。

（三）所以说适当地迁就而不是一味地迁就，是在承认各州府既成事实的同时又把它统统作为国家的"正供"，不仅本来是"正供"的租庸调和准"正供"的户、地税，就连地方政权的种种非法赋敛也成为国家"正供"。而既成为国家"正供"就得由中央来经管支配。具体办法是中央派出黜陟使，如大赦天下的纪事所说"与观察使、刺史计人产等级为两税法"。并如二月十一日起请条所规定，"黜陟使每道定税讫，具当州府应税都数及征纳期限，并支留、合送等钱物斛斗，分析闻奏，并报度支、金部、仓部、比部"。也就是由黜陟使代表中央和地方长官观察使、刺史协商，在确定该州府两税总额的钱物斛斗后，从中划出若干"支留"地方，若干"合送"中央。《唐会要》卷八三"租税"元和六年二月条所说的"天下百姓输赋于府，一曰上供，二曰送使，三曰留州"，就是从两税法实施时开始的[①]。这就如《旧唐书·杨炎传》所说"自是轻重之权始归于朝廷",使中央获得"赋不加敛而增入"的好处。

(四)两税法不仅没有全国统一的税额,就连上供、送使、留州的数量,各州府之间也没有划一的比例。陆贽《论两税之弊须有厘革》中所说"谋始之际,不立科条,分遣使臣,凡十余辈,专行其意,各制一隅,遂使人殊见,道异法,低昂不类,缓急不伦,逮至复命于朝,竟无类会裁处",也就包括上供、送使、留州之无划一比例在内。这是由于地方政权对中央的服从程度各不相同,管辖地区的富饶贫瘠又有差别,服从中央、态度恭顺而又富饶的地区,中央可以索取较多的上供,反之虽富饶而态度不很恭顺,或者虽恭顺而地区过于贫瘠,自然只好放宽送使、留州的数量。因而中央不宜订出划一的比例,而是委派黜陟使分赴各道与地方长官协商,确定"当州府应税都数及征纳期限并支留、合送等钱物斛斗"。黜陟使在唐代是代表中央的钦差大臣,有极大的权威[②],他们做不到的中央自别无办法,所以当他们"复命于朝"就一切照准,不再"类会裁处"。

(五)确定了各州府两税总额,以及上供、送使、留州的数字,让地方政权也分得好处后,说"此外敛者以枉法论"。《册府元龟》卷四八八"赋税"所载建中元年正月制中还有"两税外辄别率一钱,四等官准擅兴赋,以枉法论"的明文。尽管如前所说此禁令不久即形同具文,但当初确是想用来限制地方势力的发展,不准再像过去那样背着中央私自另开财源。

---

① 这"送使"也叫"留使",如《唐会要》卷八三"租税"元和四年十二月度支奏中就称"诸州府应供上都两税匹段及留使、留州钱物等"。"送使""留州"都是地方"支留","上供"即是"合送"中央。

② 黜陟使在唐初就派过,《唐会要》卷七八"黜陟使"说:"贞观八年,将发十六道黜陟大使,畿内未有其人,上问房玄龄:'此道事最重,谁可充使?'尚书右仆射李靖曰:'畿内事大,非魏徵莫可。'上曰:'朕今欲向九成宫,事亦不小,朕每行不欲与其相离者,乃为其见朕是非得失必有所隐。'乃命李靖充使。"在李靖、魏徵等大臣中拣择黜陟使人选,可见这个差使寄任之重,威权之大。因此建中元年实施两税法就以黜陟使名义派出中央代表和地方长官打交道。《通鉴》卷二二六建中元年:"二月丙申朔,命黜陟使十一人分巡天下。"其中"河北黜陟使洪经纶……闻[魏博节度使]田]悦军七万人,符下,罢其四令还农",敢于在两税之外干预部队编制,而田悦也只得"阳顺命,如符罢之",过后再"使各还部位",不敢公然抗命,可见这批黜陟使仍颇有威权。

以上都是建中元年实施两税法时的新规定新措施，无一不是为了解决中央与地方的财权。其结果如《通典》卷六"赋税"原注所说："每岁天下共敛三千余万贯，其二千五十余万贯以供外费，九百五十余万贯供京师；税米麦共千六百余万石，其二百余万石供京师，千四百万石给充外费。"中央收入虽比不上外费的总数，但已远远超过任何一个地方政权的收入，说明实施两税法向地方争夺财权，在当时已确有成效。

前面说过，德宗初年之所以能在财政税收上对地方采取措施，是因为其时中央政权重形稳固，威权有所恢复。以后一旦威权下降，地方政权必然会在财政问题上有所反复。两税法在建中元年实施后曾经有过一些变动，执行起来也有时认真，有时马虎。如果仔细观察，就会发现这一切几乎或多或少地都关系到中央和地方势力的消长，它实质上还是中央、地方间财权之争的反映。

这里举几个比较明显的例子。

前面说过，建中三年五月"淮南节度使陈少游请于当道两税钱每一千加税二百，度支因请诸道悉如之"。这距离两税法的实现才过两年，就不顾原来的规定大幅度提高税额，岂非中央自丧威信？但如果考察一下当时的形势，就可知道中央如此做实有不得已的苦衷。原来德宗对付地方政权操之过急，在财政问题刚取得一些胜利后，就要进一步铲除以河北藩镇为首的地方割据势力。在建中二年向田悦、李纳等采取军事行动，使田悦等联合起来反抗中央，到建中三年四月，原来听命于中央的王武俊、朱滔又先后转而支援田悦。这时如《通鉴》卷二二七四月甲子条所说，由于"两河用兵，日费百余万缗，府库不支数月"，实施两税法后增加的收入已不足应付庞大的军费开支，以致要"诏借商人钱"，"括僦柜质钱"，弄得"长安嚣然如被寇盗"，"百姓为之罢市"。军事上又以优势转为劣势，威权迅速下坠。而陈少游节建淮南，正是财赋所出之地，他本人又桀骜不驯，中央对他不得不有所顾忌[①]。他在建中三年五月正当形势逆转中央十分被

[①] 可参考《通鉴》卷二二七建中三年十一月己卯条、卷二二九建中四年十一月陈少游将兵请讨李希烈条。

动之时提出加税要求，中央如何能不同意。不仅同意陈少游，而且让各道也照样增加，这样既可买好各道藩镇让他们支持中央，同时中央也想从中分得好处，以充实已告匮乏的府库。

杜佑在《通典》卷七"丁中"后总论中指出，两税法实施后"仍属多故，兵革荐兴，浮冗之辈，今则众矣，征输之数，亦以阙矣"。《通鉴》卷二三二德宗贞元三年（787）七月也记李泌所说："自变两税法以来，藩镇州县多违法聚敛，继以朱泚之乱，争榷率、征罚以为军资，点募自防。泚既平，自惧违法，匿不敢言。"这是由于德宗两河用兵未能取胜，又经朱泚叛乱，不得不改变即位初年积极进取的态度，即《旧唐书》卷一四七《杜黄裳传》黄裳所说的"德宗自艰难之后，事多姑息"。因此实际上不会是地方重新"违法聚敛"后"匿不敢言"，而应是中央明知其事不欲过问。至于户口流亡隐匿，则是我国地主制封建社会中经常发生的事情。这时中央威权既已下坠，没有力量再派黜陟使之类去各道检括，自然形成"浮冗之辈，今则众矣"的局面。

德宗以后是顺宗，顺宗以后是宪宗，这宪宗又是一位有志恢复中央威权且取得成效的皇帝，在他手里对两税法也作出一系列措施。如今本《元氏长庆集》卷三七元稹《弹奏山南西道两税外草状》就说到"元和元年（806）已后三度赦文，每年旨条两税留州、留使钱外，加率一钱一物，州府长吏并以枉法赃论"。元稹作为出巡的监察御史也能根据赦文办事，认真弹劾地方官在两税外加征钱物的非法行为，见这《弹奏山南西道两税外草状》和同卷《弹奏剑南东川节度使状》。《唐会要》卷八三"租税"载元和六年（811）二月制中说："自建中初定税时，货重钱轻。是后货轻钱重，齐人（民）所出，固已倍其初征矣。其留州、送使，所在长吏又降省估使就实估，以自封殖，而重赋于人。及〔元和三年〕裴垍为相，奏请天下留州、送使物，一切令依省估；其所在观察使仍以其所莅之郡租赋自给，若不足，然后许征于支郡，其诸州送使额悉变为上供。"[1]省估货价高，实估货价低，这样不仅取消了地方政权在实估上取得的非法进款，而且使"诸州送使额悉变为上供"，把藩镇的财权局限于所驻节的州郡，大大削弱了他们对管内支郡的控制，而加强了支郡对中央的联系。此外，中央还先后多次任命两税使勘定诸道两税。如《唐会要》卷八四"两税使"所记元和四年（809）命盐铁使扬子留后、江陵留后、上都留后、度支山南西道分巡院官充诸道两税使。"五年（当作十四年，819）诛李师道，恢复淄、青十二州，……命谏议大夫王彦威充十二州勘定两税使，朝法振举"，"十五年（820）闰正月命度支郎中赵佶使淄、青、兖、海、郓、曹、濮、蔡、申、光等州定两税"。所以能如此，正是由于元和年间把对抗中央、动乱不安的地方节镇逐一用武力解决，连最不易对付的魏博、成德、幽州所谓河北三镇也一度归心朝廷[2]，中央重振了威权之所致。

任何历史事物的出现和存在绝不会是孤立的没有缘由的。两税法在建中元年以后实施的认真与否既和中央、地方势力之消长有如此紧密关系，就更可证实建中元年之实施两税法确凿是一项向地方争夺财权的重大措施。它是大小封建统治势力之间的矛盾争竞，而不是用来缓和地主和农民之间的阶级斗争。

---

[1] 亦见《通鉴》卷三二七元和三年（808）九月丙申条。有关此措施的章奏、诏令，今存尚有元和四年（809）十二月度支奏和敕旨，五年（810）正月度支奏，均见《唐会要》同卷、《册府元龟》卷四八八"赋税"。

[2] 这在十四章"所谓'永贞革新'"的第三节里还要涉及。

第十三章　泾师之变

一　泾原和凤翔

德宗实施两税法向地方争夺财权上，至少一开始还能如愿，在动用武力上就不是那么顺手了。建中二年（781）讨伐淄青、成德、魏博以及山南东道四节度使，淮西节度使李希烈平山南东道梁崇义，三年（782）王武俊以成德请降。但不久幽州、成德又联同魏博、淄青拒命，淮西也与之交通而叛变，使德宗把注意力转移到南战场对付李希烈。四年（783）十月要赴南战场解襄城之围的泾原兵东过长安时发生变乱，拥立朱泚为帝，是为"泾师之变"。德宗出奔奉天即今陕西乾县，在北战场作战的李怀光、李晟等回师救援。明年改元兴元，赦淮西、魏博、成德、淄青、幽州，专讨朱泚，而李怀光又叛归河中，德宗再奔梁州即今陕西汉中。同年五月李晟等收复长安，杀朱泚。明年贞元元年（785）七月平李怀光。二年（786）四月李希烈被杀，淮西归顺。前后用兵经历了七个年头，而泾师之变成为其转折点。把泾师之变及其有关的人和事一一弄清楚，对了解中唐的政治史会大有帮助。

这里先弄清楚泾原节度使和泾原兵的来历，以及所拥立的朱泚是个什么样的人物。

看《新唐书》卷六四《方镇表》并参考吴廷燮《唐方镇年表》，这泾原节度使是代宗大历三年（768）设置的，领有泾、原二州。泾州在今甘肃灵台、泾州、镇远一带，原州在今甘肃平凉、隆德和宁夏固原一带，肃宗乾元二年（759）始置邠宁节度使时这两州本在邠宁所管九州之内，大历三年罢邠宁才置泾原。大历十四年（779）复置邠宁节度使，管邠、宁二州，在泾原之东；再东是以鄜、坊二州为基础的渭北鄜坊节度使；泾原之南则是以本名岐州的凤翔府加上陇州为基础的凤翔节度使。这凤翔、泾原、邠宁、鄜坊连成一线，是安史乱后京西北防御吐蕃的屏障。但在安史乱前，这京西北地区除设置若干监牧以蕃畜军马，如《元和郡县图志》卷二凤翔府普润县、卷三原州监牧及《新唐书》卷五〇《兵志》所说外，并无重兵屯驻。因为在这个地区的北边有朔方、西边有河西、陇右，更西在西域还有安西、北庭，这几个节度使管区都已配备重兵，用不着在内线的京西北再设第二道屏障。《旧唐书》卷一〇《肃宗纪》记"马嵬之变"后肃宗分兵北上至新平郡即邠州时，"士众器械亡失过半，所存之众不过一旅"即五百人左右①，却有力量讨斩弃郡的新平郡太守薛羽和保定郡即泾州②太守徐毂，足见当时京西北地区连稍具战斗力的地方兵也没有③。安史乱起，原有的朔方军要用于对付山东叛军，河西、陇右两军的主力在哥舒翰统率下经过灵宝战役又遭受重大损失，为防御吐蕃入侵建立京西北节镇，形成白居易《新乐府·西凉伎》所说的"平时安西万里疆，今日边防在凤翔"的新局面，驻屯的镇兵就只有从其他地区调入。请看《旧唐书》卷一五二《马璘传》，他是设置泾原节度使后的第一任：

> 开元末，杖剑从戎，自效于安西，以前后奇功，累迁至左金吾卫

---

① 《左传》哀公元年"有众一旅"，杜注："五百人为旅。"《肃宗纪》的"一旅"当即用此故实。
② "泾州保定郡，本安定郡，至德元载更名"，见《新唐书》卷三七《地理志》。《旧唐书》卷三八《地理志》泾州条失记至德元载更名保定郡事。
③ 独孤及《毗陵集》卷一一《唐故特进太子少保郑国公李公(遵)墓志铭》说安禄山叛军进入长安后，"自新平之五原(盐州)，二千石皆反为贼守，肃宗以余骑十数次于彭原(宁州)，公……悉发仓库，募敢死士，获九百人，……师次临泾(泾州管县)，又北至于平原(平原郡即德州，在河北道，此平原或是平凉之误，或是平凉、原州的简称)，收携贰逆命者，斩之以徇，破其余党"，与《肃宗纪》所记先斩薛、徐然后得彭原太守李遵迎谒之说不同。独孤及与李遵是同时人，所志当多得真相，但说肃宗以几百人即能收斩地方官这点，则与《旧唐书·肃宗纪》所记相同。

将军同正。至德初,王室多难,璘统甲士三千,自二庭赴于凤翔。……永泰初,……迁四镇北庭行营节度及邠宁节度使,……以犬戎(吐蕃)浸骄,岁犯郊境,泾州最邻戎虏,乃诏璘移镇泾州,兼权知凤翔陇右节度副使、泾原节度、泾州刺史,四镇北庭行营节度使如故。……镇守凡八年,……大历十二年(777)卒。

这里应该注意的是,马璘无论在邠宁抑移镇泾原,始终带有四镇北庭行营节度使头衔,说明安西北庭镇兵是他的基本队伍。这安西北庭兵不都如《马璘传》所说是他自己带来赴难的,还有一支是肃宗在灵武时下诏叫李嗣业从安西带来的。《旧唐书》卷一〇九《李嗣业传》说前此已"加骠骑左金吾大将军",而马璘据《传》其时只是"左金吾卫将军同正",地位不如李嗣业高,所以开始被任命为镇西北庭支度行营节度使的是李嗣业①。乾元二年(759)李嗣业战死,荔非元礼"权镇西北庭行营节度使",见《旧唐书》卷一〇《肃宗纪》及卷一二八《段秀实传》。《段秀实传》又说宝应元年(762)"邙山之败,军徙翼城,元礼为麾下所杀,……众推白孝德为节度使"。《旧唐书》卷一〇九《白孝德传》说白是"安西胡人","其后累功至安西北庭行营节度、鄜坊、邠宁节度使",这支由李嗣业经荔非元礼留下的安西北庭兵被他带到邠宁。白去职由马璘接任,《旧唐书》卷一一《代宗纪》永泰二年(766)二月"以四镇行营节度使马璘兼邠州刺史",当即《马璘传》所说"迁四镇北庭行营节度及邠宁节度使",这支安西北庭兵才完全落入马璘之手。大历三年(768)十二月暂罢邠宁设置泾原,《代宗纪》说"以邠宁节度使马璘为泾原节度,移镇泾州",这支安西北庭兵也就带进了泾州,《段秀实传》所说"璘既奉诏徙镇泾州,其士众

---

① 《通鉴》卷二一八至德元载七月甲戌"上命河西节度副使李嗣业将兵五千赴行在",《考异》:"《段秀实别传》曰:'诏嗣业将安西五万众赴行在。'今从《旧传》。"案今本《旧唐书·李嗣业传》只说"嗣业自安西统众万里,威令肃然",并无"将兵五千"之说,但《别传》所说"五万"也太多,按照天宝元年的数字安西北庭驻兵总共不过四万五千,见《通鉴》卷二一五。至于《通鉴》把李嗣业说成是河西节度副使,也显然不对,这"河西"或是"安西"之误,也可能司马光误信了不可靠的记载。《通鉴》同条又说"上又征兵于安西,行军司马李栖筠发精兵七千人",系本《新唐书》卷一四六《李栖筠传》,《李传》不言统将,或即李嗣业所率,《通鉴》误分为两次。

尝自四镇、北庭赴难中原"可证。这到后来仍无变动。《旧唐书》卷一九六下《吐蕃传》说大历九年（774）四月以吐蕃侵扰，预为边备降敕，其中就令"马璘以西域前庭、车师后部，兼广武之戍、下蔡之徭凡三万众屯于回中"，这"广武之戍、下蔡之徭"是泾原节度所遥管郑、颍二州前来的防秋兵①，"西域前庭、车师后部"则是马璘基本部队安西北庭兵的雅称。防秋兵通常每支二三千人，当时屯于回中的"三万众"中除去郑、颍二州的二三千防秋兵，泾原镇的安西北庭兵当已到二万以上，这和《旧唐书》卷一一八《杨炎传》"泾有劲兵二万"之说正相吻合。以后接任的是历充李嗣业、荔非元礼、白孝德节度判官，又为马璘节度留后的段秀实。《段秀实传》说："〔大历〕十一年（776），璘疾甚，不能视事，请秀实摄节度副使兼左厢兵马使，……璘卒，……拜秀实泾州刺史兼御史大夫四镇北庭行军泾原郑颍节度使。"仍由他统率泾原的安西北庭兵并遥控郑、颍。

后来被泾原兵拥立的朱泚本是幽州镇将，属于河北系统，和泾原以至安西、北庭毫无渊源。《旧唐书》卷二〇〇下《朱泚传》说："初隶〔幽州节度使〕李怀仙为部将，改经略副使。朱希彩既杀李怀仙自为节度，以泚宗姓，甚委信之。……大历七年（772）秋，希彩为其下所杀，……因共推泚，泚遂权知留后，……十月，拜检校左散骑常侍兼御史中丞、幽州卢龙节度等使。八年（773），……泚上表令弟滔率兵三千五百人赴京西防秋。……〔九年〕（774）泚率先上表请自领步骑三千人入觐，……泚又上表请留京师，从之。"《新唐书》卷二一二《朱滔传》说："戍还，乃谋夺泚兵，诡说曰：'天下诸侯未有朝者，先至，可以得天子意，子孙安矣。'泚信之，因入朝。"卷二二五中《朱泚传》说："泚之来，滔摄后务，稍稍剪落泚牙角，泚自知失权，为滔所卖，不得志，乃请留京师，帝因授滔节

---

① 这广武不是当时兰州的广武县，而是郑州西北的广武山。马璘移镇泾原后因地方太穷，"诏璘遥管郑、颍二州以赡泾原军"（《旧唐书·段秀实传》），"广武之戍"就是指从郑州来的防秋兵。下蔡在颍州，"下蔡之徭"也就是从颍州来的防秋兵。郑、颍二州都原属淮西节度使管领，《旧唐书》卷二〇《朱泚传》所记大历九年防秋有"淮西、凤翔兵马璘统之"之语，其中的淮西即指郑、颍二州防秋兵而言。至于凤翔兵也归马璘所统，则是由于《璘传》所说"兼权知行凤翔陇右节度副使"的缘故。

度留后。"这是幽州兵将长期屯驻关中的开始,不过还未获得固定的地盘。到大历十二年(777)李抱玉死,《旧唐书·朱泚传》才说朱泚以挂名的幽州节度使"代李抱玉为陇右节度使、权知河西泽潞行营兵马事"。《旧唐书》卷一三二《李抱玉传》《李抱真传》说李抱玉本系"武德功臣安兴贵之裔,代居河西",是河西镇出身的将领,安史乱起以战功任泽州刺史,代宗即位擢泽潞节度使,广德元年(763)兼凤翔节度使,而以弟抱真为泽潞节度留后,自己实际上专镇凤翔。当时陇右已为吐蕃攻占,只好让相邻的凤翔节度使挂上陇右节度虚衔,所以朱泚之为陇右节度使也就是任凤翔节度使,自此凤翔成为朱泚所统幽州兵的据点。至于朱泚同时带有"权知河西泽潞行营兵马事"者,则是由于原属李抱玉的河西、泽潞兵还留在凤翔的缘故。但后来这支河西、泽潞兵应撤回泽潞归李抱真统带,因此德宗建中三年(782)因朱滔叛唐而召朱泚回长安后,《旧唐书》卷一二《德宗纪》就只说"以中书侍郎平章事张镒兼凤翔尹陇右节度使以代朱泚",卷一二五《张镒传》也只说"为凤翔陇右节度使代朱泚",都不再有"知河西泽潞行营兵马事"的兼衔。泾师之变发生后德宗本想去凤翔依靠张镒,被人劝阻,赵元一《奉天录》卷一载其理由曰:"张镒虽陛下信臣,莅职日浅,所管劲卒,皆朱泚部曲,本渔阳突骑凶众,城中既立朱泚,本军必生大变。"①可见其时凤翔确已不再有河西、泽潞兵留驻。当然,防守凤翔这样一个军事要地,单凭朱泚当初带来的三千幽州兵是不够的,肯定还从幽州增调过部队。《旧唐书》卷一一七《崔宁传》记大历十四年(779)南蛮与吐蕃联会侵蜀,"〔宰相杨〕炎曰:'今朱泚所部范阳(幽州)劲兵,戍在近甸,促令与禁兵杂往,举无不捷。'……乃发禁兵四千、范阳兵五千赴援东川"。除赴援东川的五千人以外还得有兵留守凤翔,可见当时凤翔的幽州兵总数当在万人以上。此外,凤翔府西边紧邻着陇右的

---

① 赵元一《奉天录》四卷,《新唐书》卷五八《艺文志》杂史类著录,《录》中目德宗为"上"为"皇帝",不称庙号、谥号,知作于德宗在位之时,是记述泾师之变的第一手史料。这个劝阻者《录》中未著姓名,《新唐书》卷一〇一《萧瑀传附萧复传》则认为是萧复,所记劝阻理由是:"凤翔乃泚旧兵,今泚悖乱,当有同恶者",与《录》所说相同,不过没有点明"渔阳突骑凶众"。《通鉴》卷二二八建中四年十月壬子书此事本《新唐书·萧复传》,但改"旧兵"为"旧部曲"。

陇州也属凤翔节度使管辖，《旧唐书》卷一四〇《韦皋传》说："先是，朱泚自范阳入朝，以甲士自随，后泚为凤翔节度使，既罢，留范阳五百人戍陇州，而泚旧将牛云光督之。"光靠五百幽州兵也不够守陇州，还应有其他部队，或许是从陇右内撤的陇右兵，不过史无明文。

朱泚和泾原发生关系，是由于建中元年城原州之役，其事详见《旧唐书·杨炎传》：

> 建中二年（当作元年）二月，〔炎〕奏请城原州。先牒泾原节度使段秀实，令为之具，秀实报曰："凡安边却敌之长策，宜缓以计图之，无宜草草兴功也。又春事方作，请待农隙而缉其事。"炎怒，征秀实为司农卿，以邠宁别驾〔邠宁节度使〕李怀光〔兼泾原〕，居前督作，以检校司空平章事〔凤翔节度使〕朱泚、御史大夫平章事崔宁各统兵万人以翼后。三月，诏下泾州为具，泾军怒而言曰："吾曹为国西门之屏十余年矣。始治于邠，才置农桑，地著之安，而徙于此。置榛莽之中，手披足践，才立城垒，又投之塞外。吾何罪而置此乎？"李怀光监朔方军，法令严峻，频杀大将。泾州裨将刘文喜因人怨怒，拒不受诏，上疏复求段秀实为帅，否则朱泚。于是以朱泚代怀光。文喜又不奉诏，泾有劲兵二万，闭城拒守。……命朱泚、李怀光等军攻之。……泾州别将刘海宾斩文喜首，传之阙下。……原州竟不能城。

《旧唐书·朱泚传》说："刘文喜阻兵为乱，加泚四镇北庭行军、泾原节度使，与诸军讨之。泾州平，加泚中书令，还镇凤翔，而以舒王谟遥领泾原节度。"可见朱泚并未真正进入泾州行使过节度使职权。《旧唐书》卷一二《德宗纪》说："以舒王谟为泾原节度大使，尚书右丞孟皞为泾州刺史、知留后。"卷一二七《姚令言传》说："孟皞为泾原节度留后，自以文吏进身，不乐军旅，频表荐〔泾原衙前兵马使姚〕令言谨肃，堪任将帅，皞寻归朝廷，遂拜令言为四镇北庭行营、泾原节度使。"到建中四年就发生了泾师之变。

二　对泾师之变的分析

弄清楚以上的史实，对泾师之变中的许多问题才能作出合理的分析和解释。

（一）泾原节度使管下的部队是李嗣业和马璘两次带进来的安西北庭兵，总共才二万多人。因此《旧唐书·姚令言传》说叛乱的泾师是姚令言所率救援哥舒曜的"本镇兵五万"，显然太多。《通鉴》卷二二八建中四年十月丙午条《考异》引徐岱《奉天记》作"令言本领三千，请加至五千"①，《奉天录》卷一作令言"总师五千"，《新唐书·朱泚传》也作"令言督镇兵五千"，这五千之数才正确。变乱发生后，据《奉天录》卷一所记有"幽陇三千人，与哥舒曜救援者，行至渑池县，闻朱泚僭伪，返旆投泚"。这所谓"幽陇三千人"者就是在陇右凤翔节度使管下的幽州兵②，和倡乱的泾原兵合起来不过八千人，此外不曾再有正规部队来投靠。所以《奉天录》卷一说朱泚首次向奉天发兵"奉迎乘舆，阴起逆谋"时，只能动用"锐卒三千"，《旧唐书·朱泚传》《段秀实传》也都是这个数字。《奉天录》同卷说其后"朱泚自统众攻奉天"，人数增多，一仗就被官兵"杀伤万计"，应该多数属于新招募或裹胁来的缺乏战斗力的人员，是所谓"蚁聚之众"，所以杀伤得如此容易，《朱泚传》也这么说。

（二）这东征的区区五千泾原兵何以敢公开叛乱，并且不是像淄青、

---

① 此书一卷，《新唐书·艺文志》杂史类著录，原注："德宗西狩事。"撰者徐岱两《唐书》均有传。《旧唐书》卷一八九下说他"从幸奉天、兴元"，可见此书是据见闻而记述，其史料价值自不亚于《奉天录》，惜全卷今佚，仅《考异》引存片段。

② 《旧唐书·朱泚传》别谓"凤翔、泾原大将张廷芝、段诚谏以溃卒三千余自襄城而至"，与《奉天录》所谓"幽陇三千人"数字相同，应属同一事而记载稍有歧异，《朱泚传》"凤翔、泾原大将"的"泾原"二字则是衍文，因为有关泾师之变的各种记载里都看不出前此已调泾原兵东征之事。《通鉴》卷二二八建中四年十月庚戌条所记"凤翔、泾原将张廷芝、段诚谏将数千人救襄城，未出潼关，闻朱泚据长安，杀其大将陇右兵马使戴兰，溃归于泚"，则显系参考《朱泚传》所写，不足为据。又同卷十月丁巳记"幽州兵救襄城者闻泚反，突入潼关，归泚于奉天"，也应和张廷芝、段诚谏之"溃归于泚"是一回事，被《通鉴》错成了两起。

成德、魏博等只是割据抗命，而是进据京师长安，另立皇帝，颠覆原有的中央政权。《奉天录》卷一说是由于部队路过长安时"京兆尹王雄（当作翃）属吏置顿，牛酒俭薄"，《旧唐书·姚令言传》也说是"京兆尹王翃犒军士，唯粝食菜啖而已"，从而激怒了将士，反戈鼓噪，酿成变乱。我不否认这是变乱的导火线，但同时还应看到泾原的安西北庭兵本来就是极不安稳惯于闹事作乱的部队。诚然，《旧唐书·李嗣业传》说他带安西北庭兵勤王时"统众万里，威令肃然，所过郡县，秋毫不犯"。但《旧唐书·段秀实传》说此军归白孝德统率赴镇邠宁时，就出现"所过掠夺"的局面，靠段秀实约束才"号令严一"。马璘奉诏移镇泾原，"刀斧手王童之因人心动摇，导以为乱"，又被段秀实捕杀，才能迁至泾州。马璘死，"都虞候史廷干、裨将崔珍、张景华谋作乱，秀实乃送廷干于京师，徙珍及景华外镇，军中遂定"。接着就是怕艰苦不肯城原州，引起刘文喜的抗命作乱。像这样以作乱为茶饭常事的部队，在当时节镇中还是罕见的，中央不会不清楚。这次抽调其中五千人东征，固然是暂无其他可靠的部队供使用，同时也未必不是因为这支部队不可靠，才有意让他们去南战场牺牲，从而削弱其实力，而想不到他们敢在辇毂之下闹这样的大变乱。

（三）这五千泾原兵的统帅是他们的节度使姚令言，为什么变乱后不被拥立，显然是威望不够。如前所说，姚令言之得任泾原节度使是出于孟皞的保荐，而孟皞"文吏进身"，并非安西、北庭系统的旧将，所保荐的姚令言自然不会获得将士的拥护。因此在发动变乱时根本不和姚令言打招呼，如《旧唐书·姚令言传》所说弄得"军声浩浩，令言不能戢"，《奉天录》卷一还说"有引弓射令言者"，就这样姚令言才跟着走上叛乱的道路，后来才如《姚传》所说"既以身先逆乱"，方"颇尽心于贼"。现任节度使充当拥立对象既不合格，就只好到前任节度使中去寻找。前任节度使中有威望的首推段秀实，当年拒不城原州时就曾"复求段秀实为帅，否则朱泚"，而且这时段秀实正在长安做司农卿。但段秀实是解决泾原兵变的老手，此时既闹到把德宗撵出京城，段秀实肯定不会答应，于是求其次找朱泚。朱泚是被人家从幽州挤出来的，在关中的直属部队只有凤翔地区的万把幽州兵，实力还比不过泾原，让他当主子，不会形成对泾原兵的威胁。而且他在幽州还有参与兵变的历史，连他的幽州节度使都是通过兵变得来的，加之当时如《朱传》所说是"失权废居，怏怏思乱"，在这次更大规模的兵变中把他拥立当上主子，肯定不会拒绝。这就是泾师之变所以要拥立朱泚的原因。

（四）在长安的乱兵并无多大实力，老于军旅的朱泚自然是知道的，因此要赶快罗致党羽。罗致的对象首先是段秀实。段秀实在泾原的声望朱泚是钦仰已久的，当初段秀实被调离泾原入京路过凤翔时，"泚固致大绫三百匹"以结好，见柳宗元《河东先生集》卷八《段太尉逸事状》，这时当然好歹要把他拉出来，至少可以借此获得留守泾原的安西北庭全军的支持。据《旧唐书·段秀实传》，"泚召秀实议事，源休、姚令言、李忠臣、李子平皆在坐，秀实戎服，与泚并膝"，可见朱泚心目中段秀实的地位远在姚令言等人之上。无奈段秀实坚决反对叛乱，当场夺象笏把朱泚打得中颡流血，《奉天录》卷一却说朱泚"一手承血，一手指群凶曰：'义士，勿杀之！'声手相及，段公已害，泚哭之甚哀，封忠义侯，以三品礼葬之"。这当然不是真为了讲"忠义"，而仍是想以此笼络泾原驻军，至少不开罪他们。至于当时同坐诸人中除姚令言外，源休在变乱时是光禄卿，李忠臣是被李希烈所逐单骑赴京师的原淮西节度使，还有被朱泚罗致的如张光晟是太仆卿、前振武军使，乔琳是吏部尚书、前宰相，蒋镇是工部侍郎，洪经纶是前黜陟使，彭偃是都官员外郎，均见《旧唐书》卷一二七《姚令言张光晟源休等传》和卷一四五《李忠臣传》，不是手无寸铁的朝官，便是久已失去兵柄的光杆军人，并不能给朱泚补充什么实力。

（五）泾原、凤翔两镇好像应该全力支持朱泚，事实并非如此。《旧唐书》卷一二五《张镒传附冯河清传》说："姚令言奉诏率兵赴关东，以河清知兵马留后，判官、殿中侍御史姚况知州事。及令言至京师，所统兵叛，上幸奉天，河清与况闻之，乃集三军大哭，因共激励将吏，誓效诚节，众颇义之，即时发甲仗器械，车百余辆，连夜送行在所。时驾初迁幸，六军虽集，苍黄之际，都无戎器，及泾州甲仗至，军士大振。特诏褒其诚效,拜四镇北庭行军泾原节度使兼御史大夫,姚况兼御史中丞、行军司马,俄加河清检校工部尚书。贼泚及姚令言累遣间谍招诱,河清辄拘而戮焉。及驾幸梁州,其将田希鉴潜通泚,使结凶党害河清。"这显然是泾原兵内部不统一闹矛盾所致。所以当初刘文喜抗命,别将刘海宾就杀文喜归顺朝廷。这时节度使姚令言在长安叛变,留后冯河清就公开效忠朝廷支持奉天行在。但只能在甲仗器械上给行在支援,不能正式出兵勤王,显然又系田希鉴等反对派在阻挠。田希鉴杀冯河清后也无力公开出兵支持朱泚,《旧唐书·朱泚传》还说朱泚失败后"奔泾州,……田希鉴闭门登陴,……使人自城上掷泚所送旌节于外,续又投火焚之"。所有这些只能用内部不统一来解释。同时,朱泚叛军基干力量单薄,并无必成大业的把握,也是泾原根据地所以举棋不定,不敢匆促作一边倒的原因。至于凤翔,本是朱泚系统幽州兵的据点,所以长安刚刚变乱,李楚琳就袭杀支持朝廷的节度使张镒而接受朱泚任命的凤翔节度使伪职。但凤翔节度使管下驻有五百幽州兵的陇州却没有能跟着叛变,权知陇州行营留后事韦皋诱杀督五百幽州兵的朱泚旧将牛云光,被任命为陇州刺史、奉义军节度使,详《奉天录》卷二、《旧唐书·韦皋传》,这对李楚琳也是一个约束。因而李楚琳始终摇摆不定,如《奉天录》卷四所说"泚攻奉天,楚琳供应;及李怀光救援,……楚琳势穷,遂进节奉天;……后怀光阻兵,帝幸梁、洋,楚琳又与泚通耗",但仍没有敢于发兵。

(六)泾师之变的严重性,只是在于变起犇毂打乱了李唐政权的指挥中心。以朱泚为首的叛乱集团实力既不强大,又得不到关中各节镇包括泾原、凤翔在内的军事援助,其唯一的办法就是继续用迅雷不及掩耳之势向行在奉天猛扑,如果消灭了奉天这个新指挥中心,大局自可以改观。而以德宗为首的中央统治集团也深明这一点,采取了正确的对策,即用临时拼凑的力量坚守奉天,以待在河北前线作战的大部队回师解围。这就是四十多天的奉天攻守战所以空前酷烈的原因。来解围的大部队中军容最盛的是李怀光统率的朔方军,如《奉天录》卷二、《旧唐书·朱泚传》所说有精兵五万①，而叛军中较有战斗力的安西北庭兵加上幽州兵不过八千人，如何能与五万朔方精兵较量。因此当朔方兵到达泾阳，《奉天录》卷二就说"朱泚闻泾阳战鼓，不觉坠榻，遂抽军却守长安"。如果不是神策军和李晟在其中起了作用，促成李怀光的叛变，长安肯定提前收复。

三　不被信任的朔方军

朔方军统帅李怀光的叛变，是神策军将李晟促成的，这在后面要详细讲。但更应该看到，李唐朝廷对手握重兵的节度使们本来就不是十分信任的，这至少在天宝后期如《通典》所说的西方二师、东北三师形成二统时就已如此。所以安禄山叛变后，对抗御叛军的现任或前任节度使封常清、高仙芝、哥舒翰都不置信，而宁信监军的宦官和中朝的宰相杨国忠。灵宝溃败后玄宗奔蜀，太子肃宗北上，仍不敢立即去其时兵力完整可用的朔方军治所灵武，如第十一章"肃代两朝中枢政局"的第二节中所说，要得朔方留后人员奉迎才敢前往，中途还一度动摇想"整军北渡，以保丰宁"。到灵武自立想出兵收复长安时，却又不动用建置完整的朔方军并让郭子仪或李光弼任统帅，却用房琯另行编组部队，如十一章第三节所说是企图借此形成一支由中央直接控制的野战军，庶不致兵柄完全落入地方节镇之手。结果房琯在陈涛斜战败，中央第一次建军没有能如愿。

此时建军不成，平乱只好主要依仗朔方军。可仍怕朔方军靠不住。尤其是他们的统帅节度使，惯例都得用本节镇出身的军人，否则兵众不受管辖，但这种军人总叫朝廷不很放心，老是想更换，李怀光叛变之前，已更换了六次之多。

第一次是郭子仪做了三年朔方节度使之后，肃宗乾元二年（759）三月与李光弼等共九节度在相州战败，《通鉴》卷二二一："秋七月，上召子

---

① 因为其中有少数民族部队，保存着部落组织形式，所以《奉天录》还说"子父相继可十五万"。

仪还京师，以李光弼代为朔方节度使、兵马〔副〕元帅。"①

第二次是在李光弼做了两年之后，如《旧唐书》卷一〇《肃宗纪》所说："〔上元二年（761）二月〕戊寅，李光弼……战于北邙，官军败绩，光弼、仆固怀恩走保闻喜。……〔三月〕李光弼……授侍中、河中尹、晋绛等州节度观察使。"朔方军进入河中即始于此时。但两个月后，"〔五月乙未〕李光弼来朝，进位太尉兼侍中，充河南副元帅，都统河南、淮南、山南东道五道行营节度，镇临淮。"这又被调离了在河中的朔方行营。"〔八月〕辛巳，以殿中监李若幽为户部尚书，充朔方、镇西、北庭、陈、郑等州节度使，镇绛州，赐名国贞。"这李国贞又成为朔方军的统帅②。

第三次是在上元三年即宝应元年（762）二月，《旧唐书》卷一二〇《郭子仪传》说："河中军乱，杀其帅李国贞。时太原节度邓景山亦为部下所杀，恐其合从连贼，朝廷忧之，后辈帅臣未能弹压，势不获已，遂用子仪为朔方、河中、北庭、潞、仪、泽、沁等州节度行营兼兴平、定国副元帅，充本管观察处置使，进封汾阳郡王，出镇绛州。"③这自是不得已之举。

因此第四次的更易就在同年四月，《郭子仪传》说："代宗即位，……罢副元帅，加实封七百户，充肃宗山陵使，……留京师。"这当然也是代宗的主意。另由朔方宿将、朔方行营节度使仆固怀恩统率朔方军从天下兵马元帅雍王李适即后来的德宗收复洛阳，平定河北，十二月，授仆固怀恩为朔方节度使、河北副元帅以代郭子仪④。但仆固怀恩在第二年广德元年（763）平定河北后没有回河中绛州，《旧唐书》卷一一《代宗纪》："九月

---

① 《旧唐书》卷一〇《肃宗纪》乾元二年七月及卷一一〇《李光弼传》均止有制为副元帅，而代为朔方节度使之事失记。
② 李光弼赴临淮时并未能把朔方军带走，所以后来李国贞管下王元振矫令修李的都统宅以激怒士卒，被激怒的士卒有"朔方健儿岂修宅夫耶"之说，见《通鉴》卷二二二。
③ 其事《旧唐书》卷一〇《肃宗纪》、卷一一《代宗纪》均漏记。
④ 这里的时间据《旧唐书·代宗纪》，《通鉴》卷二二二作十一月。授朔方节度使据《旧唐书》卷一二一《仆固怀恩传》和《代宗纪》广德二年五月癸未制。《仆固怀恩传》所载广德元年八月二十三日怀恩上书中所列职衔则曰朔方节度副大使。

壬戌朔,仆固怀恩拒命于汾州。"继而被迫叛变。

第五次是因为仆固怀恩叛变,不得已又起用郭子仪。《通鉴》卷二二三:"〔广德二年(764)春正月〕戊午,以子仪为关内、河东副元帅、河中节度等使。……丁卯,以郭子仪为朔方节度大使。二月,子仪至河中。……戊寅,郭子仪如汾州,怀恩之众悉归之。"自此至大历十四年(779),经代宗之世朔方节度使一直是郭子仪没有更动,而且还扩大了朔方节度的管区。广德二年罢河中节度和振武节度,以河中所管蒲、晋、绛、隰、慈五州和振武所管麟、胜二州隶朔方,大历三年(768)罢邠宁节度以所管邠、宁、庆三州隶朔方,见《新唐书》卷六四《方镇表》。这应由于此时吐蕃、回纥的威胁比较严重,需要利用较有威望的郭子仪来统筹防御,同时还由于此时神策军已成为中央直属部队且迅速壮大,对邻近的朔方等地方部队可起钳制作用而不怕他们造反。

第六次是在大历十四年,这年五月辛酉代宗死,癸酉德宗李适即位之时。《旧唐书·郭子仪传》说这时子仪"诏还朝,摄冢宰,充山陵使,赐号尚父,进位太尉、中书令,增实封通计二千户,给一千五百人粮,二百匹马草料,所领诸使副元帅并罢",彻底解除了他的兵权。这据《旧唐书》卷一二《德宗纪》是五月甲申这天的事情[①],同一天还说"以朔方都虞候李怀光为河中尹、邠、宁、庆、晋、绛、慈、隰等州节度观察使,以朔方右留后常谦光兼灵州大都督、西受降城、定远军、天德、盐、夏、丰节度等使,以朔方左留后、单于副都护浑瑊为单于大都护,振武军、东中二受降城、镇北及绥、银、麟、胜等州节度营田使",把前此的朔方节度分成这样的邠宁(包括河中)、朔方(灵盐)、振武三节度。常谦光所得是原朔方治所的所在地,但朔方军主力久已东移,浑瑊所得也不关重要,重要的是李怀光所得的邠宁(包括河中),是朔方军主力之所在。《德宗纪》还记建中二年(781)七月辛巳,"以邠宁节度使李怀光兼灵州大都督、单于镇北大都护、朔方节度使"。但并未去灵武,三年奉诏东讨魏博,四年回师

---

① 但《德宗纪》漏写了"所领诸使副元帅并罢"的话,并在"加号尚父守太尉"之下错加了一句"余官如故"。

解奉天之围，接着叛变。

以上几任朔方节度使中，除李国贞是朝廷所派文职人员结果兵乱被杀外，郭子仪、李光弼、仆固怀恩、李怀光等有能力干下去的本镇军人总是被疑忌被倾陷。就被《旧唐书·郭子仪传》称为"再造王室、勋高一代"的郭子仪来说，朝廷给他太尉、中书令、汾阳郡王等崇高官爵，赐号尚父，八子七婿皆朝廷重官，六子暧且尚代宗第四女升平公主，表面上很过得去，其实不尽如此。《郭传》所载彼时史臣裴垍的议论就大可玩味，说：

> 汾阳事上诚荩，临下宽厚，每降城下邑，所至之处，必得士心。前后遭罹幸臣程元振、鱼朝恩谮毁百端，时方握强兵，或方临戎敌，诏命征之，未尝不即日应召，故谗谤不能行。代宗幸陕时，令以数十骑觇贼，及在泾阳，又陷于胡虏重围之中，皆以身许国，未尝以危亡易虑，亦遇天幸，竟免患难。田承嗣方跋扈魏州，傲狠无礼，子仪尝遣使至，承嗣西望拜之，指其膝谓使者曰："兹膝不屈于人若干岁矣，今为公拜。"李灵曜据汴州，公私财赋一皆遏绝，独子仪封币经其境，莫敢留之，必持兵卫送。其为豺虎所服如此。麾下老将若李怀光辈数十人，皆王侯重贵，子仪颐指进退，如仆隶焉，幕府之盛，近代无比。始与李光弼齐名，虽威略不逮，而宽厚得人过之。岁入官俸二十四万贯，私利不在焉。其宅在亲仁里，居其里四分之一，中通永巷，家人三千，相出入者不知其居。前后赐良田美器，名园甲馆，声色珍玩，堆积羡溢，不可胜纪。代宗不名，呼为大臣。天下以其身为安危殆二十年。校中书令考二十有四。权倾天下而朝不忌，功盖一代而主不疑，侈穷人欲而君子不之罪。富贵寿考，繁衍安泰，哀荣终始，人道之盛，此无缺焉。

案郭子仪身为朔方军最有威信能得士心的统帅，对麾下老将若李怀光辈王侯贵重者可以颐指进退，视若仆隶，这是他的本钱，因此而为田承嗣、李灵曜等人所畏服，也因此而使朝廷对他采取两面手法。这就是一面以高官厚禄、良田美器、名园甲馆来拉拢，用当年玄宗对待安禄山之流的老办法，这也是当时笼络节度使们常用的手法，看《旧唐书·马璘传》和卷一三四《马燧传》可知。再一面是对他制造种种困难。所谓"前后遭罢幸臣程元振、鱼朝恩潜毁百端"者，《旧唐书·郭传》所记就有这么几次：相州之役后"中官鱼朝恩素害子仪之功，因其不振媒蘖之"，用李光弼取代子仪。上元元年（760）"以子仪为诸道兵马都统"收河北，"诏下旬日，复为朝恩所间，事竟不行"。"代宗即位，内官程元振用事，……以子仪功高难制，巧行离间，请罢副元帅，充肃宗山陵使"。元帅雍王适即德宗收河北，"代宗欲以子仪副之，而鱼朝恩、程元振乱政，……子仪既为所间，其事遂寝"，而改用仆固怀恩。程元振、鱼朝恩等宦官在这里起作用当然不能否认，但他们是皇帝的亲信和代言人，尽管其后程、鱼和皇帝有矛盾以致被收拾，在对待地方节镇势力皇帝和他们总是从同一立场出发。否则德宗即位时并无宦官在掌权，何以德宗也要解除郭子仪的兵权？何以代宗为了对付吐蕃、回纥两度让郭子仪身临险境，差点成为牺牲品？亏得郭子仪颇有处理统治集团内部矛盾的本领，才获得"富贵寿考，繁衍安泰"的结局。因此所谓"权倾天下而朝不忌，功盖一代而主不疑"，只是裴垍巧为文辞而已，并非直笔。

对待李光弼也是如此。肃宗称帝之初让郭子仪和李光弼把朔方精兵带回灵武后，又派李光弼去守太原，《旧唐书·李光弼传》说李带去的只有"景城、河间之卒五千"，并无朔方主力，加上太原的兵马也"不满万人"，"皆乌合之众"，却要抵御"贼将史思明、蔡希德、高秀岩、牛廷玠等四伪帅率众十余万"的进攻。北邙战败，李光弼被调离朔方军出镇临淮，也只让带少数兵马，以致充当监军使的宦官也提出"袁晁方扰江淮，光弼兵少"的问题。这些做法和让郭子仪去对付吐蕃、回纥陷入险境并无不同。所不同者，李光弼是契丹酋长后来归降的李楷洛之子，《李光弼传》虽说他"能读班氏《汉书》"，未必真像郭子仪那样懂得处世之道。"广德初吐蕃入寇京畿，代宗诏征天下兵，光弼与程元振不协，迁延不至。……吐蕃退，乃除光弼东都留守，以察其去就。光弼伺知之，辞以久待敕不至，且归徐州，欲收江淮租赋以自给"，只是不曾公开叛变，没有落到仆固怀恩的地步。

前李怀光叛变的是仆固怀恩，《旧唐书》卷一二一有他和李怀光的传。《仆固怀恩传》说他是"铁勒部落仆骨歌滥拔延之曾孙"，世袭朔方管内夏州九都督府的金微都督，是带了整个家族参加朔方部队的，在朔方军中形成了一支以他为首的先锋主力。肃宗时郭子仪收复长安、洛阳，就靠这支主力加上回纥兵在出力。代宗即位后他代郭子仪任朔方节度使，又和回纥兵再度收复洛阳，并进而平定河北。应说是为朝廷立下了大功。但他濡染中原文化太浅，比李光弼更不懂得处世之道，"刚决犯上，始居偏裨之中，意有不合，虽主将必诟怒之"，当了统帅，立了大功，还要"为人媒孽，蓄性犷戾，怏怏不已"，终于在平定河北之后的回军途中叛变。这种叛变是逼出来的，并非他的本意，仓卒行事，全无布置，在朝廷起用郭子仪后，他只好"率麾下数百骑……渡河北走灵武，……啸聚亡命"，诱吐蕃、回纥入寇，最后病死灵武，终未能成大事。至于媒孽他的人，第十章"安史之乱"的第五节里已讲到在代宗时是辛云京、李抱玉和骆奉先、鱼朝恩，《仆固怀恩传》载他上书还提到肃宗时"被〔李〕辅国等谗害，几至破家"。李辅国、骆奉先、鱼朝恩是宦官，辛云京、李抱玉虽也是节度使却极受朝廷宠信，这说明仍是中央在歧视排挤地方势力。《怀恩传》最后说："怀恩逆命三年，再犯顺，……而上为之隐恶，前后下制，未尝言其反。及怀恩死，群臣以闻，上为之悯默曰：'怀恩不反，为左右所误。'其宽仁如此。"这不言其反是避免过于刺激朔方军，因为随怀恩反的朔方主力这时已归郭子仪统率替朝廷出力。"宽仁"云者则无非是史臣为代宗推卸责任作点美化而已。

《旧唐书·李怀光传》说他是"渤海靺鞨人"，"本姓茹，其先徙于幽州，常为朔方列将，以战功赐姓氏"，"怀光少从军，以武艺壮勇称"，"性清勤严猛，而敢诛杀，虽亲戚犯法，皆不挠避"，和仆固怀恩一样是很少濡染中原文化的少数民族将军。他在解奉天之围立下大功后被逼反，和仆固怀恩平定河北后被逼反如出一辙，都是中央歧视朔方这支地方势力的结果。不过从大历五年代宗杀掉鱼朝恩后,到德宗前期宦官一直没有在中央掌大权,所以排挤欺压李怀光的不是宦官而是中央新建嫡系主力神策军及其统将李晟。

四 神策军的由来和用于征伐

读史者通常认为神策军只是禁军,这可能是受《新唐书·兵志》的影响。《新唐书》卷五〇《兵志》就是把神策军放在禁军里讲的,尽管也说到"神策军虽处内,而多以裨将将兵征伐,往往有功",但不为人们所注意。至于以宦官管领神策军,更被诟为唐代的一大弊政。有人在给李晟评功摆好时,也尽量少讲或不讲他和神策军的关系。这种说法今天自不宜再接受,今天需要把神策军的性质、作用以及神策军将李晟的功过,统统还其历史的真面目。

由于对朔方军等地方武力不够信任,需要另行组建中央直属的嫡系部队。当初肃宗在灵武编组新部队由宰相房琯来统率,便是一次尝试。但临时拼凑的部队未必能听从毫无渊源的统帅来指挥,因此这次尝试没有能成功。为中央计,成立直属部队的最理想办法是找一支建制完整且具有战斗力的地方部队,排除其原有的将帅,由既与此部队有渊源又忠于唐室者来统带,从而化此地方武力为中央嫡系。合乎这个理想的,正好有一支原属陇右地方武力的神策军。

神策军成为中央嫡系主力的经过,以《唐会要》及《新唐书·兵志》所记最得要领。《唐会要》卷七二"京城诸军·神策军"说:

> 天宝初,哥舒翰破吐蕃于临洮城西二百余里,遂请以其地为神策军,朝廷以成如璆为洮阳太守兼神策军使。及安禄山反,如璆使其将卫伯玉领神策军千余人,赴难于相州城下。官军相州之败,伯玉收其兵,与观军容使鱼朝恩同保陕州,时西边土地已没,遂语伯玉所领军号神策军,以伯玉为军使,与陕州节度使郭英义同镇于陕,观军容使

鱼朝恩亦在焉。敕伯玉以其兵东讨有功，遂加号神策军节度使。伯玉寻归朝，英乂兼领神策军节度使。寻进郭英乂为仆射，其军遂统于观军容使。

这条史料为论述神策军者所常引用，但仍需作点疏说。首先，相州之役，如《旧唐书·郭子仪传》所说"以子仪、光弼俱是元勋，难相统属，故不立元帅，唯以中官鱼朝恩为观军容宣慰使"，通常认为是肃宗的失策者，其实多半系出于士大夫对宦官这种皇帝家奴、刑余之人的偏见。皇帝纵使被后人诟为昏愚，何至连宦官的军事才能不如职业军人这点都不懂得，其所以要派宦官监军者，是叫宦官以皇帝代表的身份去控制地方部队，作为加强中央集权的措施。郭子仪的地位声望本高于李光弼，这点肃宗也不会不知道，所以不让郭子仪为最高统帅者，是要让鱼朝恩代表肃宗来直接控制参加相州之役的九节度军而限制郭子仪等的权力，因为不止一军而要统监九军，所以不再如通常称"监军"而改用"观军容宣慰处置使"①作为这一高级监军的专称。《旧唐书》卷一一五《卫伯玉传》说卫在相州之役时还只是神策军使下面的兵马使②，没有资格和九节度使并列，他和所率的神策军自应成为观军容使鱼朝恩的直属部队，所以九节度战败后他会和鱼朝恩"同保陕州"。这时神策军当已依靠鱼朝恩的力量大事扩编，绝不止当初赴难时千余人之数，因而才能升格到节度使级，卫伯玉之由军兵马使、军使一再升擢任节度使自也出于鱼朝恩的保荐卵翼。这时神策军的兵

---

① 这是观军容使的全称，见《旧唐书》卷一八四《鱼朝恩传》及《新唐书·兵志》，"处置"者，有权代表中央处置军政之谓。

② 但《旧唐书·卫伯玉传》的有些记述是错误的。如说他本是安西将领，肃宗即位后他"自安西归长安"，即与《唐会要》所说"领神策军千余人赴难"不同，如果真是安西将领，何以又成为陇右系统的神策军兵马使，可见《旧传》所说不如《唐会要》可信。《旧传》又说他在擢任神策军节度使前曾"转四镇北庭行营节度使"，其实此"四镇北庭行营节度使"头衔一直为安西、北庭系军人李嗣业、荔非元礼、白孝德、马璘等人相继拥有，未尝中断，如何能忽然落到卫伯玉头上。再如卫伯玉的离开神策军，据《唐会要》是在广德元年代宗幸陕州之前，《旧传》却说成是幸陕以后，但《旧唐书·代宗纪》宝应元年十月戊辰条只说"留郭英乂、鱼朝恩镇陕州"，已不再提卫伯玉，可见《旧传》所说又不如《唐会要》可信。盖《旧传》本诸行状、家传、碑志之属，史料价值自逊于《唐会要》所据彼时的官方文书。《新唐书》卷一四一《卫伯玉传》在这些地方一本《旧传》，无所纠正，今并不取。

柄实际上已为鱼朝恩所掌握，因此调整卫伯玉军中不会有波动。郭英乂虽也是陇右出身的军人，见《旧唐书》卷一一七《郭传》，但和神策军素无渊源，这时他的本职是陕州节度使，神策军节度使是兼领，只算个过渡人物。因此他征为仆射入京之后，神策军就顺理成章地统于观军容使鱼朝恩，不再另设节度使而成为中央直属部队。所有这一切显然出于鱼朝恩的谋划，当然也获得肃、代二宗的首肯。

这支中央直属部队如何进而成为禁军，则如《新唐书·兵志》所说：

> 广德元年（763），代宗避吐蕃幸陕。朝恩举在陕兵与神策军迎扈，悉号神策军，天子幸其营。及京师平，朝恩遂以军归禁中，自将之，然尚未与北军齿也。永泰元年（765），吐蕃复入寇，朝恩又以神策军屯苑中，自是浸盛，分为左右厢，势居北军右，遂为天子禁军，非它军比。朝恩乃以观军容宣慰处置使知神策军兵马使。大历四年（769），请以京兆之好畤、凤翔之麟游、普润皆隶神策军。明年，复以兴平、武功、扶风、天兴隶之，朝廷不能遏。

广德元年代宗幸陕这件事值得注意，因为在唐代每逢长安受到威胁时皇帝通常南幸成都，就算成都也易受吐蕃威胁不宜南幸，又何必一定东幸陕州？可见在代宗心目中已将鱼朝恩所统神策军视为嫡系武力，投奔其所在地陕州比投奔其他非嫡系地方武力更放心。鱼朝恩从陕州西上迎扈的部队，《唐会要》"神策军"只提神策军，《兵志》则神策军外还说有"在陕兵"，这自是郭英乂内任仆射后留下的陕州节度使所管部队，通过这次迎扈被正式编入神策军建制，使神策军兵额再一次增多。当时长安原有的禁军如《旧唐书·鱼朝恩传》所说已经"离散"，其首脑程元振也被罢官放归田里，因此鱼朝恩统率的神策军实际上已成为天子行在的禁军，事定返回长安后升格为正式的禁军，自是顺理成章的事情①。至于大历时划京西北好畤、麟游等地为神策军驻防区，则自系由于神策军本是有地盘的野战部队而非单纯从事警卫的禁军，除驻屯长安宫禁外有必要在长安周边指定防区，实际上是以长安为中心设置了一个直属天子的节度使级管区，使其他地方节镇更不敢向中央政权问鼎染指。这显然也是秉承皇帝的意图，也许就直接出于代宗的宸断。《兵志》对此反说"朝廷不能遏"，好像是鱼朝恩或神策军自行其是；《通鉴》卷二二四大历五年（770）正月辛卯条又说这是宰相元载为了收拾鱼朝恩所出的点子，"朝恩喜于得地，殊不以载为虞，骄横如故"，又和《兵志》之说相矛盾：只能说都是事后附会之谈。鱼朝恩恃功骄横逾分致被代宗利用元载予以铲除是一回事，神策军的需要发展壮大是另一回事。《唐会要》"神策军"说："大历五年朝恩得罪死，以其将刘希暹代之。是岁希暹复得罪，以朝恩旧将王驾鹤代将。"可见代宗只是对鱼朝恩个人厌恶，对神策军及其将领们一如既往地倚任信用。

代宗晚年曾讨伐河北诸镇中最不顺命的魏博节度使田承嗣，但没有派出神策军，只是用地方势力制地方势力的传统策略，发动昭义、成德、幽州、河东、河阳、淄青、淮西等镇进讨，这可能出于稳重，不愿轻易动用嫡系主力，结果由于一些节镇不出力，讨伐没有成功。大历十四年代宗死，德宗即位，这是一个比代宗要冒进些的皇帝，同时也可能总结了前朝用兵的经验教训，从而开始动用神策军。这年十月，吐蕃与南诏三道入侵剑南，德宗诏李晟将神策军四千合凤翔的幽州兵赴援，见《旧唐书》卷一二《德宗纪》、卷一一七《崔宁传》、卷一三三《李晟传》。第二年建中元年刘文喜泾州之叛，据《通鉴》卷二二六同年四月乙未条也曾命神策军使张巨济将禁兵二千助讨。这是两次小试。到建中二年发动对东方节镇的大讨伐，就把神策军作为主要力量，和其他服从中央的地方武力

---

① 《兵志》说其时神策军"尚未与北军齿"，到永泰元年（765）"分为左右厢"后方"势居北军右"而成为"天子禁军"，则显系行文疏失。分左右厢是在泾师之变平定以后，见《唐会要》"神策军"，唐长孺先生在《唐书兵志笺正》中已经指出。而原有之禁军在吐蕃攻占长安后既已离散，事后即稍有恢复，亦不可能有战斗力，焉能与炙手可热的鱼朝恩和神策军相抗衡。

一起投入战场。

这次投入战场的神策军先后有几起。首先是建中二年三月张巨济部都将阳惠元率三千神策军与京西防秋兵移镇关东讨魏博田悦，这支神策军到第二年五月诏李怀光讨田悦时归怀光统率，见《旧唐书·德宗纪》、卷一四四《阳惠元传》。再一支是建中二年六月神策先锋都知兵马使李晟与河东节度使马燧、昭义节度使李抱真会兵讨田悦，见《旧唐书·李晟传》、卷一三四《马燧传》。以上这两支都是用于北战场的。用于南战场的也有两支：建中四年正月左龙武大将军哥舒曜总神策军五万讨李希烈，见《旧唐书·德宗纪》、《奉天录》卷一、《新唐书》卷一三五《哥舒曜传》[①]。八月，李希烈围哥舒曜于襄城，神策制将行营兵马使御史大夫刘德信、御史大夫高秉哲各马步共一万救襄城，见《奉天录》卷一及《通鉴》卷二二八建中四年八月丁未条、九月丙戌条[②]。这里北战场李晟所统率的兵数史无明文，但可肯定是神策军的精锐，因为当时不会预计到南战场的开辟。因此，到李希烈叛变，建中四年正月攻下汝州，哥舒曜调动剩余的京西北各镇神策军东征后，已处于《旧唐书·德宗纪》建中四年六月所说"神策军皆临贼境"京畿空虚的局面。因此已提前采取措施，如《通鉴》卷二二八所说，就在这年四月"上以神策军使白志贞为京城招募使，募禁兵以讨李希烈"。《旧唐书》卷一三五《白志贞传》说："时尚父子仪婿端王傅吴仲孺家财巨万，以国家召募有急，惧不自安，乃上表请以子弟率奴客从

[①] 《旧唐书·德宗纪》作"以龙武大将军哥舒曜为东都畿汝节度使，率凤翔、邠宁、泾原等军东讨希烈"，《哥舒曜传》作"拜曜东都汝州行营节度使，将凤翔、邠宁、泾原、奉天、好畤兵万人讨希烈"，《奉天录》则作"上命工部尚书兼右仆射哥舒曜总禁兵五万而讨之"。此"禁兵"即神策军，好畤、奉天本亦隶神策军，见前引《兵志》及《旧唐书》卷一五一《高崇文传》。至于邠宁，节度使就是李怀光，所部兵早已开赴北战场，凤翔、泾原二节度使的兵则这次并未出动。这次出动的凤翔、邠宁、泾原兵，实际上也只是这三节度境内的神策军，如《兵志》所说，凤翔境内即有麟游、普润二神策军镇可证。因此《奉天录》所说"哥舒曜总禁兵"讨李希烈实较《旧纪》、《新传》为得要领。至《奉天录》称哥舒曜为"工部尚书兼右仆射"者，系任行营节度使时所加职衔，与其原职左龙武大将军也不矛盾。

[②] 年月从《通鉴》、纪事从《奉天录》。但《录》作兵一十万，与《通鉴》建中四年九月丙戌条所记刘德信兵止三千之数相去太远，《录》盖误衍"十"字，今删去而定刘、高二军共一万，似差近事实。

军,德宗嘉之,超授五品官。由是志贞请令节度、观察、团练等使并尝为是官者,令家出子弟甲马从军,亦与其男官。"这种用子弟兵补充的神策军在质量上当然已不如原有的神策军,但比市井之徒总还有些战斗力。神策制将刘德信统率救援哥舒曜的部队据《通鉴》建中四年九月丙戌条说是"请将家应募者三千人",就是这次招募来的子弟兵①。这支子弟兵开赴前线后,就只好如《白志贞传》所说招募"其人皆在京鄽"的"京师沽贩之徒"以填神策军之阙,形成陆贽《论关中事宜状》所说的"宫苑之内,备卫不全",从而在客观上为泾师之变创造了条件,在变乱发生时如《白传》所说"诏志贞以神策军拒贼,无人至者"。平心而论,这不能由白志贞来负责。所以德宗出奔奉天后,《白传》说"仍以志贞为行在都知兵马使",委以防守奉天的重任。至于当时某些人把白志贞和宰相卢杞同样认为奸邪,说德宗播迁是"卢杞、志贞之罪",《白传》因之,则系卢杞、白志贞的反对派故意制造舆论,混淆视听,吕诚之师已作过辨析,见所著《隋唐五代史》第六章第三节②。

五 李晟是个什么样的人物

泾师之变既系乘京城空虚之机发动,而且变乱的部队加上部分凤翔兵只有八千主力,在德宗赦免东方诸叛镇、撤回前线的神策军以及其他节镇之兵主要是朔方军以专讨朱泚后,变乱本不难平定。至于李晟,不过以神策军统将的身份适逢时会而成其大功,这正和前此郭子仪以朔方军首脑成大功享大名相同。因而在原本国史的《旧唐书》里能获得佳传,《新唐书》、《通鉴》因之,李晟在人们心目中遂成为《旧唐书》本传史臣所说的

---

① 《陆宣公集》卷一一《论关中事宜状》(又见《通鉴》建中四年八月)建议"所遣神策六军士马及点召节将子弟东行应援者悉可追还",其中"点召节将子弟"也就是刘德信所率东征的三千子弟兵。

② 当时被诬为奸邪者还有判度支赵赞,其罪名是税商贾、官借富商钱、税间架、算除陌,见《旧唐书·德宗纪》、卷一三五《卢杞传》。其实也是在军费开支庞大、财源枯竭下不得已的措施,吕诚之师《隋唐五代史》同节亦已作辨析。而泾师兵过京师因"牛酒俭薄"而兵变,也显然是由于当时政府太穷乏,对杂牌的地方部队供应得马虎一些,未必是京兆尹王翃刻薄之所致。

"一代之贤将"。但就他破敌收京过程中的所作所为来看,实大谬不然。

先看他杀刘德信。这件事很少有人注意,好像无关紧要,其实大有讲究。据《奉天录》,刘德信的职衔是神策制将行营兵马使、御史大夫。而《旧唐书》卷一三三《李晟传》说李晟在东征时也不过是神策先锋都知兵马使加御史中丞,地位和刘德信差不多,到撤军回援途中才加检校工部尚书、神策行营节度使①,却敢不经奏请擅杀同军大将刘德信,已属骇人听闻。再看杀的理由,《李晟传》说刘军"先次渭南,与晟合军,军无统一,晟不能制,因德信入晟军,乃数其罪斩之。晟以数骑驰入德信军,抚劳其众,无敢动者。既并德信军,军益振"。好像李晟杀将并军做得对,刘德信则罪有应得,其实都是曲笔,其真相要看《奉天录》。《奉天录》卷二说:

〔建中四年十月〕十日,制将刘德信、高秉哲闻帝蒙尘,遂拔汝州,星夜兼驰,于沙苑监取官马五百匹,先收东渭桥,于是天下转输食粮在此焉。军次昭应,列阵于见子陵之西隅,……王师大捷,乘胜筑垒于东渭桥,时十月十九日也。……刘德信、高秉哲固守渭桥,往往出师游奕于望春楼下,〔贼〕设伏皆败绩。……〔十一月二十八日〕李公晟自赵州拔城,从飞狐口越白马津,闻难骏奔,……驻军于东渭桥,斩刘德信而并其军。……初,刘德信军礼不备,失仪于公,公斩之。孔子曰:"何以为身?曰恭敬忠信而已,恭则远于患,敬则人爱之,忠则和于众,信则人信之。"犯此先诫,其刘公之谓乎!

原来刘德信和高秉哲的援军最先赶到,抢占东渭桥要冲,屡立战功,只缘刘德信对迟到的新任行营节度使李晟礼数不周有欠恭敬,有损李晟的尊严,就身被杀而军被并。对同属神策军系统的尚且如此,对受中央歧视的朔方军及其统帅李怀光更可想而知。

---

① 《金石萃编》卷一〇八裴度撰《唐故太尉兼中书令西平郡王赠太师李公神道碑》所述相同。

李怀光带领朔方主力五万从河北前线回师，据《奉天录》卷二，在十一月十八日就赶到泾阳，是仅次于刘德信、高秉哲到达的勤王大军①，朱泚因此而"抽军却守长安"。对此《奉天录》说了"李怀光返斾解奉天重围""功无与议"的公道话。但在大功垂成之际忽然叛变，其根本原因自如第三节所说是当时中央政权对地方势力朔方军的歧视排挤。至于导火线，据《旧唐书·李怀光传》说是由于"怀光性粗厉疏愎，缘道数言卢杞、赵赞、白志贞等奸佞，……屯军咸阳，数上表暴扬杞等罪恶，上不得已为贬杞、赵赞、白志贞以慰安之。〔怀光〕又疏中使翟文秀，上之信任也，又杀之。怀光既不敢进军，迁延自疑，因谋为乱"，这似太不近情理。德宗既已接受李怀光表疏为之贬杞、赞、志贞，杀翟文秀，也可算是言听计从，何以李怀光转而自疑甚至谋乱②。因此我认为真正的导火线，应该从李怀光的对立面李晟那边去寻找。好在《旧唐书·李晟传》里留下了不少蛛丝马迹。《李晟传》说：

> 时朔方节度使李怀光亦自河北赴难，军于咸阳，不欲晟独当一面以分己功，乃奏请与晟兵合，乃诏晟移军合怀光军。晟奉诏引军至陈涛斜，军垒未成，贼兵遽至，晟乃出阵，且言于怀光曰："贼坚保官苑，攻之未必克，今离其窟穴，敢出索战，此殆天以贼赐明公也。"怀光恐晟立功，乃曰："吾军适至，马未秣，士未饭，讵可战耶？不如蓄锐养威，俟时而举。"晟知其意，遂收军入垒，时兴元元年（784）正月也。每将合战，必自异，衣锦裘绣帽前行，亲自指导，怀光望见恶之，乃谓晟曰："将帅当持重，岂宜自表饰以啖贼也。"晟曰："晟久在泾原，军士颇相畏服，故欲令其先识以夺其心耳。"怀光

---

① 据《奉天录》李晟是在李怀光到达泾阳的十天之后，十一月二十八日才自赵州回师的。但《通鉴》卷二二九建中四年十一月记李怀光回师之事却有"至河中，力疲，休息三日，河中尹李齐远倾力犒赏，军尚欲迁延"之说，形容李怀光对勤王之不出力，这显然是李怀光叛变后所加诬蔑之词。《旧唐书·怀光传》说此行"怀光率军奔命，时属泥淖，怀光奋厉军士，道自蒲津渡河"云云，倒还保存了事实真相。

② 这种不近情理之说，很大可能是事定后党于李晟者所编造，借以为李晟激变李怀光一事开脱罪责。

益不悦，阴有异志，迁延不进。晟因人说怀光曰："寇贼窃居京邑，天子出居近甸，兵柄庙略，属在明公。公宜观兵速进，晟愿以所部得奉严令，为公前驱，虽死不悔。"怀光益拒之。

这表面上颇像李晟一再要出兵，而一再受李怀光阻挠，李怀光真是心存两端。其实李晟军全未成如何能出战，朱泚叛军虽少但困守京师坚城，又如何能一战幸胜。何况当时李怀光是元帅，李晟的神策军形式上总得受李怀光指挥，而李晟偏要表饰自异①，要充当先锋前驱以独占收京之功，完全是以嫡系自傲而蔑视非嫡系地方部队的姿态，自使李怀光难于忍受，《李晟传》又说：

> 晟兵军于朔方军北，每晟与怀光同至城下，怀光军辄虏驱牛马，百姓苦之，晟军无所犯。怀光军恶其独善，乃分所获与之，晟军不敢受。久之，怀光将谋沮晟军，计未有所出。时神策军以旧例给赐厚于诸军，怀光奏曰："贼寇未平，军中给赐，咸宜均一，今神策独厚，诸军皆以为言，臣无以止之，惟陛下裁处。"怀光计欲因是令晟自署侵削己军，以挠破之。德宗忧之，欲以诸军同神策，则财赋不给，无可奈何，乃遣翰林学士陆贽往怀光军宣谕，仍令怀光与晟参议所宜以闻。贽、晟俱会于怀光军，怀光言曰："军士禀赐不均，何以令战？"贽未有言，数顾晟，晟曰："公为元帅，弛张号令，皆得专之，晟当将一军，唯公所指，以效死命，至于增损衣食，公当裁之。"怀光默然，无以难晟，又不欲侵刻神策军发于自己，乃止。

案撰《李晟传》者的本意自然想借此表白李晟的公忠体国，其实反为中央嫡系欺压朔方军增一佐证。当年陈寅恪先生撰《论李怀光之叛》发表于

---

① 李晟虽曾任泾原四镇北庭都知兵马使，而李怀光在城原州之役中更久著威名，《旧唐书·怀光传》即有"泾州军士咸畏之"之说。可见李晟所谓"久在泾原，军士颇相畏服，故欲令其先识以夺其心"云云，只是其强词夺理而已。

《清华学报》十二卷第三期上，后又收入《金明馆丛稿二编》，已指出此军饷不均对朔方军情绪之影响。而李怀光名为元帅却对军饷独优的中央嫡系神策军无可奈何，李晟又得中央代表陆贽的支持对李怀光公然出难题，以及朔方军迫于军饷不继虏驱百姓牛马后，分惠神策军以示友好复被拒绝，凡此恐更为李怀光和朔方军所不能堪。但这些仍构不成李怀光叛变的主要原因。主要原因当如《李晟传》下文所说：

> 怀光屯咸阳，坚壁八十余日，不肯出军。德宗忧之，屡降中使，促以收复之期。怀光托以卒疲，更请休息，以伺其便。然阴与朱泚交通，其迹渐露。晟惧为所并，乃密疏请移军东渭桥，以分贼势，上初未之许。晟以怀光反状已明，缓急宜有所备，蜀汉之路，不可壅也，请以裨将赵光铣为洋州刺史，唐良臣为利州刺史，晟子婿张彧为剑州刺史，各将兵五百以防未然，上初纳之，未果行。无何，吐蕃请以兵佐诛泚，上欲亲总六师，移幸咸阳，以促诸军进讨。怀光闻之大骇，疑上夺其军，谋乱益急。时鄜坊节度李建徽、神策将杨惠元（一作阳惠元）及晟并与怀光联营，晟以事迫，会有中使过晟军，晟乃宣令云："奉诏徙屯渭桥。"乃结阵而行，至渭桥。不数日，怀光果劫建徽、惠元而并其兵，建徽遁免，惠元为怀光所害。

原来李晟不仅欺凌朔方军，还不断地媒孽离间，硬给李怀光安上"阴与朱泚交通""反状已明"之类的大罪名，证据最多只是"怀光屯咸阳，坚壁八十余日，不肯出军"。但持重以待时机也为兵家之所允许，否则这年三月底李怀光叛变，李晟担任统帅后仍过了两个月到五月二十八日才收复京师，又如何解释？此外所谓"反状"更无实迹。相反，李晟密疏移军并布置子婿等心腹以算计李怀光倒是事实。李晟的态度对德宗当然有影响，所以"屡降中使，促以收复之期"，又颁赐"铁券"。但对李晟布置子婿张彧等任三刺史的建议"初纳之"而"未果行"，因为并不完全相信李怀光真会马上叛变。至于德宗准备"亲总六师，移幸咸阳"，是否真有夺李怀光军的打算，史无明文可稽，而李怀光缘此疑惧，则当然又是李晟不断媒糵离间的结果。最后李晟矫诏徙屯渭桥，更直接以军事行动促成了李怀光之叛。所幸叛变并非本心，如《奉天录》卷三记怀光所说："吾心惟勤王，而圣主见疑，锡之铁券，吾骑虎揽耳，掎鹿是困。自古列土封王，各为盟主，今是时也。吾观兵河中，晋之旧壤，秣马训士，以候天时，看其形势，见机而取之，卞庄子刺虎之事也，不亦休哉！"从而既不与朱泚联军（由此也可见所谓"与朱泚交通"之诬），更没有进逼奉天、梁州，而只是退守河中这个朔方军根据地以自保。这样才使李晟有可能以全力对付朱泚，成其收京大功。而李怀光则于第二年贞元元年（785），在朔方军另一旧将浑瑊和邻镇河东节度使马燧的围攻下被部将所杀，其粗疏以致杀身和李晟的智诈以成大功，正是一个鲜明的对比。

不过智诈之人亦往往有弄巧成拙的时候。实力过于庞大的地方势力朔方军及其"性粗厉疏愎"的统帅李怀光，在德宗心目中固在所必除；但在朱泚歼灭、京师收复之前动手，则绝不是时候。因此德宗尽管要给中央嫡系神策军撑腰，多少听进李晟的谗言，却一则没有实行李晟安排三刺史的建议，再则没有同意李晟移军渭桥的要求。而李晟偏偏矫诏行动，终于促成李怀光之叛，致使德宗再度仓皇出奔，对李晟的这些跋扈行为德宗自不能绝无戒备。加之前次李晟的擅杀刘德信，也易引起德宗对他的猜疑和神策军的离心。于是第一步把他先调离。《旧唐书·德宗纪》："〔兴元元年（784）八月〕癸卯，加司徒、中书令、合川郡王李晟兼凤翔尹，充凤翔陇右节度等使、泾原四镇北庭行营兵马元帅，改封西平郡王。"这是让李晟离开神策军到凤翔去任节度使，这上距收复京师才三个月，尽管如《李晟传》所说到凤翔后还能"理杀张镒之罪，斩王斌等十余人"，"至泾州，〔田〕希鉴迎谒，于坐执而诛之，并诛害〔冯〕河清者石奇等三十余人"①。再过两年多，《德宗纪》："〔贞元三年（787）三月〕丁未，制凤翔陇右泾原四镇北庭管内兵马副元帅、凤翔陇右道节度使、奉天靖难功

---

① 泾师之变后凤翔军乱杀其帅张镒,泾州军将田希鉴杀其帅冯河清,已详前第二节。

臣、司徒兼中书令、凤翔尹、上柱国、西平郡王、食实封一千五百户李晟，可太尉兼中书令。"《李晟传》说得更清楚是"罢晟兵柄"，"册拜晟为太尉、中书令，奉朝请而已"。这对李晟来说，诚可谓咎由自取①。当然，面子上还是给李晟下得去的，至少有点虚假的尊崇，殁后还能备尽哀荣，诸子中也有显贵者，这无非是一种安定人心的手段，试和《旧唐书·郭子仪传》对看。自可了然。

至于神策军，李晟调离后由谁来接统？让其他功臣悍将来接统自然同样不放心，但像白志贞那样如《旧唐书·白传》所说既"小心勤恪"又"动多计数"的人才实在不好找，而白志贞本人当时已经贬谪，无从重新起用②。为一劳永逸起见，只好恢复肃代两朝的老办法，让皇帝自己的亲信家奴宦官代表皇帝来统带。《旧唐书·德宗纪》："〔兴元元年冬十月〕戊辰，令中官窦文场、王希迁监左右厢神策军都知兵马使。"③《唐会要》"神策军"："贞元二年九月二日，神策左右厢宜改为左右神策军，每军置大将军二人，秩正三品，将军各二人，从三品。"这是沿用传统的左右羽林军、龙武军等设置大将军、将军的办法，任职的今仅知有个三流军人柏良器，《新唐书》卷一三六《李光弼传附柏良器传》说他曾"入为左神策大将军知军事"。但据《新唐书·兵志》在改神策左右厢为左右神策军的同时还"特置勾当左右神策军以宠中官"，则实权仍在此等宦官之手，即如柏良器也因"中尉窦文场恶之……换右领军"，即改任其时徒有虚名的右领军卫大将军，"自是军政皆中官专之"，见《柏传》。《新唐书·兵志》："〔贞元〕十二年（796），以监勾当左神策军、左监门卫大将军、知内侍省事窦文场为左神策军护军中尉，监勾当右神策军、右监门卫将军、知内

---

① 其后元稹撰《望云骓马歌》为李晟鸣不平，有所谓"千官暖热李令闲，百马生狞望云老"云云（《元氏长庆集》今本卷二四），非文人无识，即别有寄托，要与史事真相差之甚远。

② 后来德宗要起用白志贞为果州刺史，《旧唐书·白传》说："宰臣李勉及谏官表疏论列，言志贞与卢杞罪均，未宜叙用，固执不许，凡旬日，方下其诏。"这是贞元二年（786）的事情，已是兴元元年（784）后的第三年，阻力尚如此之大，自然谈不上在兴元元年让他复任神策军职。

③ 《唐会要》"神策军"也说："兴元克复，（李）晟出镇凤翔，始分神策为左右厢。令内官窦文场、王希迁分知两厢兵马。"《德宗纪》"监左右"下原脱一"厢"字，今据《唐会要》补。此盖仿节度使制度，节度使下通常设置左右厢兵马使各一人。

侍省事霍仙鸣为右神策军护军中尉。"①左右神策中尉之分别为左右神策军首脑遂成定制，正如《旧唐书》卷一八四《宦官传序》所说"自是神策亲军之权，全归于宦者矣"。同卷《窦霍传》还追溯其前窦文场的用事，说到"泾师之乱，……志贞贬官，左右禁旅，悉委文场主之"。案之《册府元龟》卷四一四"赴援"，又有"张孝忠为易定节度，时朱滔侵逼，诏神策行营兵马使李晟、中官窦文场以众援之"的记载，则窦文场还曾作过李晟所统神策军的监军。以窦易李，正与当年用鱼朝恩以代卫伯玉、郭英义之事相同，自不致产生阻力。至于在神策军左右厢的基础上正式分神策为左右两军，各设护军中尉，又在于使他们分掌兵柄，互相牵制，比集权于一宦官易对皇帝闹独立性的办法来得稳妥，这和过去羽林、龙武等禁军之必分左右是同一意图。

顺便说一下，在上述七年讨叛战争中人们往往认为德宗是个彻底失败者，甚至因而斥德宗为昏君。其实不然。在北战场是打了个平手，南战场则先后消灭了山南东道的梁崇义和淮西的李希烈，尽管淮西问题并未完全解决以后有劳宪宗来收拾。对巩固京畿来说平定了朱泚的叛乱，消灭了泾原、凤翔的隐患，还附带解决了中央长期不放心的朔方军问题，并把嫡系主力神策军的兵权收归比较可靠的皇帝家奴宦官来掌握。这些都只能说是成功而不能说失败。当然，这并不等于否认德宗的某些措施不够妥当或有失误，甚至出了乱子。但出了乱子仍能力图挽救且收效，可见德宗实在不昏。

---

① 据《旧唐书·德宗纪》及卷一八四《宦官·窦霍传》：其事在贞元十二年六月。惟《窦霍传》又说"右神威军使张尚进为右神策中护军，内谒者监焦希望为左神策中护军"，此"右神策""左神策"据《德宗纪》及《兵志》当作"右神威""左神威"；与左右神策军无关。中华书局《旧唐书》点校本未能察出改正。

第十四章　所谓永贞革新

一　永贞革新说的来源

贞元二十一年（805）正月癸巳德宗去世，皇太子顺宗李诵即位，以王叔文为首的政治集团掌权。为了肯定这个集团的活动，二十世纪五十年代以来在某些教科书上使用了一个叫做"永贞革新"的新词语，认为他们的活动是革新运动。

但从对这个革新运动的论述来看，实在看不到多少新内容。旧时代的文人、政治家中早有人提出过类似的见解。如北宋时的政治家范仲淹就认为：

> 刘禹锡、柳宗元、吕温坐王叔文党贬废不用。览数君子之述作，体意精密，涉道非浅，如叔文狂甚，义必不交。叔文以艺进东宫，人望素轻，然传称知书，好论理道，为太子所信。顺宗即位，遂见用，引禹锡等决事禁中。及议罢中人兵权，悟俱文珍辈，又绝韦皋私请，欲斩刘辟，其意非忠乎？皋衔之。会顺宗病笃，皋揣太子意，请监国而诛叔文，宪宗纳皋之谋而行内禅。故当朝左右谓之党人者，岂复见雪。《唐书》芜驳，因其成败而书之，无所裁正。①

---

① 见南宋初严有翼撰《柳文序》，收入世绦堂本《河东先生集》附录卷下。

清人王鸣盛在所著《十七史商榷》卷七"顺宗纪所书善政"、卷八九"南衙北司""王叔文谋夺内官兵柄"诸条更反复申说王叔文之公忠体国,如"顺宗纪所书善政"条即说:

> 叔文之柄用,仅五六月耳,〔《旧书·顺宗纪》〕所书善政,皆在此五六月中。如二月辛酉,贬京兆尹李实为通州长史。甲子,诸道除正敕率税外,诸色杂税并宜禁断,除上供外,不得别有进奉。三月庚午,出宫女三百人于安国寺,又出掖庭教坊女乐六百人于九仙门,召其亲族归之。五月己巳,以右金吾卫大将军范希朝为右神策统军,充左右神策、京西诸城镇行营兵马节度使。六月丙申,二十一年十月已前百姓所欠诸色课利、租赋、钱帛,共五十二万六千八百四十一贯石匹束,并除免。七月丙子,赠故忠州别驾陆贽兵部尚书,谥曰宣,赠故道州刺史阳城为左散骑常侍。以上数事,黜聚敛之小人,褒忠贤于已往,改革积弊,加惠穷民,自天宝以至贞元,少有及此者。……《新书》于二月甲子禁断诸色榷税一条不书,却书罢宫市,《通鉴》亦书此,且并及罢五坊小儿,……此皆宦官所为害民之事,……故顺宗立后即罢之也,叔文专与宦官为难如此。……叔文行政,上利于国,下利于民,独不利于弄权之阉宦、跋扈之强藩。观《实录》,叔文实以欲夺阉人兵柄,犯其深忌。……盖其意本欲内抑宦官,外制方镇,摄天下之财赋兵力而尽归之朝廷。刘辟本韦皋所遣,叔文必欲杀之。若其策得行,后日何烦高崇文往讨劳费兵力乎?

王鸣盛算是比较知名的学者,等而下之,一般旧文人中发此类议论者还不乏其人,如陈其元在同治时所撰写的《庸闲斋笔记》,在卷七的"古人被冤"条里也曾为王叔文等申冤,其声调与范仲淹、王鸣盛等如出一口,可见这已成为旧时代部分文人的共同见识①。

---

① 其实何止文人,陈其元《笔记》中还说"我高宗纯皇帝"即乾隆帝的"御论亦辨白之",这当在他的御制文集或《御批通鉴辑览》里,想来调门也差不多。

对比一下，今天所讲"永贞革新"的内容和旧时代并没有多少不同，《庸闲斋笔记》之类未必找来参考，应该是承袭了《十七史商榷》。所增添的当然也有，即认为王叔文集团是"代表庶族地主阶级的新兴力量"，其政治活动是对掌权的"宦官藩镇豪族地主阶级的旧势力"作斗争①，并为之命名"永贞革新"而已。

旧时代人说的是否对，尤其是今人增添的是否真有道理，容待下面讨论。这里姑先指出一个十分明显的错误，即"永贞革新"这个词语的错误。顺宗是在贞元二十一年（805）正月丙申即位的，到八月庚子就禅位皇太子宪宗李纯而退为太上皇，第二天辛丑才以太上皇名义下诰，"宜改贞元二十一年为永贞元年"，这在《昌黎先生外集》本《顺宗实录》卷五和《旧唐书》卷一四《顺宗纪》里都说得很清楚。而王叔文集团的政治活动都在顺宗在位时期，其时年号尚是贞元而非永贞。就算这真是革新，也只能在"革新"之前冠以"贞元二十一年"，如嫌累赘冠以"顺宗"或"王叔文"之类也均无不可，何必生造个什么"永贞革新"！难道是因为《通鉴》在这年正月即以永贞纪年②，抑系受了韩愈所写收入《昌黎先生集》卷三的《永贞行》的影响？但以最后所改年号冠于本年之首是司马光编写《通鉴》的通例，何况胡三省在"永贞元年"下已注明"是年八月始改元永贞"，"永贞革新"命名者何至视而不见？《永贞行》则是以歌颂宪宗即位剪除王叔文集团为主题的诗歌，所谓"嗣皇卓荦信英主，文如太宗武高祖，膺图受禅登明堂，共流幽州鲧死羽"云云都是改元永贞以后的事情，才以《永贞行》为题目。凡此均成不了以"永贞"来称"革新"的理由。

二　是否又来士族庶族之争

现在来看今之"永贞革新"说者提出的主要论点，即认为王叔文集团

---

① 此语见王芸生先生《论二王八司马政治革新的历史意义》，载《历史研究》1963年第3期，该文可说是"永贞革新"论的代表作。
② 新标点本《通鉴》且在页边印上"顺宗永贞元年"。

是"代表庶族地主阶级的新兴力量",其政治活动是对掌权的"宦官藩镇豪族地主阶级的旧势力"作斗争。

这后半句在文义上颇不易通解,是说宦官和藩镇再加上豪族地主阶级呢,还是宦官和藩镇本身也都是豪族地主阶级?有的教科书上是把豪族地主阶级和宦官、藩镇三者并列的,那么这豪族地主阶级说具体点应该是何等样人物?

从在中央掌权这点来看,除内廷的宦官外应该是外朝的宰相,还有当时已分掌部分相权、有"内相"之称的翰林学士。贞元末年顺宗即位前已居相职的是贾耽、杜佑、郑珣瑜和高郢,见《旧唐书·德宗纪》和《新唐书》卷六二《宰相表》。翰林学士则有卫次公、郑絪、李程、王涯和后来属于王叔文集团名列所谓八司马的凌准,见《旧唐书》卷一五九《卫次公传》《郑絪传》,卷一七六《李程传》、卷一六九《王涯传》和柳宗元《河东先生集》卷一〇《连州司马凌君权厝志》。

先看这些宰相的政治态度。《顺宗实录》卷二贞元二十一年三月里有这样一段纪事:

> 丁酉,吏部尚书、平章事郑珣瑜称疾去位。其日,珣瑜方与诸相会食于中书。故事:丞相方食,百寮无敢谒见者。叔文是日至中书,欲与〔韦〕执谊计事,令直省通执谊。直省以旧事告,叔文叱直省,直省惧,入白执谊。执谊逡巡惭赧,竟起迎叔文,就其阁语良久。宰相杜佑、高郢、郑珣瑜皆停筯以待。有报者云:"叔文索饭,韦相已与之同餐阁中矣。"佑、郢等心知其不可,畏惧叔文、执谊,莫敢出言。珣瑜独叹曰:"吾岂可复居此位!"顾左右取马径归,遂不起。前是,左仆射贾耽以疾归第未起,珣瑜又继去,二相皆天下重望,相次归卧,叔文、执谊等益无所顾忌,远近大惧焉。

韦执谊也是属于王叔文集团的八司马之一,顺宗即位后贞元二十一年二月为宰相,见《顺宗实录》和《旧唐书》卷一四《顺宗纪》、《新唐书·宰相表》,所以王叔文要找他计事。这段文字后来也被《新唐书》卷一六五《郑珣瑜传》和《通鉴》所采用,只是由于写得近似小说,故三省注认为是"史甚言其事"。但既出于《实录》,至少基本上可信,则郑珣瑜、贾耽之反对王叔文集团应是事实。《旧唐书》卷一三八《贾耽传》也说"时王叔文用事,政出群小,耽恶其乱政,屡移病乞骸,不许",而郑珣瑜据《实录》卷四贞元二十一年七月乙未条及《旧唐书·顺宗纪》,也是在顺宗下诏权令皇太子宪宗勾当军国政事、王叔文失败时才正式罢相的。高郢也是和郑珣瑜一起罢相的,《旧唐书》卷一四七《高传》说他"为韦执谊等所惮",但《河东先生集》卷一二有柳宗元贬永州司马后所写的《先君石表阴先友记》,仍以郢为先友,并说他是"有文章规矩自立者,不干贵幸",因此他是否坚决反对过王叔文集团还不清楚,不过至少没有和王叔文集团站到一起或为这个集团所利用,这里姑且算作郑珣瑜一边的人物。至于杜佑,在王叔文任度支盐铁副使时为正使,就算如《顺宗纪》所说"其实叔文专总",也已被王叔文利用成不了对立面。对立面郑珣瑜、贾耽外加高郢,一共宰相三人。

五名翰林学士之中,凌准属于王叔文集团。李程,《旧唐书》本传说他"为王叔文所排,罢学士",自然是王叔文集团的对立面。还有卫次公、郑絪和王涯,则可看《旧唐书·卫次公传》的这样一段记载:

> 德宗升遐,时东宫疾恙方甚,仓卒召学士郑絪等至金銮殿。中人或云:"内中商量,所立未定。"众人未对,次公遽言曰:"皇太子虽有疾,地居冢嫡,内外系心,必不得已,当立广陵王,若有异图,祸难未已。"絪等随而唱之,众议定。

这里的"广陵王"即后来成为顺宗的皇太子而在政治上与顺宗及王叔文集团对立的宪宗李纯。而《顺宗实录》卷四贞元二十一年七月乙未条所说草诏权令皇太子宪宗勾当军国政事的也正是"翰林学士郑絪、卫次公、王涯等"①。可见这三人确属王叔文集团的对立面。

问题是这些和王叔文集团对立的宰相、翰林学士是否都如"永贞革新"说者之所认定是属于"豪族地主阶级"。

"豪族地主阶级"又是现代的新名词,不过用在这里并不妥切,这"豪族"一词在南北朝时通常是"土豪"的同义语②,实际上尚属于今天所说庶族地主的范畴。因此较多的不用这个名词而称和王叔文集团对立的宰相、翰林学士为士族地主阶级。只是其时谁算士族地主,仍很难说。因为这士族地主者,是我国进入封建地主制社会后由东汉时的大姓名士演变而成的,他们带有浓厚的领主制残余气味,形成了魏晋以来的门阀制度。但到南北朝后期,这些士族地主包括后起的已逐渐丧失其经济上政治上的特权,除留有点门户高贵的旧观念外,到唐代和庶族地主以至非地主庶族之间的区别实际上已不复存在,以致唐人编写的记述族姓的《元和姓纂》和用诸家谱系编写的《新唐书·宰相世系表》上,都不再注明谁是士族谁是庶族。这些在前面第四章第五节里已经讲过。如今"永贞革新"说者硬要给唐人来区分士庶,就只好用原先的老办法,除《新唐书》卷一九九《儒学·柳冲传》所载柳芳文章中列举前此"为大""首之"的一些侨姓、吴姓、郡姓、虏姓仍旧算是士族外,凡其先世仕宦历任显职的也都算原来是士族或可能是原来的士族,否则就是庶族。

这样来看贾耽,《旧唐书》本传只说是"沧州南皮人,以两经登第,调授贝州临清县尉"。《元和姓纂》辑本卷七贾姓乐陵条也只说"唐沁水丞贾元琰生耽"。《新唐书》卷七五下《宰相世系表》才说其祖"知义,沁源主簿",曾祖"远则,长河尉",高祖"敬言,刑部郎中、滑州刺史",六世祖"处静,隋成州长史",七世祖"宪,后周秘书监"。如这个世系可靠,可算原为士族,但到贾耽久已破落,所以本传不再提及父祖。如世系

---

① 《旧唐书》卷一八四《宦官·俱文珍传》讲草诏者还有李程,但李程在此时已"罢学士",当是《俱传》撰写者手滑而妄加。

② 这点可参看熊德基先生《魏晋南北朝阶级结构研究中的几个问题》,收入中国社会科学院历史研究所魏晋南北朝隋唐史研究室编《魏晋隋唐史论集》第一辑。

有问题，就只能是庶族。

高郢，《旧唐书》本传说"其先渤海蓨人"，"父伯祥，先为好畤尉"，据《新唐书》卷七一下《宰相世系表》，"京兆高氏又有与北齐同祖，初居文安，后徙京兆"的一支是郢所自出，郢父"伯祥，右拾遗"，祖"质，沧州刺史"，曾祖"卿，遂城令"，以上即不详。看来应是渤海高氏的假冒牌，只好算庶族。

卫次公，《旧唐书》本传只说是"河东人"，"弱冠举进士"，而不言其父祖。《元和姓纂》辑本卷八卫姓安邑条也只说"今陕虢观察卫次公"，"河东安邑人"，而不详其世系。足见是地道的庶族。

李程，《旧唐书》本传只说是"陇西人"。《新唐书》则列入卷一三一《宗室宰相传》，说明是"襄邑恭王神符五世孙"，也就是唐高祖李渊的从父弟李神符的后裔。陈寅恪先生《唐代政治史述论稿》上篇已指出"李唐先世若非赵郡李氏之破落户，即是赵郡李氏之假冒牌"，其自言陇西李氏实随宇文泰入关后所改。惟自此即成为西魏的八柱国家，自可与北朝的虏姓士族同样看待。但唐代宗室之稍疏远者实毫无权势可言，所以李程只能通过"进士擢第，又登宏辞科"以进身，其地位实际上相当于一个没落的士族或庶族。

王涯，《旧唐书》本传说是"太原人"。《新唐书》卷一七九本传则说"其先本太原人，魏广阳侯冏之裔"。案之《新唐书》卷七二中《宰相世系表》及姚薇元先生撰《北朝胡姓考》外篇"东胡诸姓·王氏"条，则是系出东胡乌桓的乌丸王氏而非山东郡姓的太原王氏，而且还只是乌丸王氏的旁支即所谓乌丸王氏始祖冏的五世孙元政的一支，而且这一支由元政四传至王涯再无分出，这样的世系本身就很可疑，大有王涯显贵后伪造以高攀虏姓士族之嫌。再看其先世，除父"冕，温州刺史"外，祖"祚，青州司马"，曾祖"实，安吉令"，高祖"元政，幽州别驾"，可说无一显贵。因此只能定之为庶族。

郑珣瑜、郑絪，据《新唐书》卷七五上《宰相世系表》，都系荥阳郑氏，珣瑜出北祖房，絪出南祖房，是柳芳所说"为大"的山东郡姓之一，又是唐代流俗"以崔、卢、李、郑为四姓"的四姓之一。但《世系表》又记珣瑜父"谅，冠氏令"。《新唐书》本传说他"少孤，值天宝乱，退耕陆浑山以养母"，"大历中以讽谏主文科高第"，则已没落不振。郑絪据《旧唐书》本传也是"擢进士第，登宏词"。据《世系表》除父"羡，池州刺史"外，祖"杳，河阳丞"，曾祖"崇业，永州司马"，高祖"过庭，蒋令"，接连几代都未能显达，也只能算是旧士族中趋向没落者。

以上和王叔文集团对立的以及不受其利用的宰相、翰林学士七人中，原为士族已趋没落者二人，庶族或士族之没落者一人，相当于庶族或没落士族一人，纯属庶族的倒有三人。

再看王叔文集团。这个集团通常也叫"二王八司马集团"，"二王"者王叔文、王伾，"八司马"者事败后贬为南方边远诸州司马的韩晔、韩泰、陈谏、柳宗元、刘禹锡、凌准、程异、韦执谊。此外，据《顺宗实录》卷五永贞元年八月壬寅条附王叔文传、《旧唐书》卷一三五《王叔文王伾传》，属于此集团的还有房启、李景俭、吕温、陆质诸人。这里也审查他们是否真如"永贞革新"说者所说是庶族地主阶级。

王叔文，《旧唐书》本传说他是"越州山阴人"，"以棋待诏"。又《河东先生集》卷一三有《故尚书户部侍郎王君先太夫人河间刘氏志文》，是柳宗元为王叔文之母撰写的墓志，志中只说叔文之父"举明经，授任城尉，左金吾卫兵曹"。说明王叔文确实出身于地位低微的庶族。

王伾，《旧唐书》本传说是"杭州人，始为翰林侍书待诏"，父祖别无可考，可见也是地位低微的庶族。

凌准，据《河东先生集》卷一〇《故连州员外司马凌君权厝志》所说是杭州人，"以孝悌闻于其乡，杭州刺史常召君以训于下，读书为文章"，"年二十，以书干丞相"，而不言其父祖官职，也应是庶族。

程异，《旧唐书》卷一三五、《新唐书》卷一六八本传都只说是"京兆长安人"，不言父祖官职。《新唐书》卷七五下《宰相世系表》则谓其父"献可，太子左谕德"，祖"子珪，左赞善大夫"，曾祖"思奉，利州刺史"，如可靠自有原属士族之可能。但本传又说他在宪宗朝被擢任宰相，

"议者以异起钱谷吏,一旦位冠百僚,人情大为不可",则仍应是庶族,《世系表》所记盖有增饰。

李景俭,《旧唐书》卷一七一本传说是"汉中王瑀之孙,父褚,太子中舍,景俭,贞元十五年登进士第"。据《新唐书》卷七〇下《宗室世系表》睿宗六子让皇帝房,汉中王瑀是睿宗长子所谓让皇帝宪之子,则李景俭在宗室中较王叔文对立面的李程还稍为亲近些,其地位至少相当于一个破落士族。

吕温,据《旧唐书》卷一三七《吕渭传附温传》,是吕渭之子,吕延之孙,吕延之官越州刺史、浙江东道节度使,吕渭官太子右庶子、礼部侍郎,又出任潭州刺史兼御史中丞、湖南都团练观察使。据《元和姓纂》辑本卷六吕姓,这是属于河东一族,很可能本是士族,如是庶族,也是庶族中之上升者。

刘禹锡,《旧唐书》卷一六〇本传说是"彭城人,祖云,父溆,仕历州县令佐,世以儒学称"。但《刘梦得外集》卷九有刘禹锡自撰《子刘子自传》,略谓"其先汉景帝贾夫人子胜,封中山王,谥曰靖,子孙因为中山人也。……七世祖亮,事北朝为冀州刺史、散骑常侍,遇迁都洛阳,为北部都昌里人,世为儒而仕。……曾祖凯,官至博州刺史。祖锽,……殿中丞、侍御史,赠尚书祠部郎中。父讳绪,亦以儒学,天宝末应进士,遂及大乱,举族东迁,……为浙西从事,本府就加盐铁副使,遂转殿中,主务于埇桥"。所说系出汉中山靖王之后自属依托,《元和姓纂》辑本卷五刘姓中山条即未列入刘禹锡一系。而七代祖亮以下则虽有夸饰,比较《旧唐书》本传尚差为可信。此刘亮《周书》卷一七有传,谓"父持真,镇远将军领民酋长",显是胡人。又据此传亮虽未如《自传》所说"为冀州刺史、散骑常侍",但在北魏节闵帝初年曾以都督从贺拔岳西征入关中,可见刘禹锡先世确系北朝后期新起的虏姓士族。《自传》所谓"世为儒而仕"则是刘亮以后的事情。这种先世以军功起家,后裔转而以儒学见称,在魏晋以来的士族中本属常见。

柳宗元,《旧唐书》卷一六〇本传说是"河东人,后魏侍中济阴公之系孙。曾伯祖奭，高宗朝宰相。父镇，太常博士，终侍御史"。《新唐书》卷七三上《宰相世系表》则说其祖"察躬，德清令"，曾祖"从裕，清池令"，高祖"子夏，徐州长史"，五世祖"楷，济、房、兰、廓四州刺史"，六世祖"旦"，"隋黄门侍郎、新城男"，七世祖"庆"，"后魏侍中、左仆射、平齐景公"。《元和姓纂》辑本卷七柳姓河东解县条所载与此略同。这河东柳氏是柳芳所说关中六郡姓之一，柳宗元父祖及曾祖的官职虽不算通显，伯曾祖则是宰相，比郑珣瑜、郑细这两支士族入唐后久不出宰相者要显赫得多。

韦执谊，《旧唐书》卷一三五本传只说是"京兆人，父浼，官卑"，因而"永贞革新"说者说他"出身低微"①。殊不知京兆韦氏本是柳芳所说关中六郡姓之一，在北朝就是士族。据《元和姓纂》辑本卷七京兆诸房韦氏条和《新唐书》卷七四上《宰相世系表》，韦执谊系出龙门公房，是京兆杜陵韦氏东眷房的一支，其六世祖龙门县公"遵，骠骑大将军、晋州大总管府长史"，五世祖"善嗣，上谷郡太守"，高祖"崇德，太子谕德"，祖"仲昌，京兆少尹"，父"浼"，"巴州刺史"。刺史在唐代仍属显职，《旧唐书》本传说浼"官卑"，无非是韦执谊失败后国史所加的诋诬之笔。

韩晔，《旧唐书·王叔文王伾传》说是"宰相滉之族子"。据《新唐书》卷七三上《宰相世系表》则是滉弟韩洄之子，宰相韩休之孙。韩洄有传附见《旧唐书》卷一二九及《新唐书》卷一二六《韩滉传》，谓"以荫绪受任"，历任户、兵、刑诸部侍郎、京兆尹、国子祭酒。又据《元和姓纂》辑本卷四韩姓及《新唐书·宰相世系表》，韩休一支出昌黎棘成，即所谓昌黎韩氏。这在北朝已是士族，入唐后仍颇显贵。

韩泰，据《新唐书》卷七三上《宰相世系表》，其父"某，万州刺史"，祖"某，著作郎"，曾祖"某，鄜州刺史"，五世祖"仲良，户部尚书、颍川公"。《元和姓纂》辑本卷四韩姓列韩仲良于南阳堵县条，但所记仲良父祖又有脱误。据于志宁撰《韩仲良碑》拓本及《金石萃编》卷五〇

---

① 见王芸生《论二王八司马政治革新的历史意义》。

录文，则仲良"祖褒，魏侍中，周使持节、开府仪同三司、原凉二州总管、少保、三水贞公"，"父绍，周昌乐郡守，隋仪同三司、骠骑将军、卫尉少卿、金崖县开国公"。可见也是北周以来的士族，入唐后仍颇显贵。

房启，据《新唐书》卷一三九《房琯传附启传》，是肃宗朝宰相房琯之孙，"以荫补凤翔参军事，累调万年令"。又据《新唐书》卷七一下《宰相世系表》，房琯一系为河南房氏，原系胡姓屋引氏，是高车贵族南迁洛阳后改为房氏者，详《北朝胡姓考》内篇"内入诸姓·房氏"条。《世系表》谓启父"乘，秘书郎"，曾祖"融，相武后"，五世祖"恭懿，隋海州刺史"，六世祖"谟，北齐侍中、吏部尚书"，八世祖"伦，后魏殿中尚书、武阳公"。也是北朝以来的士族，入唐后仍颇显贵。

陆质，《旧唐书》卷一八九《儒学传》说是"吴郡人"，"有经学，尤深于《春秋》"。《新唐书》卷一六八本传说"七代祖澄，仕梁为名儒，世居吴"。澄传见《南齐书》卷三九、《南史》卷四八，谓澄祖邵，临海太守，父瑗，州从事，澄历官度支尚书、散骑常侍、秘书监、吴郡中正、国子祭酒。吴郡陆氏本是柳芳所说东南"为大"的四吴姓之一，陆澄、陆质这一支又以儒学见称，当然不可能冒牌而系地道的吴姓士族。

最后还有一个陈谏，事迹仅附见于两《唐书》之《王叔文王伾传》，此传附见诸人多不言其籍贯、先世，陈谏之为庶族抑先世曾是士族，已不易查究。

以上所列王叔文集团十四人中，除一人先世士庶难明外，先世属于士族的多至七人，先世有士族可能的一人，相当于已没落的士族一人，剩下真正的庶族只有四人，还不到总数十四人的三分之一。

既然王叔文集团及其对立面都是庶族和先世出于士族者同时存在，而且和"永贞革新"说者所想象相反，王叔文集团中先世出于士族者还远多于庶族，对立面中先世出于士族者转少于庶族。则所谓王叔文集团代表庶族地主阶级向士族或所谓豪族地主阶级作斗争之说，岂非是个空中楼阁！

三 关于反藩镇反宦官

也许"永贞革新"说者会说，上面这些考证仍不说明问题，因为判断一个政治集团之代表庶族地主抑士族地主，主要不是看其成员的家庭成分，而要看他们的政治表现，而在政治表现上，王叔文集团及其对立面是分别代表了庶族地主和士族地主的利益。

此话似乎也有道理。因此，这里再从范仲淹、王鸣盛以来直至今之"永贞革新"论者公认的王叔文集团的两大政治表现，即"内抑宦官""外制方镇"这两点来作考察。考察每一点还需要分两层：

首先，得从理论上弄清楚是否只有庶族地主才反对宦官或藩镇，而士族地主则不反甚至勾结投靠宦官或藩镇；然后，再用史实来证明是否只有王叔文集团真在反宦官或藩镇，而其对立面则不反甚至勾结投靠宦官或藩镇。

先说藩镇，这里又得首先澄清通行教科书给人们造成的错误观念，即安史之乱以后的藩镇统统是和中央闹独立性，甚至是和中央完全处于对立地位的。事实上，除河北地区的幽州、成德、魏博以及今山东地区的淄青属于安史残余势力，对中央闹半独立性外，其余的藩镇都像安史乱前那样是由中央主动设置，而且节度使也由中央任免，很少像河北三镇及淄青那样闹世袭。实际上只是在原先的州、县二级地方行政机构之上再加一级节度使管区，并且像魏晋南北朝的州刺史或使持节都督某某等州军事那样掌握着兵权而已。他们一般都服从中央、拥护中央，向河北三镇看齐要求世袭以至反抗中央的是极少数，魏晋南北朝有兵权的刺史、都督有时也会反中央，这本来不值得大惊小怪，因此，在当时很少想到从根本上取消这种藩镇制度。有人认为柳宗元写的《封建论》公开宣传"封建非圣人意"，是一篇反藩镇的文章。这文章收在《河东先生集》卷三里，其中并没有真把古代的封建和当时的藩镇等同起来，捎带讲到藩镇的只有这么几句，说"唐兴，制州邑，立守宰，此其所以为宜也。然犹桀猾时起，虐害方域者，失不在于州而在于兵,时则有叛将而无叛州,州县之设固不可革"。这只是把当时境内的战乱归之于节度使拥兵太多,仍旧没有进一步提出取消藩镇的主张。至于说只有庶族地主才反藩镇,士族不反或勾结投靠,那就更缺乏理论根据了。因为节度使的先世并非都是士族地主,相反如最成问题的河北诸节度使几乎都出身庶族,甚至原先连地主都不是,也很难找到他们有什么代表士族利益的言行。当然,还曾经有人认为藩镇的社会基础是封建大地主所有者即大庄园主,但大庄园主和士族又如何能画等号?何况藩镇的社会基础有人认为只是充当职业佣兵的农民和流氓无产者①,这和士族地主的利益就更风马牛不相及了。

王叔文集团是不是真正在反藩镇?反藩镇这个制度并没有,已如上所说,即使《封建论》也不能算。对某一具体藩镇的言行表示反对倒确曾有过,就是《顺宗实录》卷四贞元二十一年六月乙亥所说的:

> 贬宣州巡官羊士谔为汀州宁化县尉。士谔性倾躁,时以公事至京,遇叔文用事,朋党相煽,颇不能平,公言其非。叔文闻之,怒,欲下诏斩之,〔韦〕执谊不可,则令杖杀之,执谊又以为不可,遂贬焉。由是叔文始大恶执谊,往来二人门下者皆惧。先时刘辟以剑南节度副使将韦皋之意于叔文,求都领剑南三川,谓叔文曰:"太尉使某致微诚于公,若与其三川,当以死相助;若不用,某亦当有以相酬。"叔文怒,亦将斩之,而执谊固执不可。辟尚游京师未去,至闻士谔,遂逃归。

《旧唐书》卷一四〇《韦皋传》所记也相同,是韦皋、刘辟提出扩大地盘的要求,才碰了钉子,如不提,不是相安无事了吗,此外还有什么反藩镇的实迹呢?当然,这件事也可说是反过某个藩镇,但只是王叔文在反,集

---

① 可看杨志玖先生《试论唐代藩镇割据的社会基础》和杨先生与张国刚君合撰《藩镇割据与唐代的封建大土地所有制》,分别发表于《历史教学》1980年第6期、《学术月刊》1982年6月号,又均收入杨先生《陋室文存》,2002年中华书局版。

团中的韦执谊便不那么坚决，并不是整个集团的一致行动。而且王、韦的闹意见如《实录》所说主要在对待羊士谔上，对待刘辟还是次要的，说明王叔文本人也并没有把刘辟的问题作为头等大事来处理。至于韦皋，这个有点野心的节度使本来并没有反对王叔文集团，相反如《实录》所说倒是想和这个集团拉好关系的。无奈王叔文不领情，于是如《旧唐书·韦皋传》所说"皋知王叔文人情不附，又知与韦执谊有隙，自以大臣可议社稷大计，乃上表请皇太子（宪宗）监国"，从而成为拥立宪宗推翻王叔文集团的首先发难者。这是形势发展所造的，并不能说明藩镇和王叔文集团之间有天生的矛盾。

更有意思的是，韦皋不久病死了，刘辟叛乱，是谁把这场叛乱平定的呢？请看《旧唐书·韦皋传附刘辟传》：

> 永贞元年八月，韦皋卒，辟自为西川节度留后，率成都将校上表请降节钺。朝廷不许，除给事中，便令赴阙，辟不奉诏。时宪宗初即位，以无事息人为务，遂授辟检校工部尚书，充剑南西川节度使。辟益凶悖，出不臣之言，而求都统三川，……遂举兵围梓州。宪宗难于用兵，宰相杜黄裳奏："刘辟一狂蹶书生耳，王师鼓行而俘之，兵不血刃。臣知神策军使高崇文骁果可任，举必成功。"帝数日方从之。于是令高崇文、李元奕将神策京西行营兵相续进发，令与〔山南西道节度使〕严砺、〔东川节度使〕李康掎角相应以讨之，仍许其自新。元和元年（806）正月崇文出师，三月收复东川，乃下诏……削夺〔辟〕在身官爵。……九月崇文收成都府。……辟槛送京师，……戮于子城西南隅。

宪宗在"永贞革新"论者心目中是保守派拥立的新皇帝，是断送王叔文集团革新事业的元凶。杜黄裳是宪宗以皇太子勾当军国政事的同一天任门下侍郎平章事当上宰相的，见《顺宗实录》卷四贞元二十一年七月丁未条。《旧唐书》卷一四七《杜黄裳传》还说他"贞元末为太常卿，王叔文之窃权,黄裳终不造其门。尝语其子婿韦执谊令率百官请皇太子监国,执谊遽曰:'丈人才得一官,可复开口议禁中事耶?'黄裳勃然曰:'黄裳受恩三朝,岂可以一官见买。'即拂衣而出"。足见其人也是坚决站到宪宗一边的。而神策军以及神策军使高崇文的上司又正是拥立宪宗的宦官,大宦官俱文珍且亲自出任高崇文的监军,但就是平定了藩镇刘辟的叛乱。不仅如此,《旧唐书·杜黄裳传》还说:

> 后与宪宗语及方镇除授,黄裳奏曰:"德宗自艰难之后,事多姑息。贞元中,每帅守物故,必先命中使侦伺其军动息,其副贰大将中有物望者,必厚赂近臣以求见用,帝必随其称美而命之,以是因循,方镇罕有特命帅守者。陛下宜熟思贞元故事,稍以法度整肃诸侯,则天下何忧不治。"宪宗然其言。由是用兵诛蜀、夏之后,不容藩臣寒傲,克复两河,威令复振,盖黄裳启其衷也。

这种制裁藩镇的态度岂不比王叔文当年更坚决。宪宗本人在刘辟初叛时态度似尚不够坚决,这是《旧唐书·刘辟传》所说由于刚即位"难于用兵"的缘故,以后还是用兵了。而且在元和元年(806)三月平定夏州,杀知节度留后杨惠琳;此后又在元和二年(807)平定镇海军,杀节度使李锜;五年(810)擒获昭义节度使卢从史;七年(812)魏博田弘正归心朝廷,由朝廷任命为节度使;八年(813)平振武军乱事;十一年(816)平宥州乱事;十二年(817)平淮西,杀自领节度的吴元济;十三年(818)成德节度使王承宗送二子入侍为人质;十四年(819)平定淄青,杀节度使李师道;幽州节度使刘总也想"尽更河朔旧风",在宪宗身后穆宗长庆元年(821)把地盘交还给中央:所有成问题的藩镇包括河北三镇和淄青在内基本上全被解决。按照反藩镇就是革新的逻辑,宪宗岂非是个大大的革新派，怎么能因为收拾了王叔文集团，就被扣上保守的帽子？①

现在再说宦官。说只有庶族地主才反宦官，士族则不反甚至投靠宦官，同样拿不出理论根据。真讲理论，那宦官是皇帝的"家臣"即家内奴隶，倒真正出身于庶族，而且是庶族中地位极低下者，一般连地主都够不上。不过既成为皇帝的家内奴隶，其中掌权者就和主子即皇室互相依存，有共同的利益而已。这些在第七章第二节里已有详细的讲说。至于范文澜《中国通史简编》第三编第二章第三节说"宦官是工商杂类在政治上的代表"，大概是看到宦官统率的"神策军军士多是长安富家子即工商家子"，从而以偏概全，其难于成立自更毋庸多说②。但不管怎样宦官和士族地主之间总不致存在什么特殊利害关系。事实上也端不出宦官只代表士族不代表庶族的言行。

至于王叔文集团，和某些宦官有过斗争倒是事实。《顺宗实录》卷三贞元二十一年五月条说：

> 辛未，以右金吾大将军范希朝为检校右仆射兼右神策京西诸城镇行营兵马节度使。叔文欲专兵柄，藉希朝年老旧将，故用为将帅，使主其名，而寻以其党韩泰为行军司马专其事。甲戌，以度支郎中韩泰守兵部郎中兼中丞，充左右神策京西都栅行营兵马节度行军司马，赐紫。

同书卷五所附王叔文传在讲了这个措施后还接着说：

---

① 但宪宗解决了那么多的藩镇总是事实，那也好办，或是假装不知道，或是发挥文字技巧加以贬低。如《论二王八司马政治革新的历史意义》中就说讨伐刘辟、李锜、吴元济三役只是"表面胜利"。不知道怎样才算不是表面胜利，是否像王叔文那样在京城里杀掉个刘辟才算彻底胜利。王鸣盛则说得更妙，什么"刘辟本韦皋所遣，叔文必欲杀之，若神策得行，后日何劳高崇文往讨费兵力"。好像西川就只有一个刘辟会叛乱，杀掉刘辟就清除了乱源。而且，王叔文之策不行只能说他自己不够坚决，集团内部的韦执谊一反对即作罢，几曾有集团以外的反对派在阻挠，王鸣盛大概写史论写得手滑，连起码的历史事实都顾不上了。

② 旧社会上海工商界人士中颇有为了保障财产不受流氓侵害而不得已参加帮会者，岂能说帮会是代表工商杂类利益？宦官以至神策军之不代表工商杂类利益也同此道理。

中人尚未悟，会边上诸将各以状辞中尉，且言方属希朝，中人始悟兵柄为叔文所夺，乃大怒曰："从其谋，吾属必死其手。"密令其使归告诸将曰："无以兵属人。"希朝至奉天，诸将无至者。韩泰白叔文，计无所出，唯曰："奈何，奈何！"

案神策军包括神策军的京西诸城镇行营都是归属由宦官所任左右神策中尉管辖的，叫范希朝任京西诸城镇行营兵马节度使，是想从事实上来控制这支部队，分割神策军的部分兵权，在名义上并没有改变神策全军和中尉之间的隶属关系。而边上诸将偏偏"各以状辞中尉，且言方属希朝"者，说明王叔文的企图早为他们所洞察，所以及时向中尉报告，并奉中尉之命拒绝这两位新上司。王叔文的斗争手段实在算不上多么高明。

更堪注意的，王叔文在图谋抓神策军部分兵权的同时，却和另一个大宦官相互勾结，如《顺宗实录》卷一说：

闻德宗大渐，上（顺宗）疾不能言，〔王〕伾即入，以诏召叔文，入坐翰林中使决事。伾以叔文意入言于宦者李忠言，称诏行下，外初无知者。

卷四说：

上自初即位，则疾患不能言，至四月益甚，时扶坐殿，群臣望拜而已，未尝有进见者，天下事皆专断于叔文，而李忠言、王伾为之内主，〔韦〕执谊行之于外。

卷五附王叔文传说：

叔文既得志，与王伾、李忠言等专断外事。……伾以侍书幸，寝陋吴语，上所褒狎。而叔文颇任事，自许微知文义，好言事，上以故稍敬之，不得如伾出入无阻。叔文入至翰林，而伾入至柿林院，见李忠言、牛昭容等。故各有所主，伾主往来传授，刘禹锡、陈谏、韩晔、韩泰、柳宗元、房启、凌准等主谋议唱和，采听外事。

又《旧唐书·王叔文传》说：

> 时上寝疾久，不复关庶政，深居施帷帐。阉官李忠言、美人牛昭容侍左右，百官上议，自帷中可其奏。……叔文因王伾，伾因李忠言，忠言因牛昭容，转相结构。

这些史料所说顺宗有病当是事实，"疾患不能言"则过甚其词，当是史官故意把一切罪名推到二王等人身上，从而为顺宗开脱，因为宪宗究竟是顺宗的儿子，儿子可反父亲，还得为父亲留面子。但顺宗最亲信的大宦官李忠言在其中所起的重大作用，则是事实而不可能虚构。勾结一个大宦官，同时想从另一派宦官手里夺兵权，这最多只能说和某些宦官争权闹矛盾，说反宦官就未免太夸大，因为他们并没有反整个宦官制度和全体宦官，相反仍然在维持宦官控制内廷的传统，仍旧是内廷外朝相勾结呼应的老一套而已。

不仅如此，《实录》卷四还说：

> 自叔文〔因母丧〕归第，伾日诣中人并杜佑请起叔文为相，且总北军，既不得，请以威远军使平章事，又不得，其党皆忧悸不自保。

《旧唐书·王叔文传》又说：

> 叔文母死。前一日，叔文置酒馔于翰林院，宴诸学士及内官李忠言、俱文珍、刘光奇等。中饮，叔文白诸人曰："叔文母疾病，比来

尽心戮力为国家事，不避好恶难易者，欲以报圣人之重知也。若一去此职，百谤斯至，谁肯助叔文一言者，望诸君开怀见察。"……俱文珍随语折之，叔文无以对。

这些在文辞上自难免有对王叔文等贬低丑化之处，但事实总不至凭空捏造。则王叔文、王伾在大势将去之时，仍有这类乞怜于宦官，甚至包括反对派大宦官俱文珍之流的活动，王伾甚至还想通过这种乞求让王叔文来"总北军"即神策军。这种与虎谋皮的办法也正说明王叔文集团之对待宦官实在说不上有多么坚强的斗争性。

为"永贞革新"说者铺张扬厉如火如荼的"内抑宦官""外制方镇"，其真相不过如此，其余所谓新政也就可想而知。当然，我不是说他们没干好事，但能不能干这类好事和是否庶族地主并无什么关系。而且在唐代能干或想干这类好事的还颇有其人，与俱文珍有牵连、并不讲王叔文好话的韩愈，以及京兆尹吴凑和其他谏官御史，在德宗末年都曾先后论列宫市之弊，韩愈且由此被贬为阳山令，见《旧唐书》卷一六〇《韩愈传》、卷一四〇《张建封传》。放宫女的事情，除白居易《新乐府》首篇歌颂唐太宗的《七德舞》有所谓"怨女三千放出宫"外，打开《册府元龟》可看到"帝王部·仁慈"里还记录了一大起，唐朝的高宗、睿宗、宪宗、穆宗、敬宗、文宗都放出过，其中收拾王叔文集团的宪宗就在元和八年和十年放过两次，仅元和八年就"出宫人二百车，许人得娶以为妻"，这在第七章第一节里已讲过，从人数看也未必少于顺宗。还有赋税，在封建社会里本是常有减免的，查一下《册府元龟》的"邦计部·蠲复"就知道，在唐代几乎所有的皇帝都下诏减免过，光宪宗一朝就有二十二次之多。如果这都算"革新"，那历史上的革新人物也就未免太多了。

四　王叔文集团的本来面目

王叔文等人形成一个政治集团是事实，干了一系列的政治活动也是事实。如上所说既不算革新运动，更不是庶族地主对士族地主的斗争，那这场政治活动政治斗争究竟属于什么性质？

对此应该首先注意王叔文等人在顺宗朝之所以能大用。这在有关王叔文、王伾的记载里本已讲得很清楚，如《顺宗实录》卷一就说：

> 上学书于王伾，伾颇有宠，王叔文以棋进，俱待诏翰林，数侍太子棋。叔文诡谲多计，上在东宫，尝与诸侍读并叔文论政，至宫市事，上曰："寡人方欲极言之。"众皆称赞，独叔文无言。既退，上独留叔文，谓曰："向者君奚独无言，岂有意邪？"叔文曰："叔文蒙幸太子，有所见，敢不以闻？太子职当侍膳问安，不宜言外事。陛下在位久，如疑太子收人心，何以自解？"上大惊，因泣曰："非先生，寡人无以知此！"遂大爱幸，与王伾两人相依附，俱出入东宫。

卷五附叔文传说：

> 〔叔文〕以棋入东宫，颇自言读书知理（治）道，乘间常言人间疾苦。上将大论宫市事，叔文说中上意，遂有宠。因为上言某可为将，某可为相，幸异日用之。密结韦执谊，并有当时名，欲侥幸而速进者陆质、吕温、李景俭、韩晔、韩泰、陈谏、刘禹锡、柳宗元等十数人，定为死交，而凌准、程异等又因其党而进。

《旧唐书·二王传》基本上承用《实录》而稍有补充，如《王叔文传》说是"德宗令直东宫"，说"宫中之事依之裁决"，《王伾传》说"始为翰林侍书待诏，累迁至正议大夫、殿中丞、皇太子侍书"。总之，这些史料讲得很清楚，王叔文、王伾都是顺宗为皇太子时的东宫旧人，在东宫里早已以王叔文为首，并吸收了后来成为八司马的一批有政治欲望的人，结合成朝廷以外的政治小集团，说得不好听点就是形成了皇太子顺宗的私党。皇太子顺宗一旦即位，私党们当然弹冠相庆，要登上政治舞台作出一番表演。

王叔文集团的下台仍旧是这个规律在起作用。《顺宗实录》卷四说：

〔六月〕癸丑，韦皋上表请皇太子监国，又上皇太子笺。寻而〔荆南节度使〕裴均、〔河东节度使〕严绶表继至，悉与皋同。……〔七月〕乙未，诏军国政事宜权令皇太子某勾当。……〔时〕有韦皋、裴均、严绶等笺表，而中官刘光奇、俱文珍、薛盈珍、尚解玉等皆先朝任使旧人，同心怨猜，屡以启上。上固已厌倦万机，恶叔文等，至是，遂召翰林学士郑絪、卫次公、王涯等入至德殿，撰制诰而发命焉。又下制以太常卿杜黄裳为门下侍郎，左金吾卫大将军袁滋为中书侍郎，并平章事。又下制，吏部尚书、平章事郑珣瑜，刑部尚书、平章事高郢并守本官罢相。

又《旧唐书》卷一八四《宦官·俱文珍传》说：

俱文珍，贞元末宦官，后从义父姓曰刘贞亮。……每〔李〕忠言宣命，内臣无敢言者，唯贞亮建议与之争。知其朋徒炽，虑臊朝政，乃与中官刘光琦、薛文珍、尚衍、解玉等谋①，奏请立广陵王（宪宗）为皇太子，勾当军国大事。顺宗可之。贞亮遂召学士卫次公、郑絪、李程、王涯入金銮殿草立储君诏。及太子受内禅，尽逐叔文之党，政事悉委旧臣。……元和八年卒，宪宗思其翊戴之功，赠开府仪同三司。

可见这是以宦官俱文珍为首的德宗朝所任使的旧人旧臣，结合到一起对顺宗朝的李忠言、王叔文等人的一次大夺权。德宗早已死去，他们所拥戴的自然只能是顺宗的长子、后来成为皇太子的广陵王。同时，如前所说早在

---

① "尚衍、解玉"《实录》作"尚解玉"，未知孰是。

顺宗当皇太子时已以王叔文为首形成了东宫里的政治小集团，这些德宗时的旧人不会毫无知觉，所以如前引《旧唐书·卫次公传》所说在德宗死去时卫曾有"皇太子虽有疾，地居冢嫡，内外系心，必不得已，当立广陵王"的创议。这当然不是忠诚于顺宗，而正是准备寄托希望于宪宗。因为顺宗健康之恶化也为人所共知，立了顺宗，时间不会太长宪宗就有上台的可能。这又说明他们这些德宗朝旧臣宦官和宪宗早有勾结，在顺宗朝早已形成了一个势力超过了王叔文等人的政治集团，继而很快达到了取而代之的目的。此外外边藩镇中的韦皋如前所说是本想投靠王叔文集团，碰钉子后才反王的。裴均据《新唐书》卷一〇八本传是德宗朝大宦官左神策军中尉窦文场的"养子"，"德宗以均任方镇，欲遂相之"，经谏官点出是宦官养子才作罢。严绶据《旧唐书》卷一四六本传也是被德宗亲自选任为河东行军司马，接着升擢节度使的，和宦官同样多所勾结。说明他们也都是以德宗旧臣的身份和俱文珍等内外呼应来反王叔文的。德宗旧臣中还有虽反王叔文却没有被宪宗重用的，如郑珣瑜、高郢在宪宗以皇太子勾当军国政事时反被罢了相职，这应是他们在反王的同时并未投靠宪宗和俱文珍之流。这又说明以宪宗为核心的政治集团并没有把德宗朝旧人全部包括进去，是以这些旧人为基础的重新组合。

由此可知，王叔文集团的结集和成败，只是唐代统治阶级各个集团之间内部争竞的体现。这些集团都得找一个皇帝或皇子为其核心，而参加的成员多数是皇帝或皇子的旧人，是以人事关系结集而并非以什么士族、庶族来区分。而且在政策上各个集团之间也并没有太大的差别。因为施点仁政之类本是中国儒家的传统思想，一般来讲无论哪个集团得势登上政治舞台，总得多少做一点。这就是前面所说的尽管宪宗上台收拾了王叔文集团，用人上"一朝天子一朝臣"，在行政上有好些地方看起来倒像是顺宗朝的延续。

应该这样来认识王叔文集团的本来面目。

第十五章　从立储谈宪宗之死

一　立储牵连到郭妃

宪宗李纯于贞元二十一年（805）八月庚子受内禅成为皇帝，辛丑改元永贞，第二年正月丁卯改元元和，元和十五年（820）正月庚子宪宗去世。这不是善终而是见杀于宦官，旧史已有明文。陈寅恪先生《唐代政治史述论稿》中篇与原载《北京大学四十周年纪念论文集》乙编上，复收入《金明馆丛稿二编》的《顺宗实录与续玄怪录》，以及吕诚之师《隋唐五代史》第七章第三节，也都有所论述。但对宦官之所以要冒此大不韪杀害宪宗，似尚未暇深求，我在这里可以作点拾遗补阙的工作。

在文献上可以看到宪宗之死和储位之争有干系，其中《新唐书》本纪说得更明显。卷七《宪宗纪》结尾说"〔元和〕十五年正月宦者陈弘志等反，庚子皇帝崩"，而卷八《穆宗纪》开头说："〔元和〕十五年正月庚子宪宗崩，陈弘志杀吐突承璀及澧王。辛丑，遗诏皇太子（穆宗李恒）即皇帝位于柩前。"因此要弄清宪宗之死的真相，必须研究宪宗朝的立储问题。

先看宪宗诸子的情况，这在《新唐书》卷八二《宪宗诸子传》讲得最简明，计：

> 宪宗二十子，纪美人生宁，懿安皇后生穆宗皇帝，孝明皇后生宣

宗皇帝，余十七王皆后宫所生，史逸其母之号氏。

但据同书卷七七《后妃传》，孝明皇后郑氏是"丹杨人，或言本尔朱氏，元和初李锜反，有相者言后当生天子，锜闻，纳为侍人，锜诛，没入掖廷，侍懿安后，宪宗幸之，生宣宗"，则与生宁的纪美人也都是后宫的一般姬侍婢妾，所以纪美人也无传可稽，她俩能留下姓氏只是生了宣宗和皇太子宁的缘故。当时看来出身高贵的只有生穆宗的懿安皇后，《后妃传》说：

> 宪宗懿安皇后郭氏，汾阳王子仪之孙，父暧尚升平公主，实生后。宪宗为广陵王，娉以为妃。

她是中兴元勋郭子仪的孙女，德宗皇帝的外甥女，又是宪宗还未当上皇太子时就聘娶的正妃。我国古代立皇太子通常有两种办法：一是立嫡，也叫立贵，即立正嫡所生的儿子而不立姬妾庶出之子；一是立长，即立最年长之子。如果用前一种办法，郭氏所生的穆宗李恒做皇太子自然最合格。

要不要用后一种立长的办法，一般得看皇子中长幼的差别是否很大。如果差得很大，譬如长子比次子、三子大上七八岁、十几岁，立嫡出的次子、三子太幼小怕影响政局稳定，可以改立长子，虽庶出也无妨。但宪宗诸子并非如此。《旧唐书》卷一七五《宪宗诸子传》说：

> 惠昭太子宁，宪宗长子也。……〔元和〕四年（809）闰三月立为皇太子。……元和六年（811）十二月薨①，年十九。

推算起来生于德宗贞元九年（793）。而同书卷一六《穆宗纪》说：

---

① 据《旧唐书》卷一四《宪宗纪》，应是闰十二月，《新唐书》卷七《宪宗纪》同。

> 贞元十一年（795）七月生于大明宫之别殿。

则仅比庶出的长子宁小两岁。除非有特殊原因，不会考虑两岁之长而弃嫡立庶。

无如元和四年（809）立皇太子偏偏立了长子宁而叫穆宗落选，其原因就出在穆宗的生母郭妃身上。《新唐书·后妃传》说：

> 宪宗懿安皇后郭氏，……元和元年（806）进册贵妃。八年（813），群臣三请立为后，帝以岁子午忌，又是时后廷多嬖艳，恐后得尊位，钳掣不得肆，故章报闻罢。穆宗嗣立，上尊号皇太后。

可见这位嫡妃郭氏在宪宗即位后只进册贵妃而不直接册封皇后，而且终宪宗朝也没有当上皇后。这是因为"岁子午忌"吗？那过了元和八年还有什么可忌呢？说"后廷多嬖艳，恐后得尊位，钳掣不得肆"，也许有一点，可更多的还应该是从政治上考虑。要记住，在唐代皇后的地位是颇为特殊的，遇上有政治欲望的，就容易过问朝政甚或垂帘听政，高宗朝的武后、中宗朝的韦后、肃宗朝的张后都是先例。而这位郭妃的家世声望尤非前此这几位之所能比拟。试看郭妃的祖父郭子仪早在肃代两朝就备受猜疑，如本书第十三章第三节所说，则此时郭妃之不得正位中宫自可理解。母既受遏制不得正位中宫，子自然也随之失宠，元和四年皇太子之位遂为长子宁所得而穆宗不能不落选。

二　吐突承璀干预储位之争

《旧唐书》卷一四《宪宗纪》说，元和六年（811）闰十二月"辛亥，皇太子宁薨，谥曰惠昭"，于是再次出现储位之争。《旧唐书·宪宗诸子传》说：

> 澧王恽,宪宗第二子也,本名宽。……元和元年进封澧王,七年(812)改今名。时吐突承璀恩宠特异,惠昭太子薨,议立储副,承璀独排群议,属澧王,欲以威权自树。赖宪宗明断不惑。上将册拜太子,诏翰林学士崔群代澧王作让表一章,群奏曰:"凡事己合当之而不为,则有退让焉。"上深纳之。及宪宗晏驾,承璀死,王亦薨于其夕。

据此好似宪宗将册拜穆宗为太子,而诏崔群代澧王作让表,检同书卷一五九《崔群传》,乃大谬不然。《崔群传》是这么说的:

> 元和七年,惠昭太子薨,穆宗时为遂王,宪宗以澧王居长,又多内助,将建储贰,命群与澧王作让表,群上言曰:"大凡己合当之,则有陈让之仪,己不合当,因何遽有让表?今遂王嫡长,所宜正位青宫。"竟从其奏。

原来是宪宗已要立澧王为太子,叫崔群代澧王作个让表,履行一下接受储位之前的手续,并非真叫澧王把储位让给遂王即穆宗。而崔群却站在穆宗一边反对立澧王,最后澧王竟告失败而穆宗成为太子。惠昭太子宁死于元和六年闰十二月,而《新唐书·宪宗纪》说遂王即穆宗在七年七月乙亥立为皇太子[①],其间储位虚悬不定至七个月之久。凡此均可见当时争夺的剧烈。

争夺储位在澧王一边的首要人物自推大宦官吐突承璀。本来,宪宗刚即位时大宦官中的老资格还算不上吐突承璀而是后来改姓名为刘贞亮的俱文珍,宪宗之能逼顺宗为太上皇而由自己即位,实有仗此人之力,这在第十四章第四节里已讲到。但据《旧唐书》卷一八四《宦官·俱文珍传》,他是"贞元末宦官",也就是德宗朝的旧人,因此如《新唐书》卷二〇七

---

① 《旧唐书》卷一五《宪宗纪》同作"乙亥"但脱去"七月"。《旧唐书·穆宗纪》则未书"乙亥",但作"十月","十""七"形近,作"十月"当是传写之误。

《宦者·刘贞亮传》所说，宪宗对他"终身无所宠假"，他在宪宗朝只累迁至右卫大将军知内侍省，迄未一任神策中尉或知枢密等有权力的实职。吐突承璀则不然，据《旧唐书》卷一八四本传，他"幼以小黄门直东宫，性敏慧，有才干。宪宗即位，授内常侍、知内省事、左监门将军，俄授左军中尉、功德使"。这东宫应是宪宗为皇太子时的东宫。但宪宗在贞元二十一年四月册为皇太子，八月就受内禅即皇帝位，如宪宗为皇太子时吐突承璀尚"幼"只是个"小黄门"，过四个月宪宗即位后如何能迅速大用？《新唐书》卷二〇七本传作"以黄门直东宫，为掖廷局博士，察察有才，宪宗立，擢累左监门将军、左神策护军中尉、左街功德使，封蓟国公"，当转得其实。总之此人是以宪宗东宫时的亲信宦官而在即位后被大用的，这种大用东宫时亲信宦官在唐代本是惯例。左监门将军和俱文珍所任右卫大将军之类只是虚衔，仅用来定个品阶，其实职先是知内侍省事，继而左神策中尉。而自德宗朝始置左右神策中尉以来，左神策中尉即居右神策中尉之上，如贞元十四年（798）新译《华严经》《大方广佛华严经》译场列位衔名作"右神策军护军中尉兼右街功德使元从兴元元从云麾将军右监门卫将军知内侍省事上柱国交城县开国男食邑三百户臣霍仙鸣，左神策军护军中尉兼左街功德使元从兴元元从骠骑大将军行左监门卫大将军知内侍省事上柱国邠国公食邑三千户臣窦文场等进"可证①。这时吐突承璀既为左神策中尉，就已跃居宦官的首领地位。所以元和四年（809）十月征讨成德军节度使王承宗，就任吐突承璀为行营招讨处置使，谏官说"自古无中贵人为兵马统帅者"，才改"处置"为"宣慰"，吐突承璀"率禁军上路，帝御通化门楼，慰谕遣之"，这都可见宪宗对吐突承璀的信任重用。元和五年（810）四月吐突承璀诱执和王承宗通谋的昭义节度使卢从史，七月王承宗上表自首，朝廷罢兵，这说明吐突承璀也不无劳绩，所以"班师仍为禁军中尉"。但接着就发生波折，如《旧唐书》本传所说是：

---

① 已录入日本池田温编《中国古代写本识语集录》，1990年东京大学东洋文化研究所发行。

〔补阙〕段平仲抗疏极论承璀轻谋弊赋，请斩之以谢天下，宪宗不获已，降为军器使。俄复为左卫上将军，知内侍省事。时弓箭库使刘希先取羽林大将军孙璹钱二十万以求方镇，事发赐死，辞相告讦，事连承璀，乃出为淮南节度监军使。太子通事舍人李涉性狂险，投匦上书，论希先、承璀无罪，不宜贬戮。谏议大夫、知匦事孔戣见涉疏之副本，不受其章。涉持疏于光顺门欲进之，戣上疏论其纤邪，贬涉硖州司仓。上待承璀之意未已，而宰相李绛在翰林，时数论承璀之过，故出之。八年（813）欲召承璀还，乃罢绛相位。承璀还，复为神策中尉。

案刘希先以及李涉的事情又见于《旧唐书》卷一五四《孔戣传》，但文字与《承璀传》基本相同，此外别无其他记载可供参考，其真相已不可得而尽知，只是李绛此人在竭力反对吐突承璀这点必无疑问。《旧唐书》卷一六四《李绛传》说：

元和二年（807）以本官充翰林学士，……时中官吐突承璀自藩邸承恩宠，为神策护军中尉，乃于安国佛寺建立圣政碑，大兴功作，仍请翰林为其文，绛上言……乞圣恩特令寝罢，宪宗深然之，其碑遂止。绛后因浴堂北廊奏对，极论中官纵恣、方镇进献之事。……及镇州（案即成德军）节度使王士真死，〔子承宗嗣领节度，〕朝廷将用兵讨除，绛深陈以为未可。……六年（811），犹以中人之故罢学士，守户部侍郎，判本司事。……吐突承璀恩宠莫二，是岁将用绛为宰相，前一日，出承璀为淮南监军，翌日降制，以绛为中书侍郎、同中书门下平章事。同列李吉甫便僻善逢迎上意，绛梗直多所规谏，故与吉甫不协。时议者以吉甫通于承璀，故绛尤恶之。

可见自翰林学士而至宰相的李绛，和前面所说反对澧王为皇太子的翰林学士崔群，都是其时吐突承璀的政敌。而早于李绛任宰相的李吉甫则站在吐突承璀一边。李绛、崔群一边是否有宦官支持，则史无明文。《旧唐书》卷一四《宪宗纪》纪元和五年（810）九月"降承璀为军器使"后说："乃以内官程文幹为左军中尉。"但此人事迹不可考。后来杀宪宗拥立穆宗的宦官王守澄、陈弘志等人此时权位如何也不甚清楚，姑从阙疑。至宪宗之既宠信吐突承璀又任用李绛、崔群者，则是旧时人君平衡臣下势力，不过听一方的传统办法，不足为怪。

弄清楚彼时内外朝的势力派别，就比较易于探索元和七年储位之争。前引《旧唐书·宪宗诸子传》说"惠昭太子甯，议立储副，承璀独排群议，属澧王"，《吐突承璀传》说"惠昭太子甯，承璀建议请立澧王宽为太子"，都好像其时吐突承璀身在京师，其实不然。吐突承璀之得监军淮南之任命，据前引《旧唐书·李绛传》是在李绛任宰相的前一日，而《旧唐书》卷一四《宪宗纪》说元和六年十二月"己丑，制以朝议郎、守尚书户部侍郎、骁骑尉、赐紫金鱼袋李绛为朝议大夫、守中书侍郎、同中书门下平章事"①，则吐突承璀监军淮南之命当在元和六年十二月戊子。检《通鉴》卷二三八则谓元和六年十一月丙申"以承璀为淮南监军"，据《考异》知以《实录》为依据，而《旧书·李绛传》或本诸行状家传不尽可信。但元和六年闰十二月辛亥太子宁死亡之前吐突承璀已受命赴淮南监军必无疑问。至第二年元和七年七月乙亥穆宗立为皇太子之前，吐突承璀自仍在淮南而不在京师。所以《通鉴》卷二三八立穆宗为太子有《考异》说："盖宪宗末年承璀欲废太子立澧王耳，非惠昭初薨时也。"案宪宗末年承璀欲废太子立澧王自是事实，下文正拟申说，但仍不能以此排除惠昭初薨时欲立澧王的可能。因为如《李绛传》所说"通于承璀"的李吉甫，已于元和六年正月庚申再度为宰相，见《旧唐书》卷一四《宪宗纪》，吐突承璀支持澧王的主张尽有办法让宪宗知悉而不致有所壅隔，《旧唐书·宪宗诸子传》和《承璀传》的说法绝非毫无来由。当然，也毕竟由于吐突承璀此时不在内廷，支持澧王的势力有所削弱，致使穆宗能在这次储位之争中获胜。

---

① 《新唐书》卷七《宪宗纪》同，独卷六二《宰相表》作元和六年十一月己丑，但检陈垣先生《二十史朔闰表》，是年十一月并无己丑，"十一月"必是"十二月"之误。

三　宪宗之死

《旧唐书》卷一五《宪宗纪》说：

> 〔元和九年（814）春正月〕乙卯……，李吉甫累表辞相位，不许。……〔二月〕癸卯，制朝议大夫、守中书侍郎、同平章事、上柱国、高邑男李绛守礼部尚书，累表辞相位故也。

这是两派势力的一次消长。如前所引《旧唐书·吐突承璀传》也说元和"八年欲召承璀还，乃罢绛相位。承璀还，复为神策中尉"。这吐突承璀重任左神策中尉的确切年月虽不可考，但在九年二月李绛罢相之后不久当无疑问。所以李吉甫虽在元和九年七月去世，仍如《旧唐书·宪宗纪》所说，十年（815）二月辛亥"以礼部尚书李绛为华州潼关防御镇军等使"，十一年（816）二月甲寅"以华州刺史李绛为兵部尚书"，讫未能恢复相职。接着《旧唐书》本传说绛"丁母忧"，起复后如《宪宗纪》所说，是十四年（819）六月"甲子，以前兵部尚书李绛检校吏部尚书、河中尹，充河中、晋、绛、慈、隰观察使"。《旧唐书》本传还说："河中旧为节制，〔宰相〕皇甫镈恶绛，只以观察命之。"可见这个和吐突承璀作对的李绛此时已彻底失势。

再看出力支持穆宗为皇太子的崔群。《旧唐书·宪宗纪》说元和十二年七月丙辰"以朝散大夫守尚书户部侍郎、上护军、赐紫金鱼袋崔群为中书侍郎、同中书门下平章事"，是得志大用了。但《旧唐书》本传接着说：

> 度支使皇甫镈阴结权幸，以求宰相。群累疏其奸邪，……镈深恨之。而宪宗终用镈为宰相。无何，群臣议上尊号，皇甫镈欲加"孝德"两字，群曰："有'睿圣'则'孝德'在其中矣。"竟为镈所构，宪宗不乐，出为湖南观察都团练使。

案之《旧唐书》卷一三五《皇甫镈传》，"镈贞元初登进士第，登贤良文学制科，授监察御史。丁母忧，免丧，坐居丧时薄游，除詹事府司直。转吏部员外郎，判南曹，凡三年，颇钤制奸吏。改吏部郎中，三迁司农卿兼御史中丞，赐金紫，判度支，俄拜户部侍郎。时方讨淮西，切于馈运，镈勾剥严急，储供办集，益承宠遇，加兼御史大夫，〔元和〕十三年（818），与盐铁使程异同日以本官同平章事，领使如故"。检《旧唐书·宪宗纪》是十三年九月甲辰，并说"宰臣裴度、崔群极谏不纳"。这皇甫镈自是有才干的人物，但《镈传》还说"中尉吐突承璀恩宠莫二，镈厚赂结其欢心，故及相位"，当也有事实根据，即皇甫镈实与吐突承璀内外呼应，在宪宗最后几年操纵了朝政。而支持穆宗为皇太子与皇甫镈、吐突承璀对立的崔群自不得久于相位，议宪宗尊号只是个导火线而已。《镈传》说镈奏曰："昨群臣议上徽号，崔群于陛下惜'孝德'两字。"而宪宗确有从其父顺宗手里夺取帝位有伤孝道的惭德，则崔群自为宪宗深恶而免不了被贬黜。

《旧唐书·宪宗纪》说元和十四年（819）十二月乙卯即十一日，"以谏议大夫守中书侍郎同中书门下平章事、上柱国、赐紫金鱼袋崔群为潭州刺史兼御史大夫，充湖南观察使"，《新唐书·宪宗纪》《宰相表》均无异辞。而宪宗之死在元和十五年（820）正月庚子即二十七日，距离崔群之贬才四十五日。可见崔群之贬是对他所支持的皇太子穆宗及其党与敲响了警钟，为保有大位和随之而来的权势富贵，就孤注一掷发动政变。《旧唐书》卷一二〇《郭子仪传附郭暧子郭钊传》有这样一条记事说：

〔元和〕十五年正月，宪宗寝疾弥旬，诸中贵人秉权者欲议废立，纷纷未定。穆宗在东宫，心甚忧之，遣人问计于钊，钊曰："殿下身为皇太子，但旦夕视膳，谨守以俟，又何虑乎？"讫今称钊得元舅之体。

这"中贵人秉权者"是谁？《新唐书》卷一三七《附郭钊传》文字略同《旧传》，也没有点出来，只有《通鉴》作了答复，《通鉴》卷二四一元和十五年正月说：

> 初，左军中尉吐突承璀谋立澧王恽为太子，上不许。及上寝疾，承璀谋尚未息。太子闻而忧之，密遣人问计于司农卿郭钊，钊曰："殿下但尽孝谨以俟之，勿恤其他。"

《通鉴》点出"中贵人秉权者"即吐突承璀，自必有依据。这时吐突承璀欲议废立，身为太子的穆宗当然闻而忧之要问计，至郭钊是否真如此回答，还是穆宗即位后为掩饰自己弑君父罪行所编造，已不得而知，只是穆宗之要采取措施，得此史料转可证实。

这次宫廷政变的主角自然是穆宗。陈寅恪先生《唐代政治史述论稿》中篇已引用《新唐书》卷八《宣宗纪》大中十二年二月"废穆宗忌日，停光陵朝拜及守陵宫人"和裴廷裕《东观奏记》加以证实。《东观奏记》卷上说：

> 宪宗皇帝晏驾之夕，上（宣宗）虽幼，颇记其事，追恨光陵商臣之酷，即位后诛锄恶党无漏网者。时郭太后……以上英察孝果，且怀惭惧。时居兴庆宫，一日，与二侍儿同升勤政楼，倚衡而望，便欲殒于楼下，欲成上过。左右急持之，即闻于上。上大怒，其夕，太后暴崩，上志也。

商臣是弑君父的楚穆王之名，事见《左传》文公元年，光陵则是穆宗的陵寝，"光陵商臣之酷"，即言穆宗行商臣之事弑君父宪宗。宣宗是宪宗的第十三子，为报杀父之仇，自当追恨其兄长穆宗而废其忌日，停其朝拜。至郭太后既受宪宗遏制不得正位中宫，而爱子穆宗的皇太子地位复发生危险，则自有可能与穆宗合谋发动政变。故宣宗欲杀郭太后，绝不仅为生母郑氏曾为郭侍儿如《新唐书·后妃传》所说"有曩怨"之故,《东观奏记》所说自可信据。凡此寅恪先生已有论证,兹可不赘。

穆宗、郭后当不致躬操白刃,行凶加刃者是吐突承璀对立面的某些宦官。这在《旧唐书·宪宗纪》是这么写的:

> 〔元和十五年春正月〕庚子。……是夕上崩于大明宫之中和殿,享年四十三。时以暴崩。皆言内官陈弘志弑逆,史氏讳而不书。

《宦官·王守澄传》讲得稍详细些,也只说:

> 宪宗疾大渐,内官陈弘庆等弑逆。宪宗英武,威德在人,内官秘之,不敢除讨,但云药发暴崩。时守澄与中尉马进潭、梁守谦、刘承偕、韦元素等定册立穆宗皇帝。

这都说得半真半假,当缘《实录》也只说"药发暴崩",对被弑"讳而不书",而石晋纂修《旧唐书》时未事考核之所致。因为如果真的只是陈弘志弑逆,王守澄等未尝与闻,则何以"不敢除讨"呢?今既考知杀宪宗即是为了保穆宗,则"定册立穆宗"的王守澄辈焉得与杀宪宗之举无关。因此《新唐书》卷二○八《宦者·王守澄传》已改写为:

> 是夜守澄与内常侍陈弘志弑帝于中和殿,缘所饵,以暴崩告天下,乃与梁守谦、韦元素等定册立穆宗。

还比较接近真相。只是梁守谦、韦元素以及其他所有参与定策立穆宗的宦官当都属于此政变阴谋集团之成员,看《新唐书·守澄传》说文宗讨"元和逆罪"杀韦元素、杨承和以及王守澄、守澄弟守涓等可证。又据《旧唐书》卷一六九《李训传》所说:

训既秉权衡，即谋诛内竖。中官陈弘庆者，自元和末负弑逆之
　　名，忠义之士无不扼腕，时为襄阳监军，乃召自汉南，至青泥驿，遣
　　人封杖决杀。

这陈弘庆即陈弘志当是加刃于宪宗之人，因此特"负弑逆之名"，而《旧唐书·宪宗纪》《王守澄传》也就只说"内官陈弘志弑逆"或"内官陈弘志等弑逆"，让王守澄等好像成为置身事外的善后者了。至于这些弑逆的宦官和穆宗本来有无关系，已无明文可稽。但如《新唐书·王守澄传》说他"史亡所来"，而不像《吐突承璀传》那样明确地写出"以黄门直东宫"，则有可能本非穆宗东宫旧人，只是因某方面利害攸同而临时结合而已。

原先支持穆宗为皇太子的崔群和同吐突承璀作对的李绛，如前所说，在元和十五年正月宫廷政变之前都已离京外任，对政变自不可能参与。《旧唐书·崔群传》说："穆宗即位，征拜吏部侍郎，召见别殿，谓群曰：'我升储位，知卿为羽翼。'"《李绛传》说皇甫镈得罪后李绛也回京任兵部尚书。但为时不久二人又都外放节镇，没有能重掌相权。这当缘二人与王守澄等新掌权的中贵人缺少渊源，得不到内廷助力所致。

吐突承璀和澧王当与宪宗同时被杀，但没有公开宣布罪状，很可能制造不出或不敢制造出什么罪状。而且《旧唐书》卷一六《穆宗纪》还把"澧王宽薨"写在元和十五年四月丁丑条下，当是拖到这天才公开宣布澧王死讯，因而《实录》照写，而《旧纪》又抄《实录》。这又是穆宗等心中有鬼弄得手忙脚乱之所致。公开宣布罪状的只有皇甫镈，见《旧唐书》本传。其中说他"恣求方士，上惑先朝"，又把进献宪宗仙药的山人柳泌和僧大通"付京兆府决重杖一顿处死"，这就是前引《旧唐书·王守澄传》所说陈弘志等弑逆后"内官秘之，不敢除讨，但云药发暴崩"，而把柳泌和僧大通作为了替罪羊，当然这两个进仙药以图富贵也自有取死之道。但对皇甫镈仍只是"俾黜遐荒"而且让他"卒于贬所"，不敢明正典刑或采取赐死等办法，说明他们给皇甫镈罗致罪名时多少感到心虚理亏。

四　改号永新之谜

最后再讲一方关涉到元和十五年政变的唐墓志。它当在清季或民国初年于西安出土，所以没有收进清人撰集的金石书里，而见于民国30年开明书店印《国立北平图书馆藏碑目（墓志类）》和壬午年即民国31年印罗振玉《墓志征存目录》，都题曰《赵氏夫人墓志》。今原石不明所在，拓本尚有流传，略谓赵氏父名萱，尝为鸿胪卿，赵氏初适杨某，元和六年杨卒于京兆府长安县，赵氏复改适吴郡顾氏，元和十四年赵氏卒，十五年归葬长安县。志题"吴郡顾方肃撰"，铭文又谓"愚夫撰铭"，可见这顾方肃即赵氏改适之后夫，妻死而躬撰志铭。虽文字拙率，用词缀句尚是唐人风格，书法亦唐楷之中下者，在清季民国初年此类志石市值不过银元几枚，知绝无伪造之可能。但事有奇者，志中忽出一"永新"年号，谓：

> 夫人元和十四年七月十一日不起宿疾，终于兹川。以元和十五年少帝即位，二月五日改号为永新元年，以其年岁在戊戌二月十二日归窆于长安县昆明乡魏村先妣段夫人茔。

案元和十五年正月庚子宪宗被杀，丙午穆宗即位，这里所谓"以元和十五年少帝即位，二月五日改号为永新元年"之少帝自只能是穆宗李恒。穆宗生于贞元十一年（795），至元和十五年（820）即位时为二十六岁，自可称为少帝。但"改号为永新元年"之事不特两《唐书》、《通鉴》、《唐会要》、《册府元龟》等史籍不见记载，即唐人诗文、小说中亦绝无影响。北平馆目、罗目在著录时大概也发生困惑，于是只说其年月日是元和十五年二月十二日而不曰永新元年二月十二日。

但此志石之非伪造已如前所说，而志石之撰刻即在长安，对国家改元大事必无道听途说或信笔捏写之可能。那么此"二月五日改号为永新元年"究当作何解释？

先说"改号",改号或曰改元,在我国历史上通常当改于新皇帝即位的第二年年初。但有时也在新皇帝即位后不久就改,不必等到第二年,这在唐代,在穆宗之前就有:

中宗嗣圣元年(684),二月戊午中宗为武太后所废,己未立睿宗,同日改元文明。

中宗景龙四年(710),六月壬午中宗崩,甲申发丧,韦后临朝,改元唐隆,丁亥少帝重茂即位。庚子韦后等被杀,甲辰少帝逊位,睿宗即位,七月己巳改元景云。

睿宗延和元年(712),八月庚子睿宗传位于皇太子玄宗,同日改元先天。

玄宗天宝十五载(756),七月甲子肃宗自立于灵武,同日改元至德。

以上五个即位同日或即位后不久就改元的例子,都出现在政局发生特殊变动之时。今元和十五年正月丙午穆宗即位之前同样发生了宪宗遇弑这样的政局大变动,则改元之事提前在同年二月五日固在情理之中。这是第一点。

第二点,唐代改元,初期多下诏,武太后以后多用赦文,看两《唐书》本纪及《唐大诏令集》卷三、四、五"改元"类自知。墓志说"元和十五年少帝即位,二月五日改号为永新元年",而《旧唐书·穆宗纪》正有元和十五年"〔二月〕丁丑御丹凤楼大赦天下"之文,《新唐书·穆宗纪》也如此说,这二月丁丑就是二月五日,这篇赦文就是保存在《唐大诏令集》卷二"即位赦"类里的《穆宗即位赦》,其中有"自元和十五年二月五日昧爽已前,大辟罪已下,罪无轻重咸赦除之"云云的文字可证①。当然从这个赦文里已看不到有改元永新的话了,但当年的颁行原本一定是有的,否则墓志怎么正好说"二月五日改号为永新元年",难道在二月五

---

① 这"即位赦"类共收赦文十三篇,其中《神尧即位赦》《太宗即位赦》《睿宗即位赦》《肃宗即位赦》《代宗即位赦》《敬宗即位优赐诸军诏》是即位当天颁行的赦文,《中宗即位赦》《明皇即位赦》《顺宗即位赦》《武宗即位赦》《宣宗即位赦》《懿宗即位赦》则和《穆宗即位赦》一样都是即位后过了若干天才颁行的赦文,读赦文本文并参考两《唐书》本纪可知。说严格点,这后者应是"即位后赦"而不是真的"即位赦"了。

日除了这个赦文外还曾另下了一道专讲改元永新的赦文？

因此可作出这样的结论：元和十五年正月二十七日庚子宪宗被杀，二十八日辛丑穆宗即位，以事属政局特殊变动，在当年二月五日丁丑即提前改元永新，但稍后感到如此做法易引起人们对帝位交替产生疑问，于巩固统治转形不利，乃又取消此永新年号而按正常办法到第二年（821）正月三日辛丑改元长庆，同时将元和十五年二月五日丁丑赦文中改元永新之文字删除，其他文字中有永新年号者也一律窜易或毁去。宋绶、宋敏求父子在北宋时编集《唐大诏令集》，所见元和十五年二月五日赦文已是删除改元永新之本，因而没有把它收入"改元"类而编进了"即位赦"类。只有墓志在撰刻后即随逝者长埋而无发冢磨改之理，致此改元永新史实得随《赵氏夫人墓志》之出土重昭于世。碑志有时可补史实，可资发微，此亦一佳例。

类似的改元旋又废弃，在清代尚有一例，即文宗死后肃顺等辅政时改元祺祥，旋慈禧勾结恭王奕訢杀肃顺等又废祺祥而改元为同治。惟以时日去今不甚遥远，文士王闿运又有《祺祥纪事》一文传世，世多知此掌故，与永新改元之事久无人知晓者差有间了。

五 《辛公平上仙》是讲宪宗抑顺宗

唐人李复言撰《续玄怪录》，中有《辛公平上仙》一篇，见于传世的南宋书棚刻四卷本《续幽怪录》卷一及明陈应翔刻《玄怪录》所附一卷本《续录》①。陈寅恪先生撰《顺宗实录与玄怪录》，认为篇中所说"上仙"即皇上被杀是讲宪宗被杀，是"假道家'兵解'之词，以纪宪宗被弒之实"。这从篇首讲"元和末"发生此事来看，好像确是讲对了的。问题是篇末又说"元和初，李生畴昔宰彭城，而公平之子参徐州军事，得以详

---

① 南宋书棚本避宋讳改"玄"为"幽"，有胡珽《琳琅秘室丛书》活字本，徐乃昌《随庵丛书》覆刻本，《续古逸丛书》《四部丛刊续编》两种影印本。程毅中先生用书棚本和陈应翔本合成《玄怪录》《续玄怪录》的点校本一册，1982年中华书局版，最便观览。

闻，故书其实"，则此事又应发生在元和之前，被杀的不可能是宪宗而可能是顺宗。究竟是错在篇首的"元和末"，还是错在篇末的"元和初"，被杀的是宪抑顺，在学术界久已是个疑问。

其实此疑问似尚不难解答，因为篇中讲了辛公平见到此皇上兵解上仙之后，有这么几句话：

〔辛〕秘不敢泄，更数月，方有攀髯之泣。

这"攀髯之泣"者，即用《史记·封禅书》所说"有龙垂胡髯下迎黄帝，黄帝上骑，群臣后宫从上者七十余人，……余小臣不得上，乃悉持龙髯，龙髯拔，堕黄帝之弓，……乃抱其弓与龙胡髯号"的典故，也就是说帝王之死，这在寅恪先生文中已经指出。但何以既已兵解上仙，却要"更数月"即过了几个月后"方有攀髯之泣"？是否神魂先已兵解上仙，肉体"更数月"才死亡，这在我国古代谈神说鬼的所谓志怪小说中有无先例？试检《太平广记》"征应""梦"二门，类似的讲法在此前倒真出现过。如卷一四一"征应·人臣咎征""谢安"条引《异苑》：

东晋谢安于后府接宾，妇刘氏见狗衔安头来，久之，乃失所在，是月安薨。

卷一四二"人臣咎征""尔朱世隆"条引《广古今五行记》：

后魏仆射尔朱世隆昼寝，妻奚氏忽见有一人携世隆头出，奚氏遽往视之，隆寝如故，及隆觉，谓妻曰："向梦见有人断我头将去。"数日被诛。

这都是古人相信凡事皆有预兆而产生的故事，但所说预兆的示现一般只在灾祸发生的前几天。即如《玄怪录》卷四《岑曦》篇所说岑曦伏法之前门客郑知古见到"大鬼者执曦头而去",也只在伏法的前夕。因此《辛公平上仙》篇所说兵解上仙到攀髯之泣要"更数月",必然别有原因。而这原因正好能从顺宗身上找寻。韩愈撰《顺宗实录》卷五说:

> 〔贞元二十一年〕(805)八月庚子(四月)诏曰:"……宜令皇太子(宪宗)即皇帝位,朕称太上皇,居兴庆宫,制敕称诰。"……〔辛丑〕(五日)诰曰:"……宜以今月九日册皇帝于宣政殿,……宜改贞元二十一年为永贞元年。"……元和元年(806)正月甲申(十九日),太上皇崩于兴庆宫咸宁殿。

两《唐书》、《通鉴》也都这么说,而从贞元二十一年八月到第二年元和元年正月正好是"更数月"。在这数月之中,除了元和元年正月丙寅朔"太上皇于兴庆宫受朝贺,皇帝率百僚奉上尊号",更不见退居太上皇的顺宗有什么活动。很可能因此而产生顺宗是在退居太上皇时就已被杀害的传说,而李复言据此传说在《续玄怪录》中写了这篇《辛公平上仙》。当然也有可能元和元年正月元旦"太上皇于兴庆宫受朝贺"云者只是宪宗制造的烟幕或史官的曲笔①,顺宗在成为太上皇时真已被杀死,"更数月"到元和元年正月甲申才宣布死讯。凡此今天自无从弄清楚,但《辛公平上仙》是讲顺宗之死这点则已可肯定而不容置疑。至于宪宗,则如《旧唐书·宪宗纪》所说在元和十五年正月庚子(二十七日)"上崩于大明宫"之前,尚有"义成军节度使刘悟来朝,戊戌(二十五日),上对悟于麟德殿,上自服药不佳,数不视朝,人情恼惧,及悟出道上语,京城稍安"的记载,自然不会产生先已上仙"更数月,方有攀髯之泣"的写法。

《辛公平上仙》既是讲顺宗之死,则篇首的"元和末"只能是"贞元末"之误。"贞元"之"贞"是宋仁宗赵祯的嫌名,宋人要避讳照例可改

---

① 说"太上皇于兴庆宫受朝贺"者仅有《顺宗实录》,《旧唐书》卷一四《顺宗纪》只说"皇帝率百僚上太上皇尊号",同卷《宪宗纪》也作"皇帝率群臣于兴庆宫奉上太上皇尊号",则并不真用太上皇露面。

写为"正"。无如临安府的书棚本只是不甚谨严的坊刻，加之刻的又是无关紧要的前朝小说，于是草率地把"贞元末"改成"元和末"了事，不曾考虑到会和篇末的"元和初"发生冲突。这种改"贞元"为"元和"在书棚本《续玄怪录》里还不止一起。卷二《张质》篇有所谓"元和十一年""元和十七年"，查对《太平广记》卷三八〇所引本作"贞元十一年""贞元十七年"，而且元和只有十五年并无十七年，可见《广记》所引之作"贞元"必是原文。再有卷四《张逢》篇开头说"张逢元和末薄游岭表"而化虎，后面说张逢恢复人形于"元和六年旅次淮阳"，又前后冲突，查对《广记》卷四二九所引，开头的"元和末"本作"贞元末"，这和《辛公平上仙》开头"元和末"之应作"贞元末"又正相同。至于明人陈应翔刻本《辛公平上仙》篇开头也作"元和末"，《张质》篇也作"元和十一年""元和十七年"者，是因为陈刻一卷本《续录》本系合并书棚本《续玄怪录》卷一、二而成，书棚本以"元和"代"贞元"处自易仍而不改。

另外这《辛公平上仙》者其实是讲辛公平见皇上上仙，要简省至少得称《辛公平见上仙》，如今省却"见"字，岂非辛公平自己上仙了？再看《续玄怪录》以至《玄怪录》的其他篇名，一般只写个主角的姓名，则这篇原本当只作《辛公平》，"上仙"二字应是后人或即书棚主人所妄加，以致加得欠通顺。而陈应翔本也和书棚本同有"上仙"二字，这又可为陈本源出书棚本增一佐证。

附录一

陈寅恪先生称誉赵宋文化之解说

　　昔陈寅恪先生序邓恭三教授《宋史职官志考证》,谓"华夏民族之文化,历数千载之演进,造极于赵宋之世",惟所以然之故固未暇论述。今不揣谫陋,试作解说。

　　我国旧史,殷商之世尚矣。西周至春秋社会无大变化,乃人所公认。而记述春秋史事较可征信之《左传》及《国语》周、鲁、晋、郑、楚诸语,所言奴隶多属家内仆役初非从事农业生产者①。盖其时实类似西欧中世纪之封建领主社会,不特天子、诸侯、大夫、士、庶人之等级森严,且知识为祝史辈所专有,亦大同于西欧中世纪之教会。此入春秋后期渐起变化,孔子讲学"有教无类"为其先兆,入战国文武分途,呈现百家争鸣之格局。此缘彼时旧有之封建领主制解体,为我国华夏所特有,且绵延二千数百年之封建地主制所取代。生产者已非人身依附于领主之农奴而代之以租种地主土地之佃农,且出现为数众多之不直接受地主剥削之自耕农民。"存在决定意识","经济基础决定上层建筑"。百家争鸣自是此远较领主制先进之地主制基础上新事物,即两汉学人之有成就者亦无不为此新潮流中人物。

　　惟事物之发展恒有曲折。领主制之残留于社会上者至东汉季年渐成气候,遂出现魏晋南北朝之门阀制度。其时门阀中人即所谓士族在经济上如

---

① 惟《晋语一》所云"其犹隶农也,虽获沃田而勤易之,将弗克飨,为人而已",或有释为奴隶之从事农耕者,然有"获沃田"之语,则仍以释农奴为近是。

西晋《户调令》规定有庇荫宗族佃客之特权，政治上则其时仕宦有清浊之分，清职几悉为士族占有，且多如领主制之文武合于一身以擅政。凡此实为旧有领主制彻底死亡前之一次回光返照，学术文化自亦随之中衰。玄学中崇名教者之苟求利禄无论已，尚自然者亦但求"遁世"以自全，全失战国两汉学术之恢宏气象。陈寅恪先生所示能建立新自然说之陶渊明，亦止是在个人生死上树立超脱思想，固不离"自了汉"境地。其余经术、文艺等之类鲜生气益无待言，即新输入之佛学亦多承印度旧观而无所突破也。

此种胶滞现象历三百余年乃见转机。东晋之门阀如王、谢至南朝已逐渐退出枢要，北朝门阀虽有鲜卑虏姓加入亦不能延缓其衰亡。至隋唐遂结束此畸形格局，而进入领主制残余不复存在之单一地主制社会。唐令中已不复有士族庇荫宗族佃客之规定，科举制之推行且使原先士族丧失仕途上之特权。社会格局既已更新，学术文艺自必一一呈现崭新面目，从而凝成光辉之赵宋文化。就永年所知，如：

佛学　烦琐之天台、唯识、华严诸宗衰而中国化佛教禅宗炽盛，至中唐禅宗又由更简易之南宗取代北宗，入宋之临济、曹洞诸家尽南宗派裔，仅存净土宗亦甚简易。

理学　导源于中唐时韩愈、李翱诸人，至两宋经周敦颐、张载、邵雍、二程、朱、陆倡导而成为我国学术主流。至明、清时其末流自为人诟病，然其初实是适应地主制社会之新学问。

经学　经历南北朝之重三《礼》、撰义疏，至唐初修《五经正义》告一段落。中唐即有"《春秋》三传束高阁，独抱遗经究终始"之说。至宋代遂多摆脱旧注疏而事新讲说，最终出现理学家朱熹之《四书章句集注》及五经之宋、元人新注。此等水平多高于旧注疏，即为清儒鄙薄之元陈澔《礼记集说》亦胜于郑注。

史学　自史事之记纂，提高至讲究考证其真伪。其代表作司马光之《通鉴考异》，较南朝刘宋时裴松之采合本子注方式注《三国志》不止高出一筹。

古文　韩愈、柳宗元等倡导古文运动，以取代盛行于魏晋南北朝之贵族化骈文。经北宋欧阳修、王安石、三苏、曾巩之发扬光大,古文遂成文章正宗,至"五四"新文化运动始为白话文取代。

诗词 魏晋南北朝讫沿习五言诗无甚发展,至唐代乃于前此五言古诗外演生为七言古诗、五言律绝句、七言律绝句,李、杜、元、白等各尽所长。至晚唐复由诗入词,历五代之小令发展为两宋之长调,继又出现散曲、戏曲。而诗入宋亦有发展,北宋之苏、黄,南宋之四家均有开拓新境界之功。

小说 魏晋南北朝多简略之志怪小说,至唐代出现富人情之传奇小说,入宋出现以白话记录"说话四家"之小说、说经、说参请、讲史话本,进而发展为明代之章回小说。

绘画 战国、两汉多为人物画,历魏晋南北朝更益以宗教、贵族色彩。至唐、五代不依赖人物而独立之山水画、花鸟画出现,历宋、元而臻成熟,成为我国传统绘画之主体。

书法 魏晋仍通行始见于东汉之八分书,入南北朝废八分之波发而向今之楷书(真书、正书)过渡,形成所谓北魏体,入隋始定型为楷书。初唐以褚遂良为大宗,入中唐颜真卿又别开生面,北宋之苏、黄、米、蔡,元代之赵孟頫均为后人所摹习。

综观上列诸新事物之出现,时间固略有先后参差,先者如禅之南宗、书之褚、诗之李杜,后者如史学之讲考证,然大体悉在唐至五代、北宋之间,而所涉及几包罗各个方面实即学术文化之整体。则谓此学术文化之整体变动,不由于其时社会性质之演化,摒弃领主残余物门阀而出现单一之地主制局面,不可得已!此即永年所以疏解寅恪先生华夏文化造极于赵宋之说,要不离于"经济基础决定上层建筑"之义。惟"造极"云者恐尚可商榷,以赵宋而后下讫明清固仍继续开拓宋人所未及之领域,"五四"新文化运动尤非昔贤之所得想象耳。

附录二

我所撰写的与本书内容有关的
论文及其他文字目录

目中凡已收入拙撰论文集及其他文集者，均分别注明。《唐代史事考释》，1998年台北联经出版事业公司版，注《考释》；《文史探微》，2000年中华书局版，注《探微》；《学苑零拾》，2001年华东师范大学出版社版，注《零拾》；《文史存稿》，2004年三秦出版社版，注《存稿》。

《我和唐史以及齐周隋史》，《学林春秋二编》上册，朝华出版社，1999年；《探微》。

《论北齐的文化》，《陕西师大学报》（哲学社会科学版）1994年第4期；《探微》。

《论北齐的政治斗争》，香港中文大学《中国文化研究所学报》新6期，1997年；《探微》。

《〈北史·恩幸传〉记齐宦者仓头胡人乐工事杂说》，《燕京学报》新6期，1999年5月；《探微》。

《邺城和三台》，《中国历史地理论丛》1995年第2期；《存稿》。

《从文献记载看六世纪中期到七世纪初年的洛阳》，《中国典籍与文化论丛》第5辑，2000年2月；《存稿》。

《尉迟迥相州举兵事发微》，日本《中国史学》第11卷，2001年10月；《存稿》。

《宇文泰所以建立八柱国制的一种推测》，《中国典籍与文化论丛》第1

辑，1993年9月；《探微》。

《说隋末的骁果——兼论我国中古兵制的变革》，《燕京学报》新3期，1997年8月；《探微》。

《对府兵制所以败坏的再认识》，《中国典籍与文化论丛》第4辑，1997年12月；《探微》。

《从杨隋中枢政权看关陇集团的开始解体》，《学术集林》卷9，1996年12月；《探微》。

《关陇集团到唐初是否继续存在》，《周绍良先生欣开九秩庆寿文集》，中华书局，1997年；《探微》。

《对宇文周和关陇集团的再认识》，《文化的馈赠——汉学研究国际会议论文集·史学卷》，北京大学出版社，2000年。

《唐代政治史研究中的士族庶族问题》，台北《新史学》第1卷第4期，1990年12月；《零拾》。

《论武德贞观时统治集团的内部矛盾和斗争》，陕西师范大学《唐史论丛》第1辑，1988年3月；《考释》；《存稿》。

《敦煌写本常何墓碑和唐前期宫廷政变中的玄武门》，《1983年全国敦煌学术讨论会文集·文史·遗书编上》，甘肃人民出版社，1987年；《考释》；《探微》。

《唐太宗生年考实》，《古籍整理与研究》1987年第1期；《存稿》。

《李勣与山东》，《陕西师大学报》（哲学社会科学版）1981年第1期；《考释》；《存稿》。

《说永徽六年废立皇后事真相》，《陕西师大学报》（哲学社会科学版）1981年第3期；《考释》；《探微》。

《评郭沫若同志的武则天研究》，《陕西师大学报》（哲学社会科学版）1980年第3期。

《武则天真相》，《中国典籍与文化》1994年第3期；《零拾》。

《还武则天的真实面貌》，《北京日报》1995年3月14日《文史》36期。

《李商隐的〈利州江潭作〉究竟在说什么》,《中国典籍与文化》1995年第1期;《零拾》。

《读唐刘濬墓志》,《历史论丛》第3辑,1983年;《考释》;《存稿》。

《说李武政权》,《人文杂志》1982年第1期,有删节;《考释》;《探微》。

《历史上的畸形政权——李武政权》,《文史知识》1993年第3期。

《开元天宝时所谓武氏政治势力的剖析》,《陕西师大学报》(哲学社会科学版)1981年第4期;《考释》;《存稿》。

《盛唐英主唐玄宗》,《文史知识》1992年第6期;《存稿》。

《说唐玄宗防微杜渐的两项新措施》,《燕京学报》新15期,2003年11月;《存稿》。

《唐玄宗朝姚宋李杨诸宰相的真实面貌——兼论李杨与宦官高力士之争》,《中国史研究》2003年第2期;《存稿》。

《〈全唐文·杨妃碑记〉伪证》,《人文杂志》1982年第4期;《考释》;《存稿》。

《说马嵬驿杨妃之死的真相》,《学林漫录》第5集,1982年4月;《考释》;《存稿》。

《汉皇与明皇》,《东南日报》民国38年4月8日《文史》132期。

《骊宫》,《东南日报》民国38年4月15日《文史》133期。

《行幸骊山季节》,《东南日报》民国38年4月22日《文史》134期。

《〈长恨歌〉新解》,人文杂志丛刊《文史集林》第1辑,1985年;《考释》;《探微》。

《杨贵妃和她的故事》,《中国典籍与文化》1993年第2期;《零拾》。

《唐代河北藩镇与奚契丹》,福建人民出版社《中国古代史论丛》1982年第2辑;《考释》;《探微》。

《〈通典〉论安史之乱的"二统"说证释》,《陕西历史学会会刊》第2期,1981年;《考释》;《探微》。

《读陈寅恪先生〈狐臭与胡臭〉兼论狐与胡之关系》,《东南日报》民国37年3月10日《文史》81期；《零拾》。

《补论狐与胡之关系》，《东南日报》民国37年6月9日《文史》92期；《零拾》。

《"羯胡""柘羯""杂种胡"考辨》，中华书局《文史》第8辑，1980年；《考释》；《探微》。

《论安史之乱的平定和河北藩镇的重建》，福建人民出版社《中国古代史论丛》1981年第1辑；《考释》；《存稿》。

《唐肃宗即位前的政治地位和肃代两朝中枢政局》，《唐史研究会论文集》，陕西人民出版社，1983年；《考释》；《存稿》。

《唐两税法杂考》，《历史研究》1981年第1期；《考释》；《探微》。

《论建中元年实施两税法的意图》，《陕西师大学报》（哲学社会科学版）1988年第3期；《考释》；《探微》。

《"泾师之变"发微》，陕西师范大学《唐史论丛》第2辑，1987年1月；《考释》；《探微》。

《所谓"永贞革新"》，《青海社会科学》1986年第5期；《考释》；《探微》。

《唐元和后期党争与宪宗之死》，《中华文史论丛》总第49辑，1992年6月；《探微》。

《唐代的宦官》，《文史知识》1987年第4期；《考释》；《存稿》。

【附记】我曾写过文章纠正陈寅恪先生《隋唐制度渊源略论稿》"财政"章"和籴之法乃由西北地方制度一变而成为中央政府制度"之说，以《和籴以济京师之事初不始于盛唐》为题，发表于1992年4月台湾《大陆杂志》84卷4期，继又增订为《元魏李唐和籴以济京师事考释》，发表于1993年6月台湾《新史学》4卷2期及1994年成都出版社版《冰茧彩丝集——纪念缪钺教授九十寿辰暨从教七十年论文集》，并编入我的《文史探微》。近为编集《文史存稿》，方发现当年我经手编集的1983年陕西人民出版社出版的《唐史研究会论文集》

里,已收有否定寅恪先生之说的卢开万君所撰《唐代和籴制度新探》一文,且征引史料益为完备,而我竟日久完全忘却不思检看。今只有自责老髦昏瞆,并将上述已撰写发表过的这两篇和籴文章均摒不收入我的论文目录。